História do PCB

Lincoln Secco
Luiz Bernardo Pericás
(orgs.)

História do PCB

Ateliê Editorial

Dados Internacionais de Catalogação na Publicação (CIP)
(Câmara Brasileira do Livro, SP, Brasil)

História do PCB / organização Lincoln Secco, Luiz Bernardo Pericás. – 1ª ed. – Cotia, SP: Ateliê Editorial, 2022. (Coleção Cem Anos)

Vários autores
ISBN 978-65-5580-088-3
Bibliografia.

1. Comunismo 2. Comunismo – Brasil – História 3. Ideologia – Aspectos sociais 4. Partido Comunista Brasileiro – História I. Secco, Lincoln. II. Pericás, Luiz Bernardo. III. Série.

22-132184 CDD-324.281075

Índices para catálogo sistemático:
1. Partido Comunista Brasileiro: História 324.281075

Aline Graziele Benitez – Bibliotecária – CRB-1/3129

Direitos reservados à
ATELIÊ EDITORIAL
Estrada da Aldeia de Carapicuíba, 897
06709-300 – Granja Viana – Cotia – SP
Tel.: (11) 4702-5915
www.atelie.com.br | contato@atelie.com.br
facebook.com/atelieeditorial | blog.atelie.com.br

2022
Printed in Brazil
Foi feito o depósito legal

Sumário

Apresentação

Lincoln Secco e Luiz Bernardo Pericás

O Partido Comunista teve papel destacado em diversos momentos da história contemporânea brasileira, tanto para a direita (já que o PCB foi o objeto preferencial do anticomunismo por décadas, embora o discurso contra o comunismo seja anterior à fundação do partido e à própria Revolução Russa e persista até hoje), como para a esquerda, já que é inegável a importância do PCB. Afinal, quase todas as correntes ideológicas se relacionaram com ele: anarquistas, trotskistas, maoistas, trabalhistas, petistas, além de militantes feministas, sindicalistas e dos movimentos negro, LGBT, ambientalista, estudantil etc.

A periodização é sempre um tema polêmico. Em 1919, no ano da fundação da Internacional Comunista (IC), surgiu um Partido Comunista do Brasil com caráter mais anarquista do que marxista, que durou poucos meses e que logo desapareceu. Todavia, há amplo consenso de que foi em 1922 que, de fato, se fundou a organização que logrou continuidade histórica sob o nome de Partido Comunista do Brasil (PCB) e, desde 1961, Partido Comunista Brasileiro (mantendo a mesma sigla).

Apesar de sua desarticulação no final da década de 1930 (mesmo com a atuação de comunistas no período), passando por longos momentos de ilegalidade e mudanças programáticas, resistindo à ditadura militar, atuando já no período da redemocratização e da Nova República, e chegando até 1992 (logo após a dissolução da União Soviética), quando então houve uma cisão que levou à construção de duas agremiações bastante distintas, sendo que uma delas abandonou de vez a legenda, o nome, o programa, os princípios e a própria teoria marxista, resultando no surgimento do PPS (depois Cidadania), um partido de "centro-direita", com um programa neoliberal e "democrático", que manteve em suas mãos a Fundação Astrojildo Pereira. Já o Movimento Nacional em Defesa do PCB, por sua vez, reorganizou a agremiação à esquerda e manteve a sigla e os princípios marxista-leninistas. O Instituto Astrojildo Pereira (IAP) continua a ser administrado por comunistas ou intelectuais marxistas com ou sem filiação partidária.

A partir daí transcorre uma história que não é objeto desta obra. Hoje, diferentes agremiações disputam o legado do PCB, incluindo o PCdoB, que desde 1962 se reivindica o legítimo herdeiro do partido e é retratado num dos artigos deste livro. Este partido nos anos 1980 contava com cerca de cinquenta mil filiados e elegeu uma bancada constituinte de seis deputados.

A *História do PCB* procura retomar alguns debates já clássicos sobre a história do comunismo no Brasil, seus momentos decisivos, cisões e disputas e, ao mesmo tempo, revelar novas linhas de pesquisa. Dessa forma, o livro foi organizado com a máxima abrangência temática, envolvendo autores estabelecidos e jovens acadêmicos.

Não se trata de um livro oficial ou de memória institucional. Cada autor e autora teve liberdade para estabelecer sua leitura mais ou menos crítica da trajetória dos comunistas brasileiros, da sua incidência na vida política e cultural e das suas relações internacionais. Por isso mesmo, contradições entre as abordagens, divergências políticas e teóricas e superposições de períodos analisados são esperados.

Temos certeza de que se trata de obra única, ao historiar os principais momentos do Partido Comunista sob diversos pontos de vista e com amplitude temática, incluindo a juventude, mulheres, negros, artistas, gráficos, editores, militares etc.

Capítulo 1
Linhagens da Historiografia do PCB

Lincoln Secco e Luiz Bernardo Pericás

O PCB foi fundado por nove delegados (oito deles ex-anarquistas), em Niterói (então a capital do Estado do Rio de Janeiro), nos dias 25, 26 e 27 de março de 1922, representando Porto Alegre, Recife, Distrito Federal (Rio de Janeiro), Niterói, Cruzeiro e São Paulo. Na ata de fundação consta que se tratava de uma sociedade civil fundada como "Centro do Partido Comunista do Brasil, mas que será chamado Partido Comunista, Seção Brasileira da Internacional Comunista" (PC-SBIC).

Ainda que tenha surgido com a designação de "seção brasileira" da IC, o reconhecimento oficial pela Internacional Comunista, na prática, só viria dois anos depois. Em 1961, a agremiação foi renomeada Partido Comunista Brasileiro, mantendo o acrônimo original.

Dentre muitas cisões circunstanciais ou programáticas, grupos dissidentes disputaram a memória da organização. Em 1962 um grupo insatisfeito com diferentes deliberações do PCB (inclusive com a modificação do nome), criou o Partido Comunista do Brasil (PCdoB), seguindo inicialmente a linha chinesa e reivindicando-se como continuador legítimo da organização criada na década de 1920. Outros grupos, de menor impacto político, também foram inspirados no ideário comunista, como o Partido Comunista Revolucionário (PCR) e o Partido Operário Comunista (POC). O Partido Comunista Brasileiro

Revolucionário (PCBR), por sua vez, foi fundado em 1968 por Jacob Gorender e Mário Alves, e depois veio a integrar uma tendência do Partido dos Trabalhadores (PT), liderada por Bruno Maranhão[1].

Ao longo dos anos, o PCB passou pela República Velha, a Revolução de 1930, o Estado Novo, a ditadura militar e o período de redemocratização, em grande parte, na ilegalidade e na clandestinidade. Muitos de seus militantes estiveram em prisões e no exílio; alguns foram até mesmo torturados e assassinados. Uma história de homens e mulheres que se dedicaram a mudar o Brasil e a lutar, dentro de suas possibilidades, contra a autocracia burguesa, as desigualdades sociais, o latifúndio e o imperialismo.

O PCB passou por diferentes fases, mais ou menos radicais, dependendo da época. Em alguns momentos, a organização promoveu caminhos insurrecionais e em outros, dedicou-se a forjar alianças democráticas para atingir seus objetivos estratégicos, ainda que de forma mais lenta. Mesmo que seus principais intelectuais defendessem um modelo etapista, os debates internos eram intensos, e por certo, houve vozes dissidentes.

A agremiação atravessou tensões, expurgos e abandonos, mas também teve militantes que nunca saíram de suas fileiras. O PCB atuou muitas vezes nos bastidores, com poucos integrantes; em determinados períodos, contudo, foi uma organização de massas, com forte presença nas fábricas, nos sindicatos, nos parlamentos e no campo. O PCB esteve na legalidade em curtos períodos: março a junho de 1922; janeiro a agosto de 1927; e outubro de 1945 a abril de 1947. Isso foi determinante para sua cultura política.

No plano internacional, o partido sofreu a influência do Comintern, da Segunda Guerra Mundial, da Revolução Chinesa, do XX Congresso do PCUS, do processo de desestalinização, da Revolução Cubana, do eurocomunismo, da queda do Muro de Berlim, do fim do socialismo real e da dissolução da União Soviética. E teve de resistir a todas as disputas e mudanças de rumo em termos programáticos, assim como à tentativa de um grupo interno de destruí-lo como agremiação política.

Entre 1922 e 1992 o PCB realizou nove congressos. O primeiro foi o da fundação do partido e se realizou em Niterói, como vimos. O II Congresso ocorreu no Rio de Janeiro nos dias 16, 17 e 18 de maio de 1925. O III Congresso do PCB foi na sede da Federação Operária do Estado do Rio, em Niterói, entre os dias 29 de dezembro de 1928 e 4 de janeiro de 1929. A partir dali o PCB ficou

1. Lincoln Secco, *História do PT*, 5 ed., Cotia, Ateliê Editorial, 2016.

vários anos sem se reunir em função das perseguições políticas. Entre 7 e 11 de novembro de 1954, em São Paulo, realizou-se o IV Congresso. O V Congresso do PCB aconteceu em agosto de 1960 no auditório da Associação Brasileira de Imprensa, no Rio de Janeiro. Durante a ditadura houve dois congressos: o VI Congresso foi realizado em dezembro de 1967 e o VII Congresso iniciou-se em São Paulo, em dezembro de 1982 (interrompido pela polícia)[2]. Em 17 a 19 de junho de 1987, reuniu-se em Brasília o VIII Congresso (extraordinário) do PCB. O IX Congresso aconteceu em maio/junho de 1991 no Rio de Janeiro.

Nos dias 25 e 26 de janeiro de 1992, um segmento do PCB realizou o X Congresso (extraordinário) no Teatro Zaccaro, em São Paulo, e, ao término da reunião, este foi declarado extinto, sendo colocado, em seu lugar, o Partido Popular Socialista (PPS). Simultaneamente, no Colégio Roosevelt, na mesma cidade, a parcela derrotada que desejava a continuidade da agremiação realizou uma Conferência Nacional de Reorganização e, no ano seguinte, promoveu outro encontro, iniciando nova fase da história dos comunistas brasileiros. O grupo ganhou na Justiça o direito de manter e utilizar a sigla, começando, a partir daí, um processo de reconstrução partidária.

Foram secretários-gerais do PCB Abílio de Nequete (1922), Astrojildo Pereira (1924-1930), Heitor Ferreira Lima (1931), Fernando Paiva de Lacerda (1931-1932), Caetano Machado (1932), José Vilar (1932), Duvitiliano Ramos (1932), Domingos Brás (1932), Lauro Reginaldo da Rocha, o Bangu (1934 e 1936-1940), Antônio Maciel Bonfim, o Miranda (jul. 1934 – jan. 1936); José Medina (1943); Álvaro Ventura (interino em 1943-1945); Luiz Carlos Prestes (1945-1980); Giocondo Dias (1980-1985). A partir daí surgiu o cargo de presidente exercido por Giocondo Dias (1985-1987), Salomão Malina (1987-1991) e Roberto Freire (1991-1992).

Coletâneas

As primeiras coletâneas de documentos tiveram um papel essencial na constituição da historiografia do comunismo brasileiro. Os trabalhos pioneiros de Astrojildo Pereira e Octávio Brandão (citados adiante) fizeram alusões a documentos. Recordemos os vários anexos da obra de Moisés Vinhas, *O Partidão: A Luta por um Partido de Massas, 1922-1974*[3].

2. Clayton Cardoso Romano, *Da Abertura à Transição: O PCB e a Cultura Política Democrática da Esquerda Brasileira*, Franca, Unesp, 2001 (Dissertação de Mestrado).
3. Moisés Vinhas, *O Partidão: A Luta por um Partido de Massas (1922-1974)*, São Paulo, Hucitec, 1982.

Um livro publicado em Lisboa incluiu resoluções do período 1960-1975[4]. A fase 1974-1981 foi coberta por outra obra, mas restrita ao Estado de São Paulo[5]. O período 1983-1985, crucial por cobrir o final da ditadura, também foi objeto de uma obra com introdução de José Paulo Neto[6]. O livro *PCB: Vinte Anos de Política* incluiu documentos do período 1958-1979[7]. Decerto, a obra incontornável é a de Edgard Carone, com comentários e documentação da história do PCB de 1922 a 1982[8], ano em que se celebraram os sessenta anos do partido, já que o cinquentenário não pôde ser convenientemente comemorado devido à perseguição imposta pelos militares.

O meio acadêmico brasileiro e estrangeiro, por certo, produziu trabalhos importantes sobre a história do PCB. Entre os brasilianistas estadunidenses, têm destaque Ronald H. Chilcote, com *The Brazilian Communist Party: Conflict and Integration, 1922-1972*[9], e John W. Foster Dulles e seus conhecidos *Anarquistas e Comunistas no Brasil*[10] e *Brazilian Communism, 1935-1945: Repression During World Upheaval*[11]. Há ainda Rollie Poppino com *International Communism in Latin America*[12], David P. Hornstein, com *Arthur Ewert: A Life for the Comintern*[13], Robert Alexander com *Communism in Latin America* (com um capítulo intitulado "Luiz Carlos Prestes and the Partido Comunista do Brasil", baseado parcialmente em entrevistas realizadas nos anos 1950)[14] e a coletânea de Luis E. Aguilar *Marxism in Latin America*[15], que contêm textos de Luiz Carlos Prestes e Caio Prado Jr.

O historiador soviético Boris Koval publicou *História do Proletariado Brasileiro*[16] e *La Gran Revolución de Octubre y América Latina*[17], nos quais o PCB

4. *Documentos do Partido Comunista Brasileiro*, Lisboa, Avante, 1976. Consulte-se também: Vamireh Chacon, *História dos Partidos Brasileiros*, Brasília, UnB, 1998.
5. Marco Aurélio Nogueira *et al.*, *O PCB em São Paulo: Documentos (1974 – 1981)*, São Paulo, Lech, 1981.
6. *O PCB na Luta pela Democracia*, São Paulo, Novos Rumos, 1985.
7. Reynaldo X. Carneiro Pessoa (org.), *PCB: Vinte Anos de Política, 1958-1979*, São Paulo, Lech, 1979.
8. Edgard Carone, *O PCB: 1922 a 1943*, São Paulo, Difel, 1982, 3 vols.
9. Ronald H. Chilcote, *The Brazilian Communist Party: Conflict and Integration, 1922-1972*, New York, Oxford University Press, 1974.
10. John W. Foster Dulles, *Anarquistas e Comunistas no Brasil*, Rio de Janeiro, Nova Fronteira, 1977.
11. John W. Foster Dulles, *Brazilian Communism, 1935-1954: Repression During World Upheaval*, Austin, University of Texas Press, 1983.
12. Rollie Poppino, *International Communism in Latin America: A History of the Movement, 1917-1963*, New York, Free Press of Glencoe, 1964.
13. David P. Hornstein, *Arthur Ewert: A Life for the Comintern*, Lanham, University Press of America, 1993.
14. Robert Alexander, *Communism in Latin America*, New Jersey, Rutgers University Press, 1957.
15. Luis E. Aguilar, *Marxism in Latin America*, New York, Alfred A. Knopf, 1968.
16. Boris Koval, *História do Proletariado Brasileiro*, São Paulo, Alfa-Ômega, 1982.
17. Boris Koval, *La Gran Revolución de Octubre y América Latina*, Moskva [Moscou], Progresso, 1978.

por certo aparece, tanto dentro do contexto nacional como continental. Na Argentina, na atualidade, Horacio Tarcus coordena um dicionário biográfico de personalidades da esquerda latino-americana no qual figuram vários militantes do PCB. O mesmo pode ser dito de Lazar Jeifets e Victor Jeifets, com seu *América Latina en la Internacional Comunista, 1919-1943: Diccionario Biográfico*[18], uma obra de referência que contém verbetes sobre diversos comunistas brasileiros, assim como a compilação preparada por Victor Jeifets e Andrey Schelchkov, *La Internacional Comunista en América Latina en Documentos del Archivo de Moscú*[19], com documentos da IC relacionados a vários partidos comunistas do continente, inclusive alguns do Brasil.

Em nosso país, por sua vez, os exemplos de obras de referência sobre o tema escritas por estudiosos ligados às universidades são abundantes. Paulo Sérgio Pinheiro discutiu as estratégias do Comintern e do PCB em relação ao projeto revolucionário no Brasil em seu *Estratégias da Ilusão: A Revolução Mundial e o Brasil, 1922-1935*[20]. Junto com Michael M. Hall, publicou coletâneas de documentos da classe operária que contavam com material produzido pela IC e pelos próprios comunistas brasileiros (Pinheiro também organizou com Marcos Del Roio uma coletânea sobre Heitor Ferreira Lima e outra, sozinho, de textos de Elias Chaves Neto).

Neste sentido, não se pode deixar de lembrar o trabalho exemplar de Edgard Carone. Além dos três volumes citados sobre o PCB, ele posteriormente fez o primeiro levantamento de fôlego das edições marxistas no Brasil, como veremos adiante. Sua extensa obra sobre o movimento operário, a República e a bibliografia marxista em nosso país até hoje servem como base para muitas pesquisas sobre o assunto, merecendo particular atenção *Classes Sociais e Movimento Operário*[21], assim como *Leituras Marxistas e Outros Estudos*[22] (org. Lincoln Secco e Marisa Midori Deaecto) e *Da Esquerda à Direita*[23].

18. Lazar Jeifets e Victor Jeifets, *América Latina en la Internacional Comunista, 1919-1943: Diccionario Biográfico*, Santiago, Ariadna, 2015.
19. Victor Jeifets e Andrey Schelchkov (orgs.), *La Internacional Comunista en América Latina en Documentos del Archivo de Moscú*, Moskva [Moscou]/Santiago del Chile, Aquilo/Ariadna, 2018.
20. Paulo Sérgio Pinheiro, *Estratégias da Ilusão: A Revolução Mundial e o Brasil, 1922-1935*, São Paulo, Companhia das Letras, 1991.
21. Edgard Carone, *Classes Sociais e Movimento Operário*, São Paulo, Ática, 1989; *O Movimento Operário no Brasil*, vol. 1: *1877-1944*; vol. 2: *1945-1964*; vol. 3: *1964-1984*, São Paulo, Difel, 1979, 1981, 1984.
22. Edgard Carone (org. Lincoln Secco e Marisa Midori Deaecto), *Leituras Marxistas e Outros Estudos*, São Paulo, Xamã, 2004.
23. Edgard Carone, *Da Esquerda à Direita*, Belo Horizonte, Oficina de Livros, 1991.

Biografias e Memórias

Os livros de ex-militantes formam parte importante da bibliografia sobre a agremiação, podendo ser classificados entre aqueles que apresentavam a dinâmica interna da sigla a partir da ótica particular de cada autor até os relatos autobiográficos (nos quais a legenda, por certo, ganhava especial atenção). No primeiro caso, podem ser mencionados *O Retrato*[24], de Osvaldo Peralva (uma crítica contundente ao partido e ao mesmo tempo um relato sobre o funcionamento do Cominform), assim como *Homens e Ideias do Meu Tempo*[25] (que contém algumas crônicas bem curtas e retratos biográficos de pecebistas) e a coleção em quatro volumes *O Caso Eu Conto Como Foi* (editados pela Guararapes, entre 1978 e 1985), de Paulo Cavalcanti, só para citar três exemplos.

Já no segundo, é possível verificar uma quantidade maior de obras, em especial, *Retalhos do Passado*[26], de Joaquim Pimenta; *Uma Vida em Seis Tempos*[27], de Leôncio Basbaum; *Combates e Batalhas*[28], de Octávio Brandão; *Caminhos Percorridos*[29], de Heitor Ferreira Lima; *Memórias*[30], de Gregório Bezerra; *Vida de um Revolucionário*[31], de Agildo Barata; *Vale a Pena Sonhar*[32], de Apolônio de Carvalho; *Herança de um Sonho*[33], de Marco Antônio Tavares Coelho; *Memórias de um Socialista Congênito*[34], de Tito Batini; *Minha Vida e as Lutas de Meu Tempo*[35], de Elias Chaves Neto; *Um Imigrante e a Revolução: Memórias de um Militante Operário*[36], de Eduardo Dias; e o mais anedótico, *PC Linha Leste*[37], de Antonio Carlos Felix Nunes.

Não se pode deixar de lembrar, por certo, o nome de Nelson Werneck Sodré, que transitou por temas tão variados como história militar, a Coluna Prestes, o fascismo, a literatura, o imperialismo, a economia, a formação da burgue-

24. Osvaldo Peralva, *O Retrato*, Belo Horizonte, Itatiaia, 1960.
25. Paulo Cavalcanti, *Homens e Ideias do Meu Tempo*, Recife, Nordestal, 1993.
26. Joaquim Pimenta, *Retalhos do Passado*, 2. ed., Rio de Janeiro, Imprensa Nacional, 1949.
27. Leôncio Basbaum, *Uma Vida em Seis Tempos*, São Paulo, Alfa-Ômega, 1976.
28. Octávio Brandão, *Combates e Batalhas*, São Paulo, Alfa-Ômega, 1978.
29. Heitor Ferreira Lima, *Caminhos Percorridos*, São Paulo, Brasiliense, 1982.
30. Gregório Bezerra, *Memórias*, São Paulo, Boitempo, 2011.
31. Agildo Barata, *Vida de um Revolucionário*, São Paulo, Alfa-Ômega, 1978.
32. Apolônio de Carvalho, *Vale a Pena Sonhar*, Rio de Janeiro, Rocco, 1998.
33. Marco Antônio Tavares Coelho, *Herança de um Sonho*, Rio de Janeiro, Record, 2000.
34. Tito Batini, *Memórias de um Socialista Congênito*, Campinas, Unicamp, 1991.
35. Elias Chaves Neto, *Minha Vida e as Lutas de Meu Tempo*, São Paulo, Alfa-Ômega, 1978.
36. Eduardo Dias, *Um Imigrante e a Revolução: Memórias de um Militante Operário*, São Paulo, Brasiliense, 1983.
37. Antonio Carlos Felix Nunes, *PC Linha Leste*, São Paulo, Livramento, 1980.

sia interna, a revolução brasileira e, neste caso, a memorialística, com trabalhos conhecidos como *Memórias de um Soldado*[38] e *Memórias de um Escritor*[39].

As biografias, escritas por jornalistas e acadêmicos, assim como as coletâneas críticas em homenagem a dirigentes e intelectuais partidários, mostram que, de fato, houve um interesse crescente no partido e em seus personagens mais emblemáticos ao longo dos anos. Dainis Karepovs, por exemplo, fez um levantamento deste tema em artigo de periódico[40]. Carlos Marighella teve sua vida narrada e analisada em obras como *Carlos Marighella: O Inimigo Número um da Ditadura Militar*[41], de Emiliano José; *Carlos, a Face Oculta de Marighella*[42], de Edson Teixeira da Silva; e o multipremiado *Marighella: O Guerrilheiro que Incendiou o Mundo*[43], do periodista Mário Magalhães, assim como foi o protagonista do importante tributo *Marighella: O Homem Por Trás do Mito*[44], volume organizado por Cristiane Nova e Jorge Nóvoa. Entre as compilações de textos e discursos do líder da ANL, vale apontar para *Escritos de Carlos Marighella*[45] e *Escritos de Marighella no PCB*[46], este último preparado por Milton Pinheiro e Muniz Ferreira.

Luiz Carlos Prestes, por sua vez, ganhou duas biografias massivas: *Luís Carlos Prestes: Um Revolucionário Entre Dois Mundos*[47], de Daniel Aarão Reis e *Luiz Carlos Prestes: Um Comunista Brasileiro*[48], de Anita Leocadia Prestes, assim como deu um longo depoimento publicado por Dênis de Moraes e Francisco Viana[49]. Já Caio Prado Jr. teve sua vida e obra discutidas em livros

38. Nelson Werneck Sodré, *Memórias de um Soldado*, Rio de Janeiro, Civilização Brasileira, 1967.
39. Nelson Werneck Sodré, *Memórias de um Escritor*, Rio de Janeiro, Civilização Brasileira, 1970.
40. Dainis Karepovs, "Biografias de Esquerda: Memórias sobre a Ditadura", *Revista Perseu*, n. 8, ano 6, 2012.
41. Emiliano José, *Carlos Marighella: O Inimigo Número um da Ditadura Militar*, São Paulo, Sol & Chuva, 1997.
42. Edson Teixeira da Silva Jr., *Carlos: A Face Oculta de Marighella*, São Paulo, Expressão Popular, 2009.
43. Mário Magalhães, *Marighella: O Guerrilheiro que Incendiou o Mundo*, São Paulo, Companhia das Letras, 2012.
44. Cristiane Nova e Jorge Nóvoa (orgs.), *Carlos Marighella: O Homem Por Trás do Mito*, São Paulo, Unesp, 1999.
45. Editorial Livramento (org.), *Escritos de Carlos Marighella*, São Paulo, Livramento, 1979.
46. Milton Pinheiro e Muniz Ferreira (orgs.), *Escritos de Marighella no PCB*, São Paulo/Rio de Janeiro, ICP/FDR, 2013.
47. Daniel Aarão Reis, *Luís Carlos Prestes: Um Revolucionário Entre Dois Mundos*, São Paulo, Companhia das Letras, 2014.
48. Anita Leocadia Prestes, *Luiz Carlos Prestes: Um Comunista Brasileiro*, São Paulo, Boitempo, 2015.
49. Dênis de Moraes e Francisco Viana, *Prestes: Lutas e Autocríticas*, Rio de Janeiro, Mauad, 1997; Gustavo Koszeniewski Rolim, *Herança, Esperança e Comunismo: Luiz Carlos Prestes e o Movimento Comunista Brasileiro – Documentos (1980-1995)*, Marília, Lutas Anticapital, 2020.

escritos por Bernardo Ricupero[50], Paulo Martinez[51], Paulo Iumatti[52], Lincoln Secco[53] e Luiz Bernardo Pericás[54] (assim como foram publicados trabalhos que discutiam temas específicos sobre seu pensamento, como a filosofia[55] e a "questão nacional"[56], por exemplo).

Também foram biografados (ou foram discutidos em livros sobre suas trajetórias) personagens como Abílio de Nequete[57], Carlos Danielli[58], Giocondo Dias[59], Maurício Grabois[60], Vladimir Herzog[61], Astrojildo Pereira[62], Fernando Sant'Anna[63], Joaquim Câmara Ferreira[64], Nelson Werneck Sodré[65], Heitor Ferreira Lima[66], Pedro Pomar[67], Octávio Brandão[68], Armênio Guedes[69], Roberto Morena[70], Ál-

50. Bernardo Ricupero, *Caio Prado Jr. e a Nacionalização do Marxismo no Brasil*, São Paulo, Departamento de Ciência Política da USP/Fapesp/Editora 34, 2000.
51. Paulo Henrique Martinez, *A Dinâmica de um Pensamento Crítico: Caio Prado Jr. (1928-1935)*, São Paulo, Edusp/Fapesp, 2008.
52. Paulo Teixeira Iumatti, *Caio Prado Jr.: Uma Trajetória Intelectual*, São Paulo, Brasiliense, 2007.
53. Lincoln Secco, *Caio Prado Júnior: O Sentido da Revolução*, São Paulo, Boitempo, 2008.
54. Luiz Bernardo Pericás, *Caio Prado Júnior: Uma Biografia Política*, São Paulo, Boitempo, 2016.
55. Sérgio Schaefer, *A Lógica Dialética: Um Estudo da Obra Filosófica de Caio Prado Júnior*, Porto Alegre, Movimento, 1985.
56. Plínio de Arruda Sampaio Jr., *Entre a Nação e a Barbárie: Os Dilemas do Capitalismo Dependente em Caio Prado, Florestan Fernandes e Celso Furtado*, Petrópolis, Vozes, 1999; Marcia R. Victoriano, *A Questão Nacional em Caio Prado Jr.: Uma Interpretação Original do Brasil*, São Paulo, Pulsar, 2001.
57. Edison Nequete, *Herança e Luta de Abílio de Nequete*, Porto Alegre, Martins Livreiro, 2008.
58. Osvaldo Bertolino, *Testamento de Luta: A Vida de Carlos Danielli*, São Paulo, Anita Garibaldi, 2002.
59. João Falcão, *Giocondo Dias: A Vida de um Revolucionário*, Rio de Janeiro, Agir, 1993; Ivan Alves Filho, *Giocondo Dias: Uma Vida na Clandestinidade*, Rio de Janeiro, Mauad, 1997.
60. Osvaldo Bertolino, *Maurício Grabois: Uma Vida de Combates*, São Paulo, Fundação Maurício Grabois/Anita Garibaldi, 2012.
61. Audálio Dantas, *As Duas Guerras de Vlado Herzog*, Rio de Janeiro, Civilização Brasileira, 2012.
62. Martin Cézar Feijó, *O Revolucionário Cordial: Astrojildo Pereira e as Origens de uma Política Cultural*, São Paulo, Boitempo, 2001.
63. Antonio Risério, *Adorável Comunista*, Rio de Janeiro, Versal, 2002.
64. Luiz Henrique de Castro Silva, *O Revolucionário da Convicção: Vida e Ação de Joaquim Câmara Ferreira*, Rio de Janeiro, UFRJ, 2010.
65. Paulo Ribeiro da Cunha, *Um Olhar à Esquerda: A Utopia Tenentista na Construção do Pensamento Marxista de Nelson Werneck Sodré*, Rio de Janeiro/São Paulo, Revan/Fapesp, 2002; Paulo Cunha e Fátima Cabral (orgs.), *Nelson Werneck Sodré Entre o Sabre e a Pena*, São Paulo, Unesp, 2006.
66. Paulo Sérgio Pinheiro e Marcos Del Roio (orgs.), *Combates na História: A Trajetória de Heitor Ferreira Lima*, Rio de Janeiro/São Paulo, Paz e Terra/Fapesp, 1990.
67. Wladimir Pomar, *Pedro Pomar: Uma Vida em Vermelho*, São Paulo, Xamã, 2003.
68. Felipe Castilho de Lacerda, *Octávio Brandão e as Matrizes Intelectuais do Marxismo no Brasil*, Cotia, Ateliê Editorial, 2019.
69. Sandro Vaia, *Armênio Guedes: Sereno Guerreiro da Liberdade*, São Paulo, Barcarolla, 2013.
70. Francisco Almeida, *Roberto Morena*, Brasília, Coordenação de Publicações do Centro de Documentação e Informação da Câmara dos Deputados, 1996.

varo Ventura[71], José Duarte[72], Salomão Malina[73], Raimundo Jinkings[74] e Jacob Gorender[75], entre outros. Antonio Bernardo Canellas teve uma obra sua publicada recentemente, *Questões Profissionais da Indústria do Livro*[76]. Embora não trate do PCB, ela veio acompanhada de estudos de Felipe Lacerda, Thiago Salla e Wilson do Nascimento Barbosa. Carone escreveu um artigo sobre Canellas e sua participação no Congresso da IC[77].

Abrangência Social

A incidência dos comunistas foi muito além da área especificamente política[78]. Não se pode deixar de lembrar que alguns dos mais importantes artistas e intelectuais brasileiros fizeram parte de seus quadros, nomes como os escritores Graciliano Ramos, Jorge Amado, Patrícia Galvão e Dyonelio Machado; os dramaturgos Gianfrancesco Guarnieri e Oduvaldo Vianna Filho (autor da marcante peça *Rasga Coração*); o cineasta Nelson Pereira dos Santos; os pintores Candido Portinari e Di Cavalcanti; o ator Mário Lago; o arquiteto Oscar Niemeyer; a musicista Eunice Catunda[79]; e o crítico de arte Mário Pedrosa[80].

71. Celso Martins, *Os Comunas: Álvaro Ventura e o PCB Catarinense*, Florianópolis, Fundação Franklin Cascaes, 1995.
72. Luiz Momesso, *José Duarte: Um Maquinista da História*, São Paulo, Oito de Março, 1988.
73. Francisco Inácio Almeida (org.), *Roberto Morena: Discursos Parlamentares*, Brasília, Câmara dos Deputados, 1996; *O Último Secretário: A Luta de Salomão Malina*, Brasília, Fundação Astrojildo Pereira, 2002.
74. Jocelyn Brasil, *Andanças e Lembranças*. Belém, Pará: Ed Aleutianas, 1990 e Jocelyn Brasil, *Entre as Letras e as Baionetas – A Trajetória de Raimundo Jinkings*, Rio de Janeiro, Ed. Jotanesi Edições, 1995.
75. Carlos Quadros, *Jacob Gorender, um Militante Comunista: Estudo de uma Trajetória Política e Intelectual no Marxismo Brasileiro (1923-1970)*, São Paulo, USP, 2015 (Dissertação de Mestrado).
76. Antonio Bernardo Canellas, *Questões Profissionais da Indústria do Livro*, São Paulo, Com-Arte, 2016.
77. Edgard Carone, "Uma Polêmica nos Primórdios do PCB: O Incidente Canellas e Astrojildo (1923)", *Memória & História*, n. 1, São Paulo, Lech, 1981; Astrogildo Pereira, "Documentos Inéditos", *Revista do Arquivo Histórico do Movimento Operário Brasileiro*, n. 1, São Paulo, Lech, 1981. Ver também Iza Salles, *Um Cadáver ao Sol: A História do Operário Brasileiro que Desafiou Moscou e o PCB*, Rio de Janeiro, Ediouro, 2005.
78. Marcos Napolitano, "No Exílio, Contra o Isolamento: Intelectuais Comunistas, Frentismo e Questão Democrática nos Anos 1970", *Estudos Avançados*, vol. 28, n. 80, São Paulo, 2014; Cândido Moreira Rodrigues e Jefferson Rodrigues Barbosa (orgs.), *Intelectuais e Comunismo no Brasil: 1920-1950*, Cuiabá, UFMT, 2011.
79. Iracele A. V. L. de Souza, *Louvação a Eunice: Um Estudo de Análise da Obra para Piano de Eunice Katunda*, Campinas, Instituto de Artes da Unicamp, 2009 (Tese de Doutorado). Ela foi casada com o matemático Omar Catunda e modificou o nome para "Katunda" (com "K") depois da separação do casal. Pesquisou a cultura afrobrasileira na Bahia com Pierre Verger e colaborou com a imprensa comunista.
80. José Castilho Marques Neto, *Solidão Revolucionária: Mário Pedrosa e as Origens do Trotskismo no Brasil*, Rio de Janeiro, Paz e Terra, 1993; Dainis Karepovs, *Pas de Politique Mariô! Mario Pedrosa e a Política*, Cotia, Ateliê Editorial/Fundação Perseu Abramo, 2017.

Um militante comunista foi pioneiro do ambientalismo. Augusto Carneiro, livreiro que iniciou suas atividades na Livraria Farroupilha, ligada ao PCB, foi um dos fundadores da Associação Gaúcha de Proteção ao Ambiente Natural (Agapan) em 1971[81]. Acrescentem-se os cientistas Otto Alcides Ohlweiler[82], Luiz Hildebrando e Mario Schenberg[83] e os engenheiros Catullo Branco[84], Omar Catunda[85] e Iedo Fiúza[86] (que não foi militante do partido, mas era seu candidato a presidente). Houve ainda a presença de editores como José Calvino Filho, artistas que fizeram capas de livros e tradutores. Um levantamento dos tradutores brasileiros de Lenin, por exemplo, foi feito por Fabiana Zogbi Lontra da Conceição[87].

Muitos brasileiros, particularmente intelectuais (embora operários também), empreenderam viagens aos países socialistas, e estudos gerais[88] ou específicos têm sido feitos. O livro póstumo de Graciliano Ramos foi um exemplo de relato dos anos 1950[89]. Raquel Torres identificou, entre os anos de 1951 a 1963, 33 relatos de viagem escritos por 54 viajantes[90]. Há diversos relatos dos anos 1930 de autores que se utilizaram dos serviços turísticos oficiais da União Soviética[91].

Em relação aos trabalhos gerais sobre o PCB, que discutem vários intelectuais de esquerda (inclusive pecebistas), é possível indicar as coletâneas organizadas por Leandro Konder, *Intelectuais Brasileiros e Marxismo*[92] e por Luiz Bernardo Pericás e Lincoln Secco, *Intérpretes do Brasil: Clássicos, Rebeldes e Renegados*[93]. Pericás também organizou uma coletânea sobre o debate acerca da

81. Lilian Dreyer e Augusto Carneiro, *Depois de Tudo: Um Ecologista*, Porto Alegre, Buqui, 2014.
82. João B. Marçal, *Comunistas Gaúchos*, Porto Alegre, Tchê, 1986.
83. Dina Lida Kinoshita, *Mario Schenberg: O Cientista e o Político*, Brasília, Fundação Astrojildo Pereira, 2014.
84. Catullo Branco, *Conversa Entre Amigos*, São Paulo, Com-Arte, 2013.
85. Formado na Escola Politécnica de São Paulo, tornou-se, depois, professor de Matemática na USP.
86. Priscila Musquim A. Oliveira, *O Candidato Civil do PCB: A Trajetória Política do Engenheiro Yêddo Fiúza (1930-1947)*, Juiz de Fora, UFRJ, 2012.
87. Fabiana Zogbi Lontra da Conceição, *As Obras de Lenin no Brasil (1920-1964): Em Busca de uma História da Tradução*, Porto Alegre, UFRGS, 2022.
88. Edvaldo Sotana, *Relatos de Viagens à URSS em Tempos de Guerra Fria: Uma Prática de Militantes Comunistas Brasileiros*, Curitiba, Aos Quatro Ventos, 2006.
89. Graciliano Ramos, *Viagem: Checoslováquia, URSS*, Rio de Janeiro, José Olympio, 1954. É um conjunto de crônicas de viagem aos países socialistas em edição bem-cuidada para a época.
90. Raquel Mundim Torres, *Transpondo a Cortina de Ferro: Relatos de Viagem de Brasileiros à União Soviética na Guerra Fria (1951-1963)*, São Paulo, USP, 2019 (Tese de Doutorado).
91. Ver a análise da primeira viagem de Caio Prado Jr. e do seu livro *URSS: Um Mundo Novo*, além da referência a outras obras da década de 1930, em Luiz Bernardo Pericás, *Caio Prado Júnior: Uma Biografia Política*.
92. Leandro Konder, *Intelectuais Brasileiros e Marxismo*, Belo Horizonte, Oficina de Livros, 1991.
93. Luiz Bernardo Pericás e Lincoln Secco (orgs.), *Intérpretes do Brasil: Clássicos, Rebeldes e Renegados*, São Paulo, Boitempo, 2014.

revolução brasileira, para a qual escreveu minuciosa introdução[94]. Por sua vez, Jorge Ferreira e Daniel Aarão Reis coordenaram e organizaram a coleção As Esquerdas no Brasil, com os livros *A Formação das Tradições: 1889-1945*[95] (que inclui textos de Marcos Del Roio, Roberto Mansilla Amaral, Marly de Almeida Gomes Vianna, Maria Lygia Quartim de Moraes, José Castilho Marques Neto, Dainis Karepovs, Francisco Alambert, Ricardo Figueiredo de Castro, Francisco Carlos Pereira Cascardo e Mônica Pimenta Velloso sobre diferentes aspectos da história do PCB) e *Nacionalismo e Reformismo Radical: 1945-1964*[96], com artigos de Fernando Teixeira da Silva, Marco Aurélio Santana, José Carlos Reis, Jorge Luís da Silva Grespan, Mario Grynszpan, Marcus Dezemone e Karla Guilherme Carloni, entre outros. O debate econômico foi objeto de teses e dissertações, mas o primeiro estudo abrangente foi o de Guido Mantega, embora não restrito aos comunistas[97]. Também pode ser lembrado aqui o livro de Vamireh Chacon, *História das Ideias Socialistas no Brasil*, que discute diferentes aspectos da trajetória do partido[98]. Decerto, os trabalhos sobre Caio Prado Jr., Nelson Werneck Sodré, Ignácio Rangel e outros tiveram o debate sobre o desenvolvimento como pano de fundo.

A relação dos intelectuais com o partido foi extensamente abordada em biografias, estudos gerais sobre o partido, debates historiográficos etc.[99], embora por vezes com uma abordagem idealista, como é o caso de *A Derrota da Dialética*, de Leandro Konder[100]. As Artes são objeto necessário de vários estudos, dada a importância do PCB entre pintores, escritores, cineastas, dramaturgos e poetas. Valé-

94. Luiz Bernardo Pericás, *Caminhos da Revolução Brasileira*, São Paulo, Boitempo, 2019.
95. Jorge Ferreira e Daniel Aarão Reis (orgs.), *A Formação das Tradições: 1889-1945*, Rio de Janeiro, Civilização Brasileira, 2007.
96. Jorge Ferreira e Daniel Aarão Reis (orgs.), *Nacionalismo e Reformismo Radical: 1945-1964*, Rio de Janeiro, Civilização Brasileira, 2007.
97. Guido Mantega, *Economia Política Brasileira*, Petrópolis, Vozes, 1985. Posteriormente, ele escreveu: "Guido Mantega: Marxismo na Economia Brasileira", em Tamás Szmerecsány e Wilson Suzigan (orgs.), *História Econômica do Brasil Contemporâneo*, São Paulo, Hucitec, 2002. Para uma obra de referência sobre o desenvolvimentismo, tema que envolveu o PCB: Ricardo Bielschowsky, *Pensamento Econômico Brasileiro: O Ciclo Ideológico do Desenvolvimentismo*, Rio de Janeiro, Contraponto, 1995.
98. Vamireh Chacon, *História das Ideias Socialistas no Brasil*, Rio de Janeiro, Civilização Brasileira, 1965.
99. Muniz Ferreira, "O PCB e a Organização do Campo Intelectual Brasileiro", em VVAA, *Intelectuais Partidos: Os Comunistas e as Mídias no Brasil*, Rio de Janeiro, E-Papers, 2012; Josélia Aguiar, *Jorge Amado: Uma Biografia*, São Paulo, Todavia, 2018; Leandro Konder, *Memórias de um Intelectual Comunista*, Rio de Janeiro, Civilização Brasileira, 2018.
100. Leandro Konder, *A Derrota da Dialética*, São Paulo, Expressão Popular, 2009. De modo algum isso diminui a importância intelectual que Konder teve entre os "eurocomunistas" do PCB, ao lado de Carlos Nelson Coutinho.

ria Guimarães tratou da relação do PCB com o samba[101]; Eunice Catunda escreveu na revista *Fundamentos* sobre a capoeira[102]; Lilian Ferreira da educação e difusão da leitura[103]; Mônica da Silva Araújo, Karina Fernandes e Rodrigo Tavares das artes visuais e dos artistas[104]. Leandro Konder publicará *Os Marxistas e as Artes*[105], enquanto Carlos Nelson Coutinho editará obras como *Literatura e Ideologia en Brasil*[106] e *Cultura e Sociedade no Brasil: Ensaios sobre Ideias e Formas*[107].

Momentos Decisivos

Os primeiros anos do PCB, especificamente, serão tema de livros importantes de Michel Zaidan[108], exemplo da historiografia feita no período de esgotamento da ditadura militar. Naquela altura parecia importante refutar o preconceito de que o comunismo seria uma planta exótica no Brasil. Assim, Zaidan acentuou a autonomia das formulações políticas do PCB até 1928. Registre-se também Dario Canale[109], autor de uma tese de doutorado defendida na Universidade Karl Marx, em Leipzig (Alemanha) em 1986 e publicada mais tarde, em português, pela Editora Anita Garibaldi e a Fundação Maurício Grabois (Canale também seria coautor e coorganizador de um livro sobre o Levante Comunista de 1935, juntamente com Francisco Viana e José Nilo Tavares)[110].

101. Valéria Lima Guimarães, *O PCB Cai no Samba: Os Comunistas e a Cultura Popular (1945-1955)*, Rio de Janeiro, Aperj, 2009.
102. Angela Luhning, "Eunice Katunda e Pierre Verger: Documentações Pessoais, Processos Criativos e Diálogos Afro-Brasileiros nos Anos 1950 e 1960", *Opus*, vol. 26, n. 1, pp. 1-29, jan.-abr. 2020.
103. Lilian Zanvettor Ferreira, *Fomos, Somos e Seremos Comunistas: A Educação dos Trabalhadores do Partido Comunista do Brasil de 1920 a 1950*, Uberlândia, Navegando, 2019.
104. Mônica da Silva Araújo, *A Arte do Partido para o Povo: O Realismo Socialista no Brasil e as Relações entre Artistas e PCB (1945-1958)*, Rio de Janeiro, UFRJ, 2002 (Dissertação de Mestrado); Karina Fernandes, *Os Tons da Política: Os Artistas Plásticos e o PCB (1945-1950)*, Rio de Janeiro, UFRJ, 2017 (Tese de Doutorado); Rodrigo Tavares, *Desenhando a Revolução: A Luta de Imagens na Imprensa Comunista (1945-1964)*, São Paulo, FFLCH-USP, 2010 (Tese de Doutorado).
105. Leandro Konder, *Os Marxistas e a Arte*, São Paulo, Expressão Popular, 2013.
106. Carlos Nelson Coutinho, *Literatura e Ideologia en Brasil*, Havana, Casa de las Américas, 1986.
107. Carlos Nelson Coutinho, *Cultura e Sociedade no Brasil: Ensaios sobre Ideias e Formas*, São Paulo, Expressão Popular, 2011.
108. Michel Zaidan Filho, *Comunistas a Céu Aberto: 1922-1930*, Belo Horizonte, Oficina de Livros, 1989; *PCB (1922-1929): Na Busca das Origens de um Marxismo Nacional*, São Paulo, Global, 1985.
109. Dario Canale, *O Surgimento da Seção Brasileira da Internacional Comunista (1917-1928)*, São Paulo, Anita Garibaldi/Fundação Maurício Grabois, 2013.
110. Dario Canale, Francisco Viana e José Nilo Tavares (orgs.), *Novembro de 1935: Meio Século Depois*, Petrópolis, Vozes, 1985.

A década de 1930, por sua vez, foi discutida em detalhes em livros já clássicos escritos por Marcos Del Roio[111] e Marly Vianna[112] (neste último caso, em especial, focados no ano de 1935 e na atuação da ANL). Além de seu emblemático *Revolucionários de 1935: Sonho e Realidade*, Vianna também deu contribuições importantes com os livros *Pão, Terra e Liberdade: Memória do Movimento Comunista de 1935*[113] e *Política e Rebelião nos Anos 30*[114]. A obra de Del Roio se inseriu no debate sobre o papel do PCB na Revolução de 1930 e se notabilizou pela extensa pesquisa documental numa era anterior à internet.

A cisão de 1937-1938 foi estudada por Dainis Karepovs[115]. Sobre o período entre 1939 e 1943 há novos estudos de Luiz Zimbarg[116], Daniel Borges[117] e Frederico Falcão, e acerca de um interregno mais amplo, de 1936 a 1948, pode-se apontar o livro *Os Impasses da Estratégia*[118], de Carlos Zacarias de Sena Jr. A fase da legalidade (1945-1947), em que o PCB atua na Assembleia Constituinte e é uma alternativa de reorganização e unificação do movimento sindical, é mais estudada a partir da obra de Arnaldo Spindel[119]. Há trabalhos específicos sobre a participação do PCB na Constituinte, como o de Giovanetti Netto[120], assim como a dissertação de mestrado de Juliano Medeiros[121].

O período de 1942 a 1961 foi analisado por Frederico José Falcão em *Os Homens do Passo Certo*[122]; o giro de agosto de 1949 por Beatriz Loner[123]; en-

111. Marcos Del Roio, *A Classe Operária na Revolução Burguesa: A Política de Alianças do PCB (1928-1935)*, Belo Horizonte, Oficina de Livros, 1990.
112. Marly de Almeida Gomes Vianna, *Revolucionários de 1935: Sonho e Realidade*, São Paulo, Expressão Popular, 2011.
113. Marly de Almeida Gomes Vianna, *Pão, Terra e Liberdade: Memória do Movimento Comunista de 1935*, Rio de Janeiro/São Carlos, Arquivo Nacional/UFSCAR, 1995.
114. Marly de Almeida Gomes Vianna, *Política e Rebelião nos Anos 30*, São Paulo, Moderna, 1995.
115. Dainis Karepovs, *Luta Subterrânea: O PCB em 1937-1938*, São Paulo, Hucitec/Unesp, 2003.
116. Luiz Alberto Zimbarg, *O Cidadão Armado: Comunismo e Tenentismo (1927-1945)*, Franca, Unesp, 2001 (Tese de Doutorado).
117. Daniel S. Borges, *O Partido de Caio Prado Júnior: O Comitê de Ação e a Reorganização do PCB (1941-1945)*, Rio de Janeiro, UFRJ, 2016 (Dissertação de Mestrado).
118. Carlos Zacarias de Sena Jr., *Os Impasses da Estratégia: Os Comunistas, o Antifascismo e a Revolução Burguesa no Brasil, 1936-1948*, São Paulo, Annablume, 2009.
119. Arnaldo Spindel, *Partido Comunista na Gênese do Populismo*, São Paulo, Símbolo, 1980.
120. Evaristo Giovannetti Netto, *PCB na Assembleia Constituinte de 1946*, São Paulo, Novos Rumos, 1986.
121. Juliano Medeiros, *Por Dentro da Ordem: Os Comunistas na Assembleia Constituinte de 1946*, Brasília, UnB, 2016 (Dissertação de Mestrado).
122. Frederico José Falcão, *Os Homens do Passo Certo: O PCB e a Esquerda Revolucionária no Brasil (1942-1961)*, São Paulo, Sundermann, 2012.
123. Beatriz Ana Loner, *O PCB e a Linha do "Manifesto de Agosto": Um Estudo*, Campinas, Unicamp, 1985 (Dissertação de Mestrado).

quanto a época de 1954 a 1964 será tema da tese de doutorado de José Antonio Segatto, depois publicada em livro dedicado à memória de Caio Prado Jr., obra que se tornou referência[124]. Diversos livros escritos ou organizados por Raimundo Santos, como seu estudo sobre a Declaração de Março de 1958, *A Primeira Renovação Pecebista*[125], além de *O Pecebismo Inconcluso: Escritos sobre Ideias Políticas*[126] e *A Importância da Tradição Pecebista*[127], também representarão uma importante contribuição para a reconstrução da história do partido.

Histórias gerais da sigla podem ser encontradas em forma sintética no livro de José Antonio Segatto, *Breve História do PCB*[128] (durante anos uma das principais referências para estudantes e pesquisadores da agremiação); Eliezer Pacheco, *O Partido Comunista Brasileiro: 1922-1964*[129]; Anita Leocadia Prestes, *Os Comunistas Brasileiros: Luiz Carlos Prestes e a Política do PCB*[130]; os estudos de Ciência Política realizados por Gildo Marçal Brandão[131]; o opúsculo de Antonio Albino Canelas Rubim, *Marxismo, Cultura e Intelectuais no Brasil*[132]; os trabalhos de Antonio Carlos Mazzeo, autor de *Sinfonia Inacabada: A Política dos Comunistas no Brasil*[133] e, com Maria Izabel Lagoa, da coletânea *Corações Vermelhos: Os Comunistas Brasileiros no Século XX*[134]; e, finalmente, a coleção massiva, em seis volumes, publicada pela Unicamp e organizada por João Quartim de Moraes, Daniel Aarão Reis, Marcos Del Roio e Marcelo Ridenti, *História do Marxismo no Brasil* (na qual o PCB é discutido em diversos artigos), apenas para citar alguns dos mais conhecidos. Isso para não falar dos trabalhos

124. José Antonio Segatto, *Reforma ou Revolução: As Vicissitudes Políticas do PCB (1954-1964)*, Rio de Janeiro, Civilização Brasileira, 1995.

125. Raimundo Santos, *A Primeira Renovação Pecebista: Reflexos do XX Congresso do PCUS no PCB (1956-1957)*, Belo Horizonte, Oficina de Livros, 1988.

126. Raimundo Santos, *O Pecebismo Inconcluso: Escritos sobre Ideias Políticas*, Rio de Janeiro, Universidade Rural, 1994.

127. Raimundo Santos, *A Importância da Tradição Pecebista*, Brasília, Fundação Astrojildo Pereira, 2009.

128. José Antonio Segatto, *Breve História do PCB*, Belo Horizonte, Oficina de Livros, 1989.

129. Eliezer Pacheco, *O Partido Comunista Brasileiro (1922-1964)*, São Paulo, Alfa-Ômega, 1984.

130. Anita Leocadia Prestes, *Os Comunistas Brasileiros: Luiz Carlos Prestes e a Política do PCB*, São Paulo, Brasiliense, 2010.

131. Gildo M. Brandão, *A Esquerda Positiva (As Duas Almas do Partido Comunista, 1920-1964)*, São Paulo, Hucitec, 1997.

132. Antonio Albino Canelas Rubim, *Marxismo, Cultura e Intelectuais no Brasil*, Salvador, Centro Editorial e Didático da UFBA, 1995.

133. Antonio Carlos Mazzeo, *Sinfonia Inacabada: A Política dos Comunistas no Brasil*, Marília/São Paulo, Unesp/Boitempo, 1999.

134. Antonio Carlos Mazzeo e Maria Izabel Lagoa (orgs.), *Corações Vermelhos: Os Comunistas Brasileiros no Século XX*, São Paulo, Cortez, 2003.

de marxistas próximos ou integrantes do partido (não vinculados ao meio acadêmico), como Nelson Werneck Sodré, *Contribuição à História do PCB*[135] e Astrojildo Pereira, *A Formação do PCB*[136].

Livros anticomunistas ou de ex-comunistas arrependidos darão um retrato (neste caso, bastante tendencioso e repleto de preconceitos) da legenda, como é o caso de *A Marcha Vermelha*[137], de Davino Francisco dos Santos; *Militância*[138] de Victor Márcio Konder; *Os Crimes do Partido Comunista*[139], de Pedro Lafayette; ou, muito tempo depois, *Camaradas*[140], do jornalista William Waack. Numa forma menos ostensiva temos as memórias do empresário Boris Tabacof, militante do PCB até 1956[141].

Por outro lado, como contraponto, Carla Luciana Silva editará *Onda Vermelha: Imaginários Anticomunistas Brasileiros (1931-1934)*[142], um trabalho acadêmico que apresentará um quadro do que se produzia contra o comunismo em nosso país na época analisada. Também podem ser incluídos na categoria de livros que discutem a perseguição aos comunistas locais, *O Mito do Complô Judaico-Comunista no Brasil: Gênese, Difusão e Desdobramentos (1907-1954)*[143] e *Bolchevismo e Judaísmo: A Comunidade Judaica Sob o Olhar do Deops*[144], ambos de Taciana Wiazovski, assim como *O Risco das Ideias: Intelectuais e a Polícia Política (1930-1945)*[145], de Álvaro Gonçalves Antunes Andreucci, e *Presos Políticos e Perseguidos Estrangeiros na Era Vargas*[146], obra preparada por Marly de Almeida Gomes Vianna, Érica Sarmiento da Silva e Leandro Pereira Gonçalves. Já uma coletânea sobre o anticomunismo de alguns intelectuais brasileiros

135. Nelson Werneck Sodré, *Contribuição à História do PCB*, São Paulo, Global, 1984.
136. Astrojildo Pereira, *A Formação do PCB*, Lisboa, Prelo, 1976.
137. Davino Francisco dos Santos, *A Marcha Vermelha*, São Paulo, Saraiva, 1948.
138. Victor Márcio Konder, *Militância*, São Paulo, Arx, 2002.
139. Pedro Lafayette, *Os Crimes do Partido Comunista*, Rio de Janeiro, Moderna, 1946.
140. William Waack, *Camaradas: Nos Arquivos de Moscou, a História Secreta da Revolução Brasileira de 1935*, São Paulo, Companhia das Letras, 1993.
141. Boris Tabacof, *Perdidos e Achados*, São Paulo, Hucitec, 2005.
142. Carla Luciana Silva, *Onda Vermelha: Imaginários Anticomunistas Brasileiros (1931-1934)*, Porto Alegre, EdiPUCRS, 2001.
143. Tatiana Wiazovski, *O Mito do Complô Judaico-Comunista no Brasil: Gênese, Difusão e Desdobramentos (1907-1954)*, São Paulo, Humanitas, 2008.
144. Taciana Wiazovski, *Bolchevismo e Judaísmo: A Comunidade Judaica sob o Olhar do Deops*, São Paulo, Arquivo do Estado/Imprensa Oficial, 2001.
145. Álvaro Gonçalves Antunes Andreucci, *O Risco das Ideias: Intelectuais e a Política Política (1930-1945)*, São Paulo, Humanitas, 2006.
146. Marly de Almeida Gomes Vianna, Érica Sarmiento da Silva e Leandro Pereira Gonçalves (orgs.), *Presos Políticos e Perseguidos Estrangeiros na Era Vargas*, Rio de Janeiro, Mauad X, 2014.

que pode ser citada aqui é *Intelectuais e Comunismo no Brasil: 1920-1950*[147], organizada por Cândido Moreira Rodrigues e Jefferson Rodrigues Barbosa.

O anticomunismo é um elemento de longa duração e surgiu no Brasil antes de qualquer movimento socialista ou comunista, já no século XIX, pois não é uma negação determinada do comunismo como movimento real[148]. Para o estudo da história do PCB, no entanto, deve-se levar em conta que o partido não foi apenas um pretexto, pois em vários momentos ele teve papel político relevante. Rodrigo Motta escreveu o panorâmico *Em Guarda Contra o Perigo Vermelho: O Anticomunismo no Brasil (1917-1964)*[149]. A propaganda anticomunista podia ser feita a partir do exterior[150] ou recebia incentivo material do exterior que financiava editoras, filmes e imprensa, como demonstrou a excelente pesquisa de Camila Djurovic[151].

Edgard Carone foi o pioneiro no estudo da ação editorial marxista com *O Marxismo no Brasil*[152], cujo levantamento foi completado por Dainis Karepovs em obra ainda inédita. Editoras e editores comunistas específicos foram abordados por Felipe Lacerda, Flamarion Maués, Apoena Cosenza, Vinícius Juberte e Sergio Montalvão[153]. Lincoln Secco realizou um esforço de síntese em seu *A Batalha dos Livros*[154]. Marisa Deaecto e o historiador francês Jean-Yves Mollier organizaram uma obra sobre as edições comunistas no Brasil e na França[155].

147. Cândido Moreira Rodrigues e Jefferson Rodrigues Barbosa (orgs.), *Intelectuais e Comunismo no Brasil.*
148. Lincoln Secco, "O Anticomunismo Preventivo", *Maria Antonia*, GMarx-USP, n. 55, ano 1, 2020.
149. Rodrigo Patto S. Motta, *Em Guarda Contra o Perigo Vermelho: O Anticomunismo no Brasil (1917-1964)*, 2ª. ed., Rio de Janeiro, EdUFF, 2020.
150. Geraldo Cantarino, *Segredos da Propaganda Anticomunista: Documentos Diplomáticos Revelam a Atuação do IRD, um Departamento Secreto do Governo Britânico no Brasil*, Rio de Janeiro, Mauad, 2011. Estudo sobre o Information Research Department.
151. Camila Djurovic, *Impressões da Direita: Luta Ideológica e Mobilização Empresarial Através da Ação Editorial do IPÊS (1961-1964)*, São Paulo, FFLCH-USP, 2021 (Dissertação de Mestrado).
152. Edgard Carone, *O Marxismo no Brasil*, Belo Horizonte, Dois Pontos, 1986.
153. Flamarion Maués, "A Editora Vitória e a Divulgação das Ideias Comunistas no Brasil, 1944-1964", em A. Paço; Raquel Varela e S. Van Der Velden (eds.), *Strikes and Social Conflicts Towards a Global History*, Lisboa, Universidade Nova de Lisboa, 2011; Vinícius Juberte, *O PCB e os Livros: A Editorial Calvino no Período da Legalidade do Partido nos Anos 1940 (1943-1948)*, São Paulo, USP, 2016 (Dissetação de Mestrado); Apoena Canuto Cosenza, *Um Partido, Duas Táticas: Uma História Organizativa e Política do Partido Comunista Brasileiro (PCB), de 1922 a 1935*, São Paulo, USP, 2012 (Dissertação de Mestrado). Ver também o excelente Sergio de Sousa Montalvão, "Histórias Cruzadas: Uma Prosopografia dos Fundadores da Revista Brasiliense (São Paulo, 1955)", *História*, n. 36, 2017.
154. Lincoln Secco, *A Batalha dos Livros*, Cotia, Ateliê Editorial, 2017. Neste livro há também menções incipientes de registros documentais e bibliográficos sobre as relações dos comunistas com o feminismo, movimento negro e a homossexualidade.
155. Marisa Midori Deaecto e Jean-Yves Mollier (orgs.), *Edição e Revolução: Leituras Comunistas no Brasil e na França*, Cotia/Belo Horizonte, Ateliê Editorial/UFMG, 2013.

Bases Sociais e Regionais

A real inserção do PCB na sociedade brasileira é difícil de ser quantificada, mas neste século XXI novos historiadores abordaram as especificidades locais do partido, particularmente no período da legalidade de 1946-1947 e na semilegalidade até 1964, período em que os comunistas elegeram candidatos por outras legendas. A descrição das organizações estaduais e locais e do perfil dos candidatos permite um desenho de contornos, mesmo que ainda incertos, do que era a composição social do partido.

O número de membros do PCB ao longo do tempo é ainda alvo de debates. Por isso, difícil de precisar as cifras exatas, ainda que diferentes pesquisadores tenham sugerido dados, muitas vezes díspares, neste sentido. No mencionado *A Batalha dos Livros*, Lincoln Secco fez um levantamento, ainda que aproximado, com estimativas colhidas na bibliografia e em depoimentos. O historiador estadunidense Ronald Chilcote, por sua vez, apresentou estimativas em relação à quantidade de integrantes do partido ao longo das décadas, até meados dos anos 1960.

Segundo ele, a organização em 1922 teria 73 militantes; em 1925, trezentos; em 1929, mil; em 1934, de quinhentos a mil; em 1935, de cinco mil a dez mil; em 1943, de oitocentos a novecentos; em 1945, 82 mil; em 1946, 180 000; em 1947, duzentos mil; em 1954, entre oitenta e cem mil; em 1958, 1959 e 1960, em torno de cinquenta mil; em 1961, entre quarenta e cinquenta mil; em 1962, de trinta a quarenta mil; em 1963, de 25 a 35 mil; em 1964 e 1965, trinta mil; e em 1966, vinte mil membros. Para o Departamento de Estado dos Estados Unidos o PCB tinha, em 1968, quinze mil; em 1972, treze mil; e em 1973, seis mil membros[156]. Já Jozef Wilczynski estimava em 1947 150 mil membros e, em 1978, em torno de quatro mil integrantes[157].

Algumas pesquisas discutem especificamente a origem profissional dos comunistas. Segundo a tese de David Ribeiro, por exemplo, o Comitê Central eleito em 1943 era formado por seis operários, sete militares, cinco intelectuais, um funcionário e um sobre o qual não foi possível obter informações[158].

156. Lincoln Secco, *A Batalha dos Livros*, p. 194.

157. Josef Wilczynski, *An Encyclopedic Dictionary of Marxism, Socialism and Communism*, London, Macmillan, 1981, pp. 49-50.

158. David Ricardo Sousa Ribeiro, *A Transição para a Democracia no Brasil (1943-1947): O PCB e a Construção de um Caminho Alternativo*, São Paulo, FFLCH-USP, 2022 (Tese de Doutorado). Sua pesquisa, na contramão das teses clássicas de Luiz Werneck Vianna e Francisco Weffort, resgatou o papel autônomo do PCB na democratização de 1945-1946. Entre o liberalismo da UDN e o corporativismo de Vargas, o PDB apresentou sua própria alternativa democrática.

Nos anos 1980, quando surgiu o Partido dos Trabalhadores, o PCB ainda era uma força política nos parlamentos e câmaras de vereadores e uma força social nos bairros e em muitos sindicatos, embora longe de sua importância do período 1945-1964. Mas as memórias e a historiografia estavam mais preocupadas com as grandes disputas estratégicas e as mudanças de direção do partido.

A disputa política no interior da esquerda fez com que parte da historiografia projetasse no passado a busca de momentos de autonomia da classe operária, em detrimento de correntes comunistas e trabalhistas. Dessa forma, as correntes libertárias (muito importantes até a década de 1930) e até socialistas (de escassa inserção de massas) foram resgatadas. O PCB foi visto como correia de transmissão de Moscou, de governos "populistas" ou de sindicalistas pelegos.

Fausto[159], Decca, Vesentini[160], Munakata[161] e Tronca levaram ao limite a crítica ao PCB. Para Ítalo Tronca, que sintetizou aquelas posições, o PCB foi o "vencedor entre vencidos", manipulador e aliado ao governo para impedir que a contradição entre o capital e o trabalho emergisse na arena política em 1930[162]. Edgar de Decca discutirá o BOC em *1930: O Silêncio dos Vencidos*[163]. Analisando o período após 1945, Weffort[164] e Spindel[165] sugeriram a subordinação do PCB à política de Vargas. Também a partir dos anos 1980 se desenvolveu a disputa de memória por parte do PCdoB, embora com escassa ressonância acadêmica[166], se comparado com os estudos sobre o PCB.

A leitura crítica do PCB passou a ser abrandada nos anos 1990 e revista no século XXI. Ao analisar o jornal *Hoje* do PCB, Pedro Pomar revelou que entre "a orientação da direção partidária de evitar greves e a pressão dos trabalhadores

159. Boris Fausto, *A Revolução de 1930*, 5 ed., São Paulo, Brasiliense, 1978, p. 113.

160. Edgar de Decca e Carlos Alberto Vesentini, "A Revolução do Vencedor", *Contraponto*, 1º. nov 1976.

161. Kazumi Munakata, *A Legislação Trabalhista no Brasil*, São Paulo, Brasiliense, 1981.

162. Italo Tronca, *A Revolução de 1930: A Dominação Oculta*, São Paulo, Brasiliense, 1982, p. 40.

163. Edgar de Decca, *1930: O Silêncio dos Vencidos*, São Paulo, Brasiliense, 1981.

164. Francisco Weffort, "Origens do Sindicalismo Populista no Brasil: A Conjuntura do Após-guerra", *Estudos Cebrap*, n. 4, abr.-jun. 1973.

165. Arnaldo Spindel, *Partido Comunista na Gênese do Populismo.*

166. Ainda pouco estudado, o PCdoB foi objeto de obras de natureza ideológica favorável ou contrária, como: Péricles de Carvalho e Francisco Almeida, *PCdoB – 1962-1984: A Sobrevivência de um Erro*, São Paulo, Novos Rumos, 1985; Partido Comunista do Brasil (org.), *Dois Caminhos Opostos: PCdoB e PCB*, São Paulo, Anita Garibaldi, [s. d.]; ou miscelânea de pesquisa e memória familiar em Valter Pomar, *Comunistas do Brasil: Interpretações sobre a Cisão de 1962*, São Paulo, FFLCH-USP, 2000 (Dissertação de Mestrado). Um estudo estritamente acadêmico em: Jean Salles, "História do Partido Comunista do Brasil (PCdoB): Um Balanço Bibliográfico", *Revista Tempo e Argumento*, vol. 9, n. 21, pp. 290-311, 2017. Ver também Daniel Ilirian Carvalho, *O Surgimento do PCdoB na Crise do Comunismo Brasileiro entre 1954 e 1962*, São Paulo, PUC-SP, 2010 (Dissertação de Mestrado).

que compareciam à redação, o jornal oscilava. Ao longo dos anos 1950 muitas vezes os sindicalistas comunistas tomaram iniciativas próprias, nem sempre em acordo com o partido"[167].

Pesquisas dos anos posteriores reforçaram a imagem de que o PCB foi um importante partido popular de trabalhadores urbanos. E em algumas regiões sua influência sobre os conflitos no campo não foi negligenciável.

A real inserção do PCB na sociedade brasileira é difícil de ser quantificada devido à situação de clandestinidade a que o partido foi submetido. Nos anos 1920, sua base era de marmoreiros, marítimos, ferroviários, gráficos, mecânicos, padeiros, alfaiates, garçons, sapateiros etc. Não era o operário de fábrica, aliás escasso ainda no Brasil. Além disso, o PCB era mais forte no Rio de Janeiro, cidade que tinha uma estrutura social mais complexa[168].

Depois de 1928, o PCB se inclinou a uma linha obreirista, mantendo operários no seu Comitê Central. Exatamente quando Astrojildo Pereira, Octávio Brandão, Leôncio Basbaum e outros dirigentes que não eram operários foram afastados, o partido mais recebeu em suas fileiras os setores de classe média (militares e intelectuais), deixando de ser um partido apenas de trabalhadores manuais para tornar-se policlassista, segundo Leôncio Martins Rodrigues[169]. A presença de intelectuais na direção continuou existindo, como foi o caso de Fernando Lacerda.

A pesquisa de André Matos[170] revelou que em 1929, a Federação Brasileira da Juventude Comunista apresentava 85% de operários entre seus membros, 5% eram trabalhadores rurais, 5% comerciários e 5% estudantes. Em 1932 eram 40% os operários (divididos ao meio entre grandes e pequenas empresas), 8% eram trabalhadores agrícolas, 12% empregados diversos, 30% desempregados e 10% foram registrados como comerciários e estudantes. Em 1935, registravam-se apenas no Rio de Janeiro 62 trabalhadores, 33 desportistas e 42 estudantes.

Sobre a ANL, cuja obra clássica a respeito foi escrita por Marly Vianna, há documentação sobre os seus membros que foram presos, mas ela não se confunde com o PCB, sendo uma frente ampla dezenas de vezes maior que o partido. Marcos Del

167. Pedro Pomar, "Nas Páginas do *Hoje*: o Diário Paulista do PCB e Sua Vocação Contra-hegemônica", *Revista Perseu*, n. 12, ano 7, 2016; Helio da Costa, *Em Busca da Memória: Comissão de Fábrica, Partido e Sindicato no Pós-guerra*, São Paulo, Scritta, 1995.

168. Boris Fausto, *História do Brasil*, São Paulo, Edusp, 1996, p. 298.

169. Leôncio M. Rodrigues, "O PCB: Os Dirigentes e a Organização", em Boris Fausto (org.), *História Geral da Civilização Brasileira: O Brasil Republicano*, Rio de Janeiro, Civilização Brasileira, 1996, p. 433.

170. André R. Mattos, *Uma História da UNE (1945-1964)*, Campinas, Pontes, 2014, p. 102.

Roio, fundamentado em extensa pesquisa de fontes primárias, permite um retrato da inserção social do PCB para além dos debates estratégicos que são o objeto de deu livro já citado. Dainis Karepovs também permite uma estimativa do aparato organizativo e número de membros do PCB em 1937 (2160 militantes)[171].

Todavia, aquele partido dos anos 1930 não teve inserção popular decisiva. Seu momento de maior número de adeptos se deu em 1934-1935, quando se formou a ANL. A repressão que se abateu sobre o PCB depois do Levante de 1935 ainda preservou algumas estruturas organizativas em São Paulo, Bahia e outros Estados, embora o PCB tivesse perdido aproximadamente 70% dos seus militantes. O partido discutiu suas opções nas eleições presidenciais que, ao fim, não se realizaram devido ao golpe de 1937. Depois disso, o partido se dividiu e foi desagregado pela repressão.

O PCB atingiu seu nadir em 1942, quando havia um número incerto de membros que, possivelmente, não chegava a uma centena. Com o fim do Estado Novo, no Brasil inteiro o PCB elegeu 46 deputados em quinze dos 21 Estados e ficou em terceiro lugar na Assembleia Legislativa de São Paulo, com onze representantes. Sete eram operários e quatro intelectuais[172].

Os dados eleitorais são insuficientes, quando muito aproximativos e é preciso observar os filiados. O Registro dos Diretórios Municipais, obrigatório pela lei da época, enumera as profissões dos membros das direções locais. Um levantamento feito nos anos 1950 sobre Minas Gerais verificou que 2,5% dos líderes locais trabalhavam no setor agropecuário; 20,6% no comércio e nos bancos; 58,6% no artesanato e pequenos ofícios. O PCB era um partido urbano, com 79% dos líderes provenientes do artesanato e do comércio[173]. Registre-se o caso do mineiro de Uberaba Afrânio Francisco de Azevedo, proprietário da fazenda de sugestivo nome, Sibéria, localizada em Uberlândia (MG). Ele foi deputado estadual constituinte em Goiás pelo PCB e seus filhos escreveram um relato de viagem à União Soviética[174].

171. Dainis Karepovs, *Luta Subterrânea: O PCB em 1937-1938*, p. 187.

172. José Eduardo Afonso, "O PCB no Legislativo Paulista (1947-1948)". Disponível em: https://www.al.sp.gov.br/repositorio/bibliotecaDigital/529_arquivo.pdf.

173. Orlando Carvalho, "Os Partidos Políticos em Minas Gerais", *Segundo Seminário de Estudos Mineiros*, Belo Horizonte, 1956, pp. 33-35 (Separata).

174. Itami Campos e Arédio Duarte, *O Legislativo em Goiás*, vol. 3: *Perfil Parlamentar II (1947-2003)*, Goiânia, Assembleia Legislativa de Goiás, 2002; Martha de Freitas Azevedo e José Olympio de Freitas Azevedo, *Cartas de Dois Mundos*, Rio de Janeiro, Vitória, 1959.

Apesar da variedade regional, podemos elencar alguns exemplos colhidos sem uma pesquisa nossa aprofundada. Eles revelam um partido de perfil popular na Quarta República. Segundo Ildefonso Lima Neto, que estudou um jornal do PCB no Ceará, o partido elegeu em 1945 o médico Pontes Neto e o pedreiro José Marinho de Vasconcelos, nascido em Natal (RN), antigo dirigente do Comitê Regional da Juventude Comunista (1934) no Estado de Pernambuco, radicado em Fortaleza a partir de 1943, onde foi Secretário da Organização do Comitê Estadual do PCB do Ceará (1945)[175].

O fato de o PCB possivelmente ter mais membros realmente ativos das classes subalternas do que outras agremiações à sua esquerda ou à sua direita não significava que eles sempre fossem majoritários, particularmente nos cargos de direção. Em 89 nomes de pessoas que fizeram parte do Comitê Estadual do Partido no Estado do Paraná, entre 1945 e 1964, Márcio Gonçalves detectou que a imensa maioria dos dirigentes comunistas não era de operários, mas sim de segmentos das pequena e média burguesias[176]. Estudos acadêmicos regionais cresceram nos anos 2000 e 2010. Uma investigação acerca do PCB paraibano mostrou que entre os candidatos comunistas à Assembleia Constituinte da Paraíba, em 1947, só um era operário (gráfico)[177]. Outra pesquisa revelou que em Campina Grande (PB), nas células do PCB, em 1945, mais da metade dos membros era de trabalhadores manuais. A direção estadual do partido em Pernambuco era formada por dois comerciários, dois operários e um ex-militar[178].

Segundo Raquel Silva, pelo PCB da Bahia, dentre vinte e dois candidatos ao cargo de deputado federal em 1945, sete eram operários, sendo o restante advogados, professores e médicos[179]. O deputado federal eleito foi o ex-estudante Carlos Marighella. Em Alagoas, metade da direção do Partido era de operários, além de pequenos comerciantes do centro de Maceió, profissionais liberais e estudantes. De acordo com Anderson Moura, nos bairros populares

175. Ildefonso Rodrigues Lima Neto, *Escrita Subversiva:* O Democrata, *1946 -1947*, Fortaleza, UFC, 2006 (Dissertação de Mestrado).

176. Márcio Mauri Kieller Gonçalves, *Elite Vermelha: Um Perfil Socioeconômico dos Dirigentes Estaduais do Partido Comunista Brasileiro no Paraná – 1945-1964*, Curitiba, UFPR, 2004 (Dissertação de Mestrado).

177. Faustino T. Cavalcante Neto, *O PCB Paraibano no Imaginário Social: O Caso Félix Araújo na Fase da "Redemocratização" (1945-1953)*, Campina Grande, UEPB, 2006 (Dissertação de Mestrado).

178. Diego Carvalho da Silva, *Partidos e Alianças Políticas na "Moscouzinho do Brasil": Os Comunistas e as Eleições Municipais de Outubro de 1947 em Jaboatão-PE*, Niterói, UFF, 2015 (Dissertação de Mestrado).

179. Raquel Oliveira Silva, *O PCB e Comitês Populares Democráticos em Salvador (1945-1947)*, Salvador, UFBA, 2012 (Dissertação de Mestrado).

a composição social do Partido nos anos 1950 era de alfaiates, artesãos, estivadores, padeiros, pedreiros, carpinteiros, estivadores, ferroviários etc.[180]

No Amazonas o secretário-geral do Comitê Estadual, Lycurgo Cavalcante, era um alfaiate, ex-membro do Centro Proletário Amazonense em 1933 e primeiro secretário da Aliança Nacional Libertadora (ANL) em 1935[181]. Para pesquisadores da Universidade Federal da Grande Dourados, o PCB de Mato Grosso (com sede em Campo Grande) contava com militantes que eram intelectuais, empresários, profissionais liberais, e até com um time de futebol formado por sindicalistas; mas sua militância incluía, além de ferroviários, sindicalistas do Sindicato dos Trabalhadores do Garimpo, líderes camponeses, Associação Profissional dos Trabalhadores Gráficos formada em outubro de 1946, e o Sindicato da Construção Civil[182]. Lembremos que o centro-oeste teve dois deputados estaduais constituintes comunistas em Mato Grosso e dois em Goiás.

Segundo Jaci Vieira, o Comité Estadual de Santa Catarina tinha um comerciário; dois operários; e um estivador[183]. Pesquisa sobre o município fluminense de Magé identificou onze vereadores comunistas eleitos de 1947 a 1964, parte deles ex-operários têxteis e dirigentes nos sindicatos dos trabalhadores locais[184]. Mesmo no Rio de Janeiro, onde estava a nata da intelectualidade do PCB, a bancada de vereadores teve dois operários e o presidente da União Sindical dos Trabalhadores do Distrito Federal.

Claro que sobressaíam os nomes de Agildo Barata, Octávio Brandão e Apparício Torelly (mais conhecido como o Barão de Itararé), dentre outros, assim como em São Paulo foram mais lembrados pela historiografia Caio Prado Jr., Catullo Branco, João Taibo Cadorniga, Milton Cayres de Brito e Mario Schenberg (que assumiu depois o mandato). Mas a bancada teve Armando

180. Anderson V. Moura, *Comunistas e Trabalhadores Urbanos em Alagoas (1951–1961)*, Recife, UFPE, 2012 (Dissertação de Mestrado).

181. Davi Monteiro Abreu, "'A Ordem Não Será Alterada em Nosso Estado': Os Levantes de Novembro de 1935, o Caso do Amazonas", *Ars Historica*, n. 21, pp. 3-29, jan.-jun. 2021; Fernanda Fernandes da Silva, "O Partido Comunista do Brasil (PCB) no Amazonas: Da Fundação do Diretório Estadual ao Golpe Civil-Militar", *Tempo Amazônico*, vol. 8, n. 2, pp. 43-61, jan.-jun. 2021.

182. Ana Paula Pícoli de Lima, "O Partido Comunista Brasileiro (PCB) em Campo Grande (Mato Grosso do Sul) – 1945-1964: História e Memória", *Anais do II Ciclo de Palestras sobre História Regional: História e Historiografia [Sul] Matogrossense*, 2011.

183. Jaci Guilherme Vieira, "O Partido Comunista do Brasil: A Difícil Tarefa de se Colocar como Vanguarda dos Operários em Santa Catarina", *Textos & Debates*, n. 5, 1998.

184. Felipe Augusto dos Santos Ribeiro, *Trabalhadores à Tribuna: Memória Operária e Atuação dos Vereadores Comunistas em Magé*, Rio de Janeiro, Anpuh, 2010.

Mazzo, Clóvis de Oliveira Neto, Estocel de Moraes, João Sanches Segura, Lourival Costa Villar, Mautílio Muraro e Roque Trevisan. Em 1947, o marceneiro comunista Armando Mazzo ganhou a prefeitura de Santo André pelo Partido Social Trabalhista com 33% dos votos. Nas eleições de 1945, a maioria dos trabalhadores manuais da cidade de São Paulo pode ter votado no PCB[185].

Sob outras legendas o partido continuou a participar do processo eleitoral após a sua cassação e isso tem sido objeto de novos estudos. Para Marco Vieira, em 1958 em Garanhuns, três dos sete vereadores eleitos eram comunistas. Nas eleições de 1959, o PCB elegeu vereadores em São Paulo, Sorocaba, Ribeirão Preto, Limeira, Rio Claro, Marília, Andradina, Araçatuba, Jundiaí, Santo André, Rio Preto, Pompeia, Garça e Birigui. O fenômeno se repetiu em Porto Alegre, Rio Grande e Caxias do Sul e em outros lugares: dezessete dos 409 deputados federais eleitos pertenciam ao PCB[186].

Nas eleições proporcionais de 1962 o PCB elegeu, pelo antigo Estado da Guanabara, Benedito Cerqueira e Marco Antônio Tavares Coelho; e pelo Estado do Rio de Janeiro, Demistóclides Batista, além de deputados estaduais. Depois do golpe de primeiro de abril de 1964, o partido elegeu vereadores e deputados estaduais pelo MDB. Em 1974 Marcelo Gatto foi eleito e cassado. Mas em 1978 foi reeleito. Naquele ano e/ou na eleição seguinte foram eleitos com apoio do PCB Alberto Goldman (SP), Fernando Sant'Anna (BA), Modesto da Silveira (RJ), Jackson Barreto (SE), Tidei de Lima (MG), Roberto Freire (PE), Marcelo Cordeiro (BA), Myrthes Bevilacqua (ES)[187], Domingos Leonelli (BA), Nelson Wedekin (SC) e Marcello Cerqueira (RJ). Um feito notável para um partido clandestino, embora nem todos fossem obrigatoriamente militantes do partido[188].

185. Francisco Farias, "A Crise de 1945 e o PCB", *A Terra É Redonda*, 18 ago. 2020. Disponível em: https://aterraeredonda.com.br/a-crise-de-1945-e-o-PCB/.

186. Marco Pinheiro, *Dos Comitês Populares Democráticos (1945-1947) aos Movimentos de Educação e Cultura Popular (1958-1964): Uma História Comparada*, Rio de Janeiro, UFRJ, 2014 (Tese de Doutorado); Marco A. Santana, *Homens Partidos: Comunistas e Sindicatos no Brasil*, São Paulo, Boitempo, 2001.

187. Leandro S. Lunz, "Mulheres na Política: Myrthes Bevilácqua Corradi e Luzia Alves Toledo no Poder Legislativo – 1980 a 2018", *Revista do Arquivo Público do Estado do Espírito Santo*, vol. 4, n. 7, 2020; Leonardo Baptista, *Entre a Ilegalidade e a Luta Institucional: A Atuação do PCB no Espírito Santo no Contexto da Abertura Política (1978-1985)*, Vitória, UFES, 2016 (Dissertação de Mestrado).

188. Lincoln Secco, "Frente Antifascista", *A Terra É Redonda*, 14 fev. 2020. Disponível em: https://aterraeredonda.com.br/a-frente-antifascista/

As Mulheres

A presença de mulheres também foi resgatada por Ana Montenegro[189]. Em 1946 havia 240 militantes comunistas em Ribeirão Preto, sendo cem mulheres[190]. No Piauí o PCB foi o único partido a lançar uma mulher nas eleições de 1945, a militante Odete Vieira da Rocha, a terceira melhor votada do partido. Na eleição seguinte, de 1947, houve o lançamento de mais mulheres. A promotora Arcelina Rodrigues Mochel foi eleita vereadora pelo PCB no Rio de Janeiro em 1947. Em São Paulo, aos 24 anos de idade, a bailarina e militante santista Zuleika Alambert assumiu sua cadeira na Assembleia Legislativa de São Paulo, em 26 de setembro de 1947, pelo afastamento temporário de um deputado e a renúncia do primeiro suplente. Posteriormente, com a renúncia do deputado comunista Mautílio Muraro, um metalúrgico, ela foi efetivada deputada estadual em 15 de novembro do mesmo ano[191]. Julietta Battistioli foi eleita vereadora suplente para a Primeira Legislatura da Câmara de Porto Alegre em 1947 pela legenda do Partido Social Progressista – PSP, devido à ilegalidade do PCB. Já a costureira paulista Elisa Branco ganhou o Prêmio Stalin da Paz por sua luta contra a Guerra da Coreia. Angelina Gonçalves foi assassinada no primeiro de maio de 1950.

Além disso, mulheres participaram das publicações do partido, ainda que, por certo, em número muito menor que os homens. Entre as colaboradoras mais conhecidas que escreviam para os periódicos do PCB, como o semanário *Novos Rumos*, estavam Ana Montenegro, Eneida de Moraes, Eva Fernandes, Maria Gabriela, Beatriz Bandeira e Zuleika Alambert. A questão feminina, por sinal, foi um tema discutido por mulheres comunistas em artigos e livros escritos por militantes respeitadas, como Zuleika Alambert e seus *A Situação e Organização da Mulher*[192] e *Feminismo: O Ponto de Vista Marxista*[193]. É preciso recordar aqui também a publicação de *O Momento Feminino*, "um jornal para o seu lar", que começou a ser editado em julho de 1947, periódico feito por mulheres, dirigido por Arcelina Mochel e tendo como redatora-chefe Lia Corrêa Dutra, como redatoras Eneida Costa de Moraes e Maura de Sena Pereira,

189. Ana Montenegro, *Mulheres: Participação nas Lutas Populares,* Salvador, M&S, 1985, p. 23.
190. Lilian Rosa, *Os Comunistas em Ribeirão Preto (1922-1947),* Franca, Unesp, 1997 (Dissertação de Mestrado).
191. Cf. https://www.al.sp.gov.br/deputado/?matricula=299002.
192. Zuleika Alambert, *A Situação e Organização da Mulher,* São Paulo, Centro da Mulher Brasileira/Global, 1980.
193. Zuleika Alambert, *Feminismo: O Ponto de Vista Marxista,* São Paulo, Nobel, 1986.

como secretária Sylvia de Leon Chalreo, como gerente Heloísa Ramos, como chefe de publicidade Glória Cordeiro de Andrade, e como colaboradoras nomes como Alina Paim, Diana de Brito, Ediria Carneiro, Gilda Braga Linhares, Hilda Campofiorito, Lígia Maria Lessa Bastos, Maria Luiza Vera, Marieta Jacques, Sagramor de Scuvero, Yvonne Jean, Alice Tibiriçá, Laura Austregésilo, Ana Montenegro e Eline Mochel Matos, entre outras.

Como se observa, as mulheres tiveram participação imprescindível no PCB, embora não retratada na devida proporção pela historiografia. Exemplos são os relatos memorialísticos ou biográficos de Patrícia Galvão[194], Laura Brandão[195], Olga Benario[196], Beatriz Ryff[197], Vera Gertel[198], Anita Leocadia Prestes[199] e Ana Montenegro[200]. Intelectuais negros como Edison Carneiro e Clóvis Moura ainda aguardam novos estudos, assim como quadros intermediários, sindicalistas e gráficos[201], ainda que vários textos, especialmente sobre este último, tenham sido escritos, por autores como Augusto Buonicore, Christina Carlos Rodrigues Ribeiro, Danilo Ramos Silva, Dennis de Oliveira, Diego Ricardo Pacheco, Diorge Alceno Konrad, Érika Mesquita, Fábio Nogueira de Oliveira, Gustavo Orsolon de Souza, José Carlos Ruy, José Maria Vieira de Andrade, Márcio Farias, Mário Maestri, Talita dos Santos Molina e Walber Monteiro, entre outros. Clóvis Moura, por sinal, foi tema de uma biografia recente, escrita por Teresa Malatian, intitulada *Clóvis Moura: Uma Biografia*[202]. O fato é que, apesar disso, há ainda muito o que se pesquisar sobre diversos personagens ligados ao partido.

194. Patrícia Galvão, *Verdade & Liberdade*, São Paulo, [s. ed.], 1950; Tereza Freire, *Dos Escombros de Pagu: Um Recorte Biográfico de Patrícia Galvão*, São Paulo, Senac/Sesc, 2008.
195. Maria Elena Bernardes, *Laura Brandão: A Invisibilidade Feminina na Política*, Campinas, Unicamp/CMU, 2007; Felipe Castilho de Lacerda e Lincoln Secco, "Laura Brandão: A Imagem, a Voz e o Verso de Laura da Fonseca e Silva", em Lincoln Secco, Marcos Silva e Olga Brites (orgs.), *Mulheres que Interpretam o Brasil*, São Paulo, Com-Arte, 2021.
196. Fernando Morais, *Olga*, São Paulo, Alfa-Ômega, 1985; Anita Leocadia Prestes, *Olga Benario Prestes: Uma Comunista nos Arquivos da Gestapo*, São Paulo, Boitempo, 2017.
197. Beatriz Bandeira Ryff, *A Resistência (Anotações do Exílio em Belgrado)*, Rio de Janeiro, [s. ed.], 1990.
198. Vera Gertel, *Um Gosto Amargo de Bala*, Rio de Janeiro, Civilização Brasileira, 2013.
199. Anita Leocadia Prestes, *Viver É Tomar Partido: Memórias*, São Paulo, Boitempo, 2019.
200. Fernanda Lédo Flôres, *Ana Montenegro (1915-2006)*, Joinville, Clube de Autores, 2020.
201. Raimundo G. A. Sousa, *Os Desconhecidos da História da Imprensa Comunista*, Rio de Janeiro, Fundação Dinarco Reis, 2005.
202. Teresa Malatian, *Clóvis Moura: Uma Biografia*, Teresina, Eduespi, 2022.

Os Subterrâneos do PCB

Quase nada se sabe da geração de dirigentes dos anos 1930. A melhor fonte é o *Dicionário* de Jeifets e colaboradores[203]. Militantes que foram até secretários-gerais como Fernando Paiva de Lacerda, José Vilar, Duvitiliano Ramos e Domingos Brás, ou dirigentes como Deícola dos Santos ("Tampinha"), Osvaldo Costa ("Tamandaré"), Elias Reinaldo da Silva ("André"), José Cavalcanti ("Gaguinho"), Francisco Lira ("Cabeção") e Honório Freitas Guimarães são virtualmente desconhecidos e deixaram apenas escritos esparsos em jornais do partido[204]. Bangu[205], Abóbora[206] e Miranda[207] mereceram esboços de pesquisa. Outros estudos são dignos de menção: o de Ana Paula Palamartchuk, *Os Novos Bárbaros: Escritores e Comunismo no Brasil (1928-1948)*[208] e o de Dulce Pandolfi, *Camaradas e Companheiros*[209].

Apresentamos aqui apenas exemplos sem nenhuma intenção de fazer um levantamento exaustivo e completo. O PCB ainda foi essencial nos movimentos grevistas da Quarta República, animou o Movimento Unificado dos Trabalhadores (MUT) e várias tentativas de organização nacional dos sindicatos. O partido atuou nos principais movimentos de educação.

Embora a história subterrânea do partido seja difícil de ser estudada, muitos indícios permitem uma reconstrução aproximada. É uma história que envolve as relações internacionais, o trabalho militar, as finanças e as gráficas, entre outras atividades. A relação do PCB com o Comintern (1919-1943) se deu num período em que predominou a clandestinidade e regimes ditatoriais ou autoritários no Brasil, mas há artigos publicados sobre o Brasil na Correspondence Internationale, localizados na Biblioteca de Edgard Carone situada no Museu Republicano da USP (Itu, SP), manuscritos de comunistas brasileiros no

203. Lazar Jeifets, Victor Jeifets e Peter Huber, *La Internacional Comunista y América Latina, 1919-1943: Diccionario Biográfico*, Genebra, Institut pour l'Histoire du Communisme, 2004.

204. Miranda escreveu um artigo bem informado sobre aspectos econômicos e geográficos da Bahia. Apesar de tecer loas a Getúlio Vargas, o texto saiu sem assinatura: Anônimo, "A Economia dos Estados Bahia", *Cultura Política*, ano I, n. 7, pp. 165-184, set. 1941. Quem estabeleceu a autoria foi: Raimundo N. P. Moreira, "Antônio Maciel Bonfim (Miranda): Um Esboço Biográfico", *Revista Brasileira de História*, vol. 36, n. 72, 2016.

205. Brasília Carlos Ferreira, *Lauro Reginaldo da Rocha: Bangu*, Natal, EdUFRN, 2019.

206. Ângela Castro Gomes (coord.), *Velhos Militantes*, Rio de Janeiro, Zahar, 1988.

207. Raimundo N. P. Moreira, "Antônio Maciel Bonfim (Miranda): Um Esboço Biográfico".

208. Ana P. Palamartchuk, *Os Novos Bárbaros: Escritores e Comunismo no Brasil (1928-1948)*, Instituto de Filosofia e Ciências Humanas, Unicamp, 2003.

209. Dulce Pandolfi, *Camaradas e Companheiros*, Rio de Janeiro, Relume Dumará, 1995, p. 101.

Cedem (Unesp), no AEL (Unicamp), nos Communist International (Comintern), Archives na Library of Congress e em vários sites da internet. Mas nosso foco aqui é a historiografia e a memorialística publicada no Brasil.

As citadas memórias de Octávio Brandão, que viveu na União Soviética, são um exemplo de fonte. Também trechos de outras memórias, como de Heitor Ferreira Lima. Osvaldo Peralva foi funcionário em Bucareste do Cominform, órgão de informação comunista que existiu entre 1947 e 1956. Recursos eventuais em espécie (livros, por exemplo) podiam chegar via embaixadas, Agência Tass de notícias, com correspondentes no Brasil e emissários pessoais. O PCB recebia apoio financeiro de seus membros, obviamente, mas também de empresários ligados ou não ao partido. As trajetórias de Leôncio Basbaum e Caio Prado Jr., que tiveram atividade empresarial, demonstram o empenho na arrecadação de fundos junto a "companheiros de viagem", simpatizantes do PCB ou simplesmente democratas que defendiam sua existência legal.

O setor militar teve vários responsáveis, particularmente nos anos 1930, e as memórias de Davino Francisco dos Santos e Nelson Werneck Sodré são imprescindíveis, assim como as pesquisas de Paulo Cunha[210]. O Arquivo do Estado de São Paulo guarda informações sobre a impressionante extensão da organização do PCB na PM de São Paulo e até da possível presença de informante do partido no DOI-Codi[211]. O trabalho gráfico podia contar com várias doações e empréstimos. Nesse sentido, o supracitado livro de Raimundo G. A. Sousa, *Os Desconhecidos da História da Imprensa Comunista*, é um relato precioso. Hércules Corrêa, fundador e dirigente do Comando Geral dos Trabalhadores (CGT), entre 1961 e 1964, a par de sua autobiografia revisionista em que trata da cultura da clandestinidade, deixou relatos e documentos importantes da área sindical[212].

Apesar da severa repressão que se abateu sobre os sindicatos depois do golpe de 1964, o PCB procurou rearticular as lutas de trabalhadores nas fábricas, mesmo no auge do sanguinolento governo Médici. O PCB tentou executar o Plano de Construção e Consolidação do Partido nas Empresas (Placconpe), estudado por Ricardo Lima[213].

210. Paulo Ribeiro da Cunha, *Militares e Militância: Uma Relação Dialeticamente Conflituosa*, São Paulo, Unesp, 2014.

211. Confidencial, RPI n. 078/75, Arquivo do Estado de São Paulo. Agradecemos a Fernando S. Ferreira pela localização dos documentos.

212. Hércules Correa, *Memórias de um Stalinista,* Rio de Janeiro, Opera Nostra, 1994; *A Classe Operária e seu Partido: Textos Políticos do Exílio*, Rio de Janeiro, Civilização Brasileira, 1980; *PCB: Documentos Sindicais dos Comunistas,* São Paulo, Novos Rumos, 1985.

213. Ricardo Rodrigues Alves de Lima, *O PCB Vive e Atua: Da Crise do Stalinismo a um Novo Ciclo de Luta Clandestina contra a Ditadura (1956-1976)*, Goiânia, UFG, 2014 (Tese de Doutorado).

Conclusão

A citada História Republicana de Edgard Carone, publicada em vários volumes, apresenta em cada um deles preciosas narrativas da trajetória do PCB. Especialmente no período do Estado Novo, época pouco estudada em seu conjunto. A questão do partido e as lutas no campo foi discutida por Paulo Ribeiro da Cunha, dentre outros[214]. Milton Pinheiro, por sua vez, em tese de doutorado na PUC-SP, traçou um panorama da direção partidária desde os anos 1960 até a formação do PPS, com destaque para as disputas entre Luiz Carlos Prestes e o Comitê Central no exílio. Estes são apenas alguns exemplos da vasta produção sobre o PCB, que inclui também outras dissertações de mestrado e teses de doutorado ainda inéditas, assim como artigos em periódicos acadêmicos e revistas políticas.

No Brasil, o Partido Comunista foi a instituição que pautou o debate historiográfico por décadas; promoveu as ideias desenvolvimentistas, a democratização, a cultura e a soberania nacional; atuou na formação política e sindical de milhares de pessoas; teve editoras e jornais diários; e incidiu no cinema, TV, teatro, música, artes visuais, na literatura brasileira, na ciência, nas forças armadas, na política local e na universidade. O seu centenário é motivo de júbilo para as classes trabalhadoras e também para revisitar sua história.

Referências Bibliográficas

ABREU, Davi Monteiro. "'A Ordem Não Será Alterada em Nosso Estado': Os Levantes de Novembro de 1935, o Caso do Amazonas". *Ars Historica*, n. 21, pp. 3-29, jan.-jun. 2021.

AFONSO, José Eduardo. "O PCB no Legislativo Paulista (1947-1948)". Disponível em: https://www.al.sp.gov.br/repositorio/bibliotecaDigital/529_arquivo.pdf. Acesso em 21 jun. 2022.

214. Ver o pioneiro trabalho de Bernardete Wrublevski Aued, *A Vitória dos Vencidos: Partido Comunista Brasileiro – PCB – e Ligas Camponesas (1955-64)*, João Pessoa, CCHLA-UFPB, 1981 (Dissertação de Mestrado); Paulo Ribeiro da Cunha, *Aconteceu Longe Demais: A Luta pela Terra dos Posseiros em Formoso e Trombas e a Revolução Brasileira (1950-1964)*, São Paulo, Unesp, 2007; Cliff Welch e Sebastião Geraldo, *Lutas Camponesas no Interior Paulista: Memórias de Irineu Luís de Moraes*, Rio de Janeiro, Paz e Terra, 1992; José Leandro, *Depoimento (Minha Vida, a Sindicalização Rural e as Lutas Camponesas no Brasil: Contag – Uma Vitória dos Trabalhadores Rurais e da Democracia em 1963)*, Fortaleza, Imprensa Oficial do Ceará, 1988; Celene Tonella *et al.*, *As Memórias do Sindicalista José Rodrigues dos Santos: As Lutas dos Trabalhadores Rurais do Paraná*, Maringá, Eduem, 1999.

Aguiar, Josélia. *Jorge Amado: Uma Biografia*. São Paulo, Todavia, 2018.

Aguilar, Luis E. *Marxism in Latin America*. New York, Alfred A. Knopf, 1968.

Alambert, Zuleika. *A Situação e Organização da Mulher*. São Paulo, Centro da Mulher Brasileira/Global, 1980.

______. *Feminismo: O Ponto de Vista Marxista*. São Paulo, Nobel, 1986.

Alexander, Robert. *Communism in Latin America*. New Jersey, Rutgers University Press, 1957.

Almeida, Francisco Inácio. *Roberto Morena*. Brasília, Coordenação de Publicações do Centro de Documentação e Informação da Câmara dos Deputados, 1996.

______ (org.). *Roberto Morena: Discursos Parlamentares*. Brasília, Câmara dos Deputados, 1996.

______. *O Último Secretário: A Luta de Salomão Malina*. Brasília, Fundação Astrojildo Pereira, 2002.

Alves Filho, Ivan. *Giocondo Dias: Uma Vida na Clandestinidade*. Rio de Janeiro, Mauad, 1997.

Andreucci, Álvaro Gonçalves Antunes. *O Risco das Ideias: Intelectuais e a Polícia Política (1930-1945)*. São Paulo, Humanitas, 2006.

Anônimo [Antônio Maciel Bonfim]. "A Economia dos Estados Bahia". *Cultura Política*, ano 1, n. 7, pp. 165-184, set. 1941.

Araújo, Mônica da Silva. *A Arte do Partido para o Povo: O Realismo Socialista no Brasil e as Relações entre Artistas e PCB (1945-1958)*. Rio de Janeiro, UFRJ, 2002 (Dissertação de Mestrado).

Aued, Bernardete Wrublevski. *A Vitória dos Vencidos: Partido Comunista Brasileiro – PCB – e Ligas Camponesas (1955-64)*. João Pessoa, CCHLA-UFPB, 1981 (Dissertação de Mestrado).

Azevedo, Martha de Freitas & Azevedo, José Olympio de Freitas. *Cartas de Dois Mundos*. Rio de Janeiro, Vitória, 1959.

Baptista, Leonardo. *Entre a Ilegalidade e a Luta Institucional: A Atuação do PCB no Espírito Santo no Contexto da Abertura Política (1978-1985)*. Vitória, UFES, 2016.

Barata, Agildo. *Vida de um Revolucionário*. São Paulo, Alfa-Ômega, 1978.

Basbaum, Leôncio. *Uma Vida em Seis Tempos*. São Paulo, Alfa-Ômega, 1976.

Batini, Tito. *Memórias de um Socialista Congênito*. Campinas, Unicamp, 1991.

Bernardes, Maria Elena. *Laura Brandão: A Invisibilidade Feminina na Política*. Campinas, Unicamp/CMU, 2007

Bertolino, Osvaldo. *Testamento de Luta: A Vida de Carlos Danielli*. São Paulo, Anita Garibaldi, 2002.

______. *Maurício Grabois: Uma Vida de Combates*. São Paulo, Fundação Maurício Grabois/Anita Garibaldi, 2012.

Bezerra, Gregório. *Memórias*. São Paulo, Boitempo, 2011.

Bielschowsky, Ricardo. *Pensamento Econômico Brasileiro: O Ciclo Ideológico do Desenvolvimentismo*. Rio de Janeiro, Contraponto, 1995.

Borges, Daniel S. *O Partido de Caio Prado Júnior: O Comitê de Ação e a Reorganização do PCB (1941-1945)*. Rio de Janeiro, UFRJ, 2016 (Dissertação de Mestrado).

Branco, Catullo. *Conversa Entre Amigos*. São Paulo, Com-Arte, 2013.

Brandão, Gildo Marçal. *A Esquerda Positiva (As Duas Almas do Partido Comunista, 1920-1964)*. São Paulo, Hucitec, 1997.

Brandão, Octávio. *Combates e Batalhas*. São Paulo, Alfa-Ômega, 1978.

Campos, Itami & Duarte, Arédio. *O Legislativo em Goiás*. Vol. 3: *Perfil Parlamentar II (1947-2003)*. Goiânia, Assembleia Legistiva de Goiás, 2002.

Canale, Dario. *O Surgimento da Seção Brasileira da Internacional Comunista (1917-1928)*. São Paulo, Anita Garibaldi/Fundação Maurício Grabois, 2013.

______; Viana, Francisco & Tavares, José Nilo (orgs.). *Novembro de 1935: Meio Século Depois*. Petrópolis, Vozes, 1985.

Canellas, Antonio Bernardo. *Questões Profissionais da Indústria do Livro*. São Paulo, Com-Arte, 2016.

Cantarino, Geraldo. *Segredos da Propaganda Anticomunista: Documentos Diplomáticos Revelam a Atuação do IRD, um Departamento Secreto do Governo Britânico no Brasil*. Rio de Janeiro, Mauad, 2011.

Carone, Edgard. "Uma Polêmica nos Primórdios do PCB: O *Incidente Canellas* e Astrojildo (1923)". *Memória & História*, n. 1. São Paulo, Lech, 1981.

______. *O PCB*. Vol. 1: *1922 a 1943*. São Paulo, Difel, 1982.

______. *O Movimento Operário no Brasil*. Vol. 1: *1877-1944*; vol. 2: *1945-1964*; vol. 3: *1964-1984*. São Paulo, Difel, 1979, 1981, 1984.

______. *O Marxismo no Brasil*. Belo Horizonte, Dois Pontos, 1986.

______. *Classes Sociais e Movimento Operário*. São Paulo, Ática, 1989.

______. *Da Esquerda à Direita*. Belo Horizonte, Oficina de Livros, 1991.

______. *Leituras Marxistas e Outros Estudos*. Org. Lincoln Secco e Marisa Midori Deaecto. São Paulo, Xamã, 2004.

Carvalho, Apolônio de. *Vale a Pena Sonhar*. Rio de Janeiro, Rocco, 1998.

Carvalho, Daniel Ilirian. *O Surgimento do PCdoB na Crise do Comunismo Brasileiro entre 1954 e 1962*. São Paulo, PUC-SP, 2010 (Dissertação de Mestrado).

Carvalho, Orlando. "Os Partidos Políticos em Minas Gerais". *Segundo Seminário de Estudos Mineiros*. Belo Horizonte, 1956, pp. 33-35 (Separata).

Carvalho, Péricles de & Almeida, Francisco. *PCdoB – 1962-1984: A Sobrevivência de um Erro*. São Paulo, Novos Rumos, 1985.

Cavalcante Neto, Faustino T. *O PCB Paraibano no Imaginário Social: O Caso Félix Araújo na Fase da "Redemocratização" (1945-1953)*. Campina Grande, UEPB, 2006 (Dissertação de Mestrado).

Cavalcanti, Paulo. *Homens e Ideias do Meu Tempo*. Recife, Nordestal, 1993.

Chacon, Vamireh. *História das Ideias Socialistas no Brasil*. Rio de Janeiro, Civilização Brasileira, 1965.

______. *História dos Partidos Brasileiros*. Brasília, UnB, 1998.

Chaves Neto, Elias. *Minha Vida e as Lutas de Meu Tempo*. São Paulo, Alfa-Ômega, 1978.

Chilcote, Ronald H. *The Brazilian Communist Party: Conflict and Integration (1922-1972)*. New York, Oxford University Press, 1974.

Coelho, Marco Antônio Tavares. *Herança de um Sonho*. Rio de Janeiro, Record, 2000.

Conceição, Fabiana Zogbi Lontra da. *As Obras de Lenin no Brasil (1920-1964): Em Busca de uma História da Tradução*. Porto Alegre, UFRGS, 2022.

Correa, Hércules. *A Classe Operária e seu Partido: Textos Políticos do Exílio*. Rio de Janeiro, Civilização Brasileira, 1980.

______ (coord.). *PCB: Documentos Sindicais dos Comunistas*, São Paulo, Novos Rumos, 1985.

______. *Memórias de um Stalinista*. Rio de Janeiro, Opera Nostra, 1994.

Cosenza, Apoena Canuto. *Um Partido, Duas Táticas: Uma História Organizativa e Política do Partido Comunista Brasileiro (PCB), de 1922 a 1935*. São Paulo, USP, 2012 (Dissertação de Mestrado).

Costa, Helio da. *Em Busca da Memória: Comissão de Fábrica, Partido e Sindicato no Pós-Guerra*. São Paulo, Scritta, 1995.

Coutinho, Carlos Nelson. *Literatura e Ideologia en Brasil*. Havana, Casa de las Américas, 1986.

______. *Cultura e Sociedade no Brasil: Ensaios sobre Ideias e Formas*. São Paulo, Expressão Popular, 2011.

Cunha, Paulo Ribeiro da. *Um Olhar à Esquerda: A Utopia Tenentista na Construção do Pensamento Marxista de Nelson Werneck Sodré*. Rio de Janeiro/São Paulo, Revan/Fapesp, 2002.

______. *Aconteceu Longe Demais: A Luta pela Terra dos Posseiros em Formoso e Trombas e a Revolução Brasileira (1950-1964)*. São Paulo, Unesp, 2007.

______. *Militares e Militância: Uma Relação Dialeticamente Conflituosa*. São Paulo, Unesp, 2014.

______. & Cabral, Fátima (orgs.). *Nelson Werneck Sodré entre o Sabre e a Pena*. São Paulo, Unesp, 2006.

Dantas, Audálio. *As Duas Guerras de Vlado Herzog*. Rio de Janeiro, Civilização Brasileira, 2012.

Deaecto, Marisa Midori & Mollier, Jean-Yves (orgs.). *Edição e Revolução: Leituras Comunistas no Brasil e na França*. Cotia/Belo Horizonte, Ateliê Editorial/UFMG, 2013.

Decca, Edgar de. *1930: O Silêncio dos Vencidos*. São Paulo, Brasiliense, 1981.

______. & Vesentini, Carlos Alberto. "A Revolução do Vencedor". *Contraponto*, 1º. nov 1976.

Del Roio, Marcos. *A Classe Operária na Revolução Burguesa: A Política de Alianças do PCB (1928-1935)*. Belo Horizonte, Oficina de Livros, 1990.

Dias, Eduardo. *Um Imigrante e a Revolução: Memórias de um Militante Operário*. São Paulo, Brasiliense, 1983.

Djurovic, Camila. *Impressões da Direita: Luta Ideológica e Mobilização Empresarial Através da Ação Editorial do IPÊS (1961-1964)*. São Paulo, FFLCH-USP, 2021 (Dissertação de Mestrado).

Documentos do Partido Comunista Brasileiro. Lisboa, Avante, 1976.

Dreyer, Lilian & Carneiro, Augusto. *Depois de Tudo: Um Ecologista*. Porto Alegre, Buqui, 2014.

Dulles, John W. Foster. *Anarquistas e Comunistas no Brasil*. Rio de Janeiro, Nova Fronteira, 1977.

______. *Brazilian Communism (1935-1954): Repression During World Upheaval*. Austin, University of Texas Press, 1983.

Editorial Livramento (org.). *Escritos de Carlos Marighella*. São Paulo, Livramento, 1979.

Falcão, Frederico José. *Os Homens do Passo Certo: O PCB e a Esquerda Revolucionária no Brasil (1942-1961)*. São Paulo, Sundermann, 2012.

Falcão, João. *Giocondo Dias: A Vida de um Revolucionário*. Rio de Janeiro, Agir, 1993.

Farias, Francisco. "A Crise de 1945 e o PCB". *A Terra É Redonda*, 18 ago. 2020. Disponível em: https://aterraeredonda.com.br/a-crise-de-1945-e-o-PCB/.

Fausto, Boris. *A Revolução de 1930*. 5. ed. São Paulo, Brasiliense, 1978.

______. *História do Brasil*. São Paulo, Edusp, 1996.

Feijó, Martin Cézar. *O Revolucionário Cordial: Astrojildo Pereira e as Origens de uma Política Cultural*. São Paulo, Boitempo, 2001.

Fernandes, Karina. *Os Tons da Política: Os Artistas Plásticos e o PCB (1945-1950)*. Rio de Janeiro, UFRJ, 2017 (Tese de Doutorado).

Ferreira, Brasília Carlos. *Lauro Reginaldo da Rocha: Bangu*. Natal, EdUFRN, 2019.

Ferreira, Jorge & Reis, Daniel Aarão (orgs.). *A Formação das Tradições: 1889-1945*. Rio de Janeiro, Civilização Brasileira, 2007.

______. (orgs.). *Nacionalismo e Reformismo Radical: 1945-1964*. Rio de Janeiro, Civilização Brasileira, 2007.

Ferreira, Lilian Zanvettor. *Fomos, Somos e Seremos Comunistas: A Educação dos Trabalhadores do Partido Comunista do Brasil de 1920 a 1950*. Uberlândia, Navegando, 2019.

FERREIRA, Muniz. "O PCB e a Organização do Campo Intelectual Brasileiro". *In*: VVAA. *Intelectuais Partidos: Os Comunistas e as Mídias no Brasil*. Rio de Janeiro, E-Papers, 2012.

FLÔRES, Fernanda Lédo. *Ana Montenegro (1915-2006)*. Clube de Autores, 2020.

FREIRE, Tereza. *Dos Escombros de Pagu: Um Recorte Biográfico de Patrícia Galvão*. São Paulo, Senac/Sesc, 2008.

GALVÃO, Patrícia. *Verdade & Liberdade*. São Paulo, [s. ed.], 1950.

GERTEL, Vera. *Um Gosto Amargo de Bala*. Rio de Janeiro, Civilização Brasileira, 2013.

GIOVANNETTI NETTO, Evaristo. *PCB na Assembleia Constituinte de 1946*. São Paulo, Novos Rumos, 1986.

GOMES, Ângela Castro (coord.). *Velhos Militantes*. Rio de Janeiro, Zahar, 1988.

GONÇALVES, Márcio Mauri Kieller. *Elite Vermelha: Um Perfil Socioeconômico dos Dirigentes Estaduais do Partido Comunista Brasileiro no Paraná (1945-1964)*. Curitiba, UFPR, 2004 (Dissertação de Mestrado).

GUIMARÃES, Valéria Lima. *O PCB Cai no Samba: Os Comunistas e a Cultura Popular (1945-1955)*. Rio de Janeiro, Aperj, 2009.

HORNSTEIN, David P. *Arthur Ewert: A Life for the Comintern*. Lanham, University Press of America, 1993.

IUMATTI, Paulo Teixeira. *Caio Prado Jr.: Uma Trajetória Intelectual*. São Paulo, Brasiliense, 2007.

JEIFETS, Lazar & JEIFETS, Victor. *América Latina en la Internacional Comunista (1919-1943): Diccionario Biográfico*. Santiago, Ariadna, 2015.

______ & HUBER, Peter. *La Internacional Comunista y América Latina (1919-1943): Diccionario Biográfico*. Genève, Institut pour l'Histoire du Communisme, 2004.

JEIFETS, Victor & SCHELCHKOV, Andrey (orgs.). *La Internacional Comunista en América Latina en Documentos del Archivo de Moscú*. Moskva [Moscou]/Santiago del Chile, Aquilo/Ariadna, 2018.

JOSÉ, Emiliano. *Carlos Marighella: O Inimigo Número um da Ditadura Militar*. São Paulo, Sol & Chuva, 1997.

JUBERTE, Vinícius. *O PCB e os Livros: A Editorial Calvino no Período da Legalidade do Partido nos Anos 1940 (1943-1948)*. São Paulo, USP, 2016 (Dissertação de Mestrado).

KAREPOVS, Dainis. *Luta Subterrânea: O PCB em 1937-1938*. São Paulo, Hucitec/Unesp, 2003.

______. "Biografias de Esquerda: Memórias sobre a Ditadura". *Revista Perseu*, n. 8, ano 6, 2012.

______. *Pas de Politique Mariô! Mario Pedrosa e a Política*. Cotia/São Paulo, Ateliê Editorial/Fundação Perseu Abramo, 2017.

KINOSHITA, Dina Lida. *Mario Schenberg: O Cientista e o Político*. Brasília, Fundação Astrojildo Pereira, 2014.

Konder, Leandro. *Intelectuais Brasileiros e Marxismo*. Belo Horizonte, Oficina de Livros, 1991.

______. *A Derrota da Dialética*. São Paulo, Expressão Popular, 2009.

______. *Os Marxistas e a Arte*. São Paulo, Expressão Popular, 2013.

______. *Memórias de um Intelectual Comunista*. Rio de Janeiro, Civilização Brasileira, 2018.

Konder, Victor Márcio. *Militância*. São Paulo, Arx, 2002.

Koval, Boris. *História do Proletariado Brasileiro*. São Paulo, Alfa-Ômega, 1982.

______. *La Gran Revolución de Octubre y América Latina*. Moskva [Moscou], Progresso, 1978.

Lacerda, Felipe Castilho de. *Octávio Brandão e as Matrizes Intelectuais do Marxismo no Brasil*. Cotia, Ateliê Editorial, 2019.

______. & Secco, Lincoln. "Laura Brandão: A Imagem, a Voz e o Verso de Laura da Fonseca e Silva". *In*: Secco, Lincoln; Silva, Marcos & Brites, Olga (orgs.). *Mulheres que Interpretam o Brasil*. São Paulo, Com-Arte, 2021.

Lafayette, Pedro. *Os Crimes do Partido Comunista*. Rio de Janeiro, Moderna, 1946.

Leandro, José. *Depoimento (Minha Vida, a Sindicalização Rural e as Lutas Camponesas no Brasil: Contag – Uma Vitória dos Trabalhadores Rurais e da Democracia em 1963)*. Fortaleza, Imprensa Oficial do Ceará, 1988.

Lima, Ana Paula Pícoli de. "O Partido Comunista Brasileiro (pcb) em Campo Grande (Mato Grosso do Sul) – 1945-1964: História e Memória", *Anais do II Ciclo de Palestras sobre História Regional: História e Historiografia [Sul] Matogrossense*, 2011.

Lima, Heitor Ferreira. *Caminhos Percorridos*. São Paulo, Brasiliense, 1982.

Lima, Ricardo Rodrigues Alves de. *O pcb Vive e Atua: Da Crise do Stalinismo a um Novo Ciclo de Luta Clandestina contra a Ditadura (1956-1976)*. Goiânia, ufg, 2014 (Tese de Doutorado).

Lima Neto, Ildefonso Rodrigues. *Escrita Subversiva:* O Democrata*, 1946 -1947*. Fortaleza, ufc, 2006 (Dissertação de Mestrado).

Loner, Beatriz Ana. *O pcb e a Linha do "Manifesto de Agosto": Um Estudo*. Campinas, Unicamp, 1985 (Dissertação de Mestrado).

Luhning, Angela. "Eunice Katunda e Pierre Verger: Documentações Pessoais, Processos Criativos e Diálogos Afro-Brasileiros nos Anos 1950 e 1960". *Opus*, vol. 26, n. 1, pp. 1-29, jan.-abr. 2020.

Lunz, Leandro S. "Mulheres na Política: Myrthes Bevilácqua Corradi e Luzia Alves Toledo no Poder Legislativo (1980 a 2018)". *Revista do Arquivo Público do Estado do Espírito Santo*, vol. 4, n. 7, 2020.

Magalhães, Mário. *Marighella: O Guerrilheiro que Incendiou o Mundo*. São Paulo, Companhia das Letras, 2012.

Malatian, Teresa. *Clóvis Moura: Uma Biografia*. Teresina, Eduespi, 2022.

MANTEGA, Guido. *Economia Política Brasileira*. Petrópolis, Vozes, 1985.

______. "Guido Mantega: Marxismo na Economia Brasileira". *In*: SZMERECSÁNY, Tamás & SUZIGAN, Wilson (orgs.). *História Econômica do Brasil Contemporâneo*. São Paulo, Hucitec, 2002.

MARÇAL, João B. *Comunistas Gaúchos*. Porto Alegre, Tchê, 1986.

MARQUES NETO, José Castilho. *Solidão Revolucionária: Mário Pedrosa e as Origens do Trotskismo no Brasil*. Rio de Janeiro, Paz e Terra, 1993.

MARTINEZ, Paulo Henrique. *A Dinâmica de um Pensamento Crítico: Caio Prado Jr. (1928-1935)*. São Paulo, Edusp/Fapesp, 2008.

MARTINS, Celso. *Os Comunas: Álvaro Ventura e o PCB Catarinense*. Florianópolis, Fundação Franklin Cascaes, 1995.

MATTOS, André R. *Uma História da UNE (1945-1964)*. Campinas, Pontes, 2014.

MAUÉS, Flamarion. "A Editora Vitória e a Divulgação das Ideias Comunistas no Brasil, 1944-1964". *In*: PAÇO, Antônio Simões do; VARELA, Raquel & VAN DER VELDEN, Sjaak (eds.). *Strikes and Social Conflicts Towards a Global History*. Lisboa, Universidade Nova de Lisboa, 2011.

MAZZEO, Antonio Carlos. *Sinfonia Inacabada: A Política dos Comunistas no Brasil*. Marília/São Paulo, Unesp/Boitempo, 1999.

______. & LAGOA, Maria Izabel (orgs.). *Corações Vermelhos: Os Comunistas Brasileiros no Século XX*. São Paulo, Cortez, 2003.

MEDEIROS, Juliano. *Por Dentro da Ordem: Os Comunistas na Assembleia Constituinte de 1946*. Brasília, UNB, 2016 (Dissertação de Mestrado).

MOMESSO, Luiz. *José Duarte: Um Maquinista da História*. São Paulo, Oito de Março, 1988.

MONTALVÃO, Sergio de Sousa. "Histórias Cruzadas: Uma Prosopografia dos Fundadores da Revista Brasiliense (São Paulo, 1955)". *História*, n. 36, 2017.

MONTENEGRO, Ana. *Mulheres: Participação nas Lutas Populares*. Salvador, M&S, 1985, p. 23.

MORAES, Dênis de & VIANA, Francisco. *Prestes: Lutas e Autocríticas*. Rio de Janeiro, Mauad, 1997.

MORAIS, Fernando. *Olga*. São Paulo, Alfa-Ômega, 1985.

MOREIRA, Raimundo N. P. "Antônio Maciel Bonfim (Miranda): Um Esboço Biográfico". *Revista Brasileira de História*, vol. 36, n. 72, 2016.

MOTTA, Rodrigo Patto S. *Em Guarda Contra o Perigo Vermelho: O Anticomunismo no Brasil (1917-1964)*. 2. ed. Rio de Janeiro, EdUFF, 2020.

MOURA, Anderson V. *Comunistas e Trabalhadores Urbanos em Alagoas (1951–1961)*. Recife, UFPE, 2012 (Dissertação de Mestrado).

MUNAKATA, Kazumi. *A Legislação Trabalhista no Brasil*. São Paulo, Brasiliense, 1981.

Napolitano, Marcos. "No Exílio, Contra o Isolamento: Intelectuais Comunistas, Frentismo e Questão Democrática nos Anos 1970". *Estudos Avançados*, vol. 28, n. 80, 2014.

Nequete, Edison. *Herança e Luta de Abílio de Nequete*. Porto Alegre, Martins Livreiro, 2008.

Nogueira, Marco Aurélio *et al. O* PCB *em São Paulo: Documentos (1974-1981)*. São Paulo, Lech, 1981.

Nova, Cristiane & Nóvoa, Jorge (orgs.). *Carlos Marighella: O Homem Por Trás do Mito*. São Paulo, Unesp, 1999.

Nunes, Antonio Carlos Felix. PC *Linha Leste*. São Paulo, Livramento, 1980.

O PCB *na Luta pela Democracia*. São Paulo, Novos Rumos, 1985.

Oliveira, Priscila Musquim A. *O Candidato Civil do* PCB*: A Trajetória Política do Engenheiro Yêddo Fiúza (1930-1947)*. Juiz de Fora, UFJF, 2012.

Pacheco, Eliezer. *O Partido Comunista Brasileiro (1922-1964)*. São Paulo, Alfa-Ômega, 1984.

Pandolfi, Dulce. *Camaradas e Companheiros*. Rio de Janeiro, Relume Dumará, 1995.

Palamartchuk, Ana. P. *Os Novos Bárbaros: Escritores e Comunismo no Brasil (1928-1948)*. Campinas, Instituto de Filosofia e Ciências Humanas, Unicamp, 2003.

Partido Comunista do Brasil (org.). *Dois Caminhos Opostos:* PCdoB *e* PCB. São Paulo, Anita Garibaldi, [s. d.].

Peralva, Osvaldo. *O Retrato*. Belo Horizonte, Itatiaia, 1960.

Pereira, Astrojildo. *A Formação do* PCB. Lisboa, Prelo, 1976.

______. "Documentos Inéditos". *Revista do Arquivo Histórico do Movimento Operário Brasileiro*, n. 1. São Paulo, Lech, 1981.

Pericás, Luiz Bernardo. *Caio Prado Júnior: Uma Biografia Política*. São Paulo, Boitempo, 2016.

______. *Caminhos da Revolução Brasileira*. São Paulo, Boitempo, 2019.

______. & Secco, Lincoln (orgs.). *Intérpretes do Brasil: Clássicos, Rebeldes e Renegados*. São Paulo, Boitempo, 2014.

Pessoa, Reynaldo X. Carneiro (org.). PCB*: Vinte Anos de Política (1958-1979)*. São Paulo, Lech, 1979.

Pimenta, Joaquim. *Retalhos do Passado*. 2. ed. Rio de Janeiro, Imprensa Nacional, 1949.

Pinheiro, Marco. *Dos Comitês Populares Democráticos (1945-1947) aos Movimentos de Educação e Cultura Popular (1958-1964): Uma História Comparada*. Rio de Janeiro, UFRJ, 2014 (Tese de Doutorado).

Pinheiro, Milton & Ferreira, Muniz (orgs.). *Escritos de Marighella no* PCB. São Paulo/Rio de Janeiro, ICP/FDR, 2013.

Pinheiro, Paulo Sérgio. *Estratégias da Ilusão: A Revolução Mundial e o Brasil, 1922-1935*. São Paulo, Companhia das Letras, 1991.

______. & Del Roio, Marcos (orgs.). *Combates na História: A Trajetória de Heitor Ferreira Lima*. Rio de Janeiro/São Paulo, Paz e Terra/Fapesp, 1990.

Pomar, Pedro. "Nas Páginas do *Hoje*: o Diário Paulista do PCB e sua Vocação Contra-hegemônica". *Revista Perseu*, n. 12, ano 7, 2016.

Pomar, Valter. *Comunistas do Brasil: Interpretações sobre a Cisão de 1962*. São Paulo, FFLCH-USP, 2000 (Dissertação de Mestrado).

Pomar, Wladimir. *Pedro Pomar: Uma Vida em Vermelho*. São Paulo, Xamã, 2003.

Poppino, Rollie. *International Communism in Latin America: A History of the Movement (1917-1963)*. New York, The Free Press of Glencoe, 1964.

Prestes, Anita Leocadia. *Os Comunistas Brasileiros: Luiz Carlos Prestes e a Política do PCB*. São Paulo, Brasiliense, 2010.

______. *Luiz Carlos Prestes: Um Comunista Brasileiro*. São Paulo, Boitempo, 2015.

______. *Olga Benario Prestes: Uma Comunista nos Arquivos da Gestapo*. São Paulo, Boitempo, 2017.

______. *Viver É Tomar Partido: Memórias*. São Paulo, Boitempo, 2019.

Quadros, Carlos. *Jacob Gorender, um Militante Comunista: Estudo de uma Trajetória Política e Intelectual no Marxismo Brasileiro (1923-1970)*. São Paulo, FFLCH-USP, 2015 (Dissertação de Mestrado).

Ramos, Graciliano. *Viagem: Checoslováquia, URSS*. Rio de Janeiro, José Olympio, 1954.

Reis, Daniel Aarão. *Luís Carlos Prestes: Um Revolucionário entre Dois Mundos*. São Paulo, Companhia das Letras, 2014.

Ribeiro, David Ricardo Sousa. *A Transição para a Democracia no Brasil (1943-1947): O PCB e a Construção de um Caminho Alternativo*. São Paulo, FFLCH-USP, 2022 (Tese de Doutorado).

Ribeiro, Felipe Augusto dos Santos. *Trabalhadores à Tribuna: Memória Operária e Atuação dos Vereadores Comunistas em Magé*. Rio de Janeiro, Anpuh, 2010.

Ricupero, Bernardo. *Caio Prado Jr. e a Nacionalização do Marxismo no Brasil*. São Paulo, Departamento de Ciência Política da USP/Fapesp/Editora 34, 2000.

Risério, Antonio. *Adorável Comunista*. Rio de Janeiro, Versal, 2002.

Rodrigues, Cândido Moreira & Barbosa, Jefferson Rodrigues (orgs.). *Intelectuais e Comunismo no Brasil: 1920-1950*. Cuiabá, EdUFMT, 2011.

Rodrigues, Leôncio M. "O PCB: Os Dirigentes e a Organização". *In*: Fausto, Boris (org.). *História Geral da Civilização Brasileira: O Brasil Republicano*. Rio de Janeiro, Civilização Brasileira, 1996.

Rolim, Gustavo Koszeniewski. *Herança, Esperança e Comunismo: Luiz Carlos Prestes e o Movimento Comunista Brasileiro – Documentos (1980-1995)*. Marília, Lutas Anticapital, 2020.

ROMANO, Clayton Cardoso. *Da Abertura à Transição: O PCB e a Cultura Política Democrática da Esquerda Brasileira*. Franca, Unesp, 2001 (Dissertação de Mestrado).

ROSA, Lilian. *Os Comunistas em Ribeirão Preto (1922-1947)*. Franca, Unesp, 1997 (Dissertação de Mestrado).

RUBIM, Antonio Albino Canelas. *Marxismo, Cultura e Intelectuais no Brasil*. Salvador, Centro Editorial e Didático da UFBA, 1995.

RYFF, Beatriz Bandeira. *A Resistência (Anotações do Exílio em Belgrado)*. Rio de Janeiro, [s. ed.], 1990.

SALLES, Iza. *Um Cadáver ao Sol: A História do Operário Brasileiro que Desafiou Moscou e o PCB*. Rio de Janeiro, Ediouro, 2005.

SALLES, Jean. "História do Partido Comunista do Brasil (PCdoB): Um Balanço Bibliográfico". *Revista Tempo e Argumento*, vol. 9, n. 21, pp. 290-311, 2017.

SAMPAIO JR., Plínio de Arruda. *Entre a Nação e a Barbárie: Os Dilemas do Capitalismo Dependente em Caio Prado, Florestan Fernandes e Celso Furtado*. Petrópolis, Vozes, 1999.

SANTANA, Marco A. *Homens Partidos: Comunistas e Sindicatos no Brasil*. São Paulo, Boitempo, 2001.

SANTOS, Davino Francisco dos. *A Marcha Vermelha*. São Paulo, Saraiva, 1948.

SANTOS, Raimundo. *A Primeira Renovação Pecebista: Reflexos do XX Congresso do PCUS no PCB (1956-1957)*. Belo Horizonte, Oficina de Livros, 1988.

______. *O Pecebismo Inconcluso: Escritos sobre Ideias Políticas*. Rio de Janeiro, Universidade Rural, 1994.

______. *A Importância da Tradição Pecebista*. Brasília, Fundação Astrojildo Pereira, 2009.

SCHAEFER, Sérgio. *A Lógica Dialética: Um Estudo da Obra Filosófica de Caio Prado Júnior*. Porto Alegre, Movimento, 1985.

SECCO, Lincoln. *Caio Prado Júnior: O Sentido da Revolução*. São Paulo, Boitempo, 2008.

______. *História do PT*. 5. ed. Cotia, Ateliê Editorial, 2016.

______. *A Batalha dos Livros*. Cotia, Ateliê Editorial, 2017.

______. "Frente Antifascista". *A Terra É Redonda*, 14 fev. 2020. Disponível em: https://aterraeredonda.com.br/a-frente-antifascista/

______. "O Anticomunismo Preventivo". *Maria Antonia*, GMarx-USP, n. 55, ano 1, 2020.

SEGATTO, José Antonio. *Breve História do PCB*. Belo Horizonte, Oficina de Livros, 1989.

______. *Reforma ou Revolução: As Vicissitudes Políticas do PCB (1954-1964)*. Rio de Janeiro, Civilização Brasileira, 1995.

SENA JR., Carlos Zacarias de. *Os Impasses da Estratégia: Os Comunistas, o Antifascismo e a Revolução Burguesa no Brasil, 1936-1948*. São Paulo, Annablume, 2009.

SILVA, Camila Cristina da. *Orientações Políticas de uma Esquerda Moderada: O PCB e o "Centralismo Democrático" (1958-1979)*. Mariana, MG, UFOP, 2011 (Trabalho de Conclusão de Curso).

SILVA, Carla Luciana. *Onda Vermelha: Imaginários Anticomunistas Brasileiros (1931-1934)*. Porto Alegre, EdiPUCRS, 2001.

SILVA, Diego Carvalho da. *Partidos e Alianças Políticas na "Moscouzinho do Brasil": Os Comunistas e as Eleições Municipais de Outubro de 1947 em Jaboatão-PE*. Niterói, UFF, 2015.

SILVA, Fernanda Fernandes da. "O Partido Comunista do Brasil (PCB) no Amazonas: Da Fundação do Diretório Estadual ao Golpe Civil-Militar". *Tempo Amazônico*, vol. 8, n. 2, pp. 43-61, jan.-jun. 2021.

SILVA, Luiz Henrique de Castro. *O Revolucionário da Convicção: Vida e Ação de Joaquim Câmara Ferreira*. Rio de Janeiro, UFRJ, 2010.

SILVA, Raquel Oliveira. *O PCB e Comitês Populares Democráticos em Salvador (1945-1947)*. Salvador, UFBA, 2012 (Dissertação de Mestrado).

SILVA JR., Edson Teixeira da. *Carlos: A Face Oculta de Marighella*. São Paulo, Expressão Popular, 2009.

SODRÉ, Nelson Werneck. *Memórias de um Soldado*. Rio de Janeiro, Civilização Brasileira, 1967.

______. *Memórias de um Escritor*. Rio de Janeiro, Civilização Brasileira, 1970.

______. *Contribuição à História do PCB*. São Paulo, Global, 1984.

SOTANA, Edvaldo. *Relatos de Viagens à URSS em Tempos de Guerra Fria: Uma Prática de Militantes Comunistas Brasileiros*. Curitiba, Aos Quatro Ventos, 2006.

SOUSA, Raimundo G. A. *Os Desconhecidos da História da Imprensa Comunista*. Rio de Janeiro, Fundação Dinarco Reis, [s. d.].

SOUZA, Iracele A. V. L. de. *Louvação a Eunice: Um Estudo de Análise da Obra para Piano de Eunice Katunda*. Campinas, Instituto de Artes, Unicamp, 2009 (Tese de Doutorado).

SPINDEL, Arnaldo. *Partido Comunista na Gênese do Populismo*. São Paulo, Símbolo, 1980.

TABACOF, Boris. *Perdidos e Achados*. São Paulo, Hucitec, 2005.

TAVARES, Rodrigo. *Desenhando a Revolução: A Luta de Imagens na Imprensa Comunista (1945-1964)*. São Paulo, FFLCH-USP, 2010 (Tese de Doutorado).

TONELLA, Celene *et al*. *As Memórias do Sindicalista José Rodrigues dos Santos: As Lutas dos Trabalhadores Rurais do Paraná*. Maringá, Eduem, 1999.

TORRES, Raquel Mundim. *Transpondo a Cortina de Ferro: Relatos de Viagem de Brasileiros à União Soviética na Guerra Fria (1951-1963)*. São Paulo, FFLCH-USP, 2019 (Tese de Doutorado).

TRONCA, Italo. *A Revolução de 1930: A Dominação Oculta*. São Paulo, Brasiliense, 1982.

VAIA, Sandro. *Armênio Guedes: Sereno Guerreiro da Liberdade*. São Paulo, Barcarolla, 2013.

VIANNA, Marly de Almeida Gomes. *Pão, Terra e Liberdade: Memória do Movimento Comunista de 1935*. Rio de Janeiro/São Carlos, Arquivo Nacional/Ufscar, 1995.

______. *Política e Rebelião nos Anos 30*. São Paulo, Moderna, 1995.

______. *Revolucionários de 1935: Sonho e Realidade*. São Paulo, Expressão Popular, 2011.

______; SILVA, Érica Sarmiento da & GONÇALVES, Leandro Pereira (orgs.). *Presos Políticos e Perseguidos Estrangeiros na Era Vargas*. Rio de Janeiro, Mauad X, 2014.

VICTORIANO, Marcia R. *A Questão Nacional em Caio Prado Jr.: Uma Interpretação Original do Brasil*. São Paulo, Pulsar, 2001.

VIEIRA, Jaci Guilherme. "O Partido Comunista do Brasil: A Difícil Tarefa de se Colocar como Vanguarda dos Operários em Santa Catarina". *Textos & Debates*, n. 5, 1998.

VINHAS, Moisés. *O Partidão: A Luta por um Partido de Massas (1922-1974)*. São Paulo, Hucitec, 1982.

WAACK, William. *Camaradas: Nos Arquivos de Moscou, a História Secreta da Revolução Brasileira de 1935*. São Paulo, Companhia das Letras, 1993.

WEFFORT, Francisco. "Origens do Sindicalismo Populista no Brasil: A Conjuntura do Após-Guerra". *Estudos Cebrap*, n. 4, abr.-jun. 1973.

WELCH, Cliff & GERALDO, Sebastião. *Lutas Camponesas no Interior Paulista: Memórias de Irineu Luís de Moraes*. Rio de Janeiro, Paz e Terra, 1992.

WIAZOVSKI, Tatiana. *Bolchevismo e Judaísmo: A Comunidade Judaica sob o Olhar do Deops*. São Paulo, Arquivo do Estado/Imprensa Oficial, 2001.

______. *O Mito do Complô Judaico-Comunista no Brasil: Gênese, Difusão e Desdobramentos (1907-1954)*. São Paulo, Humanitas, 2008.

WILCZYNSKI, Josef. *An Encyclopedic Dictionary of Marxism, Socialism and Communism*. London, Macmillan, 1981, pp. 49-50.

ZAIDAN FILHO, Michel. *PCB (1922-1929): Na Busca das Origens de um Marxismo Nacional*. São Paulo, Global, 1985.

______. *Comunistas a Céu Aberto: 1922-1930*. Belo Horizonte, Oficina de Livros, 1989.

ZIMBARG, Luiz Alberto. *O Cidadão Armado: Comunismo e Tenentismo (1927-1945)*. Franca, Unesp, 2001 (Tese de Doutorado).

Capítulo 2
O Comintern na América Latina[1]

Victor Jeifets e Lazar Jeifets

Um dos mitos persistentes da historiografia é o da existência de uma máquina inclemente de controle e a imposição da vontade de autoridades superiores às seções nacionais pelos "agentes do Comintern". De acordo com Rodolfo Puiggrós, expulso do Partido Comunista da Argentina (PCA) por apoiar o "socialismo nacional" proposto por Juan Domingo Perón, o comunismo nada mais era do que um "mero reflexo de diretrizes e instruções estrangeiras, e seus dirigentes não eram mais do que repetidores e seguidores das ordens de Moscou"[2]. Os livros escritos pelo ex-secretário geral do PC do Peru, Eudocio Ravines, estavam repletos dessa mistura de verdade e ficção de que eles negaram o uso de informações e não permitiram que avaliássemos adequadamente a natureza das relações entre a Terceira Internacional e as suas seções latino-americanas[3].

Contudo, vários pesquisadores tomaram essas revelações como uma fonte confiável: os "fatos" citados por ele e os personagens que descreveu e, mais importante, as avaliações feitas, tornaram-se a base para a caracterização da influência onipresente dos agentes do Comintern. Uma tentativa de compreen-

1. Traduzido do inglês por Cecília Brancher de Oliveira.
2. Rodolfo Puiggrós, *Historia Crítica de los Partidos Políticos Argentinos*, Buenos Aires, Argumentos, 1956.
3. Eudocio Ravines, *The Yenan Way*, New York/Toronto, Scribner's/Saunders, 1951; *La Gran Estafa*, 5. ed., Habana, Editorial Librerías Unidas, 1960.

der objetivamente a natureza das relações entre a Internacional Comunista e os partidos latino-americanos foi feita pelo historiador americano Robert Alexander, mas devido à escassez de base documental, ele foi forçado a admitir que suas conclusões se baseavam em "palpites e suposições"[4].

Na prática, as relações entre os comunistas latino-americanos e a sede do Comintern não pareciam tão simples, especialmente durante o período "romântico" do Partido Comunista internacional. A adesão à III Internacional, que previa a observância da disciplina internacional, nem sempre significava a submissão absoluta das seções nacionais à vontade de Moscou. As condições de atividade e formação teórica dos partidos, as personalidades de seus dirigentes etc. eram muito diferentes. Diversos partidos muitas vezes conservaram o direito às suas próprias posições. A experiência pessoal e o peso do aparato no Comitê Executivo da Internacional Comunista (Ceic) desempenharam um papel significativo no comportamento dos emissários de Moscou.

Como observa Alexandr Vatlin, o principal centro do Comintern foi criado em Moscou antes mesmo do surgimento dos partidos comunistas na maioria dos países europeus[5]. Mais do que isso, esta constatação se aplica a todo o hemisfério ocidental. As atividades do Comitê Organizativo começaram muito antes do Congresso Constituinte do Comintern e não cessaram imediatamente após, utilizando todos os canais de comunicação que os bolcheviques tinham desde a época da Primeira Guerra Mundial.

Paradoxalmente, o foco da direção do Comintern estava originalmente no México (onde os socialistas eram fracos e praticamente invisíveis), e não na Argentina, onde a ala esquerda do Partido Socialista se aliou ativamente aos bolcheviques após a Revolução Russa. Fundado na Argentina em janeiro de 1918, o Partido Socialista Internacional (PSI)[6] assumiu antes mesmo da fundação do Comintern a função de Internacional Continental, afetando significativamente o processo de transformação dos partidos socialistas do Uruguai e do Chile em comunistas. Entretanto, o PSI não conseguiu estabelecer contato

4. Robert Alexander, *Communism in Latin America*, New Jersey, Rutgers University Press, 1957, p. 35.
5. Aleksandr Iu Vatlin, *Vtoroi Kongress Cominterna: Tochka Otscheta Istorii Mirovogo Kommunizma*, Moskva [Moscou], Rosspen, 2018, p. 18.
6. *Historia del Socialismo Marxista en la Republica Argentina: Orígen del Partido Socialista Internacional*, Informe Dirigido a la Internacional Socialista y a Todos los Partidos Socialistas, Buenos Aires, 1919, p. 57.

direto com o Ceic, e seus interesses em Moscou foram inicialmente representados pelo Partido Socialista Italiano[7].

O Comintern enviou seu emissário Mikhail Borodin (Gruzenberg) ao México (ele também foi nomeado cônsul-geral no país) com o propósito de aproveitar dos sentimentos antiamericanos da Revolução Mexicana[8]. Ele deveria impulsionar a criação de partidos comunistas na América Latina, coordenar as atividades comunistas na região e prover suporte financeiro[9].

Os resultados da viagem de Borodin foram deveras contraditórios. Ele falhou em conseguir o reconhecimento da Rússia Soviética. Mas outros resultados foram percebidos como um sucesso impressionante: o Bureau Latino-Americano da Terceira Internacional foi criado, o Partido Socialista Mexicano foi renomeado Partido Comunista e designou uma delegação para o II Congresso do Comintern, e Borodin, juntamente com o comunista mexicano-americano Charlie Phillips, contribuiu para a fundação da Seção Comunista de Cuba e do Comitê para a Terceira Internacional na Espanha.

Entretanto, a vitória foi em grande parte pírrica. O Bureau Latino-Americano, praticamente sem recursos e com limitadas conexões, não resolveu nenhum dos grandiosos planos que haviam sido traçados. O próprio Borodin nem chegou a tentar unir o movimento comunista mexicano que havia surgido na cisão entre o Partido Comunista Mexicano (PCM) e o Partido Comunista do México. Suas preocupações eram outras, já que considerava o dirigente do PCM, o indiano Manabendra Nath Roy, como uma potencial liderança do movimento anticolonial na Ásia. Roy deixou o México para sempre, e o recém-criado PCM foi deixado sem um dirigente.

A tarefa de unificação do comunismo mexicano teve que ser solucionada pelo Bureau Pan-Americano estabelecido em 29 de setembro de 1920, com Sen Katayama como presidente, e Louis Fraina e Karl Janson como membros. Os principais articuladores para a formação do bureau foram os comunistas americanos. Assim, o representante do Partido Comunista da América, Louis Fraina, argumentou: se o movimento revolucionário sul-americano se tornará

7. Rodolfo Ghioldi, "Report", July 28, 1921, Russian State Archive for Social and Political History (RGASPI), f. 495, op. 134, doc. 17; Emilio J. Corbière, *Orígenes del Comunismo Argentino: El Partido Socialista Internacional,* Buenos Aires, Centro Editor de América Latina, 1984, p. 44.

8. Héctor Cárdenas, *Historia de las Relaciones entre México y Rusia,* México, FCE/SRE, 1993, p. 148.

9. Manuel Gómez, "From Mexico to Moscow", *Survey*, n. 53, 1964, pp. 36, 39; *M. N. Roy's Memoirs,* Bombay/New Delhi/Calcutta/Madras, Allied Publishers, 1964, pp. 198-199.

comunista, é necessário assegurar seus princípios ideológicos e criar um órgão regional sob estrito controle de Moscou. De acordo com Fraina, "a estratégia e as táticas devem contar com a revolução americana em toda a América"[10]. Essas concepções foram formuladas no texto "A Revolução Americana" do Ceic[11]. O Pequeno Bureau do Ceic acreditava nas perspectivas do trabalho comunista em todo o continente, baseadas nos relatórios otimistas de Borodin, Roy e Phillips.

As tarefas do Bureau consistiam em convocar uma conferência comunista continental e garantir a unidade das seções nacionais. No entanto, os planos de "conquistar o continente" esmoreceram sob o desafio da escassez de fundos e da incompreensão das realidades nacionais. O comunista americano Max Cohen ("Henry Allen") fora delegado à América do Sul para organizar os grupos comunistas existentes em um único partido e criar as filiais do Profintern. Ele, entretanto, pouco fez. Em Montevidéu, levou o grupo anarquista La Batalla para o Partido Comunista, transferiu dinheiro para eles e seguiu sua jornada[12]. Em Buenos Aires, o enviado do Bureau encontrou, segundo ele, "um partido realmente funcional... livre de ilusões sectárias e esquerdistas"[13], mas o PC da Argentina nada sabia sobre o Bureau Pan-Americano e o recebeu com suspeição. O delegado, que não falava espanhol e nada sabia acerca da situação local, limitou-se a recolher informações e estabelecer contatos. Seus relatórios reproduziram o ponto de vista dos comunistas argentinos, que lhe forneceram informações sobre o "brilhante trabalho organizativo" desenvolvido na América do Sul.

Os principais resultados da missão de Allen foram suas recomendações, que confirmaram a opinião já formada no Ceic sobre a possibilidade de assegurar o desenvolvimento dos Partidos Comunistas com base no partido argentino, que poderia ter autoridade para conduzir trabalhos de propaganda em toda a América do Sul.

Enquanto isso, Katayama estava engajado na eliminação da cisão no comunismo mexicano[14]. Tendo chegado à conclusão de que ambos os partidos comunistas eram "muito duvidosos", reconheceu que Roy, que passou de

10. Louis Fraina, RGASPI, f. 495, op. 2, doc. 3, l. 52.

11. "Amerikanskaia Revolutsiia: Vozzvaniie Ispolnitelnogo Komiteta Kommunisticheskogo Internatsionala k Rabochemu Klassu Severnoi i Yuzhnoi Ameriki", *Kommunisticheskii Internatsional*, n. 15, 1920.

12. Lucio F. Weil, "Lucio [F. Weil] to the CCE of the Comintern", [1921], RGASPI, f. 495, op. 134, doc. 14, l. 49.

13. Henry Allen, "Henry Allen's Report", [1921], RGASPI, f. 495, op. 79, doc. 2, ll. 6-7.

14. Sen Katayama, "Sen Katayama to the Small Bureau of the ECCI", Jan. 10, 1922, RGASPI, f. 495, op. 79, doc. 22, ll. 5-6.

ultranacionalista a comunista, era uma pessoa sincera, mas "abusara do mandato do Partido" com o propósito de chegar a Moscou. De muitas formas, Katayama baseou sua análise nas informações fornecidas por Phillips, que ficou ofendido pelo fato de não ele, mas o indiano ter sido incluído no Ceic. Phillips fez de tudo para destituir da liderança o secretário-geral do PCM, José Allen, e apresentar a Katayama a imagem de um futuro movimento de esquerda unido e influente[15].

Katayama e Phillips estavam tão certos da força do futuro Partido Comunista unido, que não perceberam as mudanças na política do México. Após a derrubada do presidente Venustiano Carranza, os novos líderes mostraram simpatia pelos trabalhadores, e o presidente Álvaro Obregón assinou um pacto secreto de cooperação com o Crom[16] reformista e, assim, obteve o apoio de uma parte substancial dos trabalhadores organizados.

Os comunistas e seus aliados da Confederação Geral de Trabalhadores anarcossindicalista, inspirados pela tolerância do governo, tomaram isso como uma evidência de sua própria força, organizando uma série de confrontos com a polícia, aos quais Obregón respondeu através da deportação de diversos radicais estrangeiros[17]. Todo o trabalho para unir o comunismo mexicano foi por água abaixo, ao mesmo tempo que os partidos fantasmas desapareceram. Mais tarde, Katayama decidiu que seria melhor transformar a Federação da Juventude Comunista no Partido Comunista[18].

Embora o Bureau tenha conseguido organizar o Congresso Constituinte do PC do México (PCM) em dezembro de 1921, foi desafiado pela recusa categórica do partido recém-criado em participar das eleições; além disso, o PCM praticamente não tinha militantes familiarizados com a teoria marxista. Fraina apontou o perigo da euforia da direção do PCM com a possibilidade de uma "nova revolução", explicando que isso só poderia terminar em fracasso: "Katayama e eu cometemos um erro ao avaliar a situação, pensávamos que o movimento era mais amplo e apto a crescer mais do que realmente aconteceu". Considerando que era impossível para o PCM lidar sozinho com todos

15. P. García, "Informe de P. García sobre el PCM", Sep. 7, 1922, RGASPI, f. 495, op. 108, doc. 25, ll. 27-28.
16. Alvaro Matute, *Historia de la Revolución Mexicana*, vol. 8: *La Carrera del Caudillo: 1917-1924*, Ciudad de México, Colegio de México, 1988, pp. 67-68.
17. *Excelsior*, 18 mayo 1921; 22 mayo 1921 (México).
18. Yavki, "Yavki to the Members of the Federation of the Communist Youth", New York, May 25, 1921, RGASPI, f. 495, op. 108, doc. 10, ll. 1-2.

os problemas, ele recomendou que o Ceic enviasse um comunista russo para coordenar as atividades mexicanas[19].

Os membros do Bureau não concordavam com as táticas de trabalho: enquanto Janson insistia na transferência do trabalho principal para os Estados Unidos e Canadá[20], Katayama e Fraina consideravam importante desenvolver a área sul-americana. Mas todas essas disputas resultaram ser insignificantes. Em 6 de outubro de 1921, o Ceic mudou o vetor das relações entre o Comintern e o movimento comunista latino-americano do mexicano para o argentino, instruindo o PCA a "apoiar o movimento nos países vizinhos" e criar um "centro de propaganda para apoiar e desenvolver o movimento em toda a América do Sul". O *presidium* do Ceic dissolveu o Bureau Pan-Americano exatamente devido à sua inabilidade de organizar o trabalho pan-americano.

Entretanto, o caminho do PCA para o Comintern também não foi fácil, em parte porque a sua vanguarda não possuía influência política de larga escala. A cisão no interior do Partido Socialista praticamente não afetou o movimento operário organizado, em que os principais rivais da ala esquerda eram os anarcocomunistas e sindicalistas, que declararam sua simpatia ao bolchevismo. Outro obstáculo foi o comportamento obstrucionista dos exilados revolucionários russos, cujos centros políticos eram a Federação de Organizações Operárias Russas da América do Sul e a União dos Socialistas Russos, que enviaram seus representantes Mikhail Alexandrovsky e Mayer Mashevich ao II Congresso do Comintern. O Pequeno Bureau protelou a admissão do PSI (PCA) e foi proposta a criação de um novo partido com a participação dos sindicatos revolucionários. Alexandrovsky foi nomeado emissário do Comintern na América do Sul[21].

Na Argentina, por um curto período, houve quatro agentes do Comintern. Um deles (Felix Weil) não possuía credenciais há muito tempo, enquanto o outro (Allen) representava uma estrutura desconhecida para os comunistas argentinos, o terceiro (Mashevich) foi selecionado para a função de mensageiro, mas tentou desempenhar um papel mais significativo. Alexandrovsky colocou

19. Louis Fraina, "Fraina to the Small Bureau", RGASPI, f. 495, op. 108, doc. 22, ll. 3-4.

20. Charles Scott, "Charles Scott's Report on the Panamerican Bureau", Oct. 15, 1921, RGASPI, f. 495, op. 18, doc. 66, ll. 173-174.

21. "Acts of the Sessions of the Small Bureau", Aug. 23, 1920; Aug. 31, 1920; Sep. 7, 1920, RGASPI, f. 495, op. 2, doc. 3, ll. 57, 76, 81-82.

outro problema: ele fazia parte do setor falante da língua russa no movimento operário argentino, que não havia tido um papel de destaque no país antes da Revolução Russa de 1917, mas reivindicava seu direito de ser o grupo dirigente após o triunfo bolchevique.

O PCA compreendia o aparecimento de Mashevich e Alexandrovsky e a atividade do Ceic como tentativas de impor o controle de pessoas que não tinham o menor direito de exercê-lo do ponto de vista de sua influência insignificante no interior do partido. Os exilados revolucionários russos, ao contrário dos italianos e alemães, não eram tão próximos dos socialistas e, mais tarde, do PSI. O primeiro agente do Ceic na Argentina, o comunista alemão Weil, apoiou definitivamente o partido, instando o Ceic a não sobrestimar a importância dos grupos russos na Argentina, que se sentiam como "uma espécie de Lenin argentino" e afirmavam ser "mentores", uma vez que eram originários do país da revolução bolchevique[22].

Por fim, o delegado do PCA, Rodolfo Ghioldi, conseguiu convencer a direção do Comintern a reconhecer como comunista o trabalho já realizado por seu partido na Argentina, Uruguai e Chile[23]. Em geral, as declarações do PCA sobre a propaganda bolchevique nos países vizinhos eram mais uma declaração de intenções, mas o argentino assegurou ao Comintern que essa atividade era muito mais ampla. Estas palavras foram confirmadas pelos emissários do Ceic, Max Cohen e Felix Weil, que recomendaram que o PCA recebesse um mandato para conduzir campanhas por toda a América do Sul.

Na realidade, Moscou repetiu os erros cometidos anteriormente no México, ao construir uma estratégia baseada em informações insuficientemente confiáveis fornecidas por militantes locais. Ao deslocar o centro de coordenação continental da atividade comunista para a Argentina, o Ceic esperava ampliar os sucessos atingidos pelo PCA. Contudo, a adoção do padrão argentino centrado requeria mudanças não apenas na teoria, mas também nos princípios organizativos e nos métodos de trabalho do Comintern. Enquanto os princípios e o esquema de funcionamento do Bureau Pan-Americano estavam baseados nas ideias de "A Revolução Americana", agora era necessário um longo e minucioso trabalho para desenvolver um novo conceito.

22. Lucio F. Weil, "Lucio's Report n. 5", RGASPI, f. 495, op. 134, doc. 14, ll. 17-20, 23.
23. Rodolfo Ghioldi, "R. Ghioldi's Report for the III Congress of the Communist International", RGASPI, f. 495, op. 79, doc. 2, l. 1.

O Bureau de Propaganda Comunista foi criado em Buenos Aires, mas foi fundado apenas para apoiar os comunistas locais e não tinha capacidade de coordenação[24]. No entanto, os dirigentes do PCA interpretaram a nova função como o direito de realizar atividades absolutamente descontroladas. O conflito explodiu com renovado vigor. Alexandrovsky considerou a falta de agitação para ingressar no Profintern como uma discrepância com a linha da Terceira Internacional. Um problema agudo era o gasto, pelo PCA, de uma parte dos fundos arrecadados para ajudar a região faminta do Volga a publicar o jornal comunista *La Internacional*. A fim de evitar escândalo, Alexandrovsky teve que cobrir a falta de recursos do caixa do Comintern. A direção do partido não ousou confrontar abertamente o representante autorizado de Moscou, mas escolheu a tática de estabelecer um acordo formal com suas propostas, enquanto na prática as ignorava.

Tendo arruinado completamente as relações com o PCA, Alexandrovsky propôs a inclusão dos comunistas uruguaios, chilenos e brasileiros no Bureau, com o propósito de garantir a coordenação das atividades comunistas continentais dos partidos comunistas, adaptando-os às circunstâncias nacionais de todos esses países[25]. Enquanto isso, o Bureau ainda era uma estrutura virtual: seus participantes se reuniam para uma ou duas reuniões e não publicavam nenhum documento. Todos os "sucessos" internacionais do Bureau foram primordialmente resultados dos esforços pessoais de Alexandrovsky.

Em janeiro de 1922, o *presidium* do Ceic criou uma comissão para resolver os problemas do movimento comunista sul-americano; Alexandrovsky era seu especialista, assim como o comunista uruguaio Francisco Pintos e o novamente emigrante Mikhail Yaroschevsky (todos eram críticos em relação ao PCA). A Comissão observou a inabilidade do PCA em liderar o movimento operário; a falta de posicionamento em relação às greves na Patagônia, Rosário e La Plata, e, por fim, caracterizou a maioria do Comitê Executivo do PCA como "doutrinários indefesos". A Comissão sugeriu a inclusão de representantes de outros partidos no Bureau de Propaganda Comunista e a sua transferência para Montevidéu[26].

24. "Latin Secretariat to the CP of Argentine", Sep. 7, 1921, RGASPI, f. 495, op. 134, doc. 16, l. 17; "Act of the Session of the Small Bureau", Oct. 6, 1921, RGASPI, f. 495, op. 2, doc. 6b, l. 1.
25. Mikhail Alexandrovsky, "Alexandrovsky's Letter", Nov. 26, 1921, RGASPI, f. 495, op. 131, doc. 1, ll. 23-24.
26. "Acts of the Sessions of the Small Bureau", Jan. 1st and May 17, 1922, RGASPI, f. 495, op. 2, doc. 12, ll. 5, 98, 100.

O projeto, no entanto, não foi aprovado. Em setembro, uma nova comissão criada pelo *presidium* do Ceic rejeitou as conclusões anteriores, considerando-as baseadas em informações tendenciosas, e recomendou uma seleção mais minuciosa dos emissários de Moscou[27]. A mudança brusca nas avaliações foi resultado da chegada da delegação do PCA ao IV Congresso do Comintern, que acusou Alexandrovsky de ser um mentiroso com sentimentos anarquistas.

A maior parte das falhas indicadas por Alexandrovsky não foi corrigida e rapidamente resultou em uma série de crises internas no partido. Contudo, Moscou procurou maximizar o número de seções nacionais, e o PCA, após a dissolução do Bureau Pan-Americano, permaneceu como a única força na América do Sul capaz de cumprir essa tarefa. Sob essas condições, a derrota dos "Lenin argentinos" tornou-se inevitável. Com base no PCA, foi criado um novo órgão regional do Comintern – o Secretariado Sul-Americano, chefiado pelo dirigente do PCA, José F. Penelón.

Um outro conflito começou logo em seguida. Para a direção do PCA e do Secretariado Sul-Americano, acostumado a trabalhar sem supervisão, houve uma surpresa desagradável: a nomeação de Boris Mikhailov ("Williams") para supervisionar o trabalho dos partidos comunistas locais. De pronto, suas primeiras impressões divergiram fortemente da opinião predominante em Moscou sobre o trabalho do Secretariado Sul-Americano: "atualmente não existe enquanto organização". Como Williams trabalhou juntamente com Penelón enfatizando sua autoridade superior, sua chegada mudou completamente o estilo de trabalho do Secretariado. O enviado do Comintern organizou consistentemente as atividades que Moscou havia requisitado sem sucesso, e estava auxiliando as seções nacionais em seu trabalho diário, por vezes exercendo controle direto sobre elas. Ele não seguiu o número de países visitados e considerou inapropriadas as viagens à Colômbia, Equador e Venezuela, porque "não havia praticamente nada lá, exceto grupos simpatizantes disformes"[28].

Tendo se familiarizado com a situação no PC do Uruguai, Williams cordou o "nó górdio" do caso pessoal de Celestino Mibelli e decidiu dar uma lição a todos (ainda que muito poucos) os parlamentares comunistas na América Latina. Mibelli foi acusado de tentar colocar o partido sob o controle de parlamentares que se recusavam a lutar pelas demandas urgentes dos traba-

27. "Act of the Session of the Small Bureau", Sep. 9, 1922, RGASPI, f. 495, op. 2, doc. 12, ll. 177-178.
28. Raymond, "Raymond's Letter", July 1926, RGASPI, f. 495, op. 19, doc. 182, l. 8.

lhadores sob o pretexto da "chegada da hora da revolução". A participação de representantes do Comintern e do Secretariado Sul-Americano e na Plenária do Comitê Central do Partido Comunista do Uruguai (PCU) reforçou o efeito das decisões tomadas.

Williams chegou no Chile às vésperas do golpe de Estado de Carlos Ibáñez e fez, à primeira vista, uma avaliação paradoxal do PC do Chile: "uma pequena e fraca organização, com uma influência política extremamente ampla nas massas e quase total controle sobre o movimento sindical"[29]. O partido estava à beira de uma crise interna vinculada ao desejo da maioria da fração parlamentar de eliminar o "poder dual" e tomar a direção do PC em suas próprias mãos. Esse comportamento não combinava absolutamente com a lógica do Comintern e não era de surpreender que Williams considerasse tais planos como uma intenção de acabar com os "elementos operários" do Comitê Central. Em sua opinião, o PC conseguiu avaliar "corretamente" o caráter do golpe, mas sua oposição organizativa "foi reduzida a zero". Considerando que a situação chilena exigia séria atenção, Williams planejou uma nova viagem para lá, que não aconteceu devido a um conflito dentro do PCA.

O enviado de Moscou entendeu perfeitamente que a falta de informações confiáveis sobre a situação em vários países se devia principalmente ao estilo de trabalho de Penelón, que, por sua vez, justificava a sua falta de vontade em fazer longas viagens em razão de seus compromissos na câmara municipal; ao mesmo tempo, estava atrasando as viagens de outros membros do Secretariado. A controvérsia sobre sua atuação como vereador tornou-se um empecilho: embora essas atividades produzissem resultados óbvios, os adversários de Penelón acreditavam que, em nome dos "bairros pobres", ele havia abandonado completamente o trabalho comunista continental.

Uma vez que Williams tomou a decisão de expandir e "coletivizar" o Secretariado Sul-Americano (o próprio emissário do Comintern, Rodolfo Ghioldi e o secretário-geral do PCA, Pedro Romo, tornaram-se os novos membros do órgão[30]), emergiu uma crise que mostrou que a antiga unidade da direção do PC não existia mais. Os "recém-chegados" levantaram uma questão crucial: por que o órgão regional do Comintern não estava organizando atividades políticas nos partidos comunistas sul-americanos? Os opositores de Penelón,

29. Raymond, "Raymond's Letter", May 7, 1927, RGASPI, f. 534, op. 4, doc. 185, ll. 36-37.
30. Rodolfo Ghioldi, "Comrade Ghioldi's Report", Dec. 16, 1927, RGASPI, f. 495, op. 134, doc. 103, l. 36.

que não ousaram se opor ao membro do Ceic e chefe do Secretariado, encontraram em Williams (figura influente na sede do Comintern) um sujeito com a mesma opinião e partiram para o ataque.

A disputa entre os grupos de Penelón e Ghioldi-Romo extrapolou os limites de uma "briga mesquinha de personalidades". O conflito na direção do PCA se transformou na crise mais grave da história do partido, capaz de paralisar as atividades do Secretariado Sul-Americano e se espalhar por todo o movimento comunista do continente. A instrução do Comintern de confiar no PCA como o núcleo da futura Federação Comunista da América do Sul resultou ser insustentável. Contradições internas anteriormente ocultas no PCA estavam crescendo como uma bola de neve: centralismo hipertrofiado e extrema estreiteza da direção do PCA; sectarismo na aplicação de táticas de frente única; falta de vontade de se envolver em uma luta política séria contra a oposição partidária; erros nas táticas sindicais etc. O emissário do Ceic identificou esses erros exclusivamente com as atividades de Penelón, que via em um estilo de trabalho "personalista" a garantia de manutenção de seu papel de única liderança; Williams também teve que reconhecer que isso aconteceu "não sem a nossa conivência"[31].

Enquanto o grupo de Ghioldi-Romo inicialmente evitou designar rótulos políticos, o secretário do Secretariado Sul-Americano literalmente insultou os oponentes: acusou Williams de criar intrigas e ter uma "tendência aventureira", declarou ironicamente que o delegado do Profintern era "o verdadeiro descobridor da América" e, por fim, afirmou que Ghioldi fora o verdadeiro líder do desvio à direita[32]. Em contraste com sua própria autoridade como membro do Ceic com o prestígio de um emissário, Penelón não levou em conta circunstâncias extremamente importantes – a era de Zinoviev, a cuja opinião se referia, acabou: em 22 de novembro de 1926, por decisão da VII Plenária Ampliada do Ceic, Zinoviev foi retirado de suas funções como presidente do Comintern.

A controvérsia rapidamente atravessou o oceano e se espalhou para o Ceic. Penelón informou Victorio Codovilla, representante do partido em Moscou, sobre a crise, apresentando-a como resultado do trabalho subversivo de diversos membros do Comitê Central inspirados por emissários do Comintern e Profintern. Os funcionários de Moscou ficaram verdadeiramente chocados

31. Raymond, "Raymond's Letter", May 7, 1927, l. 42.

32. José F. Penelón, "J. Penelón to V. Codovilla", Sep. 29, 1927, RGASPI, f. 495, op. 134, doc. 108, ll. 13-14.

com os acontecimentos na Argentina. A reação inicial foi como a de um "avestruz", enquanto os dirigentes da Terceira Internacional evitavam tomar decisões com o pensamento secreto de que a situação se resolveria e exigiam o fim da discussão, os envolvidos demandavam a intervenção de uma autoridade superior, alertando: se "não for encontrada uma solução clara para todas essas questões, [...] chegará a uma guerra civil interna"[33].

De muitas maneiras, a discussão no Ceic dependia da composição dos participantes. Enquanto Ghioldi foi a Moscou, Penelón recusou a oportunidade de apresentar seus argumentos em defesa da posição da "minoria" e não compareceu à IX Plenária do Ceic. Codovilla tentou impedi-lo de dar passos irreparáveis, mas ele não conseguiu deter seu camarada. A "minoria" penelonista tomou prédio do Comitê Central e os partidários da "maioria" suspenderam sua participação no CC do PCA. Naquele momento, os "centristas" tomaram a iniciativa com o propósito de eliminar a crise.

O papel do Comintern era somente o de um observador dos acontecimentos. O grupo de Penelón rejeitou as resoluções do Ceic por estarem baseadas em "informações incorretas", e depois que a "maioria" e o "centro" retomaram o controle das dependências do partido com ajuda da polícia, conseguiu o tão esperado motivo para uma ruptura[34]. Os apoiadores de Penelón anunciaram sua relutância em se comunicar com "agentes da polícia" e aceitar sua retirada do PCA, e declararam a organização de seu próprio partido.

A indecisão de Moscou devia-se à falta de compreensão da essência das divergências e ao medo de que a crise se espalhasse para outros partidos. O interesse pessoal de Codovilla na resolução pacífica da crise também era óbvio. Suas relações amistosas com os principais atores do conflito, e uma clara relutância em retornar à Argentina e perder uma alta posição na hierarquia do Comintern, forçaram o delegado do PCA em Moscou a fazer tudo em seu alcance para levar a crise de volta ao seu ponto inicial ou, se o resultado fosse negativo, para assegurar seu próprio status quo na direção do partido.

A discussão sobre a situação tornou-se um assunto doloroso e longo para o Comintern. A aposta no PCA dos planos continentais do Comintern era grande demais para acreditar em seu fracasso. Codovilla – uma das figuras-chave nesse processo – apontava para Williams como a fonte da crise. "O caso Alexan-

33. "R. Ghioldi to V. Codovilla", July 5, 1927, RGASPI, f. 495, op. 134, doc. 108, ll. 7, 9.
34. "Telegram Received by Codovilla on December 28, 1927", RGASPI, f. 495, op. 134, doc. 105, l. 34.

drovsky" permitiu que ele chamasse atenção para esse precedente: os comunistas russos, que vieram para a Argentina e não entenderam as especificidades locais, trouxeram dissonâncias ao interior do movimento operário do país[35].

Os debates que ocorreram nos escritórios do Ceic repetiram os conflitos pessoais argentinos, mas agora o papel de Penelón em Moscou era desempenhado por Codovilla, que acusava Mikhailov de liderar um trabalho fracionista dentro do Comitê Central. Ele claramente se sentia o Messias, capaz de salvar o que mais pudesse ser salvo "depois das intrigas realizadas por Williams"[36]. O emissário do Ceic escolheu uma linha adequada de defesa, apontando que as divergências não surgiram devido às suas atividades, e repreendeu o Comintern pela política de não intervenção. Ele considerou que Codovilla, como pleiteante de Penelón, foi o principal culpado na aplicação dessa abordagem.

A resolução original do Ceic exigia a restauração da unidade a todo custo[37], mas apenas nos documentos seguintes, escritos sob clara influência de Ghioldi, começaram a soar graves acusações contra o líder da minoria[38]. O própro Codovilla gradualmente se afastou do posicionamento pró-Penelón. Quando sua combinação multifacetada estava completa, a luta implacável de Codovilla pelos princípios marxistas-leninistas permaneceu na memória, e Penelón foi de fato exposto como um defensor da oposição de Zinoviev.

Por fim, a comissão do Ceic aprovou "a correta orientação do camarada Williams, que lutou contra os desvios oportunistas de Penelón"[39]. A crise argentina se enquadrou no contexto da luta proclamada por Josef Stalin contra o "perigo de direita". Assim surgiu o "penelonismo", o primeiro grupo "oportunista", cuja ideologia acabou sendo vinculada ao nome de seu líder. Não obstante, a Presidência do Ceic ainda convidou o grupo de Penelón a retornar ao partido sob certas condições[40]. Uma parte significativa dos penelonistas obedeceu a essas decisões, mas o Partido Comunista da Região Argentina, liderado por Penelón, permaneceu fora do Comintern. A partir de uma resolução argentina, o Ceic

35. "Act of the Session of the Secretariat for Latin Countries", Oct. 27, 1927, RGASPI, f. 495, op. 134, doc. 100, l. 3.
36. *Idem*, ll. 11-12.
37. Comintern, "Telegram Sent by the Comintern to the CP of Argentine", Dec. 29, 1927, RGASPI, f. 495, op. 134, doc. 105, l. 35.
38. "About the Divergences Within the CP of Argentine", Jan. 6, 1928, RGASPI, f, 495, op. 134, doc. 41, ll. 3-13.
39. *Idem, ibidem.*
40. *Idem, ibidem.*

deixou claro às seções nacionais que a subordinação às autoridades superiores deveria prevalecer dentro dos princípios do "centralismo democrático".

A crise destruiu totalmente o Secretariado Sul-Americano e o Comintern teve que criar um novo órgão com o mesmo nome, mas com novo pessoal e estrutura, e metas e objetivos e alterados. O princípio organizativo central era a forma coletiva de funcionamento, e a principal tarefa era tentar resolver "todas as questões relacionadas ao movimento comunista da América do Sul"[41]. O Secretariado incluía delegados dos partidos comunistas argentino, brasileiro, chileno e uruguaio e deveria trabalhar em conjunto com o representante permanente do Ceic em Buenos Aires, que participaria da elaboração e adoção das decisões.

Uma das contradições mais importantes entre o Comintern e suas seções latino-americanas foi a posição sobre a via da luta armada para a revolução. Enquanto na Alemanha, nos Balcãs, na Pérsia, na Índia etc., Moscou originalmente apoiou e promoveu os planos de uma insurreição armada, assumiu uma posição diferente a respeito da América Latina. Pelo menos três casos diferentes mostraram isso: a recusa do Ceic em apoiar os planos insurrecionais do revolucionário peruano Víctor Raúl Haya de la Torre, do comunista cubano Julio Antonio Mella e o projeto elaborado pelo Partido Revolucionário Venezuelano.

Haya de la Torre chegou a Moscou como membro do PCM desde 1924[42] e participou do V Congresso do Comintern, estabelecendo relações informais com altos funcionários e propondo-lhes um programa para o movimento anti-imperialista "revolucionário e pequeno burguês" da América Latina. Ele estava seguro da capacidade do futuro partido de tomar o poder no Peru dentro de dois meses, para "acabar com a exploração capitalista, nacionalizar a indústria e modernizar o sistema social do comunismo Inca", e solicitou mais apoio em agitação e propaganda ao Comintern e, "se possível", ajuda financeira[43]. Ele se referia a um partido adaptado às especificidades nacionais, "autônomo em nosso desenvolvimento e atividade".

O objetivo deste grupo, constituído sobre os princípios organizativos do Partido Comunista, era "a tomada direta do poder"[44], após o que estava

41. "Report n. 11 of South American Secretariat to the Latin Secretariat of the Comintern", Sep. 5, 1928, RGASPI, f. 503, op. 1, doc. 19, l. 37.

42. "Acta Constitutiva del PCM con Fines Electorales", 22 mayo 1924, Cemos, Coleccion PCM, cj. 2, fl. 5.

43. Víctor Raúl Haya de la Torre, "Haya de la Torre a Stirner [Diciembre de 1924]", RGASPI, f. 503, op. 118, doc. 3, ll. 28-29.

44. *Idem*, ll. 30-31.

planejado solicitar à URSS o envio de conselheiros políticos e militares. Depois de fortalecer o poder e a eliminar o perigo de uma contrarrevolução e da intervenção imperialista, o governo deveria "evoluir para um comunismo mais radical". Os planos de Haya de la Torre consistiam em um programa de revolução continental centrado no Peru. Considerando ineficazes os Partidos Comunistas existentes, ele insistia na necessidade de uma nova organização,

> [...] que surgiria da luta dos camponeses que não têm medo de morrer. [...] queremos criar um partido de massas que vá ao encontro das condições americanas e não seja criado para combater Ebert e McDonald [...] precisamos de orientação e, então, nos deixem com as mãos livres[45].

Haya enfatizou que se considerava comunista e pediu "para saber a opinião oficial do E. [o Comitê Executivo] e dar conselhos oficiais sobre o programa"[46].

As ideias de Haya foram inicialmente bem recebidas em Moscou, no entanto, o especialista em questões latino-americanas do Comintern, Edgar Woog, explicou ao peruano: o principal obstáculo para a implementação de tais planos era que ele, Haya de la Torre, era "praticamente a única pessoa que tem uma concepção mais ou menos marxista do movimento revolucionário" dentro deste futuro partido[47]. Enfim, o peruano criou a Aliança Popular Revolucionária Americana (Apra), cujo programa, como papel carbono, repetia as ideias expressas na correspondência com o Comintern, proclamando o partido "um movimento autônomo latino-americano sem qualquer interferência ou influência estrangeira"[48].

Em uma polêmica posterior (1927) com o secretário-geral do Profintern, A. Lozovsky, ele rotulou as abordagens teóricas do Comintern como "demasiado europeias" e apontou "a necessidade de resolver os problemas da América Latina a partir de um ponto de vista asiático, não europeu"[49]. O dirigente da Apra considerou sua viagem à URSS como "um completo fracasso do ponto de vista da América Latina", pois não conseguiu fazer uma revisão das táticas do Comin-

45. *Idem*, l. 32.
46. *Idem*, l. 31.
47. Edgar Woog, "Woog a Haya de la Torre", Moskva [Moscou], 1 ene. 1925, RGASPI, f. 503, op. 118, doc. 3, l. 33.
48. Víctor Raúl Haya de la Torre, "¿Que Es el A.P.R.A.?", RGASPI, f. 495, op. 118, doc. 3, l. 7.
49. Víctor Raúl Haya de la Torre, "V. R. Haya de la Torre a Losovsky", 14 abr. 1927, RGASPI, f. 495, op. 118, doc. 2, l. 49.

tern. Enquanto a liderança da Apra considerava difícil a conquista da unidade anti-imperialista, por causa das profundas divergências no movimento operário entre anarquistas, socialistas, sindicalistas, comunistas e estava pronto para buscar uma aliança com quaisquer forças[50], o Comintern, por sua vez, temia a dissolução dos comunistas em uma Frente Única e renunciou à cooperação que poderia levar o movimento anti-imperialista por um caminho aventuroso.

Haya de la Torre se reconciliou com o fato de que a revolução latino-americana não poderia contar com o apoio da URSS em um futuro próximo, indicando que a expectativa da organização dos operários adiaria a perspectiva dessa revolução por décadas. Enquanto precursor dos projetos de Che Guevara, Haya insistiu na ideia da revolução peruana como o primeiro estágio continental, pretendendo usar a tomada do poder no Peru, "como um instrumento contra o imperialismo na América Latina. [...] Precisamos de poder político em algum país para romper as classes dominantes e começar a luta contra o imperialismo"[51]. Nenhum compromisso foi encontrado. Após a formação do PC do Peru, em plena conformidade com o espírito do VI Congresso do Comintern e da X Plenária do Ceic, o partido embarcou em um confronto com a Apra, declarando a Aliança como "fascista", "latifundiário-burguesa" e um partido "nacional reformista"[52].

Mais um plano de revolução continental foi oferecido ao Comintern pelos comunistas venezuelanos Gustavo e Eduardo Machado e Salvador de la Plaza, que eram militantes ativos do Partido Revolucionário Venezuelano (PRV) e tinham um acordo com as autoridades mexicanas para obter armas para lutar contra a ditadura de Juan Vicente Gómez. O programa do PRV tinha uma ampla visão internacionalista, proclamando como principal objetivo a derrubada de Gómez e de todo governo caudilhista que vive às custas do povo[53]. Havia um grupo comunista secreto dentro do PRV, o "Grupo Revolucionário Continental", que pretendia "usar a situação favorável que emergirá na Venezuela após a vitória do levante armado, para a vitória do comunismo na América"[54]. O GRC estava certo de que a revolução social nas Américas necessitaria da

50. *Idem*, ll. 49-50.

51. *Idem*, ll. 50-51.

52. I. Yanchuk (ed.), *History of Peru Since the Ancient Times Till the End of XXth Century*, Moskva [Moscou], Nauka, 2000, p. 306.

53. "Programme du Parti Revolutionnaire Venezulien", RGASPI, f. 495, op. 107, doc. 3, l. 40.

54. Salvador de la Plaza, "Grupo Continental Revolucionario. Salvador de la Plaza, Secretario General. Mexico, 1926", RGASPI, f. 495, op. 107, doc. 3, l. 35.

existência de um governo proletário em um dos países do continente, com o objetivo de convertê-lo em uma base para a luta no resto do hemisfério. Assim como a Apra, o GRC pretendia liderar uma frente única com todas as organizações, a despeito de suas orientações sociais, em uma campanha para derrubar as tiranias atuais (sem tornar públicos seus laços com o comunismo)[55].

Essa concepção foi inicialmente apoiada pelo embaixador da URSS no México, Stanislav Pestkovsky, e pelos emissários do Comintern, Edgar Woog e Mikhail Grollman, que confiavam que a existência de um movimento antiditatorial e anti-imperialista definitivamente fortaleceria o comunismo continental.

Em 1926, o GRC enviou Gustavo Machado à Europa na tentativa de estabelecer "relações amplas e fraternas" entre a URSS e o governo "que será criado na Venezuela após a vitória da Revolução"[56]. Machado apresentou ao Ceic um memorando de planos para ação armada e solicitou assistência emergencial aos rebeldes. A impaciência dos potenciais insurgentes se explicava pelo nervosismo dos representantes do governo mexicano que simpatizavam com eles, mas ameaçavam cancelar o acordo de apoio caso o PRV não conseguisse encontrar um navio para transportar as armas doadas. Contudo, o Comintern se recusou a fornecer assistência financeira e nomear especialistas militares e políticos para participar da expedição[57], percebendo-a como uma atividade sem sustentação em uma base social interna.

Moscou recomendou que o GRC "penetrasse no país e construísse um partido proletário revolucionário dentro da classe trabalhadora do campesinato"[58]. O revolucionário venezuelano ficou bastante desanimado e tentou explicar que havia solicitado apenas assistência informal. Mas os dirigentes do Comintern não mudaram sua decisão. Após as tentativas frustradas de organizar rebeliões armadas na Alemanha e nos Balcãs, e a falta dos resultados esperados da Revolução Chinesa, o apoio a um novo pronunciamento em um distante país latino-americano foi visto como uma aventura que não beneficiaria a revolução mundial[59].

55. *Idem*, l. 36
56. Salvador de la Plaza, "Salvador de la Plaza al Camarada Alfredo Stirner. México, a 23 de junio de 1926", RGASPI, f. 495, op. 107, doc. 3, l. 15.
57. Gustavo Machado, "G. Machado al Comite Ejecutivo de la Internacional Comunista", RGASPI, f. 495, op. 107, doc. 3, l. 59.
58. *Idem, ibidem*.
59. Gustavo Machado, "Autobiografia de G. Machado (1952): Machado's Personal File", RGASPI, f. 495, op. 200, doc. 16, pt. 2, l. 162.

O revolucionário cubano Julio Antonio Mella discutia com o Comintern a possibilidade de uma aliança da oposição com a União Nacionalista, com o objetivo de derrubar a ditadura de Gerardo Machado. O Partido Comunista considerava a União Nacionalista sua rival e não acreditava na "força revolucionária ativa" dos nacionalistas (por sua "incapacidade de resistir ao imperialismo dos EUA"), mas expressou disposição em cooperar com eles devido à popularidade dos nacionalistas[60]. Para Mella, a questão mais importante nas relações com os nacionalistas era a possibilidade de organizar um levante em Cuba. Juntamente com o secretário do Comitê Central do PCC, Sotomayor, ele informou ao Ceic sobre planos desse levante, pedindo para que determinar a posição frente à participação dos comunistas nele[61].

Mella sugeriu travar uma luta contra a ditadura por meios violentos: "a libertação nacional e social não virá até nós com misericórdia. Seguiremos os exemplos da China, México, Nicarágua [...] não esqueçamos que os tiranos nacionais são um instrumento do imperialismo"[62]. Para Mella, a revolução proletária era algo muito distante, então ele via uma saída para a classe trabalhadora em ingressar no movimento de libertação nacional, em unidade de ação com a União Nacionalista. Mella considerava urgente a tomada de medidas para organizar o Partido Comunista como uma estrutura eficaz: "pode vir a ser a segunda Nicarágua na América, com a diferença de que aqui teremos um partido e uma classe operária mais ou menos organizada que desempenhará um papel interessante"[63]. A base da expedição armada seria formada por membros da Associação de Novos Emigrantes Revolucionários Cubanos (Anerc), fundada em 1928 como a "ponte" entre trabalhadores exilados e estudantes[64].

O Secretariado Político do Ceic via os nacionalistas como uma força com perspectiva de se tornar um centro de unificação de vários setores operários, e definiu a tarefa do PCC de formar, com base em seu próprio programa e exigências, uma frente revolucionária nacional e anti-imperialista para a eventual formação de um governo operário e camponês. O Ceic não percebeu o caráter utópico

60. "Report of the CCE of the PCC [1928]", RGASPI, f. 495, op. 105, doc. 20, l. 19.

61. "Conversación con la Delegación Cubana sobre el Partido Nacionalista, 12 de Junio de 1929", RGASPI, f. 495, op. 79, doc. 73, l. 79.

62. Junio Antonio Mella e Eduardo Castañeda, *J. A. Mella: Documentos y Artículos*, La Habana, Editorial Ciencias Sociales/Instituto Cubano del Libro, 1975, p. 279.

63. Junio Antonio Mella, "J. A. Mella a V. Codovilla. Paris, 1927", RGASPI, f. 542, op. 1, doc. 18, l. 15.

64. Lázaro Torres Hernández, "La Anerc: Una Combativa Organización Antimperialista", *Bohemia*, n. 23, pp. 88-92, 1975.

dessa posição: Moscou propôs ao pequeno e ideologicamente frágil PCC insistir na direção de uma frente única. O campo de atividade do Partido Comunista foi previamente estreitado: preparando os operários e camponeses para futuras "ações verdadeiramente revolucionárias", e esclarecendo a "postura em relação à teoria e prática do aventureirismo 'revolucionário' e dos golpes de Estado"[65].

O Comintern não via no futuro próximo uma insurreição armada na agenda do PCC. A necessidade urgente de derrubar Machado, "o presidente dos mil assassinatos", ficou fora da lógica do Comintern. Mella não aceitou essa atitude e continuou com seus planos[66], porém, o assassinato do revolucionário cubano pelos enviados de Machado em 1929, destruiu todo o projeto. O medo do Comintern de se comprometer novamente com outros movimentos antiditatoriais acabou levando ao famoso "erro de agosto" de 1933, quando, durante a revolução antimachado em Cuba, os comunistas recusaram a oportunidade real de participar da formação de um novo governo.

* * *

Criado como uma organização internacional universal de pessoas com ideias semelhantes, o Comintern foi construído sobre rígidos princípios formulados nas famosas "21 condições". Entretanto, a prática da primeira década de existência da Terceira Internacional demostrou a impossibilidade de uma única abordagem estratégica e tática. O espírito do impressionismo estava presente nas atividades de muitos dos partidos comunistas e do Comintern como um todo, tentando encontrar maneiras de alcançar o triunfo de uma revolução mundial. A América Latina acabou sendo uma espécie de laboratório para essa busca.

As especificidades das condições nacionais dos países latino-americanos determinaram as relações contraditórias do Comintern com suas seções nacionais, inevitavelmente dando espaço para o surgimento de conflitos. Estes conflitos estavam relacionados tanto com a efetiva implementação da revolução dentro de um determinado país quanto com a escolha entre a forma violenta e armada da tomada do poder, ou às formas de coordenar o movimento

65. "Political Secretariat of the ECCI to the CC of the PCC, February 8, 1928", RGASPI, f. 495, op. 105, doc. 10, ll. 85-88.
66. Rolando Rodríguez, "La Forja de una Amistad Entrañable: Un Pasaje Poco Conocido de Mella", *Granma*, 1 oct. 1991.

comunista latino-americano. Muitas vezes, o Comintern simplesmente não compreendia a lógica de seus apoiadores locais, e às vezes, revisando os esquemas errôneos anteriores, estava apenas no epicentro de novos conflitos. Essa tendência continuou ao longo da década de 1920.

Referências Bibliográficas

"Acta Constitutiva del PCM con Fines Electorales". 22 mayo 1924. Cemos, cj. 2, fl. 5 (Coleccion PCM).

Alexander, Robert. *Communism in Latin America.* New Jersey, Rutgers University Press, 1957.

Cárdenas, Héctor. *Historia de las Relaciones entre México y Rusia.* México, FCE/SRE, 1993.

Corbière, Emilio J. *Orígenes del Comunismo Argentino: El Partido Socialista Internacional.* Buenos Aires, Centro Editor de América Latina, 1984.

Excelsior, 18 mayo 1921; 22 mayo 1921 (México).

Historia del Socialismo Marxista en la Republica Argentina: Orígen del Partido Socialista Internacional. Informe Dirigido a la Internacional Socialista y a Todos los Partidos Socialistas. Buenos Aires, 1919, p. 57.

Matute, Alvaro. *Historia de la Revolución Mexicana*, vol. 8: *La Carrera del Caudillo: 1917-1924*. Ciudad de México, Colegio de México, 1988.

Mella, Junio Antonio & Castañeda, Eduardo. *J. A. Mella: Documentos y Artículos.* La Habana, Editorial Ciencias Sociales/Instituto Cubano del Libro, 1975.

Puiggrós, Rodolfo. *Historia Crítica de los Partidos Políticos Argentinos.* Buenos Aires, Argumentos, 1956.

Ravines, Eudocio. *The Yenan Way.* New York/Toronto, Scribner's/Saunders, 1951.

______. *La Gran Estafa.* 5. ed. Habana, Editorial Librerías Unidas, 1960.

Rodríguez, Rolando. "La Forja de una Amistad Entrañable: Un Pasaje Poco Conocido de Mella". *Granma*, 1 oct. 1991.

Torres Hernández, Lázaro. "La Anerc: Una Combativa Organización Antimperialista". *Bohemia*, n. 23, pp. 88-92, 1975.

Vatlin, Aleksandr Iu. *Vtoroi Kongress Cominterna: Tochka Otscheta Istorii Mirovogo Kommunizma.* Moskva [Moscou], Rosspen, 2018, p. 18.

Yanchuk, I. (ed.). *History of Peru Since the Ancient Times Till the End of XX*th *Century.* Moskva [Moscou], Nauka, 2000.

Russian State Archive for Social and Political History (RGASPI)

"About the Divergences Within the CP of Argentine". Jan. 6th, 1928. F. 495, op. 134, doc. 41.

"Act of the Session of the Secretariat for Latin Countries". Oct. 27th, 1927. F. 495, op. 134, doc. 100.

"Act of the Session of the Small Bureau". Oct. 6th, 1921. F. 495, op. 2, doc. 6b.

"Act of the Session of the Small Bureau". Sep. 9th, 1922. F. 495, op. 2, doc. 12.

"Acts of the Sessions of the Small Bureau". Aug. 23rd, 1920; Aug. 31st, 1920; Sep. 7th, 1920. F. 495, op. 2, doc. 3.

"Acts of the Sessions of the Small Bureau". Jan. 1st; May 17th, 1922. F. 495, op. 2, doc. 12.

Alexandrovsky, Mikhail. "Alexandrovsky's Letter". Nov. 26th, 1921. F. 495, op. 131, doc. 1.

Allen, Henry. "Henry Allen's Report". [1921]. F. 495, op. 79, doc. 2.

"Amerikanskaia Revolutsiia: Vozzvaniie Ispolnitelnogo Komiteta Kommunisticheskogo Internatsionala k Rabochemu Klassu Severnoi i Yuzhnoi Ameriki". *Kommunisticheskii Internatsional*, n. 15, 1920.

Comintern. "Telegram Sent by the Comintern to the CP of Argentine". Dec. 29th, 1927. F. 495, op. 134, doc. 105.

"Conversación con la Delegación Cubana sobre el Partido Nacionalista, 12 de Junio de 1929". F. 495, op. 79, doc. 73.

Fraina, Louis. "Fraina to the Small Bureau". F. 495, op. 108, doc. 22, ll. 3-4.

García, P. "Informe de P. García sobre el PCM". Sep. 7th, 1922; F. 495, op. 108, doc. 25.

Ghioldi, Rodolfo. "R. Ghioldi's Report for the III Congress of the Communist International". F. 495, op. 79, doc. 2.

______. "Report". July 28th, 1921. F. 495, op. 134, doc. 17.

______. "R. Ghioldi to V. Codovilla". July 5th, 1927. F. 495, op. 134, doc. 108.

______. "Comrade Ghioldi's Report". Dec. 16th, 1927. F. 495, op. 134, doc. 103.

Gómez, Manuel. "From Mexico to Moscow". *Survey*, n. 53, 1964.

______. *M. N. Roy's Memoirs*. Bombay/New Delhi/Calcutta/Madras, Allied Publishers, 1964.

Haya de la Torre, Víctor Raúl. "¿Que Es el A.P.R.A.?". F. 495, op. 118, doc. 3.

______. "Haya de la Torre a Stirner [Diciembre de 1924]". F. 503, op. 118, doc. 3.

______. "V. R. Haya de la Torre a Losovsky". 14 abr. 1927. F. 495, op. 118, doc. 2.

Katayama, Sen. "Sen Katayama to the Small Bureau of the ECCI". Jan. 10th, 1922. F. 495, op. 79, doc. 22.

"Latin Secretariat to the CP of Argentine". Sep. 7th, 1921. F. 495, op. 134, doc. 16.

MACHADO, Gustavo. "G. Machado al Comite Ejecutivo de la Internacional Comunista". F. 495, op. 107, doc. 3.

______. "Autobiografia de G. Machado (1952): Machado's Personal File". F. 495, op. 200, doc. 16, pt. 2.

MELLA, Junio Antonio. "J. A. Mella a V. Codovilla. Paris, 1927". F. 542, op. 1, doc. 18.

PENELÓN, José F. "J. Penelón to V. Codovilla". Sep. 29th, 1927. F. 495, op. 134, doc. 108.

PLAZA, Salvador de la. "Grupo Continental Revolucionario. Salvador de la Plaza, Secretario General. Mexico, 1926". F. 495, op. 107, doc. 3.

______. "Salvador de la Plaza al Camarada Alfredo Stirner. México, a 23 de junio de 1926". F. 495, op. 107, doc. 3.

"POLITICAL Secretariat of the ECCI to the CC of the PCC, February 8, 1928". F. 495, op. 105, doc. 10.

"PROGRAMME du Parti Revolutionnaire Venezulien". F. 495, op. 107, doc. 3.

RAYMOND. "Raymond's Letter". July 1926. F. 495, op. 19, doc. 182.

______. "Raymond's Letter". May 7th, 1927. F. 534, op. 4, doc. 185.

"REPORT n. 11 of South American Secretariat to the Latin Secretariat of the Comintern". Sep. 5th, 1928. F. 503, op. 1, doc. 19.

"REPORT of the CCE of the PCC [1928]". F. 495, op. 105, doc. 20.

SCOTT, Charles. "Charles Scott's Report on the Panamerican Bureau". Oct. 15th, 1921. F. 495, op. 18, doc. 66.

"TELEGRAM Received by Codovilla on December 28, 1927". F. 495, op. 134, doc. 105.

WEIL, Lucio F. "Lucio [F. Weil] to the CCE of the Comintern" [1921]. F. 495, op. 134, doc. 14.

______. "Lucio's Report n. 5". F. 495, op. 134, doc. 14.

WOOG, Edgar. "Woog a Haya de la Torre". Moskva [Moscou], 1 ene. 1925. F. 503, op. 118, doc. 3.

YAVKI. "Yavki to the Members of the Federation of the Communist Youth". New York, May 25th, 1921. F. 495, op. 108, doc. 10.

Capítulo 3
A Gênese do PCB (1918-1930)

Frederico Duarte Bartz

No ano do centenário do partido, é importante compreender o surgimento do Partido Comunista do Brasil (PCB) a partir de um contexto maior do que sua pontual fundação no ano de 1922. De uma perspectiva restrita ao movimento operário brasileiro, o PCB surge de uma série de redefinições entre correntes e grupos militantes que tiveram entre os anos de 1917 e 1919 uma mobilização inédita até então no país, protagonizando greves gerais e projetos insurrecionais, em um contexto de crise econômica, de carestia de vida e de influxo de ideias revolucionárias vindas do exterior. O aparecimento do grupo comunista se vincula a uma conjuntura mais geral de crise da ordem oligárquica, em que o mando das velhas elites agrárias passou a ser questionado e em que ocorre a emergência da chamada "questão social", indo desembocar na Revolução de 1930. O objetivo deste texto é compreender como o PCB propõe uma saída revolucionária para os problemas brasileiros, surge com uma proposta em que a classe operária seria a verdadeira protagonista das mudanças, ao invés dos reordenamentos das elites regionais, das salvações militares ou das soluções burguesas.

Para acompanhar o advento do projeto comunista no âmbito da crise da Primeira República, abordarei primeiramente o período de ascensão das lutas operárias a partir das grandes greves de 1917 até a fundação do PCB em abril de 1922. Esse intervalo de tempo é marcado pelo avanço das forças operárias, quando surgem os primeiros grupos comunistas, em 1918, e quando se forma o primeiro Partido Comunista em 1919. A partir de 1922, com a formação de um novo Partido Comunista, já sob as orientações da III Internacional, inicia-se um momento de redefinições de estratégias e de um esforço analítico da realidade brasileira. No ano de 1927, a formação do Bloco Operário (depois Bloco Operário e Camponês – BOC) aparece como concretização desse esforço de compreensão e construção de um projeto político no contexto da agudização da crise da ordem oligárquica no Brasil. Porém, o BOC logo encerra suas atividades, entre 1929 e 1930, devido à forte repressão.

O Movimento Operário Brasileiro e sua Emergência em um Contexto de Crise da Ordem Oligárquica

Desde o período final do Império, nas últimas décadas do século XIX, organizações de trabalhadores surgiram e se direcionaram para lutas diversas, como a formação de associações de auxílio mútuo, a luta pela libertação dos cativos e o apoio à causa republicana, em mobilizações que muitas vezes uniam escravizados, livres e libertos[1]. Depois que a República se tornou realidade, em 1889, muitos militantes operários se decepcionaram com o caráter oligárquico e o rumo excludente que o novo regime tomou, assumindo uma orientação liberal que, na prática, excluía a massa de trabalhadores e trabalhadoras da definição dos rumos políticos do país. A resposta a essa exclusão se deu pela adesão de diversos sujeitos ao socialismo e à social-democracia. O esforço de operários e operárias foi direcionado para a luta sindical e também para a fundação de partidos socialistas, com o objetivo de escolher representantes que defendessem os interesses da classe trabalhadora no parlamento. Esses partidos, no entanto, acabaram tendo uma atuação limitada para além dos grupos proletários[2].

A partir de 1906, militantes anarquistas, que defendiam o sindicalismo revolucionário, ganharam mais espaço no movimento operário brasileiro. Em suas lutas cotidianas, os anarquistas defendiam o boicote às eleições, a ação direta, a organização sindical e a mobilização pela construção de espaços próprios para os

1. Marcelo Badaró Mattos, *Trabalhadores e Sindicatos no Brasil,* São Paulo, Expressão Popular, 2009, pp. 13-31.
2. Tiago Bernardon de Oliveira, *Anarquismo, Sindicatos e Revolução no Brasil,* Niterói, UFF, 2009, pp. 34-43 (Tese de Doutorado).

trabalhadores (como as escolas modernas), negando-se a colaboração com o governo. Como os esforços anteriores dos socialistas, as ações dos anarquistas também se constituíam em uma resposta à exclusão que a classe trabalhadora sofria[3].

A ideia de Revolução Social e de destruição do Estado era central para os militantes libertários, mas os defensores do anarquismo e do sindicalismo revolucionário não se lançaram em um plano imediato para a derrubada do poder constituído. Mantendo um objetivo revolucionário no horizonte futuro, sua preocupação foi educar a população por meio de jornais e por outros meios culturais, organizando os trabalhadores através das sociedades de resistência. Assim, os militantes libertários conseguiram posição de destaque na organização da classe operária já na década de 1910, em centros como Rio de Janeiro, São Paulo, Recife e Porto Alegre. A eclosão da Primeira Guerra Mundial na Europa, em 1914, acabou por reforçar os argumentos dos anarquistas a respeito das sociedades de resistência e da ação coletiva, que se mostraram cada vez mais necessárias em uma conjuntura de crise do mundo capitalista[4].

É importante ressaltar que a Grande Guerra também evidenciou os limites da ordem oligárquica no Brasil: produtos de exportação como o café, o cacau e o açúcar, que eram o esteio da economia brasileira, passaram por uma retração no mercado mundial, o que se refletiu em uma dificuldade econômica generalizada em nosso país. A Primeira Guerra Mundial é um período de crise, entendido dessa forma pelos sujeitos que vivenciaram aquele momento histórico, e uma das principais características daqueles anos foi a emergência da Questão Social[5]. Se até os anos 1910 havia um discurso generalizado entre a elite política e econômica de que o Brasil era um país marcado pela fartura e pela abundância, sem os problemas experimentados pela Europa em termos de miséria e de desigualdade, a partir de 1914 os sinais de descontentamento da classe trabalhadora se tornam cada vez mais constantes e difíceis de ignorar.

3. *Idem*, pp. 43-89; Filipe Corrêa, "O Anarquismo e o Sindicalismo de Intenção Revolucionária: Da Associação Internacional dos Trabalhadores à Emergência na América Latina", em Kauan Willian dos Santos e Rafael Viana da Silva (orgs.), *História do Anarquismo e do Sindicalismo de Intenção Revolucionária no Brasil*, Curitiba, Prismas, 2018, pp. 58-65.
4. Kauan Willian dos Santos, "'Guerra à Guerra': Raça, Antimilitarismo, Organização Política Anarquista Durante a Primeira Guerra Mundial", em Kauan Willian dos Santos e Rafael Viana da Silva, *História do Anarquismo e do Sindicalismo de Intenção Revolucionária no Brasil*, pp. 135-160.
5. Carlos Fernando de Quadros, *A Emergência da Questão Social: Estudo sobre Formas Ideológicas em uma Conjuntura de Agitações Sociais e Perturbações Políticas (Brasil, 1914-1922)*, São Paulo, FFLCH-USP, 2022, pp. 106-146 (Tese de Doutorado).

Se tratava, na verdade, do acirramento da luta de classes, no bojo das contradições do capitalismo.

Um dos problemas mais evidentes nos discursos dos militantes operários, principalmente dos anarquistas, era a carestia de vida, marcada pela falta de produtos de primeira necessidade, pela alta dos preços e pela desvalorização do salário. Assim como ocorreu uma retração do mercado internacional para nossos itens de exportação tradicionais, também se abriu a possibilidade de vender para os países beligerantes produtos de alimentação básica, que faziam falta na mesa do proletariado urbano. Muito comum nessa época foi a especulação com os itens básicos de alimentação, ação dos "açambarcadores", que guardavam os produtos nos armazéns à espera de preços melhores.

Outra característica daqueles anos de guerra foi o arranque industrial, com a expansão e multiplicação de fábricas que buscavam produzir o que anteriormente era comprado dos países europeus, o que se traduziu no crescimento do proletariado fabril, mas também em um aprofundamento de sua exploração. Em um contexto de crise mundial, sem freios dos abusos econômicos e sem formas institucionalizadas de proteção social, o nosso liberalismo mostrava sua face mais miserável para as trabalhadoras e os trabalhadores brasileiros[6].

O acúmulo de dificuldades para a classe trabalhadora resultou em um grande movimento grevista em julho de 1917. A Greve Geral de São Paulo foi precedida de um trabalho organizativo de parte de militantes, no qual se destacou a ação das mulheres anarquistas como Maria Angelina Soares, atuando para formar ligas operárias em bairros fabris, onde a luta contra a carestia se articulava com a denúncia da superexploração. As greves que eram deflagradas em algumas indústrias ganharam outra proporção depois da morte do militante José Martinez, tornando-se uma mobilização paredista generalizada[7].

Um elemento novo, para além da magnitude da manifestação, foi a formação de um Comitê de Defesa Proletária (CDP), com a presença de militantes anarquistas e socialistas, que tornaram públicas e articularam as reivindicações da classe trabalhadora como aumento salarial, abolição do trabalho noturno feminino, liberdade de associação, liberdade para grevistas presos, além de reivindicações voltadas para a maioria da população como barateamento dos

6. Aldrin Castelucci, "Flutuações Econômicas: Crise Política e Greve Geral na Bahia da Primeira República", *Revista Brasileira de História*, vol. 25, n. 50, pp. 131-166, 2005.

7. Christina Roquette Lopreato, *O Espírito de Revolta: A Greve Geral Anarquista de 1917*, São Paulo, Annablume, 2000, pp. 97-124.

gêneros alimentícios e do preço dos aluguéis. A partir da mediação de um comitê de jornalistas, as negociações do CDP com os donos de fábricas resultaram em diversas vitórias para os grevistas, resultando em um saldo positivo através da formação de diversos sindicatos e rearticulação da Federação Operária de São Paulo[8].

Ao tratar das Greves de 1917, é necessário ressaltar que elas não se limitaram à cidade de São Paulo, mas foram um movimento que se multiplicou no território nacional através do sucesso da experiência paulistana[9]. No mesmo mês de julho, uma greve generalizada mobilizou diversas categoriais da cidade do Rio de Janeiro lideradas pela Federação Operária local, na qual se destacavam reivindicações salariais. Ainda no final daquele mês e no início de agosto, a Greve Geral de Porto Alegre se iniciou com a formação de uma Liga de Defesa Popular, liderada por anarquistas, que montou uma lista de reivindicações voltadas para melhores condições de trabalho e também reivindicações populares, tentando mitigar o problema da carestia de vida[10]. Em setembro, uma Greve Geral agitou o proletariado do Recife, com uma pauta similar que abordava os problemas do mundo do trabalho e da vida urbana, com destaque para o transporte, a alimentação e a moradia[11]. Além dos exemplos citados, paralisações de vulto também foram registradas em Curitiba, Belém, Petrópolis, Campinas, Pelotas, Santos, Parahyba (atual João Pessoa), Belo Horizonte, Manaus, Poços de Caldas, Santa Maria e em outras cidades menores.

Algumas características tornavam aquele ciclo de greves bastante singular: o tamanho das paralisações e a sua multiplicação no território nacional, o que dava consciência aos militantes da força que a classe operária havia adquirido nos maiores centros urbanos do país. Ocorria uma mudança na forma dos militantes coordenarem as greves, com a formação de organismos populares em duas grandes cidades (Porto Alegre e São Paulo), que tomaram para si a tarefa de demandar reivindicações aos empresários e aos governos. Naquele momento, havia o influxo de notícias que chegavam da Europa sobre as pri-

8. Luigi Biondi, *Classe e Nação: Trabalhadores Italianos em São Paulo, 1890-1920*, Campinas, Unicamp, 2011, pp. 315-365.

9. Edilene Toledo, "Um Ano Extraordinário: Greves, Revoltas e Circulação de Ideias no Brasil em 1917", *Estudos Históricos*, vol. 30, n. 61, pp. 497-518, maio-ago. 2017.

10. Adhemar Lourenço Silva Jr., "A Greve Geral de 1917 em Porto Alegre", *Anos 90*, n. 5, pp. 183-205, jul. 1996.

11. Antônio Paulo de Morais Rezende, *A Classe Operária em Pernambuco: Cooptação e Resistência*, Campinas, IFCH-Unicamp, 1981, pp. 75-84 (Dissertação de Mestrado).

meiras fases da Revolução Russa, com o poderoso exemplo de mobilização operária que havia derrubado o governo dos czares. Todos esses fatores vão ser importantes nos desdobramentos posteriores, tornando o ciclo das Greves Gerais ocorridas no inverno de 1917 um momento de inflexão e de abertura de novas possibilidades para a classe operária.

Um marco dessa inflexão foi a chamada para um Congresso Geral da Vanguarda Social do Brasil, feita pelo Comitê de Defesa Proletária de São Paulo, logo após a Greve Geral, através do jornal *A Plebe*, que deveria se realizar no mês de outubro, sendo utilizada para isso a estrutura da Confederação Operária Brasileira[12]. Algo peculiar nessa convocação é que ela era voltada para os mais diversos grupos operários, como organizações socialistas, anarquistas, sindicatos e centros de estudos sociais. Também chama a atenção o momento em que foi lançado, no auge dos movimentos grevistas, o que revela uma consciência de que aquele esforço coletivo que se dava simultaneamente em diversos locais deveria adquirir um caráter mais orgânico e coordenado para atingir seus objetivos de emancipação social.

A partir de novembro, outro fator impacta a conjuntura do movimento operário brasileiro: a vitória bolchevista na Rússia. A partir daquele momento, as notícias da tomada e organização do poder soviético, além das outras revoluções ocorridas na Europa, circulariam intensamente entre os trabalhadores e trabalhadoras organizados, incentivando a formação dos primeiros grupos comunistas no Brasil.

O Surgimento dos Primeiros Grupos Comunistas Durante a Ascensão das Lutas Operárias no Brasil (1918-1922)

A Revolução Russa de 1917 surgiu para os militantes do movimento operário brasileiro como um farol que parecia iluminar o triste cenário da Guerra Europeia, anunciando a possibilidade de uma grande rebelião popular colocar em xeque um poder quase absoluto. O fato era tão excepcional que despertou

12. Tiago Bernardon de Oliveira, *Anarquismo, Sindicatos e Revolução no Brasil*, pp. 113-115; Frederico Duarte Bartz, *Movimento Operário e Revolução Social no Brasil: Ideias Revolucionárias e Projetos Políticos dos Trabalhadores Organizados no Rio de Janeiro, São Paulo, Recife e Porto Alegre entre 1917 e 1922*, Porto Alegre, IFCH-UFRGS, 2014, pp. 127-129 (Tese de Doutorado).

de pronto o interesse de muitos trabalhadores, sendo tema constante da imprensa operária de várias partes do Brasil. As notícias chegavam rápido da Europa, através das principais agências internacionais; além disso, existia um sistema de distribuição de jornais operários vindos do velho mundo que abastecia a militância com informações que não tinham espaço na grande imprensa. As propostas eram discutidas nos principais órgãos da imprensa operária, como *A Plebe* de São Paulo, o *Spartacus* do Rio de Janeiro, a *Tribuna do Povo* de Recife e *O Syndicalista* de Porto Alegre. Esses jornais se tornaram espaços nos quais as novas ideias eram anunciadas e os modos de ação eram discutidos e divulgados, ajudando na circulação das ideias revolucionárias entre os trabalhadores[13].

Porém, essa efervescência não ficou limitada aos debates das ideias revolucionárias, também gerou uma série de projetos políticos para dar concretude à Revolução Social. Debatiam-se sobre novas formas revolucionárias que estavam sendo efetivadas na Rússia, Alemanha, Hungria, Finlândia e em outros países da Europa, o que deu ensejo à constituição de projetos que visavam defender e propagar as ideias que norteavam essas revoluções. Em novembro de 1918, Abílio de Nequete, barbeiro libanês que vivia em Porto Alegre, vai fundar a União Maximalista, primeiro grupo criado para defender e propagar as ideias de Revolução Russa[14].

Em Maceió, o farmacêutico e livre pensador Octávio Brandão fundou a Congregação Libertadora da Terra e do Homem, com o objetivo de divulgar as ideias de uma revolução agrária entre os camponeses alagoanos[15]. Nesse mesmo ano, também aconteceu a primeira tentativa de levar a Revolução Social do terreno teórico para o prático, através da Insurreição Operária de 18 de novembro no Rio de Janeiro: os membros da Aliança Anarquista, articulados com militantes sindicais e buscando o apoio dos militares de baixa patente, tentaram derrubar o presidente Delfim Moreira e implantar uma República dos Soviets no Brasil. O levantamento fracassou e seus líderes foram presos ou deportados para fora da antiga capital federal[16].

13. *Idem*, pp. 73-100; Carlos Fernando de Quadros, *A Emergência da Questão Social*, pp. 150-244.
14. Frederico Duarte Bartz, *O Horizonte Vermelho: O Impacto da Revolução no Movimento Operário do Rio Grande do Sul*, Porto Alegre, Sulina, 2017, pp. 161-171.
15. Octávio Brandão, *Combates e Batalhas*, São Paulo, Alfa-Ômega, 1978, pp. 127-128.
16. Carlos Augusto Addor, *A Insurreição Anarquista no Rio de Janeiro*, Rio de Janeiro, Achiamé, 2002, pp. 101-144.

O ano de 1919 marcou o ápice das mobilizações operárias naquele período, coincidindo com o momento de maior articulação dos militantes. A partir da iniciativa de figuras como José Oiticica e Astrojildo Pereira, que haviam articulado a insurreição de novembro do ano anterior, foi criado o primeiro Partido Comunista do Brasil, no Rio de Janeiro. Esse PCB, formado para ser uma frente ampla de grupos operários, um verdadeiro congresso de vanguardas, reunia núcleos comunistas, federações sindicais, militantes libertários, assim como procurava atrair para si todos aqueles que apoiassem a ideia de Revolução Social. Dessa forma, intelectuais e políticos reformistas também se aproximaram da agremiação recém-formada. Foi através dessa vasta aliança, em que os militantes revolucionários procuravam construir um exercício de hegemonia sobre a classe trabalhadora e estender sua influência sobre outros grupos sociais, que uma segunda insurreição operária foi preparada, tendo eclodido em outubro de 1919 em São Paulo. O movimento, marcado pela precipitação das ações e pela crueldade das perseguições policiais, acabou se dispersando, tendo mais um grande número de lideranças presas ou deportadas[17].

Um ponto singular da ação dos militantes naquela conjuntura é a diversidade que alimentou os projetos políticos constituídos pelo movimento operário. Os trabalhadores organizados, pelo menos no que se refere às sociedades de resistência, possuíam uma tradição de luta alimentada pelas ideias libertárias, constituída pela ação dos anarquistas, que haviam se afirmado por meio das práticas do sindicalismo revolucionário, defendendo a ação direta e criticando a colaboração de classe. A partir de 1917, com a mudança na conjuntura, os militantes passam a sofrer diferentes influências e a expressar isso a partir de uma multiplicidade de propostas de ação.

Para pensar como se daria o processo revolucionário, os sujeitos se apropriaram das informações e exemplos que vinham da Europa. Os militantes passaram a defender a formação de soviets e a tomada do poder pela classe trabalhadora através de um partido comunista (mesmo que essa organização mantivesse muitos princípios anarquistas em suas práticas cotidianas). Além disso, a aproximação com políticos e intelectuais reformistas (como Nicanor do Nascimento, Maurício de Lacerda e Evaristo de Morais) dotou os traba-

17. Everardo Dias, *História das Lutas Sociais no Brasil*, São Paulo, Edaglit, 1962, p. 91; Tiago Bernardon de Oliveira, *Anarquismo, Sindicatos e Revolução no Brasil*, pp. 123-125; Frederico Duarte Bartz, *Movimento Operário e Revolução Social no Brasil*, pp. 144-169.

lhadores organizados de um exemplo mais próximo da realidade brasileira para a insurreição, que era oferecido pela tradição do republicanismo radical, que articulava militares, políticos dissidentes, intelectuais inconformados e buscava o apoio da população para alcançar mudanças no sistema oligárquico.

Quando a repressão policial aumentou no início da década de 1920, desestruturando o movimento operário em diversas regiões, foi bastante difícil manter as esperanças revolucionárias. Especialmente depois do fracasso da Insurreição Operária de outubro de 1919, em São Paulo, as forças do Estado agiram de forma mais violenta, formando algo que pode ser definido como um "antimaximalismo" que antecipava muitos argumentos do anticomunismo posterior. Pode-se dizer que houve um fechamento das perspectivas de uma revolução próxima. Isso não quer dizer que projetos que defendiam objetivos revolucionários deixaram de ser criados, mas essa finalidade começava a ficar em segundo plano, como desdobramento posterior de um esforço de reestruturação.

A reorganização foi a tônica de vários grupos surgidos entre 1920 e 1921: o Centro de Estudos Sociais (Recife), a Revista Liberal (Porto Alegre) e o Grupo Clarté (Rio de Janeiro) foram criados com propósito de educar a classe trabalhadora para a emancipação social. A Coligação Social do Rio de Janeiro atrelava o projeto de Revolução Social à uma proposta eleitoral envolvendo políticos republicanos, e o Grupo Social Renovação tentava fazer uma mediação entre o bolchevismo e o sindicalismo revolucionário[18]. Foi nesse contexto, de repressão e de recuo da militância, que se tornaram cada vez mais duras as disputas internas entre os trabalhadores organizados.

No início de 1920, começaram a chegar as notícias de perseguições aos anarquistas na Rússia, o que indispôs militantes anarquistas e simpáticos ao bolchevismo. Ao mesmo tempo, a participação de sujeitos sociais que tradicionalmente não compartilhavam dos mesmos espaços políticos que os militantes revolucionários, como intelectuais e políticos profissionais, também se tornava um foco de tensão dentro do movimento.

Diferente do que fora consagrado pela memória (tanto anarquista quanto comunista), não foi apenas a constatação das diferenças entre libertários e bolchevistas a grande responsável pela crise dos anos 1920, mas sim a repressão que se abateu sobre os trabalhadores, que tirou as suas perspectivas revolucionárias e fez com que as divisões entre os militantes se tornassem cada vez mais aguda.

18. *Idem*, pp. 170-188.

A forma como estes aspectos se conjugara tornou muito difícil a busca de um objetivo comum entre os militantes. A partir dessa divisão entre anarquistas e bolchevistas, em que as concepções teóricas desses últimos começavam a ficar mais claras, encaminhando a formação definitiva de uma corrente comunista. Também é importante ressaltar os influxos do movimento comunista mundial, com a formação da Internacional Comunista (IC) em 1919. A partir de 1921, se estabelecem vínculos desses esparsos grupos comunistas brasileiros com representantes da IC, encaminhando a formação definitiva do PCB em 1922.

No Rio Grande do Sul, as disputas entre maximalistas e anarquistas levaram Abílio de Nequete a procurar contatos com membros do Partido Socialista Uruguaio que capitaneavam uma dissidência em direção ao bolchevismo. Através da troca de correspondência, os maximalistas de Porto Alegre tiveram acesso a revistas marxistas publicadas em Montevidéu e Buenos Aires, além de contato com o Bureau Sul-americano da Internacional Comunista. Por sua vez, através de outra rota, o militante norte-americano Maximilian Cohen, sob o pseudônimo de H. Allen (o que pode ser a origem da história do Cometa de Manchester), dirigia-se como representante da IC para Recife e Rio de Janeiro[19].

A presença de Cohen coincidiu com o surgimento do Comitê de Socorro aos Flagelados do Volga nessas duas cidades, entidades que congregaram antigos libertários e socialistas que se inclinavam ao comunismo, resultando na formação do Grupo Comunista de Recife e do Rio de Janeiro. Foi nesse contexto que os partidários do bolchevismo, através de uma dupla articulação dos militantes do Rio Grande do Sul com a Internacional Comunista e daqueles do Rio de Janeiro com outros Estados do Brasil, chegaram à fundação do segundo Partido Comunista do Brasil, disciplinado pelas regras da IC, em 1922.

A Fundação do PCB e a Luta pela Consolidação dos Comunistas entre a Classe Trabalhadora Brasileira (1922-1926)

A formação do segundo Partido Comunista do Brasil, agora seguindo as orientações preconizadas pela Internacional Comunista, ocorreu depois de um Congresso ocorrido no Rio de Janeiro e Niterói entre os dias 25 e 27 de março

19. Victor Jeifets e Lazar Jeifets, "La Internacional Comunista y la Izquierda Argentina: Primeros Encuentros y Desencuentros", *Archivos de Historia del Movimiento Obrero y la Izquiera*, vol. 3, n. 5, pp. 79-84, sep. 2014.

de 1922. O encontro reuniu representantes de grupos comunistas que haviam se formado em diversas partes do país. O secretário-geral escolhido foi Abílio de Nequete, do grupo de Porto Alegre; outros participantes eram Astrojildo Pereira, representando o grupo de Niterói; Joaquim da Costa Pimenta, de São Paulo; Cristiano Cordeiro, de Recife; Hermogêneo Silva, de Cruzeiro do Sul; e, pelo Distrito Federal, participaram José Elias da Silva, Manuel Cendón, Joaquim Barbosa e Luís Peres (Juiz de Fora e Santos não enviaram delegados para o Congresso).

Os congressistas representavam o total de 123 militantes: os grupos com maior representação eram o de Niterói e do Rio de Janeiro, que juntos contavam com setenta filiados, e o de Recife, que contava com 45. Porto Alegre tinha quinze membros, Juiz de Fora e Cruzeiro, somavam treze membros cada, São Paulo contava com sete e Santos com dois membros. Na sequência do Congresso, o PCB nomeou Antonio Bernardo Canellas e o estudante francês Mario Barrel, que estavam em Paris, como delegados ao IV Congresso da Internacional Comunista, com a missão de encaminhar a filiação à IC. As decisões do Congresso, assim como o Programa do Partido, foram publicadas na revista *Movimento Comunista* em julho de 1922[20].

O momento de fundação do segundo PCB foi também um período de redefinições, de novos posicionamentos políticos, teóricos e organizativos por parte dos militantes. Como a maioria dos membros não tinha uma forte tradição marxista, sendo oriundos do anarquismo ou se considerando livres pensadores, houve um esforço na divulgação de leituras mais afinadas com o bolchevismo[21]. A revista *Movimento Comunista*, criada no Rio de Janeiro em janeiro de 1922, divulgava textos de militantes comunistas brasileiros e estrangeiros, além de críticas à orientação anarquista, sendo um veículo importante de divulgação das novas ideias.

É importante ressaltar que a fundação do PCB, mesmo representando um momento de ruptura com o anarquismo, não resultou em uma mudança imediata no modo de ação de alguns militantes ou em concepções políticas consensuais sobre o bolchevismo, como mostra o rompimento de Abílio de

20. Dainis Karepovs, *A Esquerda e o Parlamento no Brasil: O Bloco Operário e Camponês (1924-1930)*, São Paulo, FFLCH-USP, 2002, pp. 39-49 (Tese de Doutorado).

21. Lincoln Secco, "Leituras Comunistas no Brasil: 1919-1943", em Marisa Midori Deaecto e Jean-Yves Mollier (orgs.), *Edição e Revolução: Leituras Comunistas no Brasil e na França*, Cotia/Belo Horizonte, Ateliê Editorial/Editora UFMG, 2013, pp. 29-64.

Nequete, seis meses depois do Congresso, denunciando seus companheiros por "vícios anarquistas". Como também demonstram as críticas que Antonio Bernardo Canellas dirigiu às lideranças bolchevistas durante o Congresso da IC, em dezembro de 1922, o que acabou resultando em sua expulsão do Partido (e na não aceitação do PCB como membro da IC, o que só ocorreria em 1924). Apesar dessas perdas, o Partido ganhou a adesão de Octávio Brandão, que ainda sentia certa simpatia pelo anarquismo, mas rompeu com os preceitos libertários e se vinculou definitivamente ao PCB.

Nos primeiros anos do PCB, um de seus principais problemas era a sua lenta penetração nas entidades sindicais. Para superar esses problemas, são firmadas alianças com os cooperativistas e formadas células dentro das entidades sindicais para disputá-las com os anarquistas. Isso estava consoante com o espírito do "Segundo Período" da Internacional Comunista: depois da derrota da Revolução Alemã de 1923, iniciou-se uma nova fase do movimento comunista internacional, em um momento entendido como de consolidação do capitalismo, em que a Revolução Mundial deixava de estar no horizonte imediato, sendo recomendada a tática de frente única com socialistas e social-democratas.

Como parte da tática de frente única e para ganhar maior visibilidade entre a classe trabalhadora, os comunistas fariam uma aliança estratégica, em 1923, com a Confederação Sindicalista Cooperativista Brasileira (CSCB), uma organização nitidamente reformista, fundada em 1921 por Sarandy Raposo, que possuía uma coluna operária no jornal *O Paíz* e que abriu esse espaço para os bolchevistas divulgarem suas ideias[22]. A busca por um espaço de divulgação na grande imprensa não foi um caso isolado: no mesmo ano de 1923, o imigrante comunista de origem alemã Friedrich Heffner conseguiu publicar algumas notas no jornal *Neue Deutsche Zeitung* de Porto Alegre em meio a uma disputa com o líder anarquista Friedrich Kniestedt. Também pode ser citado o exemplo do Grupo Comunista de Recife, que antes da fundação do PCB manteve uma coluna periódica no *Jornal Pequeno*, periódico vinculado ao intelectual e líder socialista Joaquim Pimenta.

É importante ressaltar que a dificuldade de ação com visibilidade também era compartilhada por outros grupos da classe trabalhadora e estava vinculada ao clima repressivo durante o Governo de Arthur Bernardes, que assumiu em 1922

22. Dainis Karepovs, *A Esquerda e o Parlamento no Brasil*, pp. 49-67.

e passou a maior parte de sua presidência sob Estado de Sítio. Com isso, o PCB, apenas alguns meses depois de fundado, foi posto na ilegalidade[23]. O ano de 1922 também marcou a eclosão da revolta dos Dezoito do Forte de Copacabana, dando início ao tenentismo, movimento organizado por jovens oficiais do Exército que lutavam para reformar o regime republicano e eram críticos ao arranjo de poder arquitetado pelas oligarquias agrárias[24]. No ano seguinte, em 1923, eclodiu uma revolta entre as oligarquias dissidentes do Rio Grande do Sul e, em 1924, ocorreu uma nova Revolta Tenentista, dessa vez de maiores proporções, quando os militares revoltosos ocuparam a capital paulista. Desse último episódio surgiu a Colunas Prestes, que sob o comando de Luiz Carlos Prestes (futuro dirigente comunista) percorreu o Brasil sem ser derrotada uma única vez.

Durante esses anos difíceis, o PCB tentou consolidar suas ações entre a classe trabalhadora de diferentes formas. No Rio de Janeiro, o esforço foi direcionado no sentido de criar núcleos nos sindicatos e estabelecer uma aliança com os cooperativistas, arranjo que acabou sendo desfeito pela vinculação da CSCB com o Governo Federal; no Rio Grande do Sul, os comunistas procuraram atuar entre os imigrantes, especialmente a comunidade judaica e alemã, sendo registrada a criação de uma célula comunista teuto-brasileira, em Porto Alegre, por Friedrich Haberland, militante vinculado ao KPD[25]; em Recife, lideranças comunistas como Cristiano Cordeiro e Rodolfo Coutinho se envolveram em um plano de revolta conhecido como Conspiração da Rua Velha, em 1925, planejando fazer contato com os membros da Coluna Prestes[26]. Outro fato relevante foi a publicação do *Manifesto Comunista* em formato de livro pela primeira vez no país, em Porto Alegre, no ano de 1924.

Em março de 1925, o Partido Comunista convocou seu II Congresso, na cidade do Rio de Janeiro. Os tópicos tratados eram a situação política nacional e internacional, a agitação e a propaganda, os sindicatos e as cooperativas, a organização da Juventude Comunista e a eleição do Comitê Central Executivo (CCE). Com a aceitação do PCB na Internacional Comunista, no ano anterior,

23. *Idem*, p. 49.

24. Anita Leocadia Prestes, *A Coluna Prestes*, 3. ed., São Paulo, Brasiliense, 1991, pp. 69-110.

25. Artur Duarte Peixoto, *Da Organização à Frente Única: A Repercussão da Ação Política do Parido Comunista do Brasil no Movimento Operário Gaúcho (1927-1930)*, Porto Alegre, IFCH-UFRGS, 2006, pp. 59-62 (Dissertação de Mestrado).

26. Elza Mariana Rodrigues Furtado de Mendonça, *O Partido Comunista em Pernambuco (1922-1926): Organização e Resistência*, Recife, CFCH-UFPE, 2016, pp. 174-179 (Dissertação de Mestrado).

era necessário dar maior consequência à atuação política dos militantes e suas organizações. Além disso, o país atravessava uma crise política de grandes proporções, com os levantamentos de jovens militares. Em termos econômicos, diferente dos anos 1910, quando houve um forte crescimento e disseminação fabril, como efeito da Grande Guerra, agora o cenário se caracterizava pela concentração de capitais e das indústrias em determinadas áreas, com a consolidação de grandes empresas onde trabalhavam numerosos contingentes operários[27]. A questão social, que irrompeu na década anterior, quebrando o consenso liberal, agora se apresentava de outra forma; além disso, o próprio sentido da palavra "Revolução" passava a ser disputado por outros sujeitos, como os tenentes e as oligarquias dissidentes.

Em 1926, essa urgência foi respondida com um esforço analítico da realidade nacional que deveria orientar a ação dos militantes: Octávio Brandão, que despontava como principal teórico do Partido, publicou *Agrarismo e Industrialismo: Ensaio Marxista-Leninista sobre a Revolta de São Paulo e a Guerra de Classes no Brasil*. O texto se debruçava sobre a crise política e econômica brasileira a partir do choque de interesses entre o agrarismo e o industrialismo, conflito compreendido também a partir das disputas imperialistas; o primeiro seria representado pelas oligarquias rurais (junto ao setor financeiro), que seguiam uma lógica de dominação feudal e eram apoiadas pelo capital britânico, enquanto o segundo seria representado pela burguesia industrial e pela pequena burguesia (na figura dos tenentes revoltosos), apoiadas pelo capital americano. Essas contradições teriam originado os levantes militares de 1922 e 1924. Aos comunistas caberia se preparar para o terceiro levante, aliando-se à pequena burguesia em sua luta contra a oligarquia.

O texto seguia a lógica do "Segundo Período", assim como a caracterização do Brasil como um país agrário semifeudal, feita pela Internacional Comunista, segundo a qual a tarefa primordial era apoiar uma revolução democrático-burguesa. Mesmo assim, esse esforço analítico não pode ser tributado apenas a uma transposição mecânica das concepções da IC para o Brasil. Na verdade, a análise do caráter feudal do país e dos problemas da ordem oligárquica tem raízes profundas nas concepções do próprio autor, Octávio Brandão, nas contradições que

27. Wilson Cano, *Raízes da Concentração Industrial em São Paulo*, 5. ed., Campinas, Unicamp/IE, 2007, pp. 201-262; Sandra Jataby Pesavento, *História da Indústria Sul-Rio-Grandense*, Guaíba, Riocell, 1985, pp. 64-66.

vivenciou no interior de Alagoas e na influência de intelectuais como Euclides da Cunha em sua formação[28]. Além disso, o PCB precisava responder a uma série de mudanças na conjuntura brasileira para interferir nos rumos políticos do país. Assim como ocorreu no período entre 1918 e 1922, quando o surgimento da corrente comunista não podia ser explicado apenas por um impacto externo, durante os anos 1920, as escolhas dos militantes não podem ser atribuídas apenas aos reflexos do movimento internacional, mas também foram determinadas pela aproximação que os sujeitos fizeram com os problemas de sua realidade. Foi nessa conjuntura que foi organizado o Bloco Operário e Camponês.

A Formação do Bloco Operário e Camponês e a Ação Política Organizada pelos Comunistas (1926-1930)

A segunda metade dos anos 1920 é marcada pela atuação do Bloco Operário e Camponês, organização criada pelo PCB e que foi dirigida por militantes comunistas. O Bloco tinha uma proposta de participação eleitoral, ao mesmo tempo que deveria atuar em entidades sindicais, de mulheres e da juventude; tratava-se de um esforço por criar uma organização de massas. A construção do Bloco Operário e Camponês (BOC), principal projeto político dos comunistas na década, mostra que seus militantes se engajaram em um esforço concreto para interferir de forma organizada nas mudanças que ocorriam no país. A crise da ordem oligárquica era acompanhada por uma presença cada vez maior das reivindicações da classe operária e pela denúncia de suas péssimas condições de vida, o que não podia mais ser ignorado por nenhum dos agentes políticos. A tarefa do BOC era dar um caráter de classe às críticas contra a oligarquia e orientar a classe trabalhadora em seu descontentamento na direção de um programa revolucionário.

A ideia de um Bloco Operário foi proposta por Trotsky nas eleições francesas de 1922, visando unificar os grupos políticos ligados à classe trabalhadora sob a hegemonia dos militantes comunistas. No Brasil, como foi visto, a primeira experiência de aliança se deu com os cooperativistas, o que acabou não se consolidando. O aprimoramento dessa orientação viria em 1925, na cidade de Santos, grande centro portuário, com forte presença operária. O Grupo Comunista de

28. Felipe Castilho de Lacerda, *Octávio Brandão e as Matrizes Intelectuais do Marxismo no Brasil: 1919-1929*, Cotia, Ateliê Editorial, 2019, pp. 123-182.

Santos, seguindo as orientações do II Congresso do PCB, decidiu participar do processo eleitoral em seu município. Nesse processo, foi criado um Partido Trabalhista, que seria logo substituído por uma Coligação Operária composta por militantes comunistas e por organizações sindicais importantes como a Sociedade dos Trabalhadores em Carga e Descarga do Porto de Santos. Mesmo que a Coligação não tenha alcançado um bom desempenho, essa experiência serviu aos desenvolvimentos dos projetos posteriores dos comunistas brasileiros[29].

Em 1927, com o final do Governo de Arthur Bernardes e o encerramento do Estado de Sítio, o PCB conseguiu apresentar seu programa publicamente através do jornal *A Nação*. Nesse momento, o Partido lançou o Bloco Operário, com um chamamento visando as eleições para deputado federal que ocorreriam naquele ano. As negociações para composição do Bloco já vinham sendo feitas desde o ano de 1926, mas a declaração pública buscava delimitar o espaço de uma verdadeira candidatura operária para o parlamento, para que, pela primeira vez, os trabalhadores se apresentassem como classe nessa disputa. Atenderam ao chamado o deputado Azevedo Lima, além de agremiações que já possuíam uma afinidade com os comunistas, como o Centro Político Proletário da Gávea e de Niterói.

Entretanto, a frente não era apenas eleitoral, pois o Bloco apresentava um programa que defendia o reconhecimento da URSS, o estabelecimento de um salário-mínimo, o máximo de oito horas de trabalho diárias, o direito ao voto feminino, a extensão do ensino obrigatório e a ajuda à população rural. Com uma rotina intensa de comícios, o Bloco garantiu a eleição de Azevedo Lima para a Câmara dos Deputados pelo Distrito Federal e um significativo número de votos para João da Costa Pimenta. O resultado foi considerado uma vitória, não apenas por conta dos votos conseguidos e pela eleição de Azevedo, mas também porque durante a campanha o PCB conseguiu transmitir publicamente suas ideias. Esse panorama de legalidade mudou em agosto daquele ano, quando foi aprovada a chamada "Lei Celerada", que dava poder ao governo de fechar qualquer agremiação que cometesse "atos contrários à ordem".

A lei se voltava contra os tenentes revoltosos, mas também contra as organizações operárias, especialmente contra os militantes comunistas, cuja atuação crescia no seio da classe trabalhadora. Com isso, o PCB caiu novamente na

29. Dainis Karepovs, "A Coligação Operária de Santos Quebrou a Pasmaceira", *História*, vol. 25, n. 1, pp. 182-202, 2006.

ilegalidade, o que vai incidir diretamente nos rumos de seu projeto político. A partir desse momento, o Bloco Operário vai se transformar na organização de massas dos comunistas, um instrumento para engajar um número cada vez maior de trabalhadores e um espaço em que seus militantes podiam se apresentar publicamente. O Bloco Operário aprovou seus novos estatutos e passou a se chamar Bloco Operário e Camponês (BOC). Além disso, atendendo ao espírito de frente, será também o instrumento para se aproximar da ala esquerda dos tenentes, representada por Luiz Carlos Prestes.

Com essas novas orientações surgiram diversos Comitês do BOC, como o Comitê Eleitoral das Mulheres Trabalhadoras, que contava com lideranças da tecelã Maria Lopes e da escritora Laura da Fonseca e Silva Brandão, preconizando que fossem eleitas "mulheres pobres que saibam defender os interesses das trabalhadoras de todo o Brasil". Em relação às mulheres, é importante lembrar que a década de 1920 foi um período muito rico para o movimento feminista e para a luta das trabalhadoras. A conjuntura aberta pela assinatura do Tratado de Versalhes e os debates sobre igualdade de direitos na OIT, a partir de 1919, que determinavam a igualdade de gênero em matéria de direito do trabalho, foi um impulso importante na organização das mulheres trabalhadoras. A presença de mulheres era pequena no PCB até aquele momento e a formação do Comitê vai fazer com que os comunistas abram mais espaço para as pautas femininas[30].

Também são formados comitês em diversas localidades, principalmente, em São Paulo e no Rio Grande do Sul. No primeiro estado, o BOC foi lançado em fevereiro de 1928, com a participação de entidades sindicais e políticas da capital, de Santos e de Cubatão. Durante aquele ano, o BOC encontrou um meio de expressão pelas páginas do jornal *O Combate*, que aglutinava a oposição ao Partido Republicano Paulista[31]. No Rio Grande do Sul, a formação do BOC ocorreu em fins de 1928, sendo responsável pela dinamização do movimento operário, com um crescimento do número de greves e outras mobilizações durante o ano de 1929; além de Porto Alegre, o Bloco estendeu sua ação para vários municípios do interior como Pelotas, Taquara, Santa Maria e Santana do Livramento[32].

30. Glaucia Fraccaro, *Os Direitos das Mulheres: Feminismo e Trabalho no Brasil (1917-1937)*, Rio de Janeiro, Editora FGV, 2018, pp. 67-70.

31. Lucas Alexandre Andreto, *A Formação do Partido Comunista do Brasil (PCB) na Cidade de São Paulo (1922-1930)*, Assis, FCLAS-Unesp, 2018, pp. 72-82 (Dissertação de Mestrado).

32. Artur Duarte Peixoto, *Da Organização à Frente Única*, pp. 108-153.

A partir de um intenso trabalho de base no Rio de Janeiro, dois candidatos do BOC foram eleitos intendentes (o que corresponderia aos atuais vereadores) do Distrito Federal em fevereiro de 1929, Minervino de Oliveira e Octávio Brandão. Era a primeira vez que os comunistas chegavam ao parlamento. Nesse momento já se debatia a participação do BOC nas eleições presidenciais de 1930, com esperanças de atrair Luiz Carlos Prestes para o Bloco. Nesse período, porém, a Internacional Comunista passava por um processo de reorientação de sua linha política. Em 1928, a IC abandonou a orientação de frente única e passou para uma posição de enfrentamento de classe contra classe, identificando os social-democratas como inimigos a serem combatidos. Era a política de radicalização do "Terceiro Período", que pressupunha existir uma crise profunda no sistema capitalista, o que ia contra a política de alianças do período anterior.

Uma das principais críticas feitas aos comunistas brasileiros era justamente sobre o papel do Bloco Operário e Camponês, que "ocultaria" o PCB atrás de sua representação legal. Além disso, os militantes eram acusados, pela sua política de aproximação com Prestes, de ficar a reboque da pequena burguesia. As diretrizes da IC não chegavam imediatamente ao Brasil, pois eram mediadas pelos processos internos dos militantes nacionais, mas, no final de 1929, isso mudou e as orientações internacionais foram aplicadas com uma força cada vez maior entre os comunistas brasileiros. A crescente radicalização ficou evidente no I Congresso do Bloco, realizado em novembro, quando a organização mudou o seu nome para Bloco Operário e Camponês do Brasil (BOCB). No encontro, escolheu-se como candidato à presidência o operário Minervino de Oliveira, um marmorista profundamente vinculado às lutas sindicais[33]. Também houve uma reorientação na linha política, no sentido de uma radicalização de suas propostas e de sua linguagem.

Ao mesmo tempo que sofria pressão externa, à medida que se aproximavam as eleições, a repressão ao movimento operário se intensificou muito, desmantelando a estrutura do Bloco. No ano de 1929, a repressão ao BOC e às atividades comunistas se tornaram mais constantes, principalmente depois da Greve dos Gráficos de São Paulo, que durou mais de dois meses, entre março e junho, contando com a participação decisiva dos militantes e dirigentes do

33. Petrônio Domingues, "Minervino de Oliveira: Um Negro Comunista Disputa a Presidência do Brasil", *Lua Nova*, n. 101, pp. 31-40, 2017.

BOC. No início de 1930, os ataques se voltaram contra o BOC do Rio Grande do Sul, depois da recusa dos comunistas daquele Estado em apoiarem Getúlio Vargas na campanha presidencial. Nas eleições de março de 1930, a votação de Minervino de Oliveira foi menor que os votos dados aos intendentes do Distrito Federal na disputa anterior, mostrando a mudança na conjuntura. Logo após as eleições, o Bloco seria dissolvido, por orientação da própria Internacional Comunista[34].

O Bloco Operário e Camponês foi a expressão de um projeto político que associava a participação política institucional com o movimento de massas. Não se pode considerar o BOC apenas como uma expressão eleitoral do PCB, já que ele acabou servindo para arregimentar a classe trabalhadora em uma perspectiva que ia bastante além das eleições. Mesmo que tenha sido dissolvido e desmantelado pela repressão, representou um projeto exitoso em seu objetivo de fazer com que a luta eleitoral também fosse um vetor de mobilização social.

Conclusão

O movimento comunista no Brasil surgiu da efervescência das lutas sociais ocorridas no final da década de 1910, quando muitos militantes do movimento operário foram atraídos pelos ideais representados pela Revolução Russa. O surgimento de militantes e grupos comunistas não pode ser atribuído apenas aos impactos de fatos do exterior, mas também a uma conjuntura específica de crise do sistema político oligárquico, dada pelo avanço do capitalismo industrial no país e pelo acirramento da luta de classes. As Greves Gerais e as Insurreições Operárias colocaram as reivindicações operárias na ordem do dia, implicando a constituição de novos projetos políticos entre os trabalhadores.

Depois de um período repressivo, no início dos anos 1920, em que a crise da ordem oligárquica foi aprofundada pelas revoltas tenentistas, os militantes comunistas criaram o Bloco Operário e Camponês como face legal de sua atuação política a partir de 1926. A tarefa do BOC era dar um caráter de classe às críticas contra a oligarquia e orientar a classe trabalhadora em seu descontentamento na direção de um programa revolucionário. Apesar de uma intensa mobilização, o Bloco acabou dissolvido em 1930, enfraquecido pela repressão

34. Dainis Karepovs, *A Classe Operária Vai ao Parlamento: O Bloco Operário e Camponês do Brasil (1924-1930)*, São Paulo, Alameda, 2006, pp. 165-195.

e por mudanças de linha política da Internacional Comunista. Mesmo com a extinção do BOC, o trabalho realizado daria frutos nos anos subsequentes. Depois de mais de uma década de presença no movimento operário, os comunistas se consolidariam como referência política para a classe trabalhadora brasileira ao longo da década seguinte.

Referências Bibliográficas

ADDOR, Carlos Augusto. *A Insurreição Anarquista no Rio de Janeiro.* Rio de Janeiro, Achiamé, 2002.

ANDRETO, Lucas Alexandre. *A Formação do Partido Comunista do Brasil (PCB) na Cidade de São Paulo (1922-1930).* Assis, FCLAS-Unesp, 2018 (Dissertação de Mestrado).

BARTZ, Frederico Duarte. *Movimento Operário e Revolução Social no Brasil: Ideias Revolucionárias e Projetos Políticos dos Trabalhadores Organizados no Rio de Janeiro, São Paulo, Recife e Porto Alegre entre 1917 e 1922.* Porto Alegre, IFCH-UFRGS, 2014 (Tese de Doutorado).

______. *O Horizonte Vermelho: O Impacto da Revolução no Movimento Operário do Rio Grande do Sul.* Porto Alegre, Sulina, 2017.

BIONDI, Luigi. *Classe e Nação: Trabalhadores Italianos em São Paulo, 1890-1920.* Campinas, Unicamp, 2011.

BRANDÃO, Octávio. *Combates e Batalhas.* São Paulo, Alfa-Ômega, 1978.

CANO, Wilson. *Raízes da Concentração Industrial em São Paulo.* 5. ed. Campinas, Unicamp/IE, 2007.

CASTELUCCI, Aldrin. "Flutuações Econômicas: Crise Política e Greve Geral na Bahia da Primeira República". *Revista Brasileira de História,* vol. 25, n. 50, pp. 131-166, 2005.

CORRÊA, Filipe. "O Anarquismo e o Sindicalismo de Intenção Revolucionária: Da Associação Internacional dos Trabalhadores à Emergência na América Latina". *In*: SANTOS, Kauan Willian dos & SILVA, Rafael Viana da (orgs.). *História do Anarquismo e do Sindicalismo de Intenção Revolucionária no Brasil.* Curitiba, Prismas, 2018.

DIAS, Everardo. *História das Lutas Sociais no Brasil.* São Paulo, Edaglit, 1962.

DOMINGUES, Petrônio. "Minervino de Oliveira: Um Negro Comunista Disputa a Presidência do Brasil". *Lua Nova,* n. 101, pp. 31-40, 2017.

FRACCARO, Glaucia. *Os Direitos das Mulheres: Feminismo e Trabalho no Brasil (1917--1937).* Rio de Janeiro, Editora FGV, 2018.

JEIFETS, Victor & JEIFETS, Lazar. "La Internacional Comunista y la Izquierda Argentina: Primeros Encuentros y Desencuentros". *Archivos de Historia del Movimiento Obrero y la Izquierda,* vol. 3, n. 5, pp. 79-84, sep. 2014.

KAREPOVS, Dainis. *A Esquerda e o Parlamento no Brasil: O Bloco Operário e Camponês (1924-1930)*. São Paulo, FFLCH-USP, 2002 (Tese de Doutorado).

______. *A Classe Operária Vai ao Parlamento: O Bloco Operário e Camponês do Brasil (1924-1930)*. São Paulo, Alameda, 2006.

______. A Coligação Operária de Santos Quebrou a Pasmaceira. *História*, vol. 25, n. 1, pp. 182-202, 2006.

LACERDA, Felipe Castilho de. *Octávio Brandão e as Matrizes Intelectuais do Marxismo no Brasil: 1919-1929*. Cotia, Ateliê Editorial, 2019.

LOPREATO, Christina Roquette. *O Espírito de Revolta: A Greve Geral Anarquista de 1917*. São Paulo, Annablume, 2000.

MATTOS, Marcelo Badaró. *Trabalhadores e Sindicatos no Brasil*. São Paulo, Expressão Popular, 2009.

MENDONÇA, Elza Mariana Rodrigues Furtado de. *O Partido Comunista em Pernambuco (1922-1926): Organização e Resistência*. Recife, CFCH-UFPE, 2016 (Dissertação de Mestrado).

OLIVEIRA, Tiago Bernardon de. *Anarquismo, Sindicatos e Revolução no Brasil*. Niterói, UFF, 2009 (Tese de Doutorado).

PEIXOTO, Artur Duarte. *Da Organização à Frente Única: A Repercussão da Ação Política do Partido Comunista do Brasil no Movimento Operário Gaúcho (1927-1930)*. Porto Alegre, IFCH-UFRGS, 2006 (Dissertação de Mestrado).

PESAVENTO, Sandra Jatahy. *História da Indústria Sul-Rio-Grandense*. Guaíba, Riocell, 1985.

PRESTES, Anita Leocadia. *A Coluna Prestes*. 3. ed. São Paulo, Brasiliense, 1991.

QUADROS, Carlos Fernando de. *A Emergência da Questão Social: Estudo sobre Formas Ideológicas em uma Conjuntura de Agitações Sociais e Perturbações Políticas (Brasil, 1914-1922)*. São Paulo, FFLCH-USP, 2022 (Tese de Doutorado).

REZENDE, Antônio Paulo de Morais. *A Classe Operária em Pernambuco: Cooptação e Resistência*. Campinas, IFCH-Unicamp, 1981 (Dissertação de Mestrado).

SANTOS, Kauan William dos. "'Guerra à Guerra': Raça, Antimilitarismo, Organização Política Anarquista Durante a Primeira Guerra Mundial". *In*: SANTOS, Kauan Willian dos & SILVA, Rafael Viana da (orgs.). *História do Anarquismo e do Sindicalismo de Intenção Revolucionária no Brasil*. Curitiba, Prismas, 2018.

SECCO, Lincoln. "Leituras Comunistas no Brasil (1919-1943)". *In*: DEAECTO, Marisa Midori & MOLLIER, Jean-Yves (orgs.). *Edição e Revolução: Leituras Comunistas no Brasil e na França*. Cotia/Belo Horizonte, Ateliê Editorial/Editora UFMG, 2013.

SILVA JR., Adhemar Lourenço. "A Greve Geral de 1917 em Porto Alegre". *Anos 90*, n. 5, pp. 183-205, jul. 1996.

TOLEDO, Edilene. "Um Ano Extraordinário: Greves, Revoltas e Circulação de Ideias no Brasil em 1917". *Estudos Históricos*, vol. 30, n. 61, pp. 497-518, maio-ago. 2017.

Capítulo 4
O PCB e a Insurreição de Novembro de 1935

Marly de A. G. Vianna

Nos cem anos de sua história o Partido Comunista do Brasil (PCB) teve grandes acertos e também alguns equívocos políticos graves. Os anos de 1934-1935, de que vou tratar, são exemplo disso. Por um lado, o acerto das lutas antifascistas, anti-integralistas e contra a guerra e, por outro, a desastrosa tentativa de insurreição, em novembro de 1935, que envolveu o PCB, a Aliança Nacional Libertadora (ANL) e muitos democratas – civis e principalmente militares.

Para entender o ambiente do início dos anos de 1930 quando tais fatos se desenrolaram, vou recuar um pouco na história política do país não muito, porque o espaço não permite. Vou recuar ao ano de 1930, quando, em outubro, um golpe levou Getúlio Vargas ao poder, pondo fim à Primeira República.

A continuação do primeiro período republicano tornara-se impossível pela crise do café que sustentava politicamente seus principais produtores, paulistas e mineiros. Na economia, além da crise do café, outros setores produtivos cresciam em outros Estados, como a produção de carne e charque no Rio Grande do Sul. Havia ainda questões políticas importantes, como o rompimento entre São Paulo e Minas, com a insistência de Washington Luís em lançar à sua sucessão outro paulista, Armando de Salles Oliveira, em detrimento do presidente de Minas Gerais, Antônio Carlos. Por outro lado, o Estado que teria papel primordial nos episódios de 1930, o Rio Grande do Sul, se havia unificado politicamente, no acordo de Pedras Altas, em 1923. Além disso, a industrialização e a urbanização fizeram crescer as camadas médias urbanas, cujo protagonismo à época coube aos jovens militares, rebelados em julho de 1922 contra a candidatura de Arthur Bernardes, que consideram ter ofendido as Forças Armadas. Esse setor, de jovens com formação universitária, interesses políticos e armados, voltou a rebelar-se em julho de 1924, em São Paulo. Unificando rebeldes paulistas e gaúchos, no final do ano formou a Coluna Prestes-Miguel Costa, que percorreu 25 mil quilômetros pelo país e internou-se na Bolívia em fevereiro de 1927.

Apesar de não terem sido derrotados pelo exército regular, os jovens tenentes não conseguiram seu objetivo de impedir a posse de Bernardes ou de derrubá-lo, mas tornaram-se alvo da admiração da população brasileira, que os via como vanguarda aguerrida contra os males da Primeira República. Quanto ao movimento operário, que sempre lutara pela construção de sua dignidade como classe e por um mundo mais solidário, nem tinha força política e nem contava com a simpatia da sociedade.

O mais famoso dos tenentes, por seus feitos militares, por seu caráter e por sua dedicação aos praças que comandava, Luiz Carlos Prestes, foi considerado o chefe dos tenentes revoltosos, de quem recebeu a patente de general, e foi considerado "O Cavaleiro da Esperança", por grande parte da população que admirava seus feitos e o endeusava.

Os tenentes, agora exilados e expulsos do Exército, continuaram a conspirar e foi deles que Vargas utilizou-se, como vanguarda, quando, derrotado nas urnas, decidiu pela tomada do poder pelas armas. No primeiro semestre dos anos 1930, Prestes já se havia desligado dos tenentes que comandara, aderido ao comunismo e partido para trabalhar em Moscou, como engenheiro. O único tenente que o acompanhou foi Silo Meireles. Prestes, de Moscou, tentava entrar no PCB, que não o aceitava. O Cavaleiro da Esperança esperava uma ocasião oportuna para voltar ao país e dirigir, agora com uma bagagem marxista, como considerava, uma nova coluna.

O PCB só o aceitou em agosto de 1934, por ordem da IC, e Prestes voltou ao país em abril de 1935, depois de ouvir do secretário-geral do partido – Antônio Maciel Bonfim (codinome Miranda) – que o partido tinha bases em todo o país, contava com a simpatia da maioria da população e havia todas as condições objetivas para desencadear a revolução. Faltava o fator subjetivo, a atuação do PCB, que Prestes achava-se preparado para dirigir. Acompanhado de Olga Benario, que seria sua segurança, e esperando a transferência para o

Brasil de um grupo de revolucionários, representando o Birô Sul-Americano da IC, deixou Moscou a 31 de dezembro de 1934.

A direção da IC parece ter acreditado piamente nos informes otimistas de Miranda – baluartistas, no jargão partidário – mas esteve longe de sugerir uma revolução, como mostram as atas da reunião do final de 1934. Apesar das mentiras do ex-comunista peruano Eudocio Ravines, de que a IC ordenara uma tentativa de frente única no Chile e de revolta armada no Brasil, as atas da reunião mostram justamente o contrário. O responsável pelo PCB, Dmitri Manuilski, deixou bem claro em sua intervenção que o partido não deveria tentar desencadear uma revolução porque ainda não tinha forças para isso. Faltava aos comunistas brasileiros o trabalho no campo, e sem o apoio do campo qualquer tentativa de tomada do poder estaria condenada ao fracasso[1].

Voltemos ao Brasil. A vitória do movimento militar de outubro de 1930, a chamada Revolução de Trinta, mobilizou muito a sociedade e os primeiros anos da década foram dos mais ricos períodos políticos de nossa história.

Chegado ao poder com a participação decisiva dos tenentes, Getúlio Vargas entregou-lhes quase todas as interventorias estaduais e, no dizer de Alzira Vargas, na ocasião era mais importante ser tenente do que ser ministro. Mas a situação não durou muito. Durante o período do Governo Provisório – ou Revolucionário –, que durou até a Constituição de julho de 1934, São Paulo levantou-se na Revolução Constitucionalista de julho de 1932 e os oficiais superiores voltaram a predominar, em detrimento dos tenentes. Pouco depois, em outubro, seria lançado o manifesto que marcava o surgimento da Ação Integralista Brasileira – AIB.

1934 foi um ano agitado. No mundo, o fascismo estava no governo italiano desde outubro de 1922 e Hitler chegara ao poder em janeiro de 1933. Depois da crise de 1929 acreditava-se na falência da chamada democracia liberal e os governos fortes pareciam os únicos capazes de salvar o capitalismo. A ascensão do fascismo no mundo fortaleceu a extrema direita no Brasil, que agrupou-se em torno da AIB. Os embates políticos avolumaram-se, criando-se uma forte oposição aos grupos fascistas, base para o surgimento da Aliança Nacional Libertadora – a ANL.

1. Atas da reunião com os partidos comunistas da América Latina que estavam em Moscou, em outubro de 1934 (as atas estão em russo).

Em agosto de 1934 havia ocorrido no Rio de Janeiro o I Congresso Nacional contra a Guerra Imperialista, a Reação e o Fascismo, que contou com milhares de participantes e foi brutalmente atacado pela polícia, deixando o saldo de três mortos e muitos feridos. Em resposta à agressão policial, quarenta mil trabalhadores de vários Estados do país entraram em greve e foi organizado um Comitê Jurídico Popular de Investigação, formado para apurar os acontecimentos. Este foi o núcleo da ANL, cujo comitê organizador foi lançado em setembro daquele ano, com grande e entusiástica mobilização popular.

A 7 de outubro a AIB resolveu comemorar os dois anos de sua existência, num grande comício em São Paulo, na Praça da Sé, e todas as forças e organizações populares e sindicais que se opunham aos integralistas resolveram reagir, impedindo a realização do comício, que ficou conhecido como a Batalha da Praça da Sé – e também como "a revoada dos galinhas-verdes", expulsos da praça aos gritos de "Anauê, anauê, haja pernas prá correr!".

O núcleo da ANL era composto pelos tenentes que se sentiram traídos pela Revolução de 1930, que haviam apoiado. Aderiram a ela políticos da chamada Minoria Parlamentar, sindicatos, organizações civis, militares e inúmeras personalidades. Alguns membros isolados do PCB participaram da organização da frente, mas a direção do partido declarou que apoiava a iniciativa, mas não iria aderir a ela.

Os organizadores da ANL explicavam que ela não seria "um partido político, mas um amplo movimento popular, nascido da necessidade em que se acham os brasileiros de se emanciparem economicamente do jugo estrangeiro e se libertarem da Lei Monstro, já em votação no Parlamento"[2]. Criada pelos tenentes, a aliança era basicamente nacional-libertadora. O comandante Roberto Sisson, da Marinha de Guerra e um de seus fundadores, explicou que o programa da aliança era nacional-libertador: "Seu próprio caráter de luta nacional põe em segundo plano a luta de classes, sempre transformada, em seu seio, em luta nacional"[3]. Para unir todas as classes numa ampla frente anti-imperialista, antifeudal e democrática, não pleiteava a mudança do regime, pois a luta não era pelo socialismo, mas nacional e anti-imperialista.

2. *A Platea*, 21 jan. 1935, em Edgard Carone, *A República Nova: 1930-1937*, São Paulo, Difel, 1976, p. 257. A "Lei Monstro" dava maiores poderes para a repressão à classe operária.
3. Roberto Sisson, "Carta aos Oficiais, Suboficiais e Sargentos da Marinha de Guerra", Rio de Janeiro, Casa de Detenção, 18 out. 1936 [sublinhado no original].

A 12 de março de 1935, com a aprovação dos Estatutos da ANL e de sua direção provisória, esclarecia-se que a aliança era "uma associação constituída de aderentes individuais e coletivos, com o fim de defender a Liberdade e a Emancipação Nacional e Social do Brasil"[4]. Além de partidos políticos (PCB, Partido Socialista Brasileiro, Partido Democrático Socialista), a aliança pretendia – e conseguiu – a adesão de sindicatos, organizações femininas, culturais, estudantis, além de receber a adesão de numerosos profissionais liberais, personalidades políticas e militares.

Dos dezessete membros que formavam o Diretório Nacional Provisório da ANL, oito eram militares: o presidente, Hercolino Cascardo, e Roberto Sisson eram comandantes da Marinha de Guerra; Carlos Amorety Osório (vice-presidente), André Trifino Correia, Antônio Rolemberg e José Augusto de Medeiros, capitães do Exército; Carlos da Costa Leite, major do Exército; Antônio Rodrigues Gouveia, capitão da Marinha Mercante e presidente do Sindicato dos Capitães e Pilotos da Marinha Mercante. Os outros nove civis eram todos tenentistas: o secretário-geral da ANL, Francisco Mangabeira, estudante de Direito ligado à UJC; Abguar Bastos, deputado da Oposição Parlamentar; Armando Leydner, deputado e presidente da Federação Brasileira dos Sindicatos Ferroviários; Manoel Venâncio Campos da Paz, médico ligado ao PCB; Benjamin Soares Cabello e Horácio Valadares, jornalistas; e ainda Fernando Muniz Freire, Marcelo Curvelo de Mendonça e Walfrido Caldas, dos quais não identifiquei as profissões[5].

Lançada a 30 de março de 1935, no Rio de Janeiro, num comício realizado no Teatro João Caetano, Luiz Carlos Prestes foi aclamado presidente de honra da ANL. A reação do governo não se fez esperar e no dia 4 de abril o Congresso aprovou a Lei de Segurança Nacional, cujo objetivo era o de reprimir a aliança.

Aceitando sua aclamação como presidente de honra da ANL, Prestes percebeu o vazio político de seu programa e lançou a palavra de ordem: por um governo popular nacional revolucionário (GPNR), com Prestes à frente. O Cavaleiro da Esperança imaginava que seu nome dava à frente "um caráter anti-imperialista combativo e revolucionário. [...] Aproximam-se no Brasil os dias de lutas decisivas e cabe à ANL mobilizar e organizar as massas para o mo-

4. *Estatutos da Aliança Nacional Libertadora,* aprovados em seção de 12 mar. 1935.
5. Marly de A.G. Vianna, *Revolucionários de 1935: Sonho e Realidade*, 3. ed., São Paulo, Expressão Popular, 2011, pp. 160-161.

mento histórico que se avizinha"[6]. Para Prestes e os tenentes o caminho para a concretização de seus objetivos só poderia ser o da luta armada.

> [...] o que nós aliancistas proclamamos é a necessidade de um governo surgido realmente do povo em armas [...] à frente de tal governo, como chefe inconteste com maior prestígio popular em todo o país, não é possível encontrar um nome capaz de substituir o de LUIZ CARLOS PRESTES[7].

Segundo a pesquisa que realizei com os participantes dos acontecimentos da época, da direção da ANL apenas o presidente da organização, Hercolino Cascardo, não estava de acordo com as posições de Prestes.

O crescimento da ANL incomodava o governo e a repressão aumentava. O comício de 9 de junho, em Petrópolis, em apoio à greve dos operários têxteis foi atacado pelos integralistas, deixando um morto e muitos feridos. O ministro da Guerra, João Gomes, considerou "o ideário aliancista contrário à lei e à ordem", expulsando do Exército praças que haviam estado em um comício de desagravo ao nome de Prestes (que fora chamado de "Cavaleiro da Triste Figura"), e mandando prender o capitão Trifino Correia e o major Costa Leite, figuras de destaque da ANL[8]. Mas a aliança, pelo crescimento e o entusiasmo que despertava, sentia-se forte: "Dois milhões e meio de trabalhadores atenderão à palavra de ordem da Aliança, diz-nos o secretário-geral da CSUB!"[9] As "massas" estariam amadurecidas para a luta revolucionária, pensavam comunistas e aliancistas.

A 26 de junho, numa farsa que logo se repetiria com o Plano Cohen, *O Globo* denunciava um "plano subversivo" para a implantar o comunismo no Brasil[10]. Alguns generais se pronunciaram, afirmando que a ANL recebia "ouro de Moscou". Ao invés de procurar ampliar a frente, em nome da legalidade que era ameaçava pelas provocações da direita, os democratas passaram a acreditar cada vez mais aos militares (o que iria se repetir em 1964). *A Manhã* publicava artigos que identificavam o Exército com as lutas da ANL.

6. *Carta de Luiz Carlos Prestes à ANL*, dirigida a seu presidente, Hercolino Cascardo, Barcelona, 25 abr. 1935. Prestes datou a carta de Barcelona para fazer crer que estava fora do Brasil.
7. *O Governo Popular Nacional Revolucionário e seu Programa,* [s. d.], assinado pelo Diretório Nacional da ANL. Difícil identificar se a autoria do panfleto era da direção da ANL ou de Prestes, que se sentia autorizado a falar em seu nome e que não foi desautorizado.
8. *A Manhã*, n. 9, 29 maio 1935.
9. *A Manhã*, n. 40, 11 jun. 1935.
10. *O Globo*, 26 jun. 1935, 1. ed.

Sacrificando-se na areia de Copacabana, ressurgindo dois anos após na paulicéia indômita, batendo-se pela liberdade em Iguassú, sacudindo o torpor da nacionalidade no *raid* magnífico da Coluna que o Cavaleiro da Esperança comandou, vencendo uma camorra em 1930, traído em 1931, novamente contra os politiqueiros que mentiam ao povo em 1932, recompondo suas fileiras em 1935, nele confiemos ainda. A tarefa de Floriano será concluída![11]

O PCB e a ANL

De início o PCB havia se recusado a integrar a ANL, só passando a integrá-la quando Prestes assumiu posição de destaque nela e lançou o manifesto por um GPNR. Apesar de destacar a importância da frente, o PCB tinha ainda em sua perspectiva um governo de sovietes de operários, camponeses, soldados e marinheiros e tentava usar a ANL para chegar a ele. Uma primeira etapa da revolução socialista deveria ser anti-imperialista e para essa etapa, "a ANL torna-se um verdadeiro instrumento da tomada do poder"[12]. O PCB também considerava importante usar o nome e o prestígio de Prestes e tomar a iniciativa dentro da ANL, lutando contra o que consideravam o nacional-reformismo de seus quadros. Agora, a palavra de ordem era a de trabalhar dentro da Aliança[13].

Com a aproximação do 5 de julho, data dos tenentes, Prestes começou a preparar o discurso que faria na ocasião, sem discuti-lo ou sequer mostrá-lo à direção da ANL ou do PCB. O discurso foi discutido apenas com os assessores da IC que o rodeavam – Harry Berger e Rodolfo Ghioldi. Ingenuamente resolveram que, para mostrar que não lutavam por uma revolução socialista soviética, mas pelo programa da ANL, nacionalista e anti-imperialista, resolveram pedir "Todo o poder à ANL!"

O comício em comemoração à data deveria ser realizado no Estádio Brasil, em São Cristóvão. No dia do comício, por ordem do prefeito Pedro Ernesto, ele mesmo aliancista, o comício foi proibido de ser realizado em local público, sendo transferido à última hora para a sede a aliança, à rua Almirante Barroso, n. 1.

11. *A Manhã*, n. 57, 30 jun. 1935.
12. *O Governo Popular Nacional Revolucionário e as Tarefas do Partido CC do PCB (SBIC)*, Rio de Janeiro, maio 1935.
13. Antônio Maciel Bonfim, "Todas as Nossas Forças pela Instalação de um Governo Popular Nacional Revolucionário!", *A Classe Operária*, n. 184, 20 jun. 1935.

Carlos Lacerda, então membro da Juventude Comunista, leu o discurso que Prestes escrevera:

> Troam os canhões de Copacabana! Tombam os heróicos companheiros de Siqueira Campos! Levantam-se com Joaquim Távora os soldados de São Paulo e durante 20 dias é a cidade operária barbaramente bombardeada pelos generais a serviço de Bernardes! Depois... a retirada. A luta heróica nos sertões do Paraná! Os levantes do Rio Grande do Sul! A Marcha da Coluna pelo interior de todo o país!
>
> Quanta energia, quanta bravura! São 13 anos de lutas cruentas, de combates sucessivos, de vitórias seguidas, das mais negras traições, de ilusões que se desfazem como bolhas de sabão ao sopro da realidade! Mas as lutas continuam porque a vitória ainda não foi alcançada e o lutador heroico é incapaz de ficar no meio do caminho [...][14].

O Programa que seu discurso apresentava era o da ANL, mas Prestes acrescentava: "A ideia do assalto amadurece na consciência das grandes massas. Cabe ao seu chefe organizá-las e dirigi-las"[15]. E terminava:

> Todos à LUTA PELA LIBERTAÇÃO NACIONAL DO BRASIL!
> Abaixo o fascismo!
> Por um Governo Popular Nacional Revolucionário!
> TODO O PODER À ANL![16]

Foi o que bastou para que o governo fechasse a organização por seis meses. Diferentemente do que poder-se-ia prever, dado o entusiasmo e o crescimento da ANL, o fechamento da organização, a invasão de suas sedes e a prisão de muitos de seus militantes poucos protestos causaram. (Situação que nos lembra a derrota das "Diretas Já!"). Em São Paulo, o presidente da aliança no Estado, Caio Prado Jr., mal conseguiu mobilizar de dez mil pessoas em protesto contra o fechamento da entidade e a greve geral convocada no Rio de Janeiro não se realizou.

Os Levantes de Novembro

Hoje, passados 87 anos dos levantes de novembro de 1935, podemos analisá-los com a isenção que a distância nos permite, mas para entendê-los é

14. Luiz Carlos Prestes, *Manifesto de 5 de Julho de 1935*.
15. *Idem*.
16. *Idem*.

preciso que nos localizemos na época. A agitação política era grande, as lutas contra o fascismo e seus imitadores daqui, os integralistas, eram constantes e a fantástica frente democrática que se formara, a ANL, não parava de crescer. Por outro lado, Getúlio Vargas via-se confrontado até por seus antigos aliados, em especial por Flores da Cunha, governador do Rio Grande do Sul, que lhe dera um ultimato: ou demitia o ministro da Guerra João Gomes e o chefe de polícia, Filinto Müller, ou a bancada do Rio Grande do Sul ficaria contra o governo. Borges de Medeiros, padrinho político de Getúlio, declarara no Congresso que o governo de Vargas era o mais nefasto da República e foram vários os pedidos de impedimento do presidente. Parecia mesmo que Vargas mal se sustentava. Por outro lado, a liderança da luta anti-imperialista e democrática era dos militares, dos tenentes desgostosos do rumo que a Revolução de 1930 tomara e reforçada pela liderança de Prestes, que voltara ao Brasil disposto a dirigir uma revolução que, embora nacional-libertadora, teria os operários em sua vanguarda.

Com o fechamento da ANL e a impossibilidade de se manter um movimento de massas na clandestinidade, o PCB passou a falar em nome da aliança. Prestes, em sua vasta correspondência do período, passou a tentar reviver a coluna, apelando a seus antigos participantes que se reagrupassem e organizassem guerrilhas por todo o país. O recurso a golpes armados era habitual: além de uma grande lista deles, basta lembrar que a República foi instituída por um golpe militar e a Revolução de 1930 também. Quer dizer, uma avaliação política pouco refinada e eivada de subjetivismo encontrava respaldo na realidade.

Sempre se fala dos movimentos armados de novembro de 1935 como se fossem um só, embora o destaque seja dado quase que exclusivamente ao do Rio de Janeiro, pela participação de Prestes. Eles foram desencadeados em Natal, no Rio Grande do Norte, sem qualquer responsabilidade aliancista ou comunista. Questões políticas locais, causadas pelas eleições de outubro daquele ano, foram o pano de fundo do descontentamento que grassava no Estado – o que, aliás, é comprovado pelos processos locais e pelas declarações do então advogado trabalhista potiguar, Café Filho.

Tudo começou quando no sábado, 23 de novembro, chegou cedo ao quartel do 21º. Batalhão de Caçadores (BC) a notícia da expulsão dos praças que haviam provocado grande baderna na cidade. Foi este o motivo que desencadeou a revolta no batalhão. Dois militantes comunistas do quartel, o sargento Quintino e o cabo Dias procuraram a direção do partido, para informar que o quartel estava em pé de guerra. A direção do partido, que tinha ordens da direção nacional de não apoiar golpes, pediu um tempo para ouvir o Secretariado do Nordeste, em Recife, mas os militares do 21: afirmaram que não dava para esperar.

O levante foi marcado para as 19h30 e dominou o quartel rapidamente. Em nome de Luiz Carlos Prestes, prenderam o comandante da guarda, o oficial de dia, e mais alguns praças que não se rebelaram. Logo se ouviram vivas a ANL e a Luiz Carlos Prestes – que nada tinham a ver com o levante e sequer sabiam dele. Os rebeldes tentaram que algum oficial assumisse a direção do movimento, mas nada conseguiram.

Quando, no domingo à noite, já donos da cidade, os rebeldes souberam do levante do 29º. BC em Recife, acreditaram que todo o país se havia levantado e trataram de organizar um governo e formar uma junta revolucionária, todos membros do partido, pois nenhum político quis ligar-se à aventura. Como precisavam de dinheiro, arrombaram os cofres do Banco do Brasil, da Recebedoria de Rendas e do Banco do Rio Grande do Norte, recolhendo uma fortuna para a época, que foi distribuído à população sem qualquer critério. A junta criou um órgão oficial, *A Liberdade*, do qual só foi editado um único número. Pelo interior do Estado os rebeldes dominaram várias localidades.

A resistência à rebelião foi organizada por Dinarte Mariz, que conseguira fugir de Natal na noite do levante e mobilizara forças de outros Estados contra os rebeldes. Na manhã de 27 de novembro, depois de quatro dias de luta, os estivadores, grupo importante na revolta, depuseram as armas: a insurreição estava derrotada.

No Recife ela durou apenas um dia, o domingo 24. Gregório Bezerra fora alertado, na véspera, por um amigo telegrafista, da insurreição em Natal e transmitiu o fato ao Secretariado do Nordeste. Imediatamente a direção do partido em Recife achou que começara a revolução em todo o país e determinou o levante na capital pernambucana para o dia seguinte, domingo 24. Gregório foi contra, pois no domingo o quartel estava vazio, mas a direção insistiu. Gregório, sem receber os reforços prometidos, tentou dominar, sozinho o quartel do 21º. BC e a seguir o da 7ª. Região Militar. A seguir foi se reunir com os rebelados, dirigidos pelo então tenente Lamartine Coutinho, na Praça da Paz. À noite do mesmo dia a revolta estava debelada e seus participantes presos.

As notícias das revoltas só começaram a chegar ao Rio de Janeiro na segunda feira 25 à noite e eram bastante imprecisas. E na segunda-feira os jornais não circulavam, de modo que os acontecimentos do Nordeste só começaram a ser noticiados na terça-feira, 26. Prestes convocou uma reunião para o domingo 25 à noite e, mesmo sem ter noção clara do que ocorria, considerou que os acontecimentos do Nordeste configuravam o início espontâneo da revolução nacional-libertadora. Era preciso apoiá-la, levantando unidades militares no Rio de Janeiro e mobilizando o partido para tarefas de apoio. Os assessores da IC e o secretário-geral do partido foram contra, mas Prestes argumentou que contava com o apoio da Marinha e os outros acabaram por concordar com ele. Diga-se de passagem que a Marinha era, majoritariamente, adepta do integralismo. Somente os militares do partido, com quem Prestes reuniu-se a seguir, para acertar detalhes do levante, ficaram entusiasmados com ele. Teriam a segunda 26 para organizar tudo, pois a insurreição ficou marcada para a madrugada de 27.

Os militares contavam, principalmente, com o 3º. Regimento de Infantaria (RI), com a Escola de Aviação Militar – EAM – (a Aviação, à época, era uma arma do Exército), com a Escola Militar, no Realengo, e com a Vila Militar. Na realidade, só o 3º. RI e a EAM se levantaram. A tentativa de levante na Escola Militar foi logo debelada e a Vila Militar não se manifestou.

Naquela véspera do levante Prestes escreveu a vários antigos membros da coluna, entusiasmado com a insurreição e convocando-os para participar dela. Escreveu, por exemplo, a Estilac Leal, dizendo que em breve encontrar-se-iam de novo nas fileiras revolucionárias. Estilac entregou o bilhete a Filinto Müller e identificou o portador dele. Na noite que antecedeu o levante no Rio de Janeiro, Prestes recebera uma carta de Barreto Leite, jornalista e membro do partido, dizendo que não acreditasse no secretário-geral, o Miranda, que mentia sobre quase tudo e que a rebelião era uma loucura. Prestes não lhe deu ouvidos.

O quartel do 3º. RI custou a ser dominado, pela resistência de uma companhia de metralhadoras, e quando se viram donos do quartel este começou a ser bombardeado pelas tropas legalistas[17]. Ocorreu que quando a EAM insurgiu-se, a direção da escola já estava avisada da revolta no 3º. RI e tomara algumas providências, como, por exemplo, retirar a gasolina dos aviões. Ao amanhecer a rebelião estava debelada e o apoio da aviação com que contavam os do 3º. RI foi, na verdade, o bombardeio do quartel.

Os militantes civis do partido, avisados de suas tarefas à última hora, não puderam cumpri-las – aliás, eram absurdas, como encarregar um pequeno gru-

17. Foi nesse bombardeio que morreram muitos militares, porque, no levante, só houve duas mortes, uma de cada lado da luta.

po de metalúrgicos, sem qualquer preparação, de tomar uma unidade militar. O resultado, como se sabe, foi um desastre absoluto, e nunca o PCB fez um balanço sério dos episódios. Até morrer Prestes, embora considerasse a insurreição um erro, justificava-o dizendo que seria impossível abandonar os camaradas do Nordeste que, aliás, já estava todos derrotados, naquele 27 de novembro.

Mesmo com a derrota e a repressão que se seguiu a ela os comunistas achavam que era uma derrota passageira. A direção do partido fora poupada, assim como Prestes e seus assessores internacionais. Começou-se a preconizar guerrilhas no Nordeste, algumas das quais chegaram a ensaiar algumas ações lamentáveis, sendo logo derrotadas. No final de dezembro, Harry Berger e sua mulher Elize foram presos; em janeiro foi a vez de Miranda, e no início de março caíram Prestes e Olga Benario.

Do grupo internacional, Berger e a mulher foram brutalmente torturados. Berger enlouqueceu e Elize foi entregue aos nazistas, com Olga Benario, quando esta já se encontrava no sétimo mês de gravidez. O americano Victor Allen Barron foi muito torturado para dar conta do paradeiro de Prestes e nada falou. No dia em que Prestes foi preso, Barron foi assassinado. Franz Paul Gruber, agente duplo, escapou, assim como o casal que se dizia belga, Leon Jules Vallée e sua mulher. A documentação deles, embora falsa, era perfeita: passavam por comerciantes e a embaixada belga interferiu para sua soltura. Rodolfo Ghioldi e a mulher foram presos também, a mulher logo solta. Guioldi colaborou com a polícia e foi quem forneceu a ela as informações que levaram à prisão de Prestes e Olga. Ele sabia que Prestes iria para o Méier, que a polícia cercou e bateu, rua por rua, até prender Prestes e Olga. Foi ele também que contou à polícia da existência de Olga, de quem os órgãos de repressão não sabiam.

O partido ficou desarticulado, sua direção tentando sobreviver até que, em maio de 1940, foi toda presa. Os principais participantes das insurreições de novembro de 1935 só saíram da prisão com a anistia de abril de 1945.

Os movimentos armados de novembro de 1935 envolveram principalmente os militares da ANL. A direção do partido praticamente não participou e muito menos seus militantes, cuja esmagadora maioria só tomou conhecimento deles quando eclodiram. Era a posição dos tenentes: inicia-se uma "revolução" – um golpe militar – e espera-se a adesão popular. Os movimentos de novembro foram gestados na sociedade brasileira, sem qualquer intervenção de fora. Havia no país um forte espírito tenentista e a tradição de movimentos militares era muito presentes no PCB e na ANL. Por outro lado, a mobilização popular contra o integralismo, juntamente com as oposições estaduais a Vargas, juntaram-se ao quadro de lutas pré-eleitorais e às lutas do movimento operário, que se intensificavam. Todos esses fatores pareciam montar um quadro de fragilidade do governo, propício à sua derrubada. Deve-se levar em conta também uma grande insatisfação dos militares subalternos, pela redução dos efetivos do Exército, o que levou à fácil adesão dos praças aos seus comandantes aliancistas.

O magnífico movimento democrático e popular que a ANL mobilizou era, apesar de sua plataforma anti-imperialista e democrática, contraditório, uma vez que pretendia alcançar seus objetivos sem colocar a questão do poder e sem, dizia explicitamente, mudar o regime. Pretendia um capitalismo nacional autárquico que dificilmente seria possível sem a mudança do status quo.

No Rio Grande do Norte o movimento militar foi espontâneo e popular, enquanto que no Recife, como no Rio de Janeiro, a ação foi puramente militar e tenentista. O próprio Prestes acabou por considerar que

> Houve muito de subjetivismo... pensávamos que éramos os donos da situação. Como os tenentes: faziam a revolução pelo povo e este adere. Em 1935 eu era um tenente. Estava muito longe ainda de ser um comunista, um marxista... Esta é que é a realidade[18].

Como escrevi em outra ocasião[19], a proposta de Prestes de um governo popular nacional revolucionário (disse ele que sugerida pela IC em substituição ao governo de sovietes) que cumprisse as tarefas de liquidar o imperialismo, o latifúndio e o fascismo, foi uma palavra de ordem tão polissêmica e policlassista que podia sensibilizar – como sensibilizou – amplas camadas da população. Por outro lado, nem a IC nem os comunistas brasileiros foram capazes de elaborar uma estratégia revolucionária que aliasse a luta pela soberania nacional – tão cara aos militares da época – à luta de classes, numa sociedade já capitalista.

Os comunistas, com a imensa influência dos tenentes, passaram a esperar das "forças nacionais" – os militares – uma grande contribuição na condução da primeira etapa da revolução – o que iria se repetir nos primeiros anos da década de 1960.

Fazer um balanço dos acontecimentos que envolveram o PCB e a ANL em 1935 não é tarefa fácil. Por um lado, temos a evidente falta de sensibilidade

18. Entrevista de Luiz Carlos Prestes à autora, em 1988.
19. Marly A. G. Vianna, *Revolucionários de 1935*.

política, o desconhecimento do sentimento da população – que podia estar contra a situação do país, mas ainda não disposta a lutar para mudá-la –, o exacerbado subjetivismo dos democratas, como se a vontade de fazer a revolução fosse suficiente para fazê-la. Analisados hoje, foram erros gritantes. Por outro lado, temos um grupo não pequeno de militantes, do PCB, da ANL e muitos democratas, dispostos a arriscar tudo para tornar o país uma democracia, para acabar com o latifúndio, lutar pelas reivindicações de melhor qualidade de vida para a população, em especial para a classe operária.

Como disse Leivas Otero, quem deu o sinal para desencadear a revolta do 3º. RI:

> Houve muito sacrifício, muito heroísmo! Um lado de muita abnegação! Foi uma história bonita e trágica, com consequências pesadas, até hoje, para todos nós. Dar os primeiros tiros é fácil. Puxar o gatilho, isso é fácil. Mas com insurreição não se brinca, é coisa séria[20].

Referências Bibliográficas

Aliança Nacional Libertadora. *Estatutos*.

______. *O Governo Popular Nacional Revolucionário e Seu Programa*.

A Platea, 21 jan. 1935. *In:* Carone, Edgard. *A República Nova: 1930-1937*. São Paulo, Difel, 1976.

Atas da Reunião com os Partidos Comunistas da América Latina. Moscou, out. 1934.

Bonfim, Antônio Maciel. “Todas as Nossas Forças pela Instalação de um Governo Popular Nacional Revolucionário!”. *A Classe Operária*, n. 184. Rio de Janeiro, 20 jun. 1935.

Otero, Francisco Leivas. Entrevista à autora. 1988.

Prestes, Luiz Carlos. *Carta de Luiz Carlos Prestes à ANL*. Barcelona, 25 abr. 1935.

______. *Manifesto de 5 de Julho de 1935*.

______. Entrevista à autora. 1988.

Sisson, Roberto. “Carta aos Oficiais, Suboficiais e Sargentos da Marinha de Guerra”. Rio de Janeiro, Casa de Detenção, 18 out. 1936.

Vianna, Marly de Almeida Gomes. *Revolucionários de 1935: Sonho e Realidade*. 3. ed. São Paulo, Expressão Popular, 2011.

20. Francisco Leivas Otero em entrevista à autora, 1988.

Capítulo 5
Os Comunistas na Revolução Burguesa (1928-1948)

Marcos Del Roio

O Nascimento do Capitalismo e o Início da Revolução Burguesa

A acumulação do capital agromercantil só passa a ser significativa no Brasil depois da criminalização do tráfico de escravos trazidos da África e da expansão do complexo cafeeiro. A tráfico interno de escravos e a importação de trabalhadores pobres da Europa mediterrânea e do Oriente Médio forneceram a força de trabalho necessária para a expansão do capital agromercantil, do qual se desdobrou o capital industrial e as classes sociais que lhe garantem o processo de valorização: a burguesia e o proletariado.

O capitalismo nasceu no Brasil a partir do complexo cafeeiro nucleado em São Paulo no mesmo momento em que o capitalismo geral ingressa na sua fase imperialista, em torno de 1880[1]. No resto do país o capitalismo também desponta, mas em restritas regiões de Pernambuco e do Rio Grande do Sul. Nos anos 1920, a burguesia industrial se diferencia da sua matriz agrária e o proletariado se empenha em se organizar em partido político, depois da fase de intensa luta entre 1917 e 1920, concluída com a derrota e séria crise ideológica.

Uma embrionária sociedade civil burguesa aparece na cena, com a ampliação dos institutos culturais e políticos, como organismos corporativos profis-

1. Vladimir Lenin, *Imperialismo, Estágio Superior do Capitalismo*, São Paulo, Boitempo, 2021.

sionais, jornais, revistas, livros e editoras, além de eventos políticos e culturais. As demandas dos diferentes grupos sociais, em particular das camadas médias urbanas, contribuem para colocar em crise a dominação oligárquica expressa no Estado liberal federado e apontar para a atualidade da revolução burguesa. Entende-se revolução burguesa como um processo acelerado de desenvolvimento das forças produtivas, de urbanização e de criação das condições para a acumulação do capital com base na extração do mais valor.

A crise da dominação oligárquica tornou-se irreversível desde 1928, com a fragmentação das alianças intra-oligárquicas. A unificação da oligarquia gaúcha, a divisão da oligarquia paulista e fluminense, a persistente oposição da juventude militar estavam a indicar a crise do Estado liberal federado e da ideologia liberal. Decisiva mesmo foi a grave crise de acumulação do capital mercantil, especialmente concentrado na produção cafeeira, seriamente agravada com a crise eclodida no núcleo imperialista do capitalismo mundial. A acumulação do capital no Brasil não conseguiria se recompor a não ser que houvesse o salto industrialista e que se definisse o caminho para a revolução burguesa[2].

A questão que se colocava então era sobre qual a força social e política que seria dirigente do processo da revolução burguesa que se desencadeava. Para a burguesia industrial estabelecida particularmente em São Paulo a revolução burguesa significaria a manutenção do Estado liberal, talvez democratizado ao ponto de incorporar as demandas das camadas médias urbanas, mas não as reivindicações operárias de uma legislação social e do trabalho. Principalmente significaria a difusão da indústria pelo território nacional e a decorrente criação de um mercado de consumo interno. Esse projeto tinha, no entanto, uma exigência que a burguesia era incapaz de cumprir, qual seja a quebra do monopólio da propriedade da terra, sem o que o referido mercado interno de consumo de produtos industrializados teria muita dificuldade para se efetivar. Por certo a burguesia nunca esteve disposta a uma revolução democrática ao estilo jacobino, que colocasse o campesinato como agente ativo na cena histórica.

O proletariado que se formava era de fato a única força interessada numa revolução democrática, que quebrasse o monopólio da propriedade da terra e rompesse os vínculos de dependência da produção agrícola e industrial frente ao capital imperialista. Era também uma força dispersa pelo país, ainda que

2. Sonia Draibe, *Rumos e Metamorfoses: Estado e Industrialização no Brasil, 1930/1960*, Rio de Janeiro, Paz e Terra, 1985.

mais concentrada em São Paulo e Rio de Janeiro. As alianças necessárias seriam setores das camadas médias urbanas e os trabalhadores do campo. As camadas médias interessadas na democratização seriam, em princípio, aquelas que davam respaldo político e ideológico à juventude militar rebelada contra o arbítrio do Estado liberal. O campesinato disperso nos latifúndios ou migrantes sem destino apenas se manifestavam por meio do banditismo ou do milenarismo[3].

As dificuldades para a realização de uma revolução democrática burguesa eram, portanto, enormes. Mas a estagnação e a regressão seriam o preço a ser pago pela não realização da revolução burguesa. Diante da debilidade dos projetos de classe, da dificuldade em angariar aliados sólidos, a alternativa era efetivar uma revolução burguesa ao modo de uma revolução passiva. Essa categoria analítica desenvolvida por Gramsci para a compreensão da revolução burguesa na Itália (época conhecida como *Risorgimento*), e em seguida do fascismo, tendo o americanismo-fordismo como elemento de comparação, pode ser bem utilizada para compreender a revolução burguesa no Brasil com a sua particularidade. A revolução passiva, de maneira geral, deve ser vista como um processo de transformação pelo qual as classes dominantes se reorganizam a fim de preservar a sua dominação, forçadas pelos seus conflitos internos, pela pressão das classes subalternas e por um impacto externo de monta (guerra, revolução, difusão ideológica)[4].

A revolução burguesa no Brasil começa em 1928 e se conclui, por hipótese, em torno de 1978, com uma sociedade civil burguesa bem mais desenvolvida, com burguesia e proletariado assumindo o protagonismo em oposição à forma ditatorial militar, mas principalmente com o esgotamento da fase expansiva da indústria e a passagem para o domínio inequívoco do capital financeiro. O momento crítico da revolução burguesa são os anos 1928-1935. Em 1928 temos a crise do capital agromercantil, a burguesia adere ao Partido Republicano Paulista para defender o Estado liberal, o proletariado se organiza no Bloco Operário Camponês para defender a revolução democrática e a alternativa nacional-popular, que contou com o Partido Comunista Brasileiro como articulador.

Mas é preciso então considerar que a revolução passiva só se impôs depois de 1935, com a derrota das variantes liberal-democratizada e nacional-popular. A revolução passiva se estruturou em torno das ideias autoritárias corporativas,

3. Eric Hobsbawm, *Bandidos*, São Paulo, Editora Forense Universitária, 1975.
4. Antonio Gramsci, *Quaderni del Cárcere,* Torino, Einaudi, 1975, 4 t.

que começaram a grassar no Brasil como críticas ao liberalismo (e depois ao socialismo) fundadas na concepção positivista, principalmente. A tese corporativista desenvolveu também uma variante católica francamente reacionária, que tomou corpo no movimento integralista de Plínio Salgado[5].

A revolução passiva, nesse arco de meio século, reorganizou o domínio de classe com o fortalecimento progressivo da burguesia na sociedade civil, com a subordinação da classe operária ao corporativismo de Estado, com respeito ao liberalismo conservador que predominava entre as oligarquias agrárias, útil para manter a grande propriedade territorial e o campesinato sob controle. Nessa formula híbrida liberal corporativa, predominou ora um, ora outro elemento da equação, assim com as relações com o imperialismo também sofreram oscilações, mas sem que houvesse qualquer movimento de ruptura. O papel dos militares foi essencial nesse processo de configuração do Estado burguês.

A Classe Operária e o Partido Comunista na Abertura da Revolução Burguesa

O movimento operário tomou forma no Brasil entre 1917 e 1921 e foi um cenário particular da universal rebelião do trabalho, a qual teve o seu ponto culminante na revolução democrática socialista eclodida na Rússia. O predomínio ideológico do anarcossindicalismo começou a vazar com a primeira fundação do Partido Comunista ainda em 1918. Em 1921 foi fundado o Grupo Comunista do Rio de Janeiro, catalisador de outros Grupos semelhantes que se formavam em outras regiões do país. O PCB foi efetivamente fundado em 1922, mas só reconhecido pela Terceira Internacional em 1924.

Passada essa fase fundacional, o PCB se empenhou na assimilação do marxismo, assim como entendido pelas esferas dirigentes da Terceira Internacional, mas é preciso notar que o terreno era pouco revolvido, não havendo um acúmulo intelectual anterior que contasse alguma coisa. Assim, o PCB, nos seus primeiros passos, dependeu muito dos argentinos, que faziam a mediação com a Terceira Internacional por meio do Secretariado Sul-Americano desse organismo. A perspectiva internacionalista era bastante acentuada, até como condição para que o Partido pudesse viver.

5. José Chasin, *O Integralismo de Plínio Salgado: Forma de Regressividade no Capitalismo Hiper-Tardio*, São Paulo, Lech, 1978.

Com muita dificuldade o PCB conseguiu se consolidar, desenvolver uma análise da formação social brasileira e uma teoria da revolução democrática que orientasse a sua ação política. Em 1927, com a suspenção do "estado de sítio", que vigorava desde 1922, houve uma ampliação das liberdades políticas, com bom proveito do lado do PCB. Nesse ano o Partido assumiu a direção do diário *A Nação*, mas o editor continuou a ser Leônidas de Rezende, notório seguidor da filosofia positivista. A aliança com o positivismo de esquerda (que incidia também no Exército) foi um passo importante. Importante também foi a formação do Bloco Operário, coalizão de forças sindicais e de comitês de bairro, que elegeu o deputado federal Azevedo Lima (que não era do partido). Esse era o modo com o qual o PCB aplicava a política de frente única proletária indicada pela Terceira Internacional. Outros agrupamentos, como PTB e PSB foram logo descartados. O PCB investiu bastante no movimento sindical em busca do objetivo de fundação de uma Confederação Geral dos Trabalhadores do Brasil.

O relativo sucesso da oposição instigou o governo a criar mais uma lei de exceção contra as organizações populares, o que, por sua vez, estimulou a formação de uma frente de defesa dos direitos constitucionais, que se ampliou para os liberais democratas. No segundo semestre de 1927, o PCB decidiu renomear o Bloco Operário como Bloco Operário Camponês e definir a estratégia revolucionária. A proposição indicava que a eventual coincidência de uma crise da produção cafeeira e uma nova revolta da juventude militar possibilitaria a queda do regime, por obra de uma ampla frente de forças sociais, que incluiria até a burguesia industrial. A aliança do proletariado com a pequena burguesia deveria ser orgânica, a fim de fortalecer a luta contra a burguesia, tão logo os latifundiários e o agrarismo fossem derrotados. O encontro de Astrojildo Pereira, secretário geral do PCB, com Luiz Carlos Prestes, na Bolívia, foi um passo importante para colocar em prática essa orientação política. Ainda em 1927 foi fundada a União da Juventude Comunista.

O processo de formação de um grupo dirigente seguiu em 1928, com o fortalecimento do BOC, principalmente com a eleição de Octávio Brandão e Minervino de Oliveira para a intendência do Rio de Janeiro. Mas era também possível vislumbrar o pequeno embrião das diferenças que viriam a explodir mais à frente e que muito a grosso modo reproduzia o que acontecia no Partido Comunista Russo e na Terceira Internacional.

O VI Congresso Mundial da Terceira Internacional realizou-se em Moscou, em julho e agosto de 1928. Uma das atividades agendadas foi a reorganização do Secretariado Sul-Americano e a discussão do Programa para o continente. A proposição vencedora estabeleceu que a América Latina seria uma zona semicolonial e a revolução democrático-burguesa teria por base a luta do campesinato contra a latifúndio. A generalização a partir do exemplo mexicano resultou em rotundo equívoco.

Enquanto isso, a análise de Astrojildo Pereira indicava como o capitalismo se desenvolvia no complexo cafeeiro, incluindo sua industrialização com financiamento inglês. Mostra também como o capital agrário mercantil é a matriz do capital industrial, que sugeria que um rearranjo estava para ocorrer entre as classes dominantes. Esse processo poderia catalisar a aproximação entre o proletariado e a pequena burguesia numa perspectiva revolucionária. Ao PCB caberia fortalecer o BOC e lutar pela condução do processo, enquanto expressão orgânica do proletariado[6].

O III Congresso Nacional do PCB ocorreu na passagem do ano de 1928 para 1929. Havia uma discussão acumulada em função da prática dos últimos anos, mas teria que considerar as decisões do VI Congresso da Terceira Internacional e as teses para a conferência dos partidos comunistas da América Latina, que seria realizada em breve. As necessárias concessões às formulações produzidas no VI Congresso parecem ter obrigado certo recuo na elaboração teórica. As teses afirmavam ser o Brasil um país semicolonial dominado pela grande propriedade agrária e pelo imperialismo. A industrialização era significativa em São Paulo e Rio de Janeiro, mas a burguesia que se formava manteve-se aliada aos agrários.

A revolução democrática burguesa deveria ser feita pela aliança do proletariado com a pequena burguesia urbana. A pequena burguesia poderia começar a revolução, mas apenas o proletariado poderia levar a revolução democrática burguesa às últimas consequências. O BOC seria o organizador das massas trabalhadoras, que lutariam pela solução do problema da terra e da dependência do capital imperialista por meio de um governo operário camponês. O PCB havia formado um grupo dirigente, com orientação teórica e programa (ainda que vago) para inserir o proletariado como protagonista da revolução burguesa[7].

As linhas gerais do congresso continental dos comunistas aprovaram as orientações emanadas pelo SSA reorganizado no VI Congresso. Acontece que a conciliação entre as diferentes leituras e previsões da fase do capitalismo que foram

6. Astrojildo Pereira, *La Correspondência Sudamericana,* n. 1 a 4, 1928.
7. Marcos Del Roio, *A Classe Operária na Revolução Burguesa,* Belo Horizonte, Oficina de Livros, 1990.

apresentadas no Congresso mundial, assim como a leitura da situação da NEP e seu futuro na URSS, foi rompida e passou a predominar a visão do grupo de Stalin em detrimento do grupo de Bukharin. O grupo de Stalin entendia que se estava às portas de grave crise capitalista, que provocaria uma onda revolucionária no núcleo imperialista, em países que avançavam para o fascismo inexoravelmente, fosse pela via fascista específica ou pela via social-fascista, conduzida esta pela social-democracia. Bukharin entendia que crise vindoura seria de adequação a novas formas técnicas e gerenciais, que permitiriam o reforço da dominação burguesa sobre o proletariado com auxílio da social-democracia. Assim seria necessário investir na coesão da aliança operário camponesa estabelecida pela NEP e apostar nas revoluções nacionais anticoloniais.

Essa guinada teórica política implicou as mais graves alterações na tática dos comunistas em quase todos os lugares. No Brasil, o segundo semestre de 1929 marcou o início de forte onda repressiva contra o movimento operário, ao mesmo tempo que a direção do PCB era convidada a encarar os seus possíveis "desvios de direita". O Partido realizou uma reunião plenária da direção para fazer as eventuais correções da linha e se preparar para as eleições de março de 1930, quando lançou Minervino de Oliveira para concorrer à Presidência da República. O candidato foi preso em meio à repressão que se ampliava sempre mais.

A capacidade de ação do Partido foi reduzida ao máximo com a intervenção da Comissão Executiva da Terceira Internacional. Em novembro foi realizada, em Moscou, uma reunião para debater a questão brasileira, com Astrojildo Pereira presente. A crítica à linha do III Congresso foi bastante dura: a aliança estratégica com a pequena burguesia não poderia mais ser aceita. Em fevereiro foi exarada a resolução resultante dessa reunião, que reconhecia que o Brasil passava por um "desenvolvimento rápido do modo de produção capitalista", ainda que conservasse uma base feudal e escravagista. Com a direção e o Partido desnorteados, não havia como se apresentar para a eleição com a força que havia acumulado até meados de 1929, no exato momento que parte da juventude militar se deslocava para a esquerda, com Luiz Carlos Prestes e Siqueira Campos.

A situação ainda ficaria pior. Uma reunião plenária ampliada do SSA da Terceira Internacional, realizado em Buenos Aires, em abril/maio de 1930, a linha do III Congresso do PCB foi de novo fortemente atacada. Dos quatro delegados brasileiros, dois foram expulsos por "desvios de direita" (Plínio Mello e Aristides Lobo). A Internacional exigia a "proletarização" da direção partidária e a priorização da aliança operário-camponesa. A crise do grupo dirigente formado entre tantas dificuldades explodiu. Sabotada pela Internacional, a linha formulada por Astrojildo Pereira e Octávio Brandão, tal como expressa no III Congresso, ficou em minoria.

Um grupo que tinha em Rodolfo Coutinho uma referência desde 1924, ganhou força com Mário Pedrosa e depois com Plínio Mello, Aristides Lobo e João da Costa Pimenta. Esse grupo, visto como de "direita", veio a formar a vertente vinculada ao nome de Trotsky e se organizou fora do PCB. Outros também identificados como de "direita" foram expulsos. A vertente de esquerda, que poderia ser chamada de sindicalista e teve em Joaquim Barbosa, José Caetano Machado, José Vilar, Brazil de Mattos e Fernando de Lacerda as suas expressões mais importantes, passou a predominar.

Em agosto, em reunião plenária ampliada, Astrojildo Pereira se demitiu da Secretaria-geral em meio a amplas alterações na composição do Comitê Central. Em novembro a Conferência Nacional refirmou todas as decisões já tomadas, mas o Partido ficou impedido de tomar parte na mobilização social e de tentar dirigir a classe operária. Pressionado pela Internacional de um lado e pela repressão do Estado, por outro, o PCB ficou inerte. Nesse momento, o golpe da Aliança Liberal já estava para se consolidar. Com a direção em crise, cada região fez o que julgava ser correto, de modo que em muitos lugares os comunistas se misturaram ao sentimento popular de júbilo pela queda do regime e de ascensão da Aliança Liberal, caso especialmente marcante em Pernambuco.

O PCB no Turbilhão da Disputa pela Hegemonia na Revolução Burguesa

O CE da Terceira Internacional esperava que os "jovens bolcheviques", os estudantes que se formaram na URSS, fossem capazes de implantar a nova orientação numa parcela significativa de partidos comunistas. No Brasil a tarefa caberia a Heitor Ferreira Lima, que substituiu Astrojildo Pereira. Heitor foi preso e Astrojildo enviado a São Paulo para trabalhar na reorganização do Comitê Regional, até que foi expulso em 1932. Octávio Brandão preferiu se exilar na URSS.

A orientação política imposta mostrou-se claramente desagregadora. Seria preciso expulsar os militantes favoráveis à aliança com a pequena burguesia urbana, que se aproximara da Aliança Liberal, mas em particular aqueles que se mantinham favoráveis à aliança com a esquerda militar, na qual despontava o nome de Prestes. A pequena burguesia passava a ser inimiga principal exatamente por disputar a direção do processo revolucionário com o proletariado. O aliado principal se transformara em inimigo principal, a mesma lógica da luta política desenvolvida na URSS e difundida na Terceira Internacional.

A crença era que o aprofundamento da revolução socialista na URSS era necessário para isolar o inimigo interno potencial, por conta do risco de um ataque imperialista, no momento em que esse entrava em grave crise econômica social. Essa crise seria o catalisador da revolução em várias partes do mundo. Nessa situação a tática dos comunistas deveria ser ofensiva, de "classe contra classe". As inumeráveis tentativas de confrontar as forças do Estado redundavam em um sem número de prisões. O voluntarismo economicista marcou o movimento comunista em todo lugar e cavou uma série de derrotas. O resultado dessa perspectiva política no Brasil foi a forte instabilidade da direção política e de toda a organização, que vivia sob estrita vigilância do agora chamado Bureau Sul-Americano de Terceira Internacional.

A ascensão do nazismo ao poder na Alemanha, em janeiro de 1933, aguçou a preocupação da URSS e da Internacional com os riscos de guerra. A América do Sul tinha diversos pontos de conflitos abertos ou potenciais, incluída a guerra civil de 1932 no Brasil. Percebia-se também o fortalecimento de movimentos reacionários e fascistas em diversas partes do mundo. No Brasil, a Ação Integralista Brasileira e o regime varguista passaram a ser identificados com essa tendência. Em maio de 1933, o PCB se apresentou para a eleição da Assembleia Constituinte como União Operária Camponesa do Brasil, com resultados pífios, ainda que por meio da representação corporativa tenha eleito Álvaro Ventura.

Em junho de 1933, houve nova reorganização do CC, quando foram alçados à direção militantes egressos da esquerda militar, ainda que o "prestismo" e o "astrojildismo" continuassem a serem combatidos. Foi então que Antônio Maciel Bonfim (Miranda) assumiu a Secretaria-geral (era o sexto secretário depois da retirada de Astrojildo Pereira). A tarefa continuava ser a formação de uma frente única de luta contra a reação, a guerra imperialista e o fascismo (conhecido como Comitê Antiguerreiro), com seus desdobramentos (jovens, mulheres, sindicatos). Houve momentos de aproximação e de distanciamento com outras organizações antifascistas.

No início de 1934, na Europa, a tendência foi a de aproximação entre as principais organizações representativas do movimento operário, cujas relações estavam bastante esgarçadas desde 1928. O fascismo avançava, mas a fase mais aguda da crise capitalista havia passado, assim como a fase da aceleração da industrialização e da coletivização da agricultura na URSS. No Brasil começava o arranque da industrialização e com a promulgação da Constituição, em julho, um novo patamar da luta de classes tinha início.

No mesmo mês, o PCB realizou a chamada I Conferência Nacional, que confirmou o novo grupo dirigente e a orientação política de frente única pela base com o objetivo de estabelecer um governo operário camponês estruturado em conselhos, capaz de levar à frente a revolução democrática burguesa, agrária e anti-imperialista. Em outubro, no encontro dos partidos comunistas da América Latina, ocorrido em Moscou, mais uma vez essa linha foi defendida pela delegação brasileira, com informações muito exageradas e mesmo falsas. Pode-se especular que seria esse o meio de conseguir que a Internacional enviasse ao Brasil uma equipe de assessores, como foi efetivamente feito. Mas a orientação da Internacional já era a de formação da "mais ampla frente anti-imperialista". A essa altura o capitão Luiz Carlos Prestes já era membro do PCB, no qual havia ingressado em julho[8].

De um lado crescia a repressão estatal e o movimento integralista, de outro o movimento operário popular. O Comitê Antiguerreiro assistiu a um expressivo crescimento e lutou junto a outras organizações antifascistas contra o integralismo e o novo regime. No Rio, Niterói e São Paulo, o esforço do PCB era pela formação de uma "frente única popular". Essa expressão surge em setembro de 1934, antes mesmo que na França, lugar que melhor expressou a nova orientação política que aos poucos se delineava. A formação, ao final do ano, da Comissão Jurídica Popular de Inquérito, destinada a investigar a repressão policial e as fontes de financiamento do integralismo, foi o momento que demarcou a convergência de forças sociais e políticas que vieram a formar a Aliança Nacional Libertadora. Do ponto de vista ideológico, a aliança que se formava era entre marxismo, esquerda positivista e liberal-democratas.

De alguma maneira a ANL recuperava a perspectiva da revolução democrática burguesa tal como formulada pelo PCB em 1928/1929. O programa

8. Anita Leocadia Prestes, *Luiz Carlos Prestes e a Aliança Nacional Libertadora*, 2. ed., Petrópolis, Vozes, 1998.

indicava a necessidade da reforma agrária, da ruptura da dependência frente ao capital internacional e liberdades populares democráticas. Era, em síntese, a proposição de uma alternativa nacional-popular para o desenvolvimento das forças produtivas, para a formação do povo/nação e de um Estado democrático, no qual seria travada a luta pela hegemonia entre as classes sociais do capitalismo. Mais tarde essa proposição seria identificada como democracia popular.

Não foi o PCB a criar a ANL, mas quando decidiu confluir na organização com sua militância e frentes de massa e conseguiu que se elegesse Luiz Carlos Prestes para a presidência, assumiu clara hegemonia. O nome de Prestes agregou ainda mais gente identificada como esquerda militar. O PCB continuou, porém, a defender a linha política definida em julho de 1934 até o retorno de Prestes do longo exilio, em maio de 1935, quando a palavra de ordem de governo operário camponês com base nos conselhos, foi substituída pela demanda do governo popular nacional revolucionário.

Feita ilegal em julho de 1935, a ANL tendeu a se desarticular em sua base de massa e a afastar setores reformistas, visto que a repressão voltava a se agudizar. A organização se restringiu ao PCB e à esquerda militar, parcela da qual ingressou no próprio PCB, concluindo um processo que vinha desde 1930, ainda que com inúmeros percalços. O levante da ANL no Rio Grande do Norte, em 23 de novembro, com clara relação com as contradições no seio das oligarquias locais e com questões relativas aos militares, contou com sustentação social significativa. A rebelião no Recife, no dia 25, também contou com apoio popular ativo, mas no Rio de Janeiro, com toda a organização policial e o esquema militar governista de sobreaviso, o levante foi quase exclusivamente militar e facilmente abortado. No conjunto, pode-se dizer que o levante de parte da ANL foi facilmente controlado.

No entanto, essa derrota implicou o fim da possível alternativa nacional-popular de desenvolvimento da revolução burguesa no Brasil, que viria a germinar novamente apenas nos anos 1960. A vitória do projeto corporativista era completa: tudo indicava que o positivismo de direita e o integralismo católico, as duas variantes do "fascismo", haviam vencido. A burguesia liberal ainda tentou resistir a partir de São Paulo, onde era mais forte, mas havia já aderido ao projeto de subordinação da classe operária ao Estado. A revolução burguesa ao modo de uma revolução passiva tomava forma.

Derrota e Resistência: O Desmonte do Segundo Grupo Dirigente

A repressão do Estado e a agressividade dos bandos integralistas tomaram conta da cena política nacional. As prisões ficaram povoadas de militantes do movimento operário, de aliancistas, de comunistas. Em pouco tempo foram detidos os principais dirigentes do PCB, inclusive o secretário-geral Antônio Maciel Bonfim (Miranda) e os assessores enviados pela Internacional. Entre os detidos encontravam-se Luiz Carlos Prestes e Olga Benario, de forma que em torno de março de 1936 a direção da ANL e parcela considerável dos comunistas estavam presos (incluídos trotskistas, anarco-sindicalistas, liberais). A direção do partido passou então para Lauro Reginaldo da Rocha (Bangu). Em setembro de 1936 foi instituído o Tribunal de Segurança Nacional a fim de julgar os milhares de aprisionados. A condenação de Prestes e de Olga Benario foram as de maior impacto, inclusive internacional. A assessoria do BSA/IC também detida foi submetida a humilhação e a tortura[9].

Com a direção nacional detida ou escondida, o partido só pode resistir como podia nos diferentes estados, sem certeza da orientação política a ser seguida. Essa situação esteve na raiz de divergências que estavam por vir. No segundo semestre de 1936, o PCB/ANL de São Paulo, a base estadual em melhores condições, procurou criar uma frente antifascista a mais ampla possível, que pudesse até mesmo incorporar a burguesia industrial. A proposta de aliança com os liberais era possível por conta da oposição ao projeto de construção de um Estado corporativista que Vargas e os integralistas encarnavam. Assim que a luta por liberdades democráticas consistia no objetivo mais imediato.

No fim de janeiro de 1937, Eduardo Ribeiro Xavier (conhecido como Abóbora), em nome da direção do PCB, chegou a Moscou a fim de conseguir assessoria política para enfrentar a difícil situação de derrota. A orientação apenas confirmou o que já estava em prática, o esforço para erigir a mais ampla frente social e política contra o governo Vargas e restaurar a Constituição de 1934.

A repressão arrefeceu um pouco com a suspensão do estado de guerra, no mês de maio. Muitos presos políticos foram soltos, principalmente intelectuais, mas contra os comunistas não houve trégua: tortura até a morte virou fato comum. Dentro da lógica da política de frente democrática, o PCB buscou realizar uma aliança com Armando de Salles Oliveira, que fora governador de

9. John W. F. Dulles, *O Comunismo no Brasil*, Rio de Janeiro, Nova Fronteira, 1985

São Paulo até dezembro de 1936 e era agora candidato à sucessão presidencial como representante da burguesia industrial paulista. O objetivo do PCB era a anistia, o resgate da Constituição e a legalidade do partido. Salles Oliveira, no entanto, temia perder apoio político de liberais mais conservadores caso acolhesse essa proposta, que era negociada por Alberto da Rocha Barros pelos comunistas e Paulo Duarte pelos liberais.

As dificuldades na negociação fizeram com que o PCB também entabulasse conversação com José Américo de Almeida, o qual representava as oligarquias do Nordeste. O apoio a José Américo dividiu a direção, com a minoria continuando a defender a ideia de que os comunistas deveriam atuar para unir as forças democráticas por cima das candidaturas liberais. A trama de Vargas para preparar o golpe de Estado passou por documentos forjados que afiançavam que o PCB preparava um novo levante – o chamado Plano Cohen. Foi motivo para nova ofensiva repressiva com a retomada do "estado de guerra" até que o golpe que implantaria o "Estado Novo" se efetivou em 10 de novembro de 1937.

Foi nesse momento dramático que as divergências dentro do partido se acirraram. Um grupo de São Paulo conduzido por Hermínio Sacchetta se colocou em frontal oposição à direção nacional entestada por Lauro Reginaldo da Rocha. Por vários meses seguiu-se o debate por meio da publicação de folhetos (alguns de grande interesse histórico). Por certo tempo existiram dois grupos dirigentes em São Paulo: Carlos Marighella assumiu o grupo que se vinculou à direção nacional e Hermínio Sacchetta o grupo que lutava para apear o triunvirato formado por Lauro Reginaldo da Rocha, Elias Reinaldo da Silva e Francisco Natividade Lyra. O cerne da divergência estiva no possível papel da burguesia nacional no processo da revolução brasileira. O gravíssimo equívoco do então chamado Secretariado Nacional foi considerar a burguesia industrial como a principal força progressiva do país, que deveria dirigir a revolução democrática.

O fortalecimento internacional do fascismo se expressou na aliança entre Alemanha, Itália e Japão, no avanço das forças reacionárias na Espanha, na anexação da Áustria pela Alemanha. A política da Internacional de estimular a formação de frentes populares antifascista enfrentou muitas dificuldades na França e Espanha, países que melhor exemplificavam essa orientação. Com a ofensiva japonesa na China e a ameaça nazista contra países frágeis e pequenos, a direção da Internacional indicou a formação de frentes nacionais, que incluiriam até mesmo as burguesias que se postassem ao lado do povo em defesa da independência nacional.

A tentativa de golpe dos integralistas em maio de 1938, duramente reprimida pelas forças de segurança do Estado, ofereceu a ocasião para Vargas iniciar o afastamento do eixo nazifascista. Para os comunistas, por sua vez, a repressão ao integralismo foi vista como argumento para dizer que o Estado Novo não era fascista, que a as iniciativas industrialistas eram bem vistas. Da prisão Prestes já enunciava que a prioridade era a independência nacional, a democracia e o bem-estar do povo (os três princípios de Sun Yat-Sen para a China). O nazifascismo seria o inimigo a ser batido, a ameaça maior a independência dos povos. Não seria de se descartar o apoio a Vargas caso assumisse essa posição. Estava assim definida a política de União Nacional, que duraria até o fim de 1947.

Todavia a repressão ao PCB continuou bastante ativa. Às custas de repressão desbragada, com uso de infame tortura "científica" desenvolvida pelos nazistas, inclusive de crianças, a persistente resistência do PCB foi rompida. Alguns abandonaram a organização, outros se exilaram – principalmente na Argentina –, muitos mais restaram prisioneiros com seus coletivos que só aumentavam a sua disposição antifascista, principalmente depois do ataque versado contra a URSS em junho de 1941.

A Reconstrução do PCB e a Democratização Truncada

Quando em 1942 o Brasil precisou declarar guerra ao eixo nazifascista e se aliar aos Estados Unidos, as condições para organizar o movimento popular antifascista ficaram melhores, assim como para reconstruir o PCB. Diversos grupos comunistas começam a se organizar, mas o mais importante estava na Bahia, que contava com uma revista desde 1939, a *Seiva*, e logo reorganizaram um Comitê Regional, e no Rio de Janeiro, onde foi fundado uma Comissão Nacional de Organização Provisória – CNOP. O grupo baiano tentou de início organizar o PCB a partir do Nordeste, mas a ação policial impediu. Salvador virou um ponto de encontro e organização de grade número de militantes da Bahia e de outras regiões do Norte-Nordeste e contava com o reconhecimento formal da Internacional[10].

Como a articulação do Rio conseguia contato com Prestes, a prioridade passou a ser unir os esforços e ainda ampliar para São Paulo, onde os comu-

10. João Falcão, *O Partido Comunista que Eu Conheci: 20 Anos de Clandestinidade*, Rio de Janeiro, Civilização Brasileira, 1988.

nistas estavam bastante pulverizados, e foi a presença dos baianos que efetivamente criou um novo CR paulista. O objetivo era organizar o partido em torno de Prestes e da política de União Nacional contra o fascismo e pela democracia. Haveria que se pressionar Vargas para que se empenhasse na guerra contra a Alemanha, que providenciasse a anistia, o fim da censura, que melhorasse a previdência social e que convocasse uma assembleia constituinte.

Nem todos aceitavam a liderança da CNOP e outros eram até contra a reconstrução do PCB naquele momento. Fernando Lacerda defendia publicamente a posição de que os comunistas deveriam se diluir na frente democrática, seguindo a proposição de Earl Browder do PC dos Estados Unidos. Muitos foram os que não reconheciam a legitimidade da CNOP ou não concordavam com a linha política da União Nacional, elegendo Vargas como inimigo a ser batido. Era o caso de nomes importantes como Tito Batini, Heitor Ferreira Lima, Cristiano Cordeiro, Astrojildo Pereira, Caio Prado Jr., Agildo Barata, muitos organizados nos chamados Comitês de Ação[11].

A CNOP havia realizado, em agosto de 1943, a Conferência Nacional que selava a reorganização do partido com a reafirmação da política que vinha desde 1937 e a escolha de um novo Comitê Central, que configurava um novo grupo dirigente, marcado por forte presença de ex-militares, mas ainda de operários e intelectuais e que depois atraiu a maioria dos que divergiram em algum momento. O próprio Luiz Carlos Prestes criticou o documento exarado pela Conferência, mas deu o seu aval a reorganização do partido. Prestes era o nome que dava continuidade histórica entre um grupo dirigente e outro, como Fernando de Lacerda fora entre o primeiro – de Astrojildo Pereira e Octávio Brandão – e o segundo, de Antônio Maciel Bonfim e Lauro Reginaldo da Rocha.

Vargas percebeu que o respaldo das classes dominantes se restringia e decidiu se amparar nas massas trabalhadoras urbanas para conduzir a mudança de regime político. Promulgou então, em primeiro de maio de 1943, a chamada Consolidação das Leis do Trabalho – na verdade uma sistematização da legislação social e do trabalho que começara a existir desde 1917. Em outubro apareceu um manifesto assinado por intelectuais liberais de Minas Gerais clamando também eles por anistia e eleições para uma assembleia constituinte. Ainda em 1943, Estados Unidos, Grã-Bretanha e URSS chegaram a um acordo para selar a derrota do nazifascismo. Nesse mesmo ano a III Internacional foi

11. Edgard Carone, *Brasil: Anos de Crise 1930-1945*, São Paulo, Ática, 1991, pp. 329-335.

formalmente dissolvida, mas a política dos partidos comunistas não sofreu qualquer alteração mais significativa.

No começo de 1945 aconteceu o I Congresso Brasileiro de Escritores para o qual muito concorreu a ação de Astrojildo Pereira. Foi exarado um documento que também exigia anistia e eleições subscrito por amplo arco de intelectuais marxistas e liberais. Havia então uma possibilidade dessa frente intelectual se expressar politicamente na já composta União Democrática Nacional[12].

Conforme a Guerra se aproxima do fim na Europa, Vargas concedeu a tão almejada anistia política, liberdade de organização partidária e marcou eleições para novembro de 1945. Agiu para montar o Partido Trabalhista Brasileiro, estruturado nos sindicatos corporativos e frações burguesas interessadas no desenvolvimento do mercado interno, principalmente do Rio Grande do Sul, e o Partido Social Democrata para organizar frações da pequena burguesia e recompor alianças oligárquicas, em particular no Nordeste e Minas Gerais.

Duas eram então as possibilidades de ação para o PCB na conjuntura sem que a política de União Nacional contra o fascismo e pela democracia fosse alterada: investir na unidade do movimento operário e no anti-imperialismo como base dessa orientação, o que implicava a aliança com o Vargas e com o PTB, ou se unir à esquerda democrática e aos liberais na luta por uma nova institucionalidade, o que poderia custar o distanciamento da classe operária. O PCB escolheu ficar com o movimento operário e lutar pela autonomia sindical com a fundação da Movimento Unificador dos Trabalhadores – MUT, logo em maio de 1945, e estimulando a formação de conselhos de fábrica e conselhos populares (de bairro).

Certo que a proposta da Constituinte com Getúlio era mais democrática, pois garantiria que o futuro governo estaria subordinado ao poder constituinte, enquanto que a eleição para o congresso com poder constituinte junto com um novo presidente seria e foi muito mais restritiva em termos de representação popular e mais adequada à reacomodação da revolução passiva em curso.

A perspectiva estratégica do PCB era a de promover a conversão democrática da revolução burguesa em marcha e de levar a democracia burguesa ao limite. A defesa de uma união nacional em torno de um projeto de "democracia progressista" trazia a clara analogia com a formulação da "democracia popular" (Dimitrov) ou "democracia progressiva" (Togliatti). De início haveria

12. Milton Lahuerta, *Elitismo, Autonomia, Populismo: Os Intelectuais na Transição dos Anos 1940*, São Paulo, Andreato Comunicação e Cultura, 2014.

que se extirpar as raízes econômico-políticas e culturais do fascismo, combater o monopólio da terra e a pressão imperialista[13].

O processo de democratização dificilmente poderia ultrapassar os marcos burgueses por conta do atraso econômico e social do país, mas quanto mais democracia maior também seria a perspectiva nacional popular e anti-imperialista e também obrigaria o abandono de franjas do latifúndio. A democracia burguesa só chegaria ao seu limite por meio da luta operária e popular, por meio da hegemonia do proletariado.

Mas não foi assim que aconteceu. A pressão dos Estados Unidos promoveu o golpe militar que apeou Vargas da condução do processo e preparou a nova aliança de setores do exército com os liberais. Ao fim o próprio Vargas participou na manobra de bloqueio da democratização ao apoiar uma candidatura abjeta como a do General Dutra lançada por PSD e PTB e afinada com os Estados Unidos, do mesmo jeito que a outra candidatura militar, da UDN, com Eduardo Gomes. Essa situação isolou o PCB, obrigado que foi a se afastar do PTB e a defender a sua compreensão particular do que seria a união nacional popular em favor da democracia de massas.

Mesmo assim, sem maior preparo, o resultado das eleições de novembro foi auspicioso para o PCB, que obteve cerca de 10% dos sufrágios, elegeu um senador e catorze deputados constituintes. A bancada comunista defendeu a autonomia sindical, a sindicalização dos trabalhadores do campo, a extensão dos direitos sociais aos camponeses, o direito de voto dos analfabetos, a reforma agrária, tudo que implicasse uma democracia burguesa mais expandida, ao mesmo tempo que se preocupava em organizar e educar a classe operária e as massas populares.

Em 1946, o PCB continuou crescendo, principalmente em São Paulo, (re) fundou a Confederação Geral dos Trabalhadores do Brasil e obteve resultados excelentes nas eleições para as assembleias legislativas estaduais e municipais realizadas em 1947. Dos 46 deputados estaduais eleitos, onze foram em São Paulo. Chegou a contar entre cento e oitenta e duzentos mil filiados, sessenta mil dos quais em São Paulo, com marcante inserção na classe operária industrial e nos transportes. Sempre com a tática da união nacional, em agosto foi realizada a III Conferência Nacional, quando se decidiu pela realização do IV Congresso para maio do ano seguinte.

13. Luiz Carlos Prestes, "Em Marcha para um Grande Partido Comunista de Massa", em Moisés Vinhas, *O Partidão: A Luta por um Partido de Massas (1922-1974)*, São Paulo, Hucitec, 1982, pp. 123-127.

No entanto, no começo de 1947, o PCB teve o seu registro como partido político cassado e logo depois também a CGTB foi posta na ilegalidade. Mesmo que o PCB demarcasse a sua ação no campo da legalidade, pois nesse terreno que podia crescer, a campanha comunista e as provocações eram frequentes, mas o partido mantinha a frieza. Só não esperava que fosse jogado na ilegalidade sem motivação.

Era o fim da política de união nacional no Brasil e no conjunto do movimento comunista. A "guerra fria" desencadeada pelos Estados Unidos contra a URSS trouxe como implicação a passagem dos partidos comunistas para a oposição nos países em que não havia condições para que assumissem o poder, como Itália e França, e que assumissem o poder e excluíssem os partidos burgueses onde isso era possível (toda a Europa oriental). Com a cassação dos parlamentares comunistas em janeiro de 1948 uma nova fase da história do PCB tinha início.

Referências Bibliográficas

CARONE, Edgard. *Brasil: Anos de Crise 1930-1945*. São Paulo, Ática, 1991, pp. 329-335.

CHASIN, José. *O Integralismo de Plínio Salgado: Forma de Regressividade no Capitalismo Hipertardio*. São Paulo, Lech, 1978.

DEL ROIO, Marcos. *A Classe Operária na Revolução Burguesa*. Belo Horizonte, Oficina de Livros, 1990.

DRAIBE, Sonia. *Rumos e Metamorfoses: Estado e Industrialização no Brasil, 1930/1960*. Rio de Janeiro, Paz e Terra, 1985.

DULLES, John W. F. *O Comunismo no Brasil*. Rio de Janeiro, Nova Fronteira, 1985.

FALCÃO, João. *O Partido Comunista que Eu Conheci: 20 Anos de Clandestinidade*. Rio de Janeiro, Civilização Brasileira, 1988.

GRAMSCI, Antonio. *Quaderni del Cárcere*. Torino, Einaudi, 1975, 4 t.

HOBSBAWM, Eric. *Bandidos*. São Paulo, Editora Forense Universitária, 1975.

LAHUERTA, Milton. *Elitismo, Autonomia, Populismo: Os Intelectuais na Transição dos Anos 1940*. São Paulo, Andreato Comunicação e Cultura, 2014.

LENIN, Vladimir. *Imperialismo, Estágio Superior do Capitalismo*. São Paulo, Boitempo, 2021.

PEREIRA, Astrojildo. *La Correspondência Sudamericana n. 1 a 4, 1928*.

PRESTES, Anita Leocadia. *Luiz Carlos Prestes e a Aliança Nacional Libertadora*. 2. ed. Petrópolis, Vozes, 1998.

PRESTES, Luiz Carlos. "Em Marcha para um Grande Partido Comunista de Massa" [dez. 1946]. *In*: VINHAS, Moisés. *O Partidão: A Luta por um Partido de Massas (1922-1974)*. São Paulo, Hucitec, 1982, pp. 123-127.

Capítulo 6
O PCB e o Conflito pelo Controle da Democratização (1943-1947)

David Ricardo Ribeiro

Em agosto de 1943[1], integrantes do Partido Comunista do Brasil vindos de diferentes localidades do país se reuniram na região da Serra da Mantiqueira (RJ) para realizar a II Conferência Nacional do partido. Alvo de uma intensa perseguição do Governo Vargas, o PCB encontrava-se praticamente extinto. Além de reagrupar os pecebistas que não estavam presos e permitir, assim, que retomassem a atividade partidária, o encontro definiu os objetivos e a linha de atuação política adotada pelos comunistas naquele momento de grande transformação da conjuntura internacional e nacional. As significativas derrotas das tropas alemãs nos campos de batalha europeus não indicavam apenas o início da falência dos regimes nazifascistas, mas também a desintegração do Estado Novo. Associado às forças Aliadas e ao discurso de defesa da democracia promovido por elas, Getúlio Vargas encontrava cada vez mais dificuldades para sustentar a ditadura em vigência no Brasil.

Ao final do encontro, uma nova diretoria do Comitê Central foi instituída e Luiz Carlos Prestes nomeado secretário-geral do partido, a despeito de encontrar-se há quase dez anos na cadeia. Entre as deliberações realizadas na

1. Este capítulo é um desdobramento da tese *A Transição para a Democracia no Brasil (1943-1947): O PCB e a Construção de um Caminho Alternativo*, defendida em 25 mar. 2022, no programa de História Social da Universidade de São Paulo.

Conferência, a que gerou maior divergência foi a adesão do PCB à campanha de União Nacional[2] promovida pelo governo, incluindo o término de qualquer manifestação hostil ao presidente. Um grupo de pecebistas chegou a se manifestar veementemente contra à proposta de apoio incondicional, alegando que Vargas era um representante do fascismo em território nacional e recordando que a campanha promovida pelo governo havia sido utilizada outrora para reforçar a perseguição contra os próprios comunistas. Para eles aquela decisão simbolizava uma submissão aos interesses do ditador. No entanto, prevaleceu o entendimento de que a adesão era a melhor estratégia para promover a extinção do fascismo no Brasil, garantir o retorno do partido à legalidade e, por extensão, viabilizar sua participação no processo de transição para a democracia.

Poucos dias após o decreto de anistia, e ainda antes do retorno do PCB à legalidade, Prestes tornou pública a adesão à União Nacional. Em um discurso realizado no estádio de São Januário (RJ), o primeiro desde que havia deixado o cárcere, ele afirmou: "O que queremos é chegar através da união nacional à verdadeira democracia"[3]. Nota-se que a campanha era vista como um meio para efetivar os objetivos do partido, que a adesão não se restringia ao propósito de fortalecê-la[4]. No mesmo pronunciamento, o líder pecebista ainda apresentou uma proposta de aliança a Vargas:

> É chamando ao poder homens de prestígio popular que compreendam o povo e saibam e possam falar com o povo que o governo se reforça e chegará a inspirar confiança a Nação na marcha sem retrocessos para a democracia, para as eleições livres e honestas que todos almejamos[5].

2. A articulação da campanha de "União Nacional" não era uma novidade. A necessidade de consolidar a unidade nacional foi um argumento utilizado recorrentemente por Vargas desde a instauração do Estado Novo, com o intuito de justificar a extrema centralização política existente em torno do Poder Executivo e o rígido controle que o Estado exercia sobre a sociedade civil. O ditador argumentava que era necessário combater os regionalismos típicos da Primeira República, uma vez que eles impediam a constituição da unidade social e política da Nação. Com o ingresso do Brasil na Segunda Guerra Mundial, a campanha passou a ser utilizada para justificar os esforços de guerra definidos pelo governo e reprimir qualquer manifestação a favor do estabelecimento da democracia.
3. União Nacional para a Democracia e o Progresso, "Discurso Proferido em 23 de Maio de 1945 em Comício Realizado no Estádio de São Januário, do Vasco da Gama, no Rio de Janeiro, em Comemoração à Anistia Política", em Luiz Carlos Prestes, *Problemas Atuais da Democracia,* Rio de Janeiro, Vitória, 1947.
4. Anita Leocadia Prestes, "O Golpe de 29/10/45: Derrubada do Estado Novo ou Tentativa de Reverter o Processo de Democratização da Sociedade Brasileira?", em Francisco Carlos Teixeira da Silva, Hebe Maria Mattos e João Fragoso (orgs.), *Escritos sobre História e Educação: Homenagem à Maria Yedda Leite Linhares*, Rio de Janeiro, Mauad/Faperj, 2001.
5. *Idem.*

Reivindicando a condição de verdadeiros representantes do povo, os pecebistas se ofereceram para compor o governo. Em troca, exigiram a reformulação da base governista, alegando que ela estava contaminada por simpatizantes dos regimes nazifascistas que ameaçavam a transição para a democracia. A proposta revela que os comunistas apoiavam Vargas e não o seu governo como um todo. O reestabelecimento imediato das liberdades democráticas foi outra condicionante estabelecida para a efetivação do que definiam como a verdadeira União Nacional: a União Democrática Nacional. Desse modo, ao mesmo tempo que se vinculou à campanha do governo, o PCB tentou se apropriar do poder de mobilização que ela exercia no âmbito da sociedade civil a fim de efetivar suas expectativas atreladas à formação do regime democrático.

O anúncio da adesão do PCB à União Nacional gerou grande polêmica na cena política nacional. Àquela altura, já estava em vigência o conflito entre Vargas e a oposição liberal[6] pelo controle da transição para a democracia. Insatisfeitos com o uso da campanha para restringir a condução da democratização nas mãos do seu adversário, e já articulando a candidatura do brigadeiro Eduardo Gomes à presidência, as lideranças liberais passaram a acusar os pecebistas de submissão aos interesses do ditador e a afirmar que eles representavam um obstáculo ao estabelecimento do regime democrático no Brasil. Indo além, taxavam os comunistas de oportunistas por almejarem uma vaga no governo e de contraditórios, haja vista que pouco tempo antes estavam na prisão por ordem do próprio Vargas. Um exemplo dessas acusações pode ser visto no *Diário Carioca*, um dos principais jornais de oposição ao governo:

> [...] consumou-se afinal o que tanto temíamos e procuramos daqui evitar na medida do possível advertindo e clamando diariamente na esperança de poder ainda deter a definição em termos decisivos do líder esquerdista de maior prestígio, no sentido de concorrer de maneira mais efetiva, se bem que inconsciente, para o fortalecimento da Ditadura através do reforçamento do ditador[7].

Com efeito, as críticas à adesão, que até então se limitavam a divergências internas do PCB, tornaram-se públicas.

6. Naquele momento, a oposição liberal contava com o apoio de setores da burguesia industrial que haviam rompido com Vargas durante o Estado Novo, da oligarquia agrária paulista e de uma parcela significativa das classes médias. Virgílio de Melo Franco e Armando de Salles Oliveira eram duas de suas principais lideranças.
7. "Prestes Apoiou Getúlio no Comício de S. Januário", *Diário Carioca*, 24 maio 1945, p. 2.

O entendimento de que a adesão do PCB à União Nacional e a proposta de aliança revelam a submissão dos pecebistas em relação a Vargas também prevalece no debate acadêmico. Com a publicação do artigo "As Origens do Sindicalismo Populista" em 1973, Francisco Weffort estabeleceu a interpretação de que apenas duas forças políticas disputaram o controle da transição para a democracia: a oposição liberal e as correntes políticas articuladas por Vargas. Utilizando argumentos muito parecidos com as críticas feitas inicialmente pelos liberais, o autor sustenta que os comunistas não manifestaram grande interesse pela democratização ou por promover uma representação autônoma dos trabalhadores urbanos, e que se limitaram a apoiar o ditador para garantir o retorno do seu partido à legalidade.

A análise do cientista político difundiu-se rapidamente e consolidou-se apenas três anos depois, com a publicação de duas pesquisas realizadas sob sua orientação e que também se tornaram uma referência para o debate: *Liberalismo e Sindicato no Brasil* [8] e *Estado e Partidos Políticos no Brasil* [9]. Desenvolvendo o raciocínio do seu orientador, Luiz Werneck Vianna[10] afirma que em meados de 1945 os trabalhadores urbanos tinham apenas dois caminhos de transição para a democracia como opção, ambos "pelo alto", quer dizer, conduzidos pelas elites e rechaçando qualquer possibilidade de participação deles. Posteriormente, a interpretação de que o PCB não disputou o controle da democratização continuou a ser reproduzida por inúmeros autores, como Leandro Konder[11] e Arnaldo Spindel[12], encontrando-se praticamente incontestada até os dias de hoje.

Contudo, ao invés de um sinal de submissão a Vargas, a adesão dos pecebistas à União Nacional era o resultado do alinhamento do PCB em relação às diretrizes estabelecidas pelo Comintern[13]. Desde o VII Congresso (em 1935),

8. Luiz Jorge Werneck Vianna, *Liberalismo e Sindicato no Brasil*, Rio de Janeiro, Paz e Terra, 1978.
9. Maria do Carmo Carvalho Campello de Souza, *Estado e Partidos Políticos no Brasil*, São Paulo, Alfa-Ômega, 1990.
10. Luiz Jorge Werneck Vianna, *Liberalismo e Sindicato no Brasil*.
11. Leandro Konder, *A Democracia e os Comunistas no Brasil*, Rio de Janeiro, Graal, 1980.
12. Arnaldo Spindel, *O Partido Comunista na Gênese do Populismo*, São Paulo, Símbolo, 1980.
13. Criada por Lenin em 1919, a III Internacional Comunista (Comintern) reunia os partidos comunistas de diferentes países. Conforme os primeiros estatutos, a organização tinha como principais finalidades a extinção das classes sociais, a superação do capitalismo e a instauração de uma República Soviética Internacional. Nesse sentido, sua função era coordenar a revolução socialista nos países tidos como avançados e auxiliar as lutas nos países coloniais. As decisões estabelecidas nos congressos mundiais organizados pela III Internacional constituíam as diretrizes a serem seguidas por todos os comunistas.

as lideranças da III Internacional Comunista vinham recomendando aos diferentes partidos comunistas a adoção de práticas colaboracionistas para efetivar o que definiam como o maior objetivo daquele período: eliminar o fascismo. A composição de uma frente ampla de âmbito nacional passou a ser indicada como estratégia mais apropriada do que a formação de uma frente única popular. Adeptos dessa orientação, os pecebistas deram o primeiro indício da intenção de colaborar com o governo de Vargas já em 1938, ou seja, antes mesmo do início da democratização, como pode ser visto nas palavras de Prestes:

> Tendo por base esse programa e na intenção de suprimir a Constituição totalitária de 10 de novembro de 1937, deve-se trabalhar para a formação de uma grande frente democrática em todo o país, uma frente nacional destinada a reatar um ao outro, o povo e o governo. [...] Os democratas – e, em primeiro lugar, os comunistas – apela ao povo para que ajude o governo, com as armas na mão, para a salvação da integridade e da independência do país, contra todo o putsch integralista[14].

Vale destacar que os comunistas não defendiam a colaboração apenas com Vargas, mas com todos os setores da burguesia nacional tidos como esclarecidos por estarem compromissados com o estabelecimento da democracia e o desenvolvimento do capitalismo nacional.

A identificação do alinhamento do PCB em relação às diretrizes estabelecidas pelo Comintern também contribui para contrapor a interpretação de que o partido não demonstrou interesse específico pela democratização. Desde o final da década de 1920, passou a prevalecer entre as lideranças da III Internacional Comunista o entendimento de que a via revolucionária havia deixado de ser a forma mais eficaz de levar os comunistas ao controle do Estado. Desenvolvendo um raciocínio com nítido viés etapista, eles propunham a estratégia de "revolução em dois tempos". Inicialmente, por meio da adoção do regime democrático, seria promovida a transição do sistema colonial para o capitalista, concretizando, assim, a revolução democrático-burguesa. E então, somente em uma segunda etapa, seria realizada a passagem para o socialismo.

Adepto desse raciocínio, Prestes parafraseava Lenin ao afirmar que "num país industrialmente atrasado como o nosso, a classe operária sofre muito menos da exploração capitalista do que da insuficiência do desenvolvimento capi-

14. Luiz Carlos Prestes, "Por uma Frente Única Democrática Brasileira: 1938", em Edgard Carone, *O PCB*, vol. 2: *1943-1964*, São Paulo, Difel, 1982.

talista e do atraso técnico de uma indústria pequena e primitiva"[15]. No mesmo sentido, afirmava que o país não tinha as condições materiais necessárias para efetivar a transição para o socialismo, que era o momento de instalar a democracia e aperfeiçoar o capitalismo nacional. Esse raciocínio fundamentou o lema disseminado pelo PCB ao longo de toda a democratização: "União, Democracia e Progresso". A transição para a democracia não era, portanto, um evento de menor importância para os pecebistas, nem apenas uma oportunidade de retornarem à legalidade.

Chama a atenção uma frequente ressalva feita pelos pecebistas quando manifestavam o seu interesse pela democratização. Eles anunciavam que não buscavam o estabelecimento de qualquer democracia, mas da "verdadeira democracia". Essa observação evidencia a existência de diferentes concepções sobre a democracia que deveria ser implantada no Brasil entre as forças políticas que disputavam o controle da democratização. Àquela altura, a concepção liberal ainda não havia se tornado hegemônica, conforme pode ser visto neste artigo do Correio da Manhã, jornal de maior circulação no território nacional à época:

> As questões políticas que se multiplicam na Europa e na Ásia fazem crer em graves divergências existentes entre as várias interpretações do significado de Democracia. E não nos atribulam meras diferenças de definição. O problema é mais profundo. Falta-nos um denominador comum para o termo; um conceito com que concorde a maioria [...]. Não se trata de um simples debate acadêmico e sim de uma questão que exige solução se pretendermos realmente evitar uma série infindável de complicações[16].

É importante destacar que a disputa pela definição da "verdadeira democracia" surgiu antes mesmo do início da democratização. Refratário à democracia liberal e procurando legitimar o caráter autoritário do seu governo, Vargas utilizou frequentemente o Departamento de Imprensa e Propaganda para difundir a ideia de que vigorava uma democracia social no Brasil. Compartilhando das críticas à democracia liberal, os pecebistas procuravam se associar ao que entendiam por democracia soviética, alegando que ela se diferenciava das demais por promover a igualdade econômica, além da política.

15. Luiz Carlos Prestes, "A Situação no Brasil e no Mundo (23/05/1944)", *O Globo*, 15 mar. 1945, em Luiz Carlos Prestes, *Problemas Atuais da Democracia*, Rio de Janeiro, Vitória, 1947.
16. Luiz Carlos Prestes, "O Conceito de Democracia", *Correio da Manhã*, 8 ago. 1945.

O fato de também pensarem a democracia no seu âmbito econômico os levou a reivindicar o estabelecimento de um regime democrático que promovesse justiça social e garantisse a estrutura material básica para que cada cidadão pudesse exercer seus direitos democráticos. Desse modo, a identificação da existência de diferentes concepções não contribui apenas para comprovar a particularidade do PCB em relação às demais forças políticas, mas para explicar porque a transição para a democracia foi extremamente conflituosa mesmo havendo consenso quanto à necessidade de sua implantação.

O grande interesse do PCB pelo regime democrático que passaria a vigorar no Brasil levou-o a elaborar o seu próprio projeto de democratização. Em sentido oposto ao percurso de transição para a democracia determinado por Vargas[17], o partido reivindicou que a elaboração da nova Constituição ocorresse antes das eleições presidenciais. De acordo com as lideranças pecebistas, a realização de eleições serviria apenas para dividir os brasileiros em um momento que a unidade se fazia extremamente necessária para viabilizar o estabelecimento da democracia e a eliminação do fascismo. Eles alertavam que a Carta Autoritária do Estado Novo poderia ser preservada caso a inversão não fosse realizada, haja vista que o futuro presidente teria o direito de impedir a convocação da Assembleia Constituinte. Reclamavam também da falta de legitimidade dos candidatos, afirmando que a precocidade daquele processo impedia o surgimento das verdadeiras lideranças populares a partir da atividade política cotidiana.

Cientes do anticomunismo do general Dutra (PSD) e do brigadeiro Eduardo Gomes (UDN), os pecebistas temiam ser excluídos da democratização caso um deles fosse eleito presidente. Em contrapartida, entendiam que a antecipação da Constituinte garantiria a permanência deles no processo. Em virtude de todos esses fatores, o PCB passou a afirmar que a Constituinte, e não as eleições presidenciais, era a maneira mais adequada de promover e consolidar as conquistas democráticas necessárias para superar o regime ditatorial e efetivar os aspectos econômicos e sociais da democratização. Partindo desse entendimento, o partido iniciou logo após o decreto de Anistia uma ampla

17. Após um longo período sem oferecer garantias legais de que a transição para a democracia realmente aconteceria, Getúlio Vargas decretou no final de fevereiro de 1945 a Lei Constitucional n. 9 (AI-9), que definia, entre outras coisas, a data das eleições presidenciais. Se por um lado a medida simbolizava um avanço rumo à democracia, dada a oficialização do processo, por outro ela reforçava o controle do ditador sobre a democratização.

mobilização: "Por uma Assembleia Constituinte Livremente Eleita no Menor Prazo Possível"[18].

Havia outro aspecto relevante do projeto de democratização do PCB que o particularizava em relação às propostas das outras forças políticas envolvidas no conflito. Recorrendo à ideia de soberania popular, os pecebistas reivindicavam que os trabalhadores urbanos, e não Vargas, assumissem a condição de força dirigente da transição para a democracia. De acordo com eles, o processo deveria ser conduzido de baixo para cima, a partir da atividade política dos trabalhadores e de seus anseios, sem restringi-los à condição de eleitores. Também atribuíam aos trabalhadores a tarefa de acompanhar de perto as decisões do presidente para impedi-lo de abdicar do compromisso assumido com a democratização.

Para se compreender o incômodo gerado por este projeto é necessário considerar a mobilização articulada pelas elites nacionais durante todo o período republicano para impedir a atividade política dos trabalhadores, a julgar pelas restrições impostas ao direito ao voto, pela falta de autonomia sindical e pela utilização do aparelho coercitivo do Estado para coibir as manifestações dos movimentos sociais. É possível afirmar, inclusive, que o ingresso dos trabalhadores na cena política era um dos principais fatores de divergência entre as forças políticas envolvidas com a democratização. Nesse contexto, o projeto de democratização pecebista contribuiu para tornar a transição para a democracia ainda mais conflituosa.

Considerando, portanto, as contrapartidas apresentadas pelo PCB a Vargas quando a aliança foi proposta, o alinhamento do partido em relação às orientações estabelecidas pelo Comintern, a disputa travada pela definição da "verdadeira democracia" e a formulação de um projeto próprio de democratização, é possível afirmar que o PCB agiu como uma força autônoma durante a transição para a democracia e que se constituíram três e não dois projetos de democratização. Todos esses fatores também confirmam o significativo interesse dos pecebistas no estabelecimento do regime democrático, visto por eles como um mecanismo de transformação indispensável para levá-los ao poder e à efetivação do seu projeto de nação.

Embora defendessem a proposta de atribuir aos trabalhadores a condição de força dirigente da democratização, os pecebistas julgavam que a maior

18. Esse lema foi estabelecido por Prestes no Pleno da Vitória, nome dado ao primeiro encontro do PCB após o seu retorno à legalidade.

parte deles ainda não estava pronta para exercer tal função. Entendiam que os trabalhadores, sobretudo os de origem rural, não possuíam a consciência e formação política necessárias para participar dos grandes debates políticos e, consequentemente, que o partido deveria "dirigir e não se deixar levar pelo movimento espontâneo das grandes massas..."[19] Compreensão essa que explicita alguns limites e contradições da proposta de atribuir aos trabalhadores a condição de força dirigente da democratização. Partindo desse parecer e reivindicando a condição de vanguarda esclarecida, os comunistas atribuíram para si a função de "organizar o povo para a democracia":

> [...] tarefa fundamental, porém, está em organizar o povo, as mais amplas camadas sociais de nossa população do campo e da cidade a fim de atraí-las à vida política, à luta por suas reivindicações imediatas, à melhor compreensão dos perigos que a ameaçam. Será essa a maneira mais prática de marcharmos para a democracia, de unirmos a todos os patriotas independentemente de diferenças sociais e ideológicas, de pontos de vista políticos e de crenças religiosas[20].

Como pode ser visto na declaração de Prestes, a tarefa de educar os trabalhadores para que eles pudessem exercer a condição de força dirigente era vista como indispensável para o PCB efetivar o seu projeto de democratização. Logo, caberia aos integrantes do partido indicar aos trabalhadores o caminho que entendiam como mais adequado para efetivar a democracia.

Entre as iniciativas realizadas pelo PCB a fim de efetivar o que entendiam por organizar o povo para a democracia, uma das que merece maior destaque foi a criação dos Comitês Democráticos. Os comitês surgiam, na maioria das vezes, da articulação de moradores de uma mesma localidade ou por meio da mobilização de trabalhadores que compartilhavam determinada atividade profissional. Também existiam, em menor número, comitês formados por pessoas que se vinculavam de acordo com pautas de gênero ou raciais. A grande importância que o partido atribuía a esses organismos tornou-se evidente logo no primeiro pronunciamento público feito por Prestes:

19. "Os Comunistas na Luta pela Democracia", Informe Político apresentado em nome da Comissão Executiva ao Pleno do Comitê Nacional do PCB, "Pleno da Vitória", ago. 1945, em Luiz Carlos Prestes, *Problemas Atuais da Democracia*.
20. Luiz Carlos Prestes, "Organizar o Povo para a Democracia", discurso proferido no estádio do Pacaembu em São Paulo (15 jul. 1945), em Luiz Carlos Prestes, *Problemas Atuais da Democracia*.

> [...] organizar o povo em organismos que lhe sejam próprios, em amplos comitês ou comissões nos locais de trabalho, nas ruas e bairros; comitês populares democráticos que, unidos, pouco a pouco, de baixo para cima, constituirão, num futuro mais ou menos próximo, as organizações democráticas populares de cidade, região e Estado até a grande União Nacional, aliança de todas as forças, correntes, grupos e partidos políticos que aceitem o programa mínimo de unificação nacional[21].

A ideia por trás da criação desses organismos era promover a educação política dos trabalhadores a partir de iniciativas concretas de combate aos problemas cotidianos do bairro onde residiam ou do ambiente de trabalho. Na tentativa de potencializar a formação, os comitês também promoviam cursos de alfabetização e palestras sobre temáticas da conjuntura política, como: "sobre o voto secreto"; "Constituinte e maneira de votar"; "o que estabelece a legislação eleitoral"; "Carestia de Vida"[22]. Os pecebistas afirmavam ainda que seria dessa atividade política cotidiana que surgiriam os verdadeiros representantes do povo, aqueles que deveriam ocupar cargos eletivos em futuras eleições. Concluíam que desse modo o regime democrático seria estabelecido de baixo para cima, isto é, pautado pelos trabalhadores, tal qual defendiam.

Outra importante iniciativa realizada pelo PCB com o intuito de organizar os trabalhadores para a democracia e, por extensão, efetivar o seu projeto de democratização foi a criação do Movimento Unificador dos Trabalhadores (MUT). A proposta de criação de uma central que unisse os diferentes sindicatos de maneira independente ao Ministério do Trabalho era resultado do entendimento de que somente nacionalmente unida e gozando de autonomia a classe trabalhadora teria condição de "exercer o seu grande papel de força dirigente dos acontecimentos, efetivamente capaz de acelerar a marcha para a democracia e a liberdade"[23].

Motivados por esse objetivo, os pecebistas iniciaram uma ampla campanha de sindicalização e passaram a defender, inclusive, a extensão dos direitos trabalhistas aos trabalhadores do campo, o que gerou grande incômodo das oligarquias agrárias. O MUT também passou a ser utilizado para mediar algu-

21. União Nacional para a Democracia e o Progresso, "Discurso Proferido em 23 de Maio de 1945 em Comício Realizado no Estádio de São Januário, do Vasco da Gama, no Rio de Janeiro, em Comemoração à Anistia Política".
22. Marcos César de Oliveira Pinheiro, *O PCB e os Comitês Populares Democráticos na Cidade do Rio de Janeiro (1945-1947)*, Rio de Janeiro, Instituto de História, UFRJ, 2007 (Dissertação de Mestrado).
23. Luiz Carlos Prestes, "Organizar o Povo para a Democracia".

mas negociações entre trabalhadores e patrões e até mesmo com o governo. Era justamente esse o papel de mediação do conflito capital versus trabalho que o PCB queria exercer na cena política, se legitimando enquanto o verdadeiro representante dos trabalhadores. Percebe-se, assim, que além da mobilização em torno da democratização, aquele organismo foi criado para efetivar a estrutura sindical reivindicada há muitos anos pelos comunistas, em outras palavras, para extinguir a estrutura corporativista que o governo Vargas havia imposto ao sindicalismo brasileiro.

A atividade política promovida pelos comitês democráticos e o MUT com o intuito de organizar o povo para a democracia contribuiu de maneira decisiva para a difusão dos projetos pecebistas de democratização e nação. Os eventos organizados por eles costumavam levar mais pessoas às ruas do que os comícios dos candidatos à presidência. A atividade era tão intensa, que em meados de 1945 há registros[24] da realização de inúmeras manifestações públicas e coletivas a favor da antecipação da Constituinte em um mesmo dia. A identificação desse envolvimento crescente dos trabalhadores urbanos com a transição para a democracia revela a imprecisão da leitura de que somente as elites políticas estiveram em condições de disputar o controle da democratização, conforme predomina no debate acadêmico[25]. Todavia, as lideranças da oposição liberal continuavam taxando os comunistas e os trabalhadores de submissos a Vargas.

Ao mesmo tempo que o PCB ampliava a sua força na cena política nacional, surgiu de forma espontânea um movimento político, também composto em sua maioria por trabalhadores urbanos, defensor da manutenção de Vargas no poder[26]. Conhecidos como queremistas, seus integrantes afirmavam querer Getúlio com ou sem Constituinte. Esse posicionamento indica que eles estavam mais interessados na manutenção de Vargas no poder do que no estabelecimento da democracia, o que não significa, entretanto, que deixavam de almejar a adoção do regime democrático. A despeito do apreço que tinham pelo ditador, os queremistas almejavam uma transição para a democracia diferente daquela que ele havia estabelecido.

24. Ver edição da *Tribuna Popular*, 7 set. 1945.

25. Francisco Weffort, "Origens do Sindicalismo Populista no Brasil: A Conjuntura do Após-Guerra", *Estudos Cebrap*, n. 4, abr.-jun. 1973; Luiz Jorge Werneck Vianna, *Liberalismo e Sindicato no Brasil*.

26. Jorge Luiz Ferreira (org.), *O Imaginário Trabalhista: Getulismo, PTB e Cultura Política Popular*, Rio de Janeiro, Civilização Brasileira, 2005.

Vale destacar também que o Queremismo contava com apoio de setores da burguesia industrial, adeptos de uma política econômica de viés nacionalista. O aporte financeiro e estrutural que o movimento recebeu de alguns empresários e de setores do governo impulsionou sua campanha por todo o país, mas não foi suficiente para fazer Vargas rever a decisão de deixar a presidência ao final da democratização. Com efeito, após ele recusar a lançar-se como candidato, os queremistas reformularam sua reivindicação e passaram a defender a realização da "Constituinte com Getúlio". Trata-se da mesma demanda estipulada pelo PCB desde o seu retorno à legalidade.

A mudança da reivindicação do Queremismo e sua porosidade à existência de diferentes "queremos"[27] foram decisivas para a aproximação do PCB. Na quarta manifestação organizada pelos queremistas, no dia 13 de outubro de 1945, já era possível identificar a presença de pecebistas entre os manifestantes. Eles seguiam entendendo que toda aliança se justificava em nome da democracia e da luta contra os resquícios do fascismo. Contudo, ao invés da adesão do PCB ao Queremismo, vista como indício de sua submissão a Vargas, como prevalece no debate acadêmico[28], o que ocorreu foi a formação de uma Frente Ampla pela antecipação da Assembleia Constituinte, em outras palavras, a favor da revisão do percurso de transição para a democracia imposto incialmente pelo ditador.

A Frente Ampla não incluía Vargas, haja vista sua recusa em aceitar a proposta de aliança feita pelos pecebistas e até mesmo a antecipação da Constituinte. A identificação da formação dessa Frente Ampla e da proposta defendida por ela comprova que na conjuntura do final de 1945 estavam postos à sociedade brasileira três e não dois caminhos de transição para a democracia. Sendo que esse terceiro caminho, calcado na premissa da soberania popular, não pode ser classificado como sendo "de cima pra baixo". Logo, por mais que não seja possível afirmar que a Frente Ampla assumiu deliberadamente o projeto de democratização do PCB, é inegável que aquele foi o momento que o partido chegou mais perto de efetivá-lo.

O fortalecimento da campanha pecebista pela antecipação da Constituinte, o surgimento do Queremismo e a formação da Frente Ampla geraram grande incômodo entre as outras forças políticas que disputavam o controle

27. Angela Maria de Castro Gomes, *A Invenção do Trabalhismo*, Rio de Janeiro, FGV, 1988.
28. Francisco Weffort, "Origens do Sindicalismo Populista no Brasil", p. 78; Silvio Frank Além, *Os Trabalhadores e a "Redemocratização": 1942-1948*, Campinas, IFCH-Unicamp, 1981 (Dissertação de Mestrado), p. 177.

da democratização. Conforme destacado anteriormente, independente das divergências existentes entre as correntes conservadoras e a oposição liberal, ambas não admitiam a participação dos trabalhadores naquele processo e a consolidação do seu ingresso na cena política. A insatisfação tornou-se ainda maior quando Vargas acentuou sua aproximação em relação à classe trabalhadora, na tentativa de contrabalancear o apoio que havia perdido de setores do empresariado nacional e das forças armadas. Seus adversários temiam que ele se valesse do suporte das "massas" para tentar uma manobra golpista ou que os trabalhadores quisessem sustentá-lo no poder, de maneira semelhante à que acontecia com Perón naquele mesmo período, em território argentino.

Frente o crescimento do envolvimento dos trabalhadores com a democratização e havendo a possibilidade de Vargas executar sua trama golpista, os militares, que desde o início da democratização procuraram manter-se distantes do debate público, começaram a manifestar o seu compromisso com o percurso de transição para a democracia estabelecido por Vargas (AI-9), ou seja, que mobilizavam-se para garantir que ele não permaneceria no poder. Nesse contexto, duas grandes manifestações populares a favor da antecipação da Constituinte, uma organizada pelos queremistas e outras pelos pecebistas[29], foram proibidas de ganhar as ruas, sob a alegação de que ameaçavam a estabilidade política do país e, consequentemente, a democratização. Dois dias após os vetos, foi executado o Golpe Civil-Militar que tirou Vargas do poder e consolidou o controle das forças conservadoras sobre a democratização.

É inegável a relação existente entre o golpe e as tramas continuístas articuladas por Getúlio Vargas. O receio dos militares e da oposição liberal não era um simples pretexto para tomarem o poder, a julgar pelo histórico golpista do ditador, e não apenas pela interferência na chefia da polícia do Distrito Federal quando viu seus interesses serem contrariados. Porém, também é evidente que a intervenção militar teve como finalidade conter o envolvimento dos trabalhadores com a transição para a democracia e, sobretudo, restringir a amplitude da democratização.

Considerando esses fatores, é possível afirmar que o Golpe de 1945 tem vínculo com a mobilização política em torno da democratização promovida

29. Estava agendada para o dia 26 de outubro de 1945 aquela que seria a quinta grande manifestação queremista. No dia seguinte, também no centro do Rio de Janeiro, o PCB pretendia realizar junto às lideranças sindicais o "Grande Comício pela Constituinte".

pelos pecebistas[30]. Diferentemente do que defende Weffort[31], o PCB exerceu uma influência decisiva durante o que ele define como estágio de "conformação inicial da democracia", um elemento determinante para que as forças conservadoras e a oposição liberal optassem pelo golpe de Estado, mesmo o partido não sendo o protagonista do conflito. Não por coincidência, no dia da intervenção militar, cerca de quatrocentos integrantes do PCB foram presos, e os comitês do partido, atacados em diversas regiões do país[32].

Embora tenham denunciado os ataques sofridos durante a intervenção militar, os pecebistas decidiram não se sublevar contra o golpe e manifestaram o seu apoio ao governo temporário de José Linhares. Alinhados à orientação de que sua linha de atuação política deveria ser pautada pela ordem e tranquilidade, eles agiram, inclusive, para conter um princípio de greve articulado pelos trabalhadores da Light em resposta à queda de Vargas. Continuava prevalecendo a leitura de que eventuais posicionamentos radicalizados poderiam excluí-los da democratização.

Seguindo esse raciocínio, o PCB abandonou a campanha pela antecipação da Constituinte e lançou a candidatura à presidência do engenheiro Iedo Fiúza às vésperas do pleito. A escolha de um nome sem um vínculo histórico com o partido era mais uma tentativa de demonstrar que adotava práticas colaboracionistas e conciliatórias a fim de consumar a transição para a democracia. Para a surpresa de muitos, o candidato pecebista recebeu quase 10% dos votos. O PCB ainda teve uma votação expressiva para o legislativo, elegendo Prestes como senador e garantindo outras quinze cadeiras na Câmara de deputados. Vale ressaltar que o partido não obteve bons resultados apenas nas urnas, pois a campanha de sindicalização era um sucesso e o número de filiados crescia rapidamente[33].

A vitória do general Dutra (PSD) em uma eleição extremamente tranquila para os padrões nacionais da época, a confirmação da elaboração de uma nova Constituição e o afastamento de Getúlio Vargas da arena política geraram a expectativa de arrefecimento do conflito que pautava a transição para a demo-

30. Edgard Carone, *O Estado Novo (1937-1945)*, São Paulo, Difel, 1976, p. 337.
31. Francisco Weffort, "Origens do Sindicalismo Populista no Brasil", p. 76.
32. *Tribuna Popular*, 4 nov. 1945.
33. O PCB chegou a contar com cerca de 180 mil filiados no início de 1946, tornando-se o maior partido comunista da América Latina (Leôncio Basbaum, *Uma Vida em Seis Tempos: Memórias*, São Paulo, Alfa-Ômega, 1976).

cracia. No entanto, não foi isso o que aconteceu. Antes mesmo do ex-ministro da guerra do Estado Novo assumir a presidência, inúmeras greves eclodiram em todo o território brasileiro. O movimento reivindicatório[34] constituído inicialmente em virtude de questões trabalhistas, como o abono salarial do final de ano, se vinculou rapidamente à democratização.

Alvos de uma violenta repressão policial, os trabalhadores paralisados passaram a reivindicar o reconhecimento do direito de greve, alegando que sem ele não seria possível considerar que vigorava um regime democrático no país. Também demandavam da democracia a promoção de "justiça social", o combate à miséria – elemento imprescindível para que cada cidadão possa exercer livremente sua autodeterminação política e, consequentemente, para que a democracia, enquanto sistema político, possa funcionar –, conforme pode ser visto nas palavras de Dalcídio Jurandir: "E o caminho para democracia é o caminho do mais pão, mais casas, mais carne, mais dinheiro, mais roupa, mais escolas e mais liberdade para o povo"[35]. Mobilizavam-se, assim, pela contemplação do aspecto econômico da democratização.

Chama atenção o fato de boa parte das greves ter sido organizada por comissões de fábricas autônomas e não pelos sindicatos ou o MUT. Independentemente do grande número de pecebistas presentes na articulação das paralisações, não é possível afirmar que o PCB estava na vanguarda do movimento reivindicatório. Os trabalhadores não se mostravam submissos aos interesses de Vargas ou passivos frente às orientações dos comunistas, nem mesmo alheios à transição para a democracia, como afirmam os autores que utilizam o conceito de populismo para explicar a atuação desse setor da sociedade no conflito que pautou aquele processo. A autonomia e as pautas apresentadas pelos grevistas explicitam o envolvimento direto dos trabalhadores com o conflito que pautava a democratização e, consequentemente, aquela foi a ocasião em que eles mais se aproximaram do que os pecebistas entendiam por força dirigente.

Porém, por mais que essa fosse uma das principais reivindicações do PCB, a formação da onda de greves gerou grande pressão sobre o partido. A adoção de uma linha de atuação política pautada pela ordem e tranquilidade e pelas práticas colaboracionistas levou os pecebistas a adotarem um posicionamento contrário à realização de greves durante boa parte da transição para a de-

34. Ricardo Maranhão, *Sindicatos e Democratização*, São Paulo, Brasiliense, 1979.

35. *Tribuna Popular*, 12 mar. 1946, p. 3.

mocracia. Argumentavam que a conjuntura não era favorável às paralisações, uma vez que elas restringiriam as chances de constituição da aliança com a burguesia nacional em nome da revolução democrático-burguesa, e que poderiam ser utilizadas como pretexto para interromper a democratização. Porém, posicionar-se contra uma decisão que se mostrava majoritária entre os trabalhadores não era uma opção para o PCB, a julgar que esse setor da sociedade era a principal base de articulação do partido e que muitos de seus integrantes estavam entre os grevistas.

Mesmo sob pressão, o PCB seguiu pautando a sua atuação política pela diretriz de ordem e tranquilidade e incentivando a colaboração com o que entendia por "burguesia esclarecida". O que mudou foi a leitura do partido sobre a pertinência da realização de greves durante a democratização. As lideranças pecebistas passaram a afirmar que elas eram necessárias para se contrapor àqueles que queriam impedir a concretização da transição para a democracia:

> A Comissão Executiva insiste, no entanto, que ao lutar por ordem e tranquilidade, não aconselha ao proletariado que cruze os braços e se deixe morrer de fome. A greve é um direito consolidado. A miséria popular, consequência da inflação e do encarecimento do custo da vida, é fonte de descontentamento, de desordem e de inquietação, de maneira que lutar por melhores salários, por um nível de vida digno é, na verdade, nos dias de hoje, lutar por ordem e tranquilidade, pela eliminação prática da causa fundamental e primeira do descontentamento popular, habilmente explorado pelos reacionários e fascistas que querem guerra civil e a volta do regime de 37[36].

À medida que começaram a se manifestar favoráveis às greves, os comunistas procuraram assumir a liderança das paralisações, fazendo jus ao entendimento de que deveriam exercer a condição de vanguarda esclarecida, colocando-se à frente dos trabalhadores no diálogo com os patrões[37]. Paralelamente, o PCB também levou as reivindicações dos grevistas para a Assembleia Constituinte, engajando-se para que a democracia brasileira contemplasse o direito à greve.

Ao mesmo tempo em que começaram a receber o apoio dos pecebistas, os grevistas viram a repressão contra eles crescer. Representantes da burguesia industrial e do governo recém-constituído passaram a responsabilizar os comunistas pela eclosão da onda de greves. Foi justamente nesse momento da

36. "Ordem e Tranquilidade", *Tribuna Popular*, 27 dez. 1945, p. 3.
37. Silvio Frank Além, *Os Trabalhadores e a "Redemocratização"*.

democratização que o PCB passou a ser visto pelas forças conservadoras e pela oposição liberal como uma força política independente, um adversário direto na disputa pela delimitação da democracia que começava a vigorar no país. Os setores contrários às paralisações alegavam que elas tinham motivações políticas e visavam fortalecer os projetos dos pecebistas. Essa percepção fez com que eles passassem a exigir que Dutra recorresse à autoritária Constituição do Estado Novo para reprimir os trabalhadores paralisados.

Não por coincidência, o presidente reforçou o uso da polícia para reprimir as paralisações. Muitas manifestações foram proibidas, inúmeros sindicatos empastelados e alguns parlamentares pecebistas chegaram, inclusive, a serem presos. Os ataques às liberdades democráticas dos cidadãos que procuravam se envolver com a formação da democracia tornaram-se cada vez mais frequentes. Foi nesse contexto que Dutra, se valendo das prerrogativas estabelecidas por Vargas no decreto responsável pela regulamentação da transição para a democracia (AI-9), impôs o Decreto-Lei 9.070, tornando praticamente ilegal a realização de greves no país. O uso da violência física pelo Estado e a restrição dos instrumentos de atuação política dos trabalhadores evidenciavam a intensificação do aspecto coercitivo da democratização.

A conjuntura, que já não se mostrava favorável aos pecebistas, tornou-se ainda mais complicada no início de 1946 com o surgimento dos primeiros sinais da Guerra Fria. O conflito entre os Estados Unidos e a União Soviética contribuiu para o resgaste e a legitimação do discurso e das práticas anticomunistas das forças conservadoras, bem como de algumas lideranças da oposição liberal. Nesse movimento, parlamentares ligados ao PTB entraram com o pedido de cassação do registro do PCB, alegando que se tratava de um partido antidemocrático a serviço dos interesses de uma nação estrangeira. Também acusaram os pecebistas de incentivar a desordem no país por meio da propaganda da luta de classes e das teorias marxista-leninistas. Assim, começou a se difundir a acusação de que o PCB era uma ameaça à democracia brasileira.

A crescente perseguição que sofriam não fez com que os pecebistas deixassem de acreditar na possibilidade de consolidar via Assembleia Constituinte alguns aspectos da democracia que almejavam. Além da luta pela autonomia da atividade sindical e pela extensão da CLT aos trabalhadores do campo, eles tentaram reverter no parlamento o decreto-lei que proibia a realização de greves. Ciente da sua condição de minoria, o PCB procurou mobilizar diferentes setores da sociedade civil para pressionar os parlamentares a efetivar as medidas que julgavam necessárias. No entanto, as expectativas que os comunistas depositavam na elaboração de uma nova Constituição não se concretizaram.

O fato de a maioria dos congressistas ser filiada ao PSD, partido de natureza conservadora criado sob a orientação de Vargas, foi decisivo para a derrota das propostas pecebistas. Nesse caso, é necessário considerar também a guinada conservadora da UDN durante a Constituinte[38], o que reforça a interpretação de que as forças conservadoras assumiram o controle absoluto da democratização. A promulgação da nova Constituição representa o marco político-institucional de conclusão da transição para a democracia. O processo foi executado de cima para baixo, isto é, pautado pelos interesses das classes econômica e socialmente dominantes e pela restrição do envolvimento dos trabalhadores.

A maneira recorrente como a coerção foi utilizada para coibir a atividade política dos trabalhadores indica que não havia se constituído um consenso em torno da democracia que começava a vigorar e que a democratização não havia sido capaz de solucionar a crise de hegemonia em vigência no país. O controle das forças conservadoras restringiu o potencial transformador inerente à democratização, sobretudo na contemplação do seu aspecto econômico, e impediu a formação de um regime democrático com maior amplitude de atuação política no âmbito da sociedade civil. A transição para a democracia chegou ao fim sem promover o ingresso integral dos trabalhadores na cena política, haja vista as restrições impostas ao direito ao voto e à atividade sindical. Com efeito, começou a vigorar no Brasil uma democracia que preservava inúmeros traços do regime ditatorial do Estado Novo[39].

Fato desconsiderado no debate acadêmico, o conflito em torno da delimitação da democracia continuou em vigência mesmo após a concretização da democratização. Poucos dias após a promulgação da nova Constituição, foi promovido, no Rio de Janeiro, o Congresso Sindical dos Trabalhadores do Brasil[40]. Cerca de 2400 líderes sindicais de todas as regiões do país compareceram ao evento. Algo inédito, até então, na história do sindicalismo brasileiro. O encontro era resultado de um amplo processo de articulação promovido pelos pecebistas. Contudo, ele não pode ser considerado um evento do PCB, a julgar pela presença de sindicalistas ligados a outras correntes políticas, como o trabalhismo, e até

38. Maria Victoria Benevides, *A UDN e o Udenismo: Ambiguidades do Liberalismo Brasileiro (1945-1964)*, Rio de Janeiro, Paz e Terra, 1981.

39. Francisco Weffort, "Origens do Sindicalismo Popular no Brasil".

40. Jover Telles, *O Movimento Sindical no Brasil*, São Paulo, Lech, 1981.

mesmo ao governo, que inicialmente manifestou a sua anuência à realização do congresso. Durante os dias que estiveram reunidos, os trabalhadores exerceram a autonomia política que lhes havia sido negada na democracia recém-instalada no país. Escolheram livremente seus próprios representantes e debateram pautas políticas que extrapolavam a questão sindical, abordando, inclusive, alguns temas que já haviam sido deliberados pelos deputados da Assembleia Constituinte.

Além de concretizar a fundação de uma central sindical única de âmbito nacional e autônoma em relação ao Estado, os sindicalistas pretendiam elaborar uma série de propostas de reformulação dos trechos da nova Constituição referentes às questões sindicais e trabalhistas, e em seguida, encaminhá-las para a apreciação do Poder Legislativo. Tratava-se de uma tentativa de pautar as deliberações do Estado a partir da atividade política desenvolvida no âmbito da sociedade civil. Porém, a formulação de propostas que promoviam a autonomia dos sindicatos e o estímulo à atividade política dos sindicalistas gerou um grave desentendimento com o governo. Contando com o apoio dos líderes sindicais indicados por ele próprio, o Ministro do Trabalho decretou o término do congresso antes da plenária deliberativa final, ancorado no argumento de que o evento havia sido tomado pelos comunistas e que representava, portanto, um risco à democracia brasileira.

Mesmo assim, os demais sindicalistas resolveram concluir as votações, ancorados no argumento de que não era possível considerar que vigorava um regime democrático no Brasil enquanto a autonomia da atividade sindical não fosse reconhecida. Os sinais da continuidade do conflito eram evidentes. Os motivos que levaram à realização do congresso, bem como suas deliberações finais, reforçam a interpretação de que os trabalhadores e pecebistas seguiam lutando por uma democracia que contemplasse seus interesses. Eles também indicam que não é correto afirmar que o PCB se "declarava incapaz de organizar a classe operária de maneira autônoma"[41] ou responsabilizá-lo pelo surgimento de um suposto "sindicalismo populista" durante a República de 1946.

Independentemente da sua insatisfação em relação ao resultado da democratização, o PCB começou a afirmar, tão logo o processo se concretizou, que a luta do partido entrava em um novo estágio, que era necessário defender a democracia que começava a vigorar no país. Os pecebistas faziam menção à permanência de simpatizantes dos regimes nazifascistas no governo e à repressão

41. Francisco Weffort, "Origens do Sindicalismo Popular no Brasil", p. 81.

realizada contra eles e os trabalhadores para afirmar que o regime democrático corria risco de não se consolidar. Argumentavam que a tentativa de cassar o registro do seu partido representava um ataque à própria democracia.

Também seguiram afirmando que a consolidação da democracia dependia da efetivação de algumas mudanças na estrutura econômica a fim de reduzir a desigualdade social. No entanto, mesmo com a da adoção de um posicionamento crítico em relação ao governo, o PCB não chegou a romper definitivamente com Dutra. Ainda vigorava o entendimento de que qualquer decisão mais radical poderia ser utilizada pelas forças conservadoras como pretexto para excluí-lo novamente da cena política.

Simultaneamente, as forças conservadoras, contando com o apoio de algumas lideranças da oposição liberal, também procuraram assumir a condição de guardiões da democracia, afirmando que os comunistas eram incompatíveis com a tradição católica do povo brasileiro e que representavam uma ameaça ao regime democrático. Uma ameaça porque possuíam uma orientação marxista-leninista e insuflavam "a luta de classes, fomentavam greves, procurando criar ambiente de confusão e desordem"[42], como pode ser visto no relatório produzido pelo chefe do Departamento de Ordem Política e Social (Dops):

> O PCB se propõe a educar o povo segundo os princípios marxistas-leninistas, de base materialista, contrários aos fundamentos cristãos da nacionalidade, para que pretende unir o operariado sob sua hegemonia; serve-se da liberdade da imprensa para a disseminação do ódio de classes, os ataques injuriosos a altas autoridades, civis e militares, confessando o propósito de trabalhar pela democratização das forças armadas[43].

Outra acusação muito utilizada contra os pecebistas era que eles agiam para satisfizer os interesses da URSS e não os nacionais. A disputa entre as forças conservadoras e os pecebistas pela condição de defensores da democracia brasileira gerou a intensificação da perseguição dos comunistas e, inclusive, o assassinato de alguns deles por agentes do Estado[44]. Nesse sentido, ela é a confirmação de que o conflito que havia pautado a democratização continuava em vigência.

42. Hélio Silva, *1945: Por que Depuseram Vargas*, Rio de Janeiro, Civilização Brasileira, 1976, p. 92.
43. O dossiê elaborado pelo chefe do Departamento de Ordem Política e Social, intitulado "Agitações Levadas a Efeito pelo Partido Comunista do Brasil", foi anexado (n. 5) na Resolução n. 1.841, de 7 de maio de 1947.
44. Para mais informações, procurar a repressão realizada contra a comemoração de um ano do retorno do PCB à legalidade, ocorrida no dia 23 de maio de 1946.

Foi justamente com base nas acusações descritas anteriormente, que no dia 7 de maio de 1947, o registro partidário do PCB foi cassado, por três votos a dois, pelo Superior Tribunal Federal. Prevaleceu o entendimento de que os direitos democráticos não deveriam ser concedidos àqueles que pretendiam atacar a própria democracia. O que as forças conservadoras indicavam como ameaça ao regime democrático era, na realidade, a possibilidade de revisão da estrutura fundiária e da ordem econômica que tentavam preservar[45]. Nesse sentido, é possível afirmar que os pecebistas foram postos novamente na ilegalidade porque a democracia que reivindicavam e o lugar que atribuíam aos trabalhadores na cena política ameaçavam os privilégios estruturais existentes na sociedade brasileira. A cassação foi um movimento realizado para manter a tutela sobre a atividade sindical[46] e restringir a amplitude da atividade política no âmbito da sociedade civil, sobretudo a dos trabalhadores. O PCB não cabia naquela democracia.

Não por coincidência, poucos dias após a cassação do PCB, diversos sindicatos foram invadidos a mando do governo com base no argumento de que estavam sob domínio dos comunistas[47]. Outros importantes canais de representação política dos trabalhadores, como a CTB, o MUT e os Comitês Democráticos, também foram fechados. Essas violações dos direitos de associação pacífica, livre expressão e circulação de ideias dos trabalhadores, em um momento que o regime democrático já estava em vigência, podem ser consideradas o ato final da delimitação da democracia que vigorou durante a República de 46. Uma democracia que encarava como desordem o envolvimento dos trabalhadores com as questões políticas nacionais e que resguardava o direito de liberdade de expressão e representação a somente alguns setores da sociedade.

45. João Almino, *Democratas Autoritários: Liberdades Individuais, de Associação Política e Sindical na Constituinte de 46*, São Paulo, Brasiliense, 1980.

46. Gildo Marçal Brandão, *Partido Comunista, Capitalismo e Democracia,* São Paulo, FFLCH-USP, 1992 (Tese de Doutorado).

47. O número de invasões realizadas varia conforme o levantamento feito por diferentes autores. Thomas Skidmore *(Brasil: De Getúlio a Castelo (1930-1964)*, Rio de Janeiro, Saga, 1969) identificou 143 invasões em um total de 944 sindicatos. Já Basbaum (em *Uma Vida em Seis Tempos*) afirma que foram quatrocentas.

Referências Bibliográficas

ALÉM, Silvio Frank. *Os Trabalhadores e a "Redemocratização": 1942-1948*. Campinas, IFCH-Unicamp, 1981 (Dissertação de Mestrado).

ALMINO, João. *Democratas Autoritários: Liberdades Individuais, de Associação Política e Sindical na Constituinte de 46*. São Paulo, Brasiliense, 1980.

BASBAUM, Leôncio. *Uma Vida em Seis Tempos: Memórias*. São Paulo, Alfa-Ômega, 1976.

BENEVIDES, Maria Victoria. *A UDN e o Udenismo: Ambiguidades do Liberalismo Brasileiro (1945-1964)*. Rio de Janeiro, Paz e Terra, 1981.

BRANDÃO, Gildo Marçal. *Partido Comunista, Capitalismo e Democracia*. São Paulo, FFLCH-USP, 1992 (Tese de Doutorado).

CARONE, Edgard. *O Estado Novo (1937-1945)*. São Paulo, Difel, 1976.

______. *O PCB*. Vol. 2: *1943-1964*. São Paulo, Difel, 1982.

FERREIRA, Jorge Luiz (org.). *O Imaginário Trabalhista: Getulismo, PTB e Cultura Política Popular*. Rio de Janeiro, Civilização Brasileira, 2005.

GOMES, Angela Maria de Castro. *A Invenção do Trabalhismo*. Rio de Janeiro, FGV, 1988.

KONDER, Leandro. *A Democracia e os Comunistas no Brasil*. Rio de Janeiro, Graal, 1980.

MARANHÃO, Ricardo. *Sindicatos e Democratização*. São Paulo, Brasiliense, 1979.

PINHEIRO, Marcos César de Oliveira. *O PCB e os Comitês Populares Democráticos na Cidade do Rio de Janeiro (1945-1947)*. Rio de Janeiro, Instituto de História, UFRJ, 2007 (Dissertação de Mestrado).

PRESTES, Anita Leocadia. "O Golpe de 29/10/45: Derrubada do Estado Novo ou Tentativa de Reverter o Processo de Democratização da Sociedade Brasileira?". *In*: SILVA, Francisco Carlos Teixeira da; MATTOS, Hebe Maria & FRAGOSO, João (orgs.). *Escritos sobre História e Educação: Homenagem à Maria Yedda Leite Linhares*. Rio de Janeiro, Mauad/Faperj, 2001.

PRESTES, Luiz Carlos. *Problemas Atuais da Democracia*. Rio de Janeiro, Vitória, 1947.

RIBEIRO, David Ricardo Sousa. *A Transição para a Democracia no Brasil (1943-1947): O PCB e a Construção de um Caminho Alternativo*. São Paulo, FFLCH-USP, 1992 (Tese de Doutorado).

SILVA, Hélio. *1945: Por que Depuseram Vargas*. Rio de Janeiro, Civilização Brasileira, 1976.

SKIDMORE, Thomas. *Brasil: De Getúlio a Castelo (1930-1964)*. Rio de Janeiro, Saga, 1969.

SOUZA, Maria do Carmo Carvalho Campello de. *Estado e Partidos Políticos no Brasil*. São Paulo, Alfa-Ômega, 1990.

SPINDEL, Arnaldo. *O Partido Comunista na Gênese do Populismo*. São Paulo, Símbolo, 1980.

TELLES, Jover. *O Movimento Sindical no Brasil*. São Paulo, Lech, 1981.

VIANNA, Luiz Jorge Werneck. *Liberalismo e Sindicato no Brasil*. Rio de Janeiro, Paz e Terra, 1978.

WEFFORT, Francisco. "Origens do Sindicalismo Populista no Brasil: A Conjuntura do Após-guerra". *Estudos Cebrap*, n. 4, abr.-jun. 1973.

Capítulo 7
O PCB e a Luta pela Paz Mundial

☭

Edvaldo Correa Sotana

[...] nos encontramos mais obrigados a tomar partido, a tomar posição nessa batalha entre paz e a guerra, entre aqueles que defendem o futuro do homem e os que desejam semear cemitérios sobre a terra. Nenhum escritor – como nenhum artista e nenhum cientista – pode deixar de se situar sobre o conflito atual. É impossível qualquer neutralidade. Ou bem assumimos uma posição franca e decidida ao lado de milhões de seres que lutam pela paz – e isso significa não aceitar o anti-comunismo e o anti-sovietismo – ou seremos fatalmente utilizados pelo imperialismo, mesmo se não colaborarmos com ele conscientemente[1].

JORGE AMADO, *O Mundo da Paz.*

Em 1947, o Partido Comunista do Brasil (PCB) teve seu registro eleitoral cancelado pelo Tribunal Superior Eleitoral (TSE). Na sequência, o Senado aprovou o projeto de cassação dos mandatos dos parlamentares comunistas. Em 10 de janeiro de 1948, foram declarados extintos todos os mandatos dos comunistas. Tais medidas arbitrárias devem ser inscritas num quadro de repressão às atividades dos comunistas brasileiros. No Governo Dutra, os membros do PCB e as suas atividades começaram a sofrer todo tipo de perseguições e restrições. Já em maio de 1946, o governo decidiu expurgar todos os funcionários públicos que eram reconhecidamente membros do partido. Os comícios organizados pelo partido, apesar da existência de uma garantia constitucional, passaram à subordinação do gabinete de chefia da polícia. Do mesmo modo, deve-se considerar a decisão unilateral da diplomacia brasileira. Em 1947, o país optou por romper as relações diplomáticas com a União Soviética[2].

Desse modo, é necessário observar que o regime político instaurado no Governo Dutra, "embora inscrito nos marcos da denominada democracia liberal", se caracterizou pela "negação das garantias individuais" e pela "suspensão

1. Jorge Amado, *O Mundo da Paz: União Soviética e Democracias Populares*, Rio de Janeiro, Vitória, 1951, pp. 57-58.
2. Leôncio Basbaum, *História Sincera da República*, São Paulo, Alfa-Ômega, 1976, vol. 3; Ronald H. Chilcote, *Partido Comunista Brasileiro: Conflito e Integração (1922-1972)*, Rio de Janeiro, Graal, 1982.

da liberdade de organização dos setores populares – especialmente os sindicatos e o PCB"[3].

Em decorrência das medidas repressivas, o escritor e à época, militante comunista, Jorge Amado decidiu deixar o país. Foi acompanhado de Zélia Gattai[4]. Deputado federal entre 1945 e 1948, Amado passou a residir, inicialmente, na França[5]. De Paris, o casal visitou os países das chamadas Democracias Populares e a União Soviética. Em 1951, retornaram à União das Repúblicas Socialistas Soviéticas (URSS). De Praga, embarcaram para Moscou. Como resultado das viagens, Jorge Amado publicou, em 1951, *O Mundo da Paz*[6]. Nesta obra, consta o excerto que abre este capítulo. Nele, Jorge Amado ressaltou o papel do intelectual num mundo dividido entre os compromissados com o "imperialismo" e com a guerra, representados principalmente pelos Estados Unidos, e os compromissados com a URSS e com a paz no mundo[7].

3. Pedro Estevam da Rocha Pomar, *A Democracia Intolerante: Dutra, Adhemar e a Repressão ao Partido Comunista (1946-1950)*, São Paulo, Arquivo do Estado/Imprensa Oficial do Estado, 2002, p. 9
4. Para a atuação de Jorge Amado no PCB, consultar: Edvaldo Correa Sotana, "O Engajamento Intelectual de Jorge Amado: Militância Comunista e Repressão 'em Tempos de Experiência Democrática'", em Cândido Moreira Rodrigues e Jefferson Rodrigues Barbosa (orgs.), *Intelectuais e Comunismo no Brasil: 1920-1950*, Cuiabá, EdUFMT, 2011; para a trajetória de Zélia Gattai e o início de seu relacionamento com Jorge Amado, consultar: Zélia Gattai, *Jardim de Inverno*, 6. ed., Rio de Janeiro, Record, 1989.
5. Como ressaltou Marcelo Ridenti: "Inicialmente, Amado planejava morar na Itália com a esposa Zélia e o filho recém-nascido, mas a derrota eleitoral do Partido Comunista Italiano (PCI) levou a que se estabelecessem em Paris, onde viveram até serem forçados a deixar o país no final de 1949. Durante sua temporada na França, Amado tornou-se um dos principais líderes do movimento mundial pela paz, que mobilizava os comunistas de todo o Globo" ("Jorge Amado e seus Camaradas no Círculo Comunista Internacional", *Sociologia & Antropologia*, 2011, vol. 1, p. 168).
6. O livro foi publicado pela Editorial Vitória, do Partido Comunista. Com relação à política cultural do PCB e a Editorial Vitória, consultar: Antonio Albino Canelas Rubim, *Partido Comunista, Cultura e Política Cultural*, São Paulo, FFLCH-USP, 1986 (Tese de Doutorado); para as viagens de militantes comunistas brasileiros à URSS e para os relatos produzidos, consultar: Edvaldo Correa Sotana, *Relatos de Viagens à URSS em Tempos de Guerra Fria: Uma Prática de Militantes Comunistas Brasileiros*, Assis, FCLAS-Unesp, 2003 (Dissertação de Mestrado). Já sobre os anos iniciais da Guerra Fria e a "manutenção da paz mundial", consultar: Edvaldo Correa Sotana, *A Paz Fria: Suspeições da Grande Imprensa Brasileira sobre a Pacificação Mundial (1945-1953)*, Curitiba, Appris, 2020. Acerca dos "efeitos" e os impactos da Guerra Fria no Brasil no período, consultar: Edvaldo Correa Sotana, "O Início da Guerra Fria nas Páginas da Imprensa Escrita Brasileira (1946-1949)", *Diálogos*, vol. 18, n. 1, pp. 325-359, jan.-abr. 2014; Sidnei Munhoz, *Guerra Fria: História e Historiografia*, Curitiba, Appris, 2020.
7. Pesquisadores têm debatido a produção intelectual entre fins da década de 1940 e início dos anos 1950, considerando a discussão sobre a adoção do realismo socialista no PCB. Para conhecer o debate, consultar: Dênis de Moraes, *O Imaginário Vigiado: A Imprensa Comunista e o Realismo Socialista no Brasil (1947-1953)*, Rio de Janeiro, José Olympio, 1994.

Assim, o excerto citado no início deste capítulo remete à Luta Pela Paz Mundial, movimento que contou com à atuação de membros do PCB entre fins da década de 1940 e parte dos anos 1950. Portanto, é objetivo geral do presente texto abordar panoramicamente o partido e os seus militantes na luta pela paz mundial.

Parece relevante frisar que o livro de Jorge Amado foi concebido e publicado no momento inicial da Guerra Fria. Alguns acontecimentos ampliaram as tensões entre Estados Unidos e União Soviética no diferenciado estado de beligerância que teve início após à Segunda Guerra Mundial. Doutrina Truman, Plano Marshall, corrida armamentista, bloqueio de Berlim e desencadeamento da Guerra da Coreia são alguns exemplos. Neste quadro deve ser inserida a atuação dos comunistas brasileiros na campanha pela manutenção da paz mundial.

Convém lembrar, porém, que a temática já foi objeto de outros estudiosos. Indicações pontuais foram feitas por José Antonio Segatto, Moisés Vinhas e Beatriz Loner. O primeiro ressaltou que a participação nessa campanha estava vinculada à estratégia comunista de envolvimento em discussões sobre causas populares nacionais e internacionais no final da década de 1940 e durante a década de 1950[8]. Já Vinhas salientou que a participação dos comunistas em campanhas que pregavam a criação de medidas protecionistas para o petróleo, minério de ferro, manganês e nas questões internacionais que envolviam a Guerra da Coreia e a paz mundial parece ter possibilitado a conservação de alguns espaços de atuação política para os comunistas brasileiros. Outra foi a perspectiva apresentada por Beatriz Loner. Para ela, a participação pecebista na campanha pela paz mundial estava vinculada aos desígnios da diplomacia soviética[9].

Pode-se observar que o trabalho mais completo sobre o assunto foi produzido por Jayme Lúcio Fernandes Ribeiro, pesquisador que procurou reconstituir a "Campanha pela Proibição das Bombas Atômicas", realizada pelo PCB, em 1950. Ribeiro demonstrou que a campanha teve origem no encontro dos "Partidários da Paz", em Estocolmo, Suécia. Observou que, a partir da linha pacifista do Partido Comunista da União Soviética, dirigida a todos os

8. José Antonio Segatto, *Breve História do PCB*, São Paulo, Lech, 1981; Moisés Vinhas, *O Partidão: A Luta por um Partido de Massas*, 1922-1974, São Paulo, Hucitec, 1982.

9. Beatriz Ana Loner, *O PCB e a Linha do "Manifesto de Agosto": Um Estudo*, Campinas, IFCH-Unicamp, 1985, pp. 143-144 (Dissertação de Mestrado).

partidos comunistas, tal campanha consistiu no recolhimento de assinaturas, pelos militantes comunistas, em inúmeros documentos dirigidos à opinião pública, aos governos nacionais e à ONU. Dessa forma, seu estudo acadêmico objetivou apresentar como os comunistas brasileiros, mesmo na ilegalidade e submetidos à repressão do Governo Dutra, articularam-se e viabilizaram a participação de diferentes grupos sociais nessa campanha pacifista[10].

A Luta pela Paz Mundial

No final da década de 1940, o PCB começou a mudar a linha política que orientava sua atuação. Ao perceber uma brusca diminuição no seu número de membros e da sua influência no cenário político nacional, o partido passou a atacar o Governo Dutra, radicalizando o discurso da sua proposta de atuação política, posição confirmada pelos comunistas no Manifesto lançado por Prestes em primeiro de agosto de 1950. De modo geral, o manifesto rompia com concepções anteriores de amplas alianças políticas e defesa da legalidade democrática. Dentre as bandeiras que passaram a orientar a ação pecebista, tinha-se na pauta temas como a expropriação dos capitais internacionais e de grandes empresas brasileiras, bem como a derrubada do governo, que passou a ser caracterizado de traição nacional[11].

Com isso, o principal objetivo do programa era preparar o partido e seus militantes, política e ideologicamente, para a tomada do poder. Na prática, porém, nunca foi implementada essa linha de atuação. Para alguns estudiosos, o PCB falhou na criação da organização revolucionária que chamava de Frente Democrática de Libertação Nacional (FDLN)[12].

O programa da FDLN era composto de pontos que proclamavam a defesa de um

> [...] governo popular democrático, "a paz contra a guerra imperialista", a nacionalização das empresas imperialistas, a reforma agrária, o desenvolvimento da economia nacional, as liberdades democráticas para o povo, a melhoria das condições de vida, a educação

10. Jayme Fernandes Ribeiro, *Os "Combatentes da Paz": A Participação dos Comunistas Brasileiros na Campanha Pela Proibição das Armas Atômicas (1950).* Rio de Janeiro, IHT-UFF, 2003 (Dissertação de Mestrado).
11. Jean Rodrigues Sales, *Partido Comunista do Brasil (PC do B): Propostas Teóricas e Práticas Políticas (1962-1976)*, Campinas, IFCH-Unicamp, 2000 (Dissertação de Mestrado).
12. Ronald Chilcote, *Partido Comunista Brasileiro*, p. 107.

obrigatória e gratuita e a formação de um exército popular de libertação nacional. Embora as táticas englobassem greves, protestos e confrontos militares, o programa não propunha a criação de um governo socialista nem rejeitava completamente o apoio do "capitalismo nacionalista"[13].

Juntamente com essa proposta política radical, o partido aconselhou seus militantes a votarem em branco nas eleições presidenciais de 1950. Os comunistas também decidiram fazer oposição ao presidente eleito Getúlio Vargas. O partido passou a classificar o segundo Governo Vargas, pelo menos no seu início, como "entreguista", de "traição nacional" e exigia constantemente sua "derrubada"[14].

Ao lado do discurso político que exigia a derrubada de Vargas, os comunistas também se envolveram profundamente em discussões sobre causas populares nacionais e internacionais[15]. Suas bandeiras nacionalistas pregavam a criação de medidas protecionistas para o petróleo, minério de ferro, manganês e outros recursos naturais. Por sua vez, nas questões internacionais, sobretudo em relação à Guerra da Coreia e à paz mundial, manifestaram-se favoráveis à organização do Movimento Nacional pela Proibição das Armas Atômicas (1950) e atuavam nos frequentes Congressos do Movimento Brasileiro dos Partidários da Paz.

Entre o final dos anos 1940 e início da década de 1950, foram realizadas inúmeras atividades na luta pela paz mundial. Comunistas brasileiros participaram do Congresso Mundial da Paz realizado em Varsóvia (1951) – foi o caso de Jorge Amado. Também estiveram presentes no Congresso Continental dos Partidários da Paz no México (1951), na Conferência Continental pela Paz em Montevidéu (1952), no Congresso Internacional pela Paz em Viena (1952), da Reunião do Conselho Mundial da Paz em Estocolmo (1954) e no Congresso Mundial da Paz em Helsinque (1955). Deste último, por exemplo, participou o brasileiro João Falcão[16].

Em território nacional, pode-se indicar algumas atividades deste amplo campo de atuação. Dentre elas, destaca-se o Manifesto pela Paz na Cidade de São Paulo (1949), o Movimento Nacional pela Proibição das Armas Atômicas

13. *Idem*, pp. 107-108.

14. Moisés Vinhas, *O Partidão*, p. 128.

15. José Antonio Segatto, *Breve História do PCB*, p. 66.

16. João Falcão, *O Partido Comunista que Eu Conheci: 20 Anos de Clandestinidade*, Rio de Janeiro, Civilização Brasileira, 1988.

(1950-1951), o Segundo Congresso Brasileiro pela Paz (1950), o Congresso do Movimento Brasileiro dos Partidários da Paz, a coleta de assinaturas para a Campanha em Prol do Conselho Mundial pela Paz (1951 e 1952), o Movimento Carioca pela Paz (1953), a campanha contra a Guerra na Coreia e a atuação dos inúmeros Comitês Pró-Paz, como, por exemplo, o localizado na cidade de Santos (1952).

Uma das principais atividades partidárias, dentre as realizadas, foi a coleta de aproximadamente três milhões de assinaturas em favor de uma ampla campanha pacifista realizada entre abril de 1951 e maio de 1952, sob a orientação do Conselho Mundial da Paz[17]. Com a Guerra da Coreia[18] o movimento se intensificou, como bem constatou Edgard Carone:

> [...] ação se torna mais contundente durante a Guerra da Coreia, quando os Estados Unidos incentivam a Coreia do Sul a invadir a do Norte, sob governo comunista. Nesta hora, em março de 1951, durante a IV Reunião dos Chanceleres Americanos, no Rio, momento em que os Estados Unidos pressionam Getúlio Vargas para que o Brasil envie Força Expedicionária à Coreia, os comunistas contra-atacam e denunciam a guerra imperialista e suas graves consequências; em outra resposta, organizam o III Congresso Brasileiro dos Partidários da Paz (novembro de 1951) e passam para a ideia de uma Conferência Continental Americana pela Paz, que é proibida pela polícia (março de 1952)[19].

A luta pela paz mundial foi amplamente noticiada pela imprensa comunista. Jayme Ribeiro sublinhou que inúmeras manifestações em prol da paz podiam ser lidas nos jornais do PCB, sobretudo a partir de 1949. O pesquisador observou, ainda, que as reportagens procuravam vincular a luta pela paz a um amplo e diversificado rol de questões, articulando as campanhas com os assuntos políticos internos, os problemas econômicos e as manifestações culturais[20].

Com base em pesquisa realizada no acervo da imprensa comunista, podemos citar o jornal *A Classe Operária*. Em abril de 1951, o periódico publicou texto conclamando os trabalhadores a se posicionarem, nas manifestações de primeiro de maio, "Contra a Guerra e a Carestia": "Que se multipliquem, pois, este ano, as ações de massas dos trabalhadores nas ruas – contra a guer-

17. Ronald H. Chilcote, *Partido Comunista Brasileiro*, p. 109.
18. Sobre o Brasil e a Guerra da Coreia, ver Wagner Camilo Alves, *Da Itália à Coreia: Decisões Sobre Ir ou Não à Guerra*, Belo Horizonte/Rio de Janeiro, UFMG/Iuperj, 2007.
19. Edgard Carone, *O PCB*, vol. 2: *1943-1964*, São Paulo, Difel, 1982, p. 7.
20. Jayme Fernandes Ribeiro, *Os "Combatentes da Paz"*.

ra, contra o envio das tropas brasileiras para a Coreia"[21]. No mês seguinte, o jornal publicou o Manifesto do Comitê Nacional do Partido, indicando o "1º de maio de paz e contra o imperialismo". Dentre outros aspectos, o manifesto apontava para a necessidade de os trabalhadores compreenderem "a amplitude internacional da luta pela paz". Também ressaltava: "Neste 1º de Maio, o Partido Comunista do Brasil vos chama para a luta pela paz e a independência nacional. Devemos e podemos derrotar a política de guerra do atual governo e haveremos de levar a luta até o fim [...]". Assim foi concluído este manifesto: "Viva a União Soviética, baluarte da Paz. Jamais participaremos de uma guerra contra a Pátria do Socialismo"[22].

Além do manifesto, a edição de maio de 1951 veiculou, em letra garrafais, o editorial intitulado: "POR UM 1º DE MAIO DE LUTA PELA PAZ, PELO PÃO, PELA LIBERDADE E PELA LIBERTAÇÃO NACIONAL"[23]. A partir de junho, o jornal passou a publicar chamadas para a coleta de assinaturas visando "consolidar a paz e garantir a segurança internacional"[24]. A campanha pela coleta de assinaturas continuou a ser realizada nos meses seguintes, tal como se observa na edição de fevereiro de 1952[25].

O tema também figurou em outros textos do jornal, por exemplo, em "O Prêmio Stalin Internacional ao Escritor Jorge Amado". A matéria indicava que o escrito brasileiro fora laureado em dezembro de 1951. Concluía efusivamente: "Este prêmio é motivo de orgulho não só para o escritor Jorge Amado, mas para todo povo brasileiro. É um galardão aos partidários da paz em nosso país"[26].

Em algumas ocasiões, o assunto paz ocupava boa parte da edição, como bem ilustra a publicação de março de 1952. Nas quatro páginas iniciais, foi publicado o informe de Luiz Carlos Prestes ao Comitê Nacional do Partido. O título confere o teor do material: "A LUTA PELA PAZ, NOSSA TAREFA CENTRAL E DECISIVA"[27].

No Brasil, as manifestações pela paz não passaram desapercebidas pelos agentes repressivos. Ao contrário, a atuação dos comunistas brasileiros na luta

21. *A Classe Operária*, 10 abr. 1951, p. 6.
22. *A Classe Operária*, 1 maio 1951, pp. 1-2.
23. *Idem*, p. 1.
24. *A Classe Operária*, 1 jun. 1951, p. 5.
25. *A Classe Operária*, 1 fev. 1952, p. 5.
26. *Idem*, p. 8.
27. *A Classe Operária*, 1 mar. 1952, pp. 1-4.

pela paz foi alvo da repressão. Em 1952, por exemplo, agentes da repressão monitoravam as atividades da Cruzada da Paz e pela proibição de armas atômicas, responsável, em São Paulo, pela campanha e coleta de assinaturas em prol do Conselho Mundial da Paz[28].

Com o esfriamento da Guerra da Coreia e o desfecho do governo Vargas, outras preocupações passaram a integrar o universo dos comunistas brasileiros. Em 1954, foi aprovado o relatório assinado por Luiz Carlos Prestes e pelos integrantes do Comitê Central do partido. O documento delineava o novo programa do partido, estabelecia a "intensificação da luta pela paz" como objetivo político e apontava para uma "virada reformista". Em síntese, sublinhava que:

> [...] o arrefecimento das tensões internacionais, com o término da Guerra da Coreia, era uma das consequências do movimento pela paz no Brasil e em outras partes; afirmava também que, enquanto a economia se desenvolvia rapidamente na União Soviética, na China e "outros países sob uma democracia popular", no campo imperialista havia uma linha de estagnação e de dificuldades crescentes na medida em que as nações capitalistas se preparavam para reiniciar a guerra[29].

Porém, em fevereiro de 1956, o XX Congresso do PCUS impactaria no movimento comunista mundial. Na ocasião, Nikita Kruschev apresentou relatório denunciando o culto à personalidade de Stalin e os crimes cometidos por esse dirigente soviético. De certa forma, as denúncias de Kruschev intensificaram o processo de "desestabilização", iniciado após a morte de Stalin. A partir do relatório, lideranças comunistas buscavam renunciar ao terror, alegavam a necessidade de devolver a liberdade a milhares de soviéticos e de imprimir um "novo curso" à economia, favorecendo a produção de bens de consumo, ou seja, as denúncias implicavam numa completa revisão da história soviética[30]. Com as denúncias, Kruschev propunha a absolvição do Partido Comunista e do povo soviético.

Tal acontecimento provocou discussões nos partidos comunistas do mundo inteiro. Seu impacto parece ter sido profundo. A partir deles, as revisões políticas pareceram inevitáveis. De acordo com Franz Marek, o XX Congresso

28. Departamento de Ordem Política e Social, Prontuário n. 117280.
29. Ronald Chilcote, *Partido Comunista Brasileiro*, p. 113.
30. François Furet, *O Passado de uma Ilusão: Ensaios Sobre a Ideia Comunista no Século XX*, São Paulo, Siciliano, 1995, pp. 525-530.

do PCUS gerou uma crise no stalinismo, pois emergiram ao primeiro plano problemas que haviam sido deixados de lado e que se referiam ao caráter dos Estados cujos dirigentes reivindicavam o marxismo. Com esta perspectiva, a interpretação de Franz Marek caracterizou o XX Congresso do PCUS como um momento de colapso do stalinismo[31].

Contudo, existem outras análises que procuram ressaltar diferentes aspectos sobre o relatório apresentado no XX Congresso do PCUS. Ao demonstrar o alcance das mudanças internas no PCUS, Claudín afirmou que elas foram apenas aparentes, já que não tocavam na maioria das questões do funcionamento do sistema engendrado na época de Stalin. Salientou também que foram criticados somente os aspectos mais visíveis do stalinismo, haja vista que não se procurou discutir as raízes do sistema adotado por Stalin. Argumentou, portanto, que Kruschev utilizou a crítica ao "culto à personalidade" como receita mágica para explicar todos os males do stalinismo, o que possibilitou continuar com uma política, no fundo, muito próxima da anterior.

Um exemplo do que o autor chama de "métodos muito semelhantes aos do passado" foi utilizado pelos dirigentes soviéticos na Hungria e na Polônia em 1956. Naquele momento revelaram-se os limites do processo de desestalinização iniciado por Kruschev[32]. O que fora dito no XX Congresso do PCUS foi deixado de lado quando húngaros e poloneses tentaram colocar em prática as ideias de liberalização propostas pelos soviéticos. A revolução húngara foi esmagada pelos tanques do exército soviético, ato que trouxe à tona os mais sombrios dias do stalinismo[33].

No caso brasileiro, muitos foram os efeitos. Dos debates travados nas páginas da imprensa pecebista à cristalização de correntes partidárias; do estabelecimento de marcos para discussão aos militantes que decidiram deixar o partido[34]. Dentre os que deixaram o partido, Agildo Barata relembrou

31. Franz Marek, "A Desagregação do Stalinismo", em Eric Hobsbawm (org.), *História do Marxismo*, Rio de Janeiro, Paz e Terra, 1987, vol. X, p. 307.

32. Fernando Claudín, *A Crise do Movimento Comunista*, vol. 2: *O Apogeu do Stalinismo*, São Paulo, Global, 1986, p. 683.

33. *Idem, ibidem.*

34. Sobre o PCB e o XX Congresso do PCUS, consultar Raimundo Santos, *A Primeira Renovação Pecebista: Reflexos do XX Congresso do PCUS no PCB (1956-1957)*, Belo Horizonte, Oficina de Livros, 1988; José Antonio Segatto, *Reforma e Revolução: As Vicissitudes Políticas do PCB (1954-1964)*, Rio de Janeiro, Civilização Brasileira, 1995.

que sentiu desmoronar: "de um golpe, velhos sonhos e ilusões que enchiam, há mais de vinte anos, toda a minha imaginação de admirador incondicional de Stalin e daquilo que eu supunha ser sua grandiosa obra [...]"[35]. Já Jorge Amado manifestou sua surpresa com relação às práticas autoritárias de Stalin. Num artigo publicado na imprensa partidária ele clamou: "sinto a lama e o sangue em torno de mim". Em seu texto assumiu os crimes de Stalin como verídicos e renunciou todos os elogios que produziu sobre o líder soviético, inclusive àqueles contidos no livro de viagem citado no começo do capítulo[36].

Em 1958, o PCB reforçou a tendência reformista. Com a Declaração de Março de 1958, o Comitê Central apoiou as diretrizes do PCUS e demarcou a necessidade de luta contra o "imperialismo" norte-americano. Também criticou os privilégios dos latifundiários brasileiros. Considerando a formação de uma ampla frente nacionalista democrática, o partido propôs "a tomada do poder através 'da pressão pacífica das massas populares e de todas as correntes nacionalistas', através da vitória eleitoral e da resistência das massas populares aliadas às forças nacionalistas no Congresso"[37]. No ano seguinte, o Comitê Central aprovou a política de coexistência pacífica internacional, apresentada no XXI Congresso do PCUS, realizado entre 27 de janeiro e 5 de fevereiro de 1959[38].

Portanto, de uma postura mais radical no final dos anos 1940 e início dos anos 1950, o partido passou para uma linha política que defendia o estabelecimento de uma ampla frente democrática e a realização de reformas sociais. Em parte do período, militantes comunistas brasileiros tiveram destacada atuação na Campanha pela Paz Mundial. Participaram de congressos realizados fora do país e de diversas ações realizadas no território nacional. Tal atuação foi fundamental no alvorecer da Guerra Fria, principalmente frente ao temor de eclosão de uma nova e destrutiva guerra mundial. Além disso, constituiu-se numa importante estratégia de ação política num quadro de repressão às atividades dos comunistas brasileiros.

35. Agildo Barata, *A Vida de um Revolucionário*, São Paulo, Alfa-Ômega, 1978, pp. 355-356.
36. Edvaldo Correa Sotana, *Relatos de Viagens à URSS em Tempos de Guerra Fria*, p. 196.
37. Ronald Chilcote, *Partido Comunista Brasileiro*, p. 123.
38. *Idem, ibidem*.

Referências Bibliográficas

ALVES, Wagner Camilo. *Da Itália à Coreia: Decisões Sobre Ir ou Não à Guerra*. Belo Horizonte/Rio de Janeiro, UFMG/Iuperj, 2007.

AMADO, Jorge. *O Mundo da Paz: União Soviética e Democracias Populares*. Rio de Janeiro, Vitória, 1951.

BARATA, Agildo. *A Vida de um Revolucionário*. São Paulo, Alfa-Ômega, 1978.

BASBAUM, Leôncio. *História Sincera da República*. São Paulo, Alfa-Ômega, 1976, vol. 3.

CARONE, Edgard. *O PCB*, Vol. 2: *1943-1964*. São Paulo, Difel, 1982.

CHILCOTE, Ronald H. *Partido Comunista Brasileiro: Conflito e Integração (1922-1972)*. Rio de Janeiro, Graal, 1982.

CLAUDÍN, Fernando. *A Oposição no "Socialismo Real": Hungria, Polônia e Tchecoslováquia (1953-1980)*. Rio de Janeiro, Marco Zero, 1983.

______. *A Crise do Movimento Comunista*, Vol. 2: *O Apogeu do Stalinismo*. São Paulo, Global, 1986.

FALCÃO, João. *O Partido Comunista que Eu Conheci: 20 Anos de Clandestinidade*. Rio de Janeiro, Civilização Brasileira, 1988.

FURET, François. *O Passado de uma Ilusão: Ensaios Sobre a Ideia Comunista no Século XX*. São Paulo, Siciliano, 1995.

GATTAI, Zélia. *Jardim de Inverno*. 6. ed. Rio de Janeiro, Record, 1989.

LONER, Beatriz Ana. *O PCB e a Linha do "Manifesto de Agosto": Um Estudo*. Campinas, IFCH-Unicamp, 1985 (Dissertação de Mestrado).

MAREK, Franz. "A Desagregação do Stalinismo". *In*: HOBSBAWM, Eric (org.). *História do Marxismo*. Rio de Janeiro, Paz e Terra, 1987, vol. X.

MORAES, Dênis de. *O Imaginário Vigiado: A Imprensa Comunista e o Realismo Socialista no Brasil (1947-1953)*. Rio de Janeiro, José Olympio, 1994.

MUNHOZ, Sidnei. *Guerra Fria: História e Historiografia*. Curitiba, Appris, 2020.

POMAR, Pedro Estevam da Rocha. *A Democracia Intolerante: Dutra, Adhemar e a Repressão ao Partido Comunista (1946-1950)*. São Paulo, Arquivo do Estado/Imprensa Oficial do Estado, 2002.

RIBEIRO, Jayme Fernandes. *Os "Combatentes da Paz": A Participação dos Comunistas Brasileiros na Campanha Pela Proibição das Armas Atômicas (1950)*. Rio de Janeiro, IHT-UFF, 2003 (Dissertação de Mestrado).

RIDENTI, Marcelo. "Jorge Amado e seus Camaradas no Círculo Comunista Internacional". *Sociologia & Antropologia*, vol. 1, pp. 165-194, 2011.

RUBIM, Antonio Albino Canelas. *Partido Comunista, Cultura e Política Cultural*. São Paulo, FFLCH-USP, 1986 (Tese de Doutorado).

SALES, Jean Rodrigues. *Partido Comunista do Brasil (PC do B): Propostas Teóricas e Práticas Políticas (1962-1976)*. Campinas, IFCH-Unicamp, 2000 (Dissertação de Mestrado).

SANTOS, Raimundo. *A Primeira Renovação Pecebista: Reflexos do XX Congresso do PCUS no PCB (1956-1957)*. Belo Horizonte, Oficina de Livros, 1988.

SEGATTO, José Antonio. *Breve História do PCB*. São Paulo, Lech, 1981.

______. *Reforma e Revolução: As Vicissitudes Políticas do PCB (1954-1964)*. Rio de Janeiro, Civilização Brasileira, 1995.

SOTANA, Edvaldo Correa. *Relatos de Viagens à URSS em Tempos de Guerra Fria: Uma Prática de Militantes Comunistas Brasileiros*. Assis, FCLAS-Unesp, 2003 (Dissertação de Mestrado).

______. "O Engajamento Intelectual de Jorge Amado: Militância Comunista e Repressão 'em Tempos de Experiência Democrática'". *In*: RODRIGUES, Cândido Moreira & BARBOSA, Jefferson Rodrigues (orgs.). *Intelectuais e Comunismo no Brasil: 1920-1950*. Cuiabá, EdUFMT, 2011.

______. "O Início da Guerra Fria nas Páginas da Imprensa Escrita Brasileira (1946-1949)". *Diálogos*, vol. 18, n. 1, pp. 325-359, jan.-abr. 2014.

______. *A Paz Fria: Suspeições da Grande Imprensa Brasileira sobre a Pacificação Mundial (1945-1953)*. Curitiba, Appris, 2020.

VINHAS, Moisés. *O Partidão: A Luta por um Partido de Massas, 1922-1974*. São Paulo, Hucitec, 1982.

Capítulo 8
O PCdoB

José Reinaldo Carvalho

A Daniel Ilirian Carvalho e João Amazonas

Durante um século, o partido dos comunistas brasileiros atravessou diferentes etapas em um prolongado e aturado processo de implantação na vida política e social do país. Protagonizou momentos gloriosos, lutas memoráveis e escreveu seu nome na história das lutas do povo brasileiro. Demonstrou ser um partido comprometido com as grandes causas nacionais e populares, com as conquistas do povo, os direitos sociais dos trabalhadores das cidades e do campo, a democratização do país no pós-Segunda Guerra Mundial, a Assembleia Constituinte de 1946, a vitória na luta contra a ditadura, a conquista da anistia, a Constituinte de 1987-1988, os governos progressistas liderados por Lula e Dilma.

Ainda que sofrendo reveses, o Partido assumiu heroicamente batalhas radicais, que embora derrotadas, expressavam também o espírito de luta do povo e mostravam a disposição dos comunistas de aceitarem o percurso de caminhos difíceis em momentos históricos cruciais: a insurreição nacional libertadora de 1935, quando o fascismo se implantava na Europa e assomava por aqui, e a Guerrilha do Araguaia (1972-1975), em plena ditadura militar fascista. A trajetória de construção do partido dos comunistas enfrentou dificuldades objetivas relacionadas com o reacionarismo do Estado brasileiro. O Partido foi golpeado e vitimado por ações de terrorismo de Estado, por políticas de extermínio conduzidas por governos ditatoriais. Pagou o elevado preço da clandestinidade e da perda em combate ou sob tortura e frio assassinato nos cárceres de centenas de militantes e quadros dirigentes. Foi um baluarte da luta pela liberdade.

Com toda a legitimidade, os militantes e quadros do PCdoB comemoram o transcurso do centenário da fundação do Partido. Também os amigos nacionais e internacionais, os companheiros de viagem, os aliados circunstanciais, patriotas e democratas de diferentes convicções ideológicas, compartilham com os comunistas a alegria de chegar aos cem anos, saudando fraternalmente e desejando maiores vitórias a uma organização política que deitou tantas raízes no solo nacional e deixou tantas marcas na vida política e cultural do país ao longo de uma trajetória acidentada, mas ininterrupta. Por qualquer ângulo de que se mire a história, não há como separar a vida republicana brasileira das lutas sociais e, desde os primeiros anos da década de 1920, da influência e do papel exercidos pelo Partido Comunista do Brasil. Desde sua fundação até os dias de hoje, foi enorme, em alguns casos decisiva, a presença, a influência, a direção dos comunistas nas lutas e vitórias dos trabalhadores e do povo brasileiro.

No longo processo de amadurecimento político e teórico, o Partido deixou marcas importantes e contribuições seminais para a formação de um programa político da luta pela emancipação nacional e social dos trabalhadores e do povo brasileiro, a revolução política e social que ainda está por ser feita. Designadamente, o Programa do IV Congresso (1954), o Manifesto-Programa da Conferência Nacional Extraordinária (1962), o documento da VI Conferência (1966), a Resolução da VII Conferência (1979), as resoluções dos VI, VII e VIII Congressos, respectivamente em 1983, 1988 e 1992.

A Epopeia do Araguaia

A Guerrilha do Araguaia, organizada pelo PC do Brasil na virada das décadas de 1960-1970 no Sul do Estado do Pará, como resposta à inaudita repressão da ditadura militar fascista instaurada no país em primeiro de abril de 1964, foi um dos temas principais do VI Congresso do PCdoB, em 1983, quando o partido faz um pormenorizado balanço da experiência, sintetizado no documento "Estudo Crítico Acerca da Violência Revolucionária". Segue-se um rico diagnóstico das virtudes e, principalmente, insuficiências que resultaram na derrota da guerrilha. Sem escamotear qualquer dos erros essenciais, o documento também aborda, e refuta, as principais críticas: que a Guerrilha seria uma experiência foquista, de inspiração maoista, blanquista, que não houve trabalho prévio, que a luta armada estava em descenso e que não havia condições para resistir. Sobre este último argumento, diz o texto:

> [...] o que a vida mostrou foi o contrário. A existência de condições mínimas para resistir ao ataque do Exército de 12 de abril de 1972 fica demonstrada quando se sabe que o resultado imediato dessa resistência foi a vitória. Se não houvesse condições mínimas para a resistência, o Exército teria aniquilado a guerrilha logo na primeira campanha. O fato de, meses após, o Exército ter desfechado outra campanha, a segunda, que também terminou derrotada nos seus objetivos, sem conseguir aniquilar a guerrilha, comprova, justamente, que existiam condições para resistir, tanto que a resistência se processava vitoriosamente. A derrota militar sobrevinda quase três anos após o início da luta não questiona as condições do início da resistência. Decorre de outros fatores, alguns dos quais sucedidos nas vésperas e no curso da campanha em que o inimigo golpeou e derrotou militarmente a guerrilha.

A Guerrilha do Araguaia é motivo, até hoje, de respeito e admiração de amplos setores progressistas, e por isso mesmo existe um esforço para desmerecê-la, através de supostos "estudos" e livros que tentam caricaturar este evento histórico, através de distorções, análises descontextualizadas e da utilização da simples e pura mentira. Este é, no entanto, um esforço vão da reação e de quem se coloca a seu serviço. A Guerrilha do Araguaia foi uma página gloriosa da luta revolucionária brasileira, imortalizando nomes como os do comandante Maurício Grabois, que como já vimos foi deputado constituinte em 1946, Osvaldão (Osvaldo Orlando da Costa), João Carlos Haas Sobrinho, Dina (Dinalva Oliveira Teixeira), Helenira Resende, Maria Lúcia Petit e tanto outros, a maioria tendo morrido de armas na mão defendendo os ideais mais elevados da humanidade. Como diz o estudo aprovado pelo 6º Congresso: "a luta guerrilheira do Araguaia foi a expressão mais avançada da resistência popular após o golpe militar de 1964".

A Superação do Conceito de "Duas Etapas"

Merece destaque, também, que as resoluções do VI Congresso (1983) marcam uma transição importante entre o conceito de "duas etapas da revolução" para o de "revolução democrática e popular rumo ao socialismo", transição que se completará no VIII Congresso, de 1992 ("Socialismo Já") e no Programa Socialista, quando o Partido passa a considerar que a sociedade brasileira estava objetivamente madura para o socialismo. Este Programa Socialista foi elaborado originalmente por incumbência do VIII Congresso, na VIII Conferência Nacional (1995). Sua versão definitiva foi aprovada no IX Congresso, em 1997. Posteriormente, em 2009, o Partido aprovou novo programa no XII Congresso, apontando o socialismo como objetivo e o plano nacional de desenvolvimento como caminho.

Aprendizado da Estratégia e Tática Revolucionárias

Muito embora tendo sofrido, no decorrer de sua trajetória, duros golpes, o Partido sobreviveu e assumiu o desafio de organizar, mesmo nas difíceis condições da clandestinidade, a luta do povo, tendo sempre como norte a luta democrática, pelo progresso social, a independência nacional e o socialismo. As gerações de militantes e dirigentes que se sucederam ao longo deste século de existência do Partido fizeram rico e intenso aprendizado tático e estratégico e amadureceram política e ideologicamente, um processo que não foi isento de lutas políticas e ideológicas em que tem sido necessário enfrentar o oportunismo de direita, o falso esquerdismo e o liquidacionismo. Não têm sido poucas na história do PCdoB, inclusive atualmente, as tentativas de transformá-lo ou num grupo sectário desligado da realidade ou dissolvê-lo no seio de outros partidos de cariz social-democrata.

O percurso da construção do socialismo no mundo, a trajetória ziguezagueante dos comunistas no Brasil e em outros países, os erros cometidos e as derrotas sofridas são utilizados como argumentos pelos ideólogos da burguesia e do imperialismo para proclamar a derrota irreversível do socialismo, a falência dos seus ideais e a inutilidade do partido comunista. Até mesmo razões de ordem eleitoral – pois estamos na época em que os partidos social-democratas da esquerda moderada e conciliadora são majoritários na esquerda – são invocadas como pretexto para desistir do ingente esforço de construir uma vanguarda revolucionária com ideologia comunista e cujo programa máximo seja a construção do socialismo. Aparentemente, a realidade emprestaria razão aos que, ignorando as leis objetivas do desenvolvimento histórico, tomam por saudosismo e gesto anacrônico a celebração do centenário do Partido Comunista.

Mas é com orgulho, justo orgulho, que os comunistas fazem esta celebração, porque é gloriosa a história dos comunistas, é heroica a sua gesta e é enorme a contribuição que deram nas lutas por transformações sociais e políticas, pela emancipação da humanidade. No caso do Brasil, foi com o intelecto, o empenho, e quando necessário as armas e o sangue de inolvidáveis heróis que escrevemos memoráveis páginas da trajetória do povo brasileiro na luta por democracia, independência nacional e progresso social.

Enfrentando Desafios

Celebrar a história centenária de um partido como o PCdoB é antes de tudo reflexão e posicionamento diante dos agudos problemas do presente e da perspectiva. A existência e a permanência do Partido não resultam de uma atitude voluntariosa. Antes, correspondem a uma necessidade histórica. O Partido é necessário para os grandes combates do nosso tempo, para cumprir as grandes tarefas históricas de nossa época.

A festa do centenário do Partido, com orientação ideológica, política e estética em que se ressalte a linha revolucionária do Partido, a perspectiva do socialismo e a simbologia da luta revolucionária, pode fortalecê-lo para o enfrentamento dos desafios atuais. Em primeiro lugar, para constituir o sujeito político da luta pelo socialismo, o grande exército de massas da revolução brasileira, com os novos conteúdos e formas próprios da época presente. Nessa tarefa os comunistas mantêm diálogo e alianças, interação e relações de unidade e luta com outras forças democráticas e as correntes de esquerda que têm o socialismo como objetivo. Esse diálogo não é simples, porquanto a esquerda é hegemonizada por setores políticos e intelectuais encantados com as supostas novas capacidades expansivas da economia capitalista, fascinados com a existência de blocos econômicos imperialistas e êxitos eleitorais efêmeros da social-democracia.

Para estes, a luta pelo socialismo não passa de anacronismo. Ou o socialismo pelo qual lutam recebe tantos epítetos que se desfigura. Sobre a luta pelo socialismo no Brasil, buscam falsos atalhos, considerando que as vitórias eleitorais já seriam o primeiro passo para a construção da nova sociedade. Bastaria deixar florescer os brotos do "novo" nacional-desenvolvimentismo e do "novo" republicanismo democrático para que, numa sucessão de governos democráticos cheguemos por geração espontânea ao socialismo no Brasil. Rebaixando-se a estratégia, rebaixam-se a arquitetura e a engenharia políticas necessárias a afiançar a existência de uma força de combate à altura dos desafios da época.

Os comunistas comemoram o centenário do seu partido confiantes em que, ainda que árduo e tortuoso, devem trilhar, sem renúncia nem renegação, a via do desenvolvimento do Partido, para construir um sujeito político capaz de organizar e mobilizar o povo e ser fator ponderável na construção da unidade das forças progressistas e populares. A aposta dos comunistas para enfrentar os desafios atuais é consolidá-lo como uma força de combate pelo socialismo no Brasil, não permitindo a sua diluição, enfraquecimento orgânico, esmaecimento ideológico ou liquidação.

Pressões internas neste sentido não são poucas. Aumentam com o passar deste largo tempo de defensiva estratégica em que vive o movimento comunista desde o debacle do final dos anos 1980, quando assume certo protagonismo, mesmo nas fileiras revolucionárias, a cultura parlamentar burguesa, personalista, limitadora dos horizontes às eleições regulares, onde o projeto coletivo de emancipação da exploração se subordina, na prática, aos projetos individuais de lideranças cujas ambições são, em muitos casos, apenas as de alcançar reformas que tornem o capitalismo mais humano, ilusão já desbaratada pela história. Tal desvio, caso prosperasse, não prepararia o partido para os tumultuosos tempos que surgirão inevitavelmente pela luta direta contra a velha ordem.

O enfrentamento dos desafios atuais significa que o PCdoB será, como sempre foi, uma força irreconciliável com as classes dominantes retrógradas, opressoras e entreguistas; uma força irreconciliável com o imperialismo, um partido de classe, portador das aspirações históricas dos trabalhadores e de todo o povo brasileiro; capaz de sintetizar, em plataformas políticas amplas e unitárias, as questões emergentes ligadas à perspectiva socialista. João Amazonas deixou-nos o ensinamento – que o coletivo sabiamente incorporou ao Programa Socialista (1997) – de que na situação concreta do Brasil a luta pelo socialismo exige a fixação de objetivos táticos e estratégicos de nível elevado, consciente de que devido aos problemas históricos e estruturais da sociedade brasileira, adquirem significado primordial a luta em defesa da soberania e da independência nacional, a luta pela democratização ampla e profunda do país e a solução dos problemas sociais, em permanente agravamento. Separar esses vetores da luta é um exercício metafísico fadado ao fracasso. Na estratégia e tática revolucionárias do PCdoB, os vetores nacional, democrático e social se entrecruzam e todos atuam num sentido histórico único – a conquista do socialismo.

Enfrentar as Classes Dominantes

João Amazonas fazia uma análise implacável sobre as classes dominantes. Dizia, na redação do Programa Socialista (1997):

> O desenvolvimento deformado da economia nacional, o atraso, a subordinação aos monopólios estrangeiros e, em consequência, a crise econômica, política e social cada vez mais profunda, são o resultado inevitável da direção e do comando do país pelas classes dominantes conservadoras. Constituídas pelos grandes proprietários de terra, pelos grupos monopolistas da burguesia, pelos banqueiros e especuladores financeiros, pelos que dominam os meios de comunicação de massa, todos eles, em conjunto, são os responsáveis diretos pela grave situação que vive o país. Gradativamente, separam-se da nação e juntam-se aos opressores e espoliadores estrangeiros. As instituições que os representam tornaram-se obsoletas e inservíveis à condução normal da vida política. Elitizam sempre mais o poder, restringindo a atividade democrática das correntes progressistas. A modernização que apregoam não exclui, mas pressupõe, a manutenção do sistema dependente sobre o qual foi construído todo o arcabouço do seu domínio.

Os comunistas brasileiros compreenderam também que a luta democrática e patriótica pelo desenvolvimento, a soberania nacional, em defesa da nação ameaçada pela voragem neoliberal, era no fundo um aspecto da luta de classes, inseparável da luta pelo socialismo na fase peculiar que o Brasil vivia. O Programa Socialista (1997) frisava:

> Tais classes [dominantes] não podem mudar o quadro da situação do capitalismo dependente e deformado. Sob a direção da burguesia e de seus parceiros, o Brasil não tem possibilidade de construir uma economia própria, de alcançar o progresso político, social e cultural característicos de um país verdadeiramente independente. Na encruzilhada histórica em que se encontra o Brasil, somente o socialismo científico, tendo por base a classe operária, os trabalhadores da cidade e do campo, os setores progressistas da sociedade, pode abrir um novo caminho de independência, liberdade, progresso, cultura e bem-estar para o povo, um futuro promissor à nossa Pátria.

Referenciado no marxismo-leninismo e numa interpretação científica da evolução histórica do Brasil, de sua complexa e peculiar formação, o PCdoB tem presente que a luta pelo socialismo no país não é um processo em linha reta. Na condução dessa luta, os comunistas compreenderam que deviam tomar em consideração essas peculiaridades, assim como a correlação de forças estratégicas no plano mundial.

Defesa dos Princípios

> E agora perguntamos: que trouxeram de novo a essa teoria aqueles buliçosos "renovadores", que tanto ruído fizeram em nossos dias [...]? Absolutamente nada: não avançaram nem um passo a ciência que nos legaram, com a indicação de desenvolvê-la, Marx e Engels. [...] Sabemos que estas palavras provocarão uma carrada de acusações que nos será lançada: gritarão que queremos converter o partido socialista numa seita de "ortodoxos", que perseguem os "hereges" por sua apostasia do "dogma", por toda opinião independente etc. Conhecemos todas essas frases cáusticas tão em voga. Mas elas não contêm um pingo de verdade, um mínimo de bom-senso. Não pode existir um forte partido socialista sem uma teoria revolucionária que agrupe todos os socialistas, da qual eles extraiam todas as suas convicções e apliquem em seus processos de luta e métodos de ação. Defender essa teoria, que segundo sua mais profunda convicção é a verdadeira, contra os ataques infundados e contra as tentativas de alterá-la não significa, de modo algum, ser inimigo de toda crítica. Não consideramos, absolutamente, a teoria de Marx como algo acabado e intocável; estamos convencidos, pelo contrário, de que esta teoria não fez senão fixar as pedras angulares da ciência que os socialistas devem impulsionar em todos os sentidos, sempre que não queiram ficar para trás na vida[1].

Nos idos de 1992 (VIII Congresso), quando a regra geral, salvo exceções, era o liquidacionismo, o Partido foi firme na defesa dos princípios do socialismo científico, do marxismo-leninismo e da construção do socialismo, sobretudo da experiência de construção do socialismo na URSS, malgrado os graves erros ali cometidos. Naquele congresso, o Partido foi autocrítico ao avaliar que tinha resvalado em desvios dogmáticos e lançou o desafio de, ao aprofundar a autocrítica, não trocar o dogmatismo pelo revisionismo. Ao tirar lições da derrota do socialismo no plano internacional, o Partido orientou:

> Embora em suas linhas mestras o socialismo científico seja idêntico em todos os países, sua concretização em cada lugar exige ponderar as particularidades locais e nacionais. Essas particularidades dão feição própria ao regime avançado que substitui o capitalismo. O modelo único de socialismo é anticientífico.

Ponto alto do amadurecimento programático, estratégico e tático da direção comunista são as formulações contidas no capítulo intitulado "O Caminho para Alcançar o Socialismo", do já aludido Programa Socialista (1997). Ali, afirma-se que a conquista do socialismo é um caminho de "árdua disputa"

1. Lenin, *Nosso Programa*, 1899.

com "as classes retrógradas que dominam o país". Durante o rico debate nas fileiras partidárias em torno da elaboração desse programa, João Amazonas identificava essas classes como "forças poderosas que não cederão facilmente as posições que detêm". Sempre referenciado no materialismo histórico, dizia:

> A máquina do Estado está em suas mãos. Utilizarão o engodo e as promessas jamais cumpridas, o monopólio da mídia, recorrerão ao arbítrio, apelarão para o fascismo, não vacilarão em juntar-se aos intervencionistas estrangeiros a fim de tentar conter e esmagar o movimento progressista. Todos os que almejam uma pátria livre e soberana, que desejam avanços contínuos nos terrenos político, econômico, social e cultural, terão de enfrentar decidida e persistentemente as forças inimigas.

Esta concepção orientou o pensamento e as ações do Partido em grandes lutas sociais e políticas. O coletivo comunista aprendeu que o caminho para o socialismo passa "pela realização de inúmeras batalhas em diferentes níveis com a ampla participação do povo". A luta pelo socialismo não pode ficar restrita à propaganda revolucionária, sendo indispensável atuar no curso político real, estar presente nos pequenos e grandes combates do povo, "concentrar as ideias justas das massas para as devolver sob a forma de diretivas às massas", na definição de Mao Tse-Tung. Esta compreensão, sintetizada naquele Programa Socialista, fica nítida:

> Importância particular na mobilização das massas, buscando isolar ou neutralizar os inimigos, tem a fixação de objetivos concretos de nível mais elevado. [...] Nesse sentido, adquire significado primordial a defesa da soberania e da independência nacional; a exigência de democratização ampla e profunda da vida do país; os reclamos da questão social em constante agravamento. São objetivos relacionados com a questão do poder, visando tirar o Brasil do atraso e da pobreza, garantir a liberdade para o povo, afirmar a identidade nacional. Essa luta apresenta não apenas aspecto tático. Perdurará por largo período e somente terminará com a vitória definitiva das forças progressistas. As classes dominantes não têm alternativa. Insistirão até o fim na política entreguista, antinacional, persistirão na via antidemocrática e antissocial.

Este é o núcleo do pensamento tático e estratégico do PCdoB. É resultado, acima de tudo, da experiência. Uma bússola para que o Partido não se perca nas ínvias encruzilhadas com que se depara atualmente. Este pensamento é a chave para compreender o papel da acumulação de forças no processo revolucionário: "Todo o procedimento político e organizativo, relacionado com o caminho para o socialismo" – dizia Amazonas – "objetiva acumular forças, ganhar prestígio e influência no seio do povo".

> A conquista do socialismo é obra das amplas massas, dos trabalhadores em geral. Exige, na atualidade [1997], a criação de uma sólida frente nacional, democrática e popular, reunindo partidos, personalidades políticas e democráticas, organizações de massas, defensores da soberania nacional, agrupamento decidido a derrocar as classes reacionárias e a realizar as transformações de que o Brasil necessita.

Mesmo depois da vigência por quase uma década e meia de governos progressistas no Brasil e, com maior razão agora, quando o país está sob a direção de forças de extrema direita, o Brasil continua vivendo uma encruzilhada histórica, graves impasses, para os quais não haverá saída se os problemas de fundo da sociedade não forem enfrentados e as classes dominantes não forem derrotadas. E não o serão nos marcos do regime político e econômico dessas classes. A luta pela soberania nacional, a democracia e o progresso social se relacionam com a luta pelo poder político entre as classes trabalhadoras, as massas populares, por um lado, e as classes dominantes, por outro. Comemorar o centenário do Partido é assumir uma posição de combate nesse conflito estrutural da sociedade brasileira. É em primeiro lugar por aí que o povo brasileiro percorrerá o seu caminho peculiar para a edificação da nova sociedade em nosso país.

Tática Ampla, Firme e Flexível

O PCdoB chega ao seu centenário mais maduro e consciente de que a luta pelo socialismo no Brasil não será o resultado apenas da propaganda das ideias socialistas e revolucionárias. Nem muito menos da conciliação de classes. Será uma luta prolongada, que comportará avanços e recuos e exigirá persistente acumulação de forças. É preciso travar muitas batalhas em distintos níveis, elevando em cada uma delas o nível de participação e de consciência política do povo. Os comunistas devem ser capazes de concertar alianças políticas amplas, caracterizar sua atuação cotidiana pelo máximo de flexibilidade e habilidade para atrair mais e mais adeptos e aliados ao projeto de transformação da sociedade. Sem idealizações, é imperativo aceitar os desafios de cada situação política concreta, percorrer com objetividade o curso dos acontecimentos políticos, distinguir com acuidade qual a tarefa principal em cada conjuntura, criar as condições para que as massas façam a própria experiência. Uma tática ampla, combativa, firme e ao mesmo tempo flexível será sempre um bom método a que os comunistas devem recorrer para atingir os objetivos estratégicos, como ensinava Lenin ao falar da

> [...] outra arte necessária na revolução: a flexibilidade, o saber mudar de tática rápida e bruscamente, partindo das mudanças verificadas nas condições objetivas e escolhendo outro caminho para nossos objetivos se o caminho anterior se revelou inconveniente, impossível, para um período de tempo determinado[2].

O pensamento tático e estratégico do Partido Comunista do Brasil foi plasmando-se ao longo do tempo. A visão combativa, ampla e flexível de acumular forças foi desenvolvendo-se em cima das batalhas concretas. Na luta contra a ditadura, na VI Conferência Nacional (1966), realizada em plena clandestinidade, o PCdoB formulou a ideia da "união dos brasileiros para livrar o país da crise, da ditadura e da ameaça neocolonialista". Quando a ditadura militar assumiu abertamente um caráter fascista e escolheu o terror de Estado como método de guerra contra o povo, os comunistas se alçaram em armas na Guerrilha do Araguaia, mantendo a perspectiva da luta política e de massas. Os documentos emitidos pela Guerrilha indicavam a perspectiva política e de luta de massas dos comunistas naquele momento dramático.

Durante a ditadura militar, que foi a noite dos tempos para nossa Pátria, sob o tacão de generais fascistas, torturadores, opressores e entreguistas, os comunistas, aberta ou clandestinamente, com a cara própria ou mimetizados, nunca fugiram aos embates políticos nem deixaram de ser amplos e taticamente flexíveis. Ainda no auge do regime arbitrário, sob a presidência do general Geisel, algoz dos comunistas, mandante da operação criminosa que resultou na chacina da Lapa, em cujo governo eram comuns as torturas e os assassinatos de opositores, o Partido abria o caminho da luta política e até mesmo da atuação parlamentar. Sob a orientação do documento "Conquistar a Liberdade Política, Alcançar a Democracia Popular" (1976), o Partido formulou as bandeiras de luta pela revogação dos atos e leis de exceção, pela anistia ampla, geral e irrestrita e pela convocação de uma Assembleia Constituinte livremente eleita.

A mesma perspectiva de aplicar uma tática ampla, combativa e flexível para acumular forças esteve presente na luta pelas Diretas Já (1983-1984), no apoio à eleição de Tancredo Neves no Colégio Eleitoral (1985), no apoio crítico à Nova República (1986), na ação legislativa e nas ruas durante os trabalhos da Constituinte (1987 e 1988), no apoio à nova Constituição, nas campanhas pela eleição de Lula presidente da República (1989, 1994, 1998, 2002 e 2006).

2. Lenin, 1921. Para o Quarto Aniversário da Revolução de Outubro.

E nas campanhas vitoriosas da presidenta Dilma, em 2010 e 2014. Faz parte do positivo balanço da estratégia e tática dos comunistas a ação política durante os governos sob a égide do PT, entre 2003 e 2016.

O Partido Comunista do Brasil segue o caminho da luta pelo socialismo acumulando forças nas novas condições, atuando com os pés bem plantados no chão, mergulhando profundamente no curso político real, incidindo fortemente na conjuntura política, mantendo o rumo estratégico e traçando caminhos viáveis para promover as necessárias rupturas que resultarão nessa revolução política e social, que é um processo político prolongado e não se restringe à adoção de uma determinada forma de luta.

O PCdoB chega ao seu centenário reafirmando as linhas do Programa Socialista. O centro estratégico e tático permanece o entrelaçamento da luta por uma República de Trabalhadores, por um novo regime político, a luta democrática, a luta social, pelo desenvolvimento e a emancipação nacional. O significado essencial e sentido histórico dessa luta é a ruptura com o regime das classes dominantes e o sistema de dominação do imperialismo, abrindo caminho para a conquista do socialismo. Para isto, é indispensável um movimento de massas forte, uma frente das forças democráticas, patrióticas, progressistas, de esquerda, que reúna os partidos políticos, as personalidades independentes e os movimentos classistas e populares.

Fortalecer o Partido

A celebração do centenário do Partido Comunista do Brasil, para além de uma festa, é a renovação em nível superior da consciência de que na luta pelo socialismo é primordial a existência de um Partido Comunista forte, ligado às massas, especialmente as classes trabalhadoras, um partido com milhões de militantes, dirigidos por quadros experimentados e provados, mulheres e homens forjados na luta do povo. Um partido marxista-leninista, portador de consistência ideológica, capaz de, sem se perder, atualizar-se permanentemente, de compreender e adaptar-se aos novos tempos, que saiba resgatar tudo o que há de positivo no rico tesouro teórico e das experiências revolucionárias históricas no Brasil e no mundo, e submeter os erros a rigorosa crítica.

Um partido que compreenda que não há modelos para a construção do socialismo e que o "segredo" de seu êxito consiste em "descobrir" as peculiaridades do país e da situação em que atua. Um partido que não aceita pôr em causa sua identidade comunista em nome da substituição da "forma-partido" pelo "movimento", ou uma fórmula qualquer de apresentação eleitoral, um partido que, mantendo-se aberto às filhas e filhos do povo, seguirá sendo uma organização de combate pela revolução política e social brasileira. Um partido de militantes organizados, de quadros capacitados e direções com descortino político, firmeza ideológica e lucidez teórica.

Aspecto essencial do pensamento e da ação do PCdoB é a luta persistente para construir um partido comunista organicamente forte, ideológica e politicamente capaz, à altura da sua missão histórica, ligado às massas, em especial aos trabalhadores, um Partido com força militante, influência política ampla, presente nos acontecimentos candentes, dotado de amplo horizonte histórico, cultural e teórico, enraizado no solo nacional, patriótico e internacionalista. Nos idos de 1945 a 1948 construímos um partido com algumas dessas características que tinha, ademais, força eleitoral.

O referencial ideológico do Partido, em todas as ações que realiza, é o ideal comunista, o objetivo socialista e o caráter inapagável da organização partidária. O PCdoB é um partido comunista, revolucionário, portador do ideal comunista, da missão histórica de construir o socialismo. Também, um partido marxista-leninista, de classe, defensor dos interesses fundamentais dos trabalhadores. Um partido anti-imperialista, patriótico e internacionalista. São traços de identidade, portanto indeléveis, insubstituíveis por qualquer arranjo de natureza circunstancial. A este conteúdo e raízes históricas correspondem a bandeira com sua cor vermelha e o símbolo da foice e do martelo. São elementos de identidade, inseparáveis e irrenunciáveis da nossa essência e dos nossos objetivos históricos.

Sendo capacitado política, teórica e ideologicamente, o Partido, como forma superior de organização da classe trabalhadora e das massas exploradas e oprimidas, não se confunde com o movimento espontâneo e trata cientificamente da sua estruturação orgânica, da ligação com as massas e da formação e promoção dos seus quadros. O Partido está chamado a aperfeiçoar seus métodos de atuação e direção, a melhorar o estilo e sintonizar dialeticamente a compreensão sobre as linhas de acumulação de forças.

Tendo como eixo a luta pelo socialismo, atuando sobre a realidade concreta, concentra suas energias na luta de massas, nos embates eleitorais e na luta de ideias, sem fetiches, deformações nem unilateralidades arbitrárias e metafísicas. Na história do próprio PCdoB e de outros partidos comunistas, teses sobre supostas "ressignificações do socialismo", revisões de princípios revolucionários sob o disfarce de "renovação", negação da "forma-partido", mudança de nome e de simbologia sempre redundaram no liquidacionismo. É só conferir a trajetória recente dos partidos comunistas no mundo. Todos em que as teses das supostas "ressignificação e renovação" prevaleceram, desapareceram ou mudaram de identidade, transformando-se em linha auxiliar da burguesia. Os partidos comunistas que preservam influência eleitoral e de massas foram os que romperam com os "renovadores", atualizarem seus métodos sem abrir mão dos princípios.

O caminho de acumulação revolucionária e prolongada de forças não é retilíneo, mas acidentado e escarpado. Percorrê-lo é aceitar as dificuldades da caminhada. Lenin advertiu sobre isso quando dizia aos revolucionários russos que eles não deveriam

> [...] se desconcertar pelo fato de que em muitos lugares não acharão nenhum caminho trilhado, mas que terão de se arrastar à beira de um abismo, abrir passagem por bosques intrincados e saltar por cima dos buracos. Não se queixem da falta de caminhos: seriam lamúrias inúteis, pois todos deviam saber de antemão que não seguiam um caminho já explorado, nivelado e retificado[3].

Sendo assim, esta caminhada requer visão de longo prazo, convicções arraigadas, determinação e força, qualidades que os comunistas forjam coletivamente, exercendo a crítica e a autocrítica, no âmbito da vida orgânica coletiva e da luta política de massas. Celebrar o centenário da fundação do Partido é reafirmá-lo e desenvolvê-lo, transformando-o numa poderosa força política capaz de dirigir lutas e incidir sobre os acontecimentos. É nestes termos que devemos encarar com objetividade e sentido prático a tarefa de mostrar e difundir uma imagem compreensível às grandes massas populares sobre o que é, o que quer e para que serve o Partido Comunista do Brasil. É algo indispensável para que nos façamos entender e ajudemos o povo a assimilar o sentido das transformações históricas que deve empreender para pôr o Brasil na senda do progresso social, da liberdade, da independência, do socialismo.

3. Em "O Programa Agrário da Social-Democracia Russa", mar. 1902.

1958-1962: Página de Luta e Vitória Contra o Oportunismo de Direita e o Liquidacionismo

Para o Partido Comunista do Brasil, a celebração do centenário (25 de março, 1922-2022) é indissociável do 60º. aniversário da reorganização revolucionária do Partido (18 de fevereiro, 1962-2022), decidida pela Conferência Nacional Extraordinária, após longa e aturada luta interna. A conferência de 1962 na prática refundou o Partido Comunista do Brasil sobre bases revolucionárias e deu início a um esforço, que se estende até os nossos dias, de formação e consolidação de um núcleo marxista-leninista no Brasil. O documento aprovado pelo Comitê Central, em 2012, e no ano seguinte pelo XIII Congresso, alusivo ao 90º aniversário da fundação do Partido, situa assim o episódio:

> No dia 18 de fevereiro de 1962 realizou-se a Conferência extraordinária que reorganizou o Partido Comunista do Brasil. O evento, aparentemente modesto, revestiu-se de grande importância histórica para o povo e os trabalhadores brasileiros. Tratava-se, naquela ocasião, de reorganizar o Partido que estava sendo ameaçado em sua existência enquanto organização proletária e revolucionária.

Que significou a refundação do PCdoB em 1962? Essencialmente, foi um episódio decisivo da luta contra o oportunismo de direita, que se expressava no documento conhecido como Declaração de Março de 1958. E contra o liquidacionismo ideológico e orgânico. De acordo com Maurício Grabois, "A Declaração de Março de 1958 não exprime uma política justa, não corresponde aos interesses de classe do proletariado. No essencial, tal documento defende uma linha oportunista de direita"[4]. A mesma avaliação foi feita pelo Comitê Central (2012) e pelo XIII Congresso (2013): "A Declaração de Março de 1958 consolidou a guinada reformista da maioria da direção do Partido, pois afirmava que o processo de democratização era 'uma tendência permanente' e poderia 'superar quaisquer retrocessos e seguir incoercivelmente adiante'".

"A Declaração considerava a burguesia como 'uma força revolucionária' e julgava existir a 'possibilidade real de conduzir, por formas e meios pacíficos, a revolução anti-imperialista e antifeudal' no Brasil". Começavam, assim, a ser definidas mais nitidamente duas tendências opostas no interior do Partido:

4. "Duas Concepções, Duas Orientações Políticas", publicado na *Tribuna de Debates do V Congresso*, em 1960.

uma reformista e outra revolucionária. Elas iriam se enfrentar duramente nos debates do V Congresso do Partido, realizado em 1960. Luiz Carlos Prestes, que no primeiro momento relutou em aceitar as teses oportunistas da Declaração de Março, depois aderiu àquelas e se tornou líder da corrente oportunista. Com a existência de dois partidos comunistas, o PCdoB e o PCB, este último se tornou a maior expressão do oportunismo de direita no seio do movimento comunista. Durante os anos 1960, viveu sucessivas cisões e dele se desprenderam diferentes organizações de esquerda. Em 1980, Prestes desperta das ilusões revisionistas, e rompe com o PCB. Não nos alongaremos a este assunto, que diz mais respeito à história do PCB.

A celebração do 60º. aniversário da conferência que reorganizou o partido sobre bases marxistas-leninistas, tal como a do centenário, chama a atenção para os novos desafios da atualidade. Recentemente, a partir do desaire eleitoral de 2018, surgiram no interior do Partido novas tendências oportunistas de direita e liquidacionistas, tornadas públicas em entrevistas de alguns poucos dirigentes e ocupantes de relevantes cargos institucionais a veículos da mídia nacional e internacional.

Episódios como este, assim como a luta interna entre os anos 1956 e 1962, mostram como tem sido complexa e tortuosa, muitas vezes dolorosa, a luta para fazer vingar no Brasil uma corrente política e ideológica comunista organizada no âmbito de um partido. A reincidência de uma luta que tem o oportunismo de direita e o liquidacionismo como pano de fundo encontra explicação nas exigências objetivas da luta política e ideológica, na dimensão das tarefas revolucionárias atuais. O repto de firmar no cenário político um partido comunista revolucionário, de classe e convicto da sua missão histórica de derrotar o imperialismo e as classes dominantes retrógradas para abrir caminho ao socialismo no país é cada vez mais agudo e seu enfrentamento ainda mais complexo do que em tempos pretéritos.

Para uma numerosa militância comunista jovem, assim como para os quadros maduros e os dirigentes, celebrar o aniversário da reorganização do PCdoB sobre bases revolucionárias e marxistas-leninistas deve corresponder a um investimento de energias intelectuais, morais e materiais para que este partido se desenvolva e se consolide como uma força de combate pelo socialismo no Brasil, o que significa dizer que terá que ser um partido irreconciliável com as classes dominantes retrógradas, opressoras e entreguistas, antagônico ao imperialismo, um partido de classe, portador das aspirações históricas dos trabalhadores e de todo o povo brasileiro, capaz de sintetizar em plataformas políticas amplas e unitárias as questões emergentes do país, como a nacional, a democrática e a popular, sempre em ligação com a perspectiva socialista. Um partido de todas as lutas do povo brasileiro e nítida identidade comunista.

Estas foram as razões determinantes para a divisão que resultou na existência de duas formações que se reivindicavam como comunistas no Brasil, o PCdoB e o PCB. Na história do Partido, um divisor de águas importante sempre foi a estratégia e a tática, ou em termos mais simples, a linha política, matéria na qual se acumularam acertos, mas também os mais importantes erros teóricos e práticos dos comunistas. A oscilação entre formulações programáticas adequadas à época e às correlações de força, o "esquerdismo" e o oportunismo de direita sempre puseram em tensão as fileiras partidárias e provocaram grandes cisões.

A ruptura com o revisionismo contemporâneo, fortemente marcada por acontecimentos externos ao país e pertinentes ao movimento comunista internacional, foi provocada principalmente por razões internas, relacionadas com a tática e a estratégia da revolução brasileira e a construção do Partido. Foi a partir da reorganização revolucionária em 1962 e da experiência acumulada na luta contra a ditadura militar iniciada em 1964 que o partido desenvolveu seus princípios de estratégia e tática e firmou sua linha política.

O núcleo marxista-leninista formado após a conferência de 1962 pelos camaradas João Amazonas, Maurício Grabois, Pedro Pomar e Carlos Danielli dirigiu a formulação de uma estratégia revolucionária, baseada nos princípios do marxismo-leninismo, e de uma tática simultaneamente ampla, combativa e flexível, noções indissociáveis. O Partido aprendeu que era indispensável enraizar-se entre as massas, inserir-se no curso político, enfrentar os grandes e pequenos embates políticos do cotidiano, realizar alianças amplas e acumular forças revolucionariamente. A evolução do PCdoB não teria sido possível sem a ruptura revolucionária de 18 de fevereiro de 1962.

Capítulo 9
O VI Congresso do PCB e a Construção do Politicismo Tático

Milton Pinheiro

A análise que o PCB fez do processo estrutural/conjuntural de quando ocorreu a ruptura golpista e das oscilações políticas do Governo João Goulart se encontram no documento chamado "Balanço do Trabalho do Partido", apresentado para toda a militância no decorrer dos debates do VI Congresso[1]. Esse conclave interno fora convocado para formular outra perspectiva analítica diante da necessidade de responder ao cenário aberto com o golpe e reorientar o partido para combater os golpistas. Contudo,

> Há, no entanto, dois pontos críticos na ação do PCB entre 1958 e 1964: a mudança de linha política, em março de 1958, e a ilusão de que o processo brasileiro, no momento, seria inevitavelmente democrático. Os dois dados se interligam e levam à análise e ao comportamento que os induzirá a acreditarem em mudanças pacíficas dentro da sociedade, mudanças que os levam, entre outras coisas, a pressionar a favor da legalização do PCB[2].

O documento em análise ("Balanço do Trabalho do Partido") confirma o princípio de que as exigências que o movimento social e político fazia, naque-

1. Esse artigo é um extrato modificado de uma parte da tese de doutorado do autor, onde trata da questão do VI Congresso do PCB: José Milton Pinheiro de Souza, *O PCB e a Ruptura da Tradição: Dos Impasses das Formulações do Exílio ao Exílio da Política no Brasil (1971-1991)*, São Paulo, PUC-SP, 2014 (Tese de Doutorado).
2. Edgard Carone, *O PCB*, vol. 3: *1964-1982*, São Paulo, Difel, 1982, p. 2.

le momento histórico, não condiziam com a real correlação de forças, e que, diante dessa impossibilidade, não se permitiam que aquelas bandeiras se concretizassem através de ações radicalizadas. Portanto, para esse balanço, o partido estava se afastando da linha política anteriormente determinada e aprovada no V Congresso, que era fundamentada pela Declaração de Março de 1958.

Essas formulações, fonte histórico-genética do arcabouço contido nas orientações reformistas, foram questionadas pela Conferência nacional que ocorreu em 1962. Contudo, as sugestões políticas do documento dessa Conferência foram consideradas, a partir de então, como esquerdistas, em virtude das cobranças que o partido começou a fazer ao governo de João Goulart. Eram posturas contundentes que previam cobranças diretas ao governo; o que, para os formuladores da linha política do partido em 1962, contribuíram para desestabilizar o Governo João Goulart. A maioria do CC radicaliza de forma tão séria a crítica ao documento dessa conferência que coloca os formuladores ao lado dos setores golpistas de Carlos Lacerda[3] e Adhemar de Barros[4], na medida em que considerava que o partido deveria ter atacado esses governadores tidos como articuladores da ruptura institucional.

O centro do documento "Balanço do Trabalho do Partido" é a crítica à ação desenvolvida a partir do documento da Conferência Nacional de 1962, qualificando esse documento, e a ação inspirada nele, como voluntarista e distanciada da realidade do Brasil e das forças reais do PCB. Por outro lado, uma leitura atenta do "Balanço" traz à tona as críticas que partem de uma perspectiva de direita, interna ao CC, ao comportamento tático do Partido naquele período, centradas em exigências de contenção da ação política diante da radicalização do discurso e da prática social do partido em relação ao governo.

Todavia, a crítica, a partir dessa posição, ao documento da Conferência de 1962, não se justifica em virtude da imprevisibilidade do ponto de vista da análise dos acontecimentos que se consolidaram com o golpe burgo-militar de primeiro de abril. Essa crítica, a partir dos argumentos aqui considerados, pelo grupo reformista e de direita, se constitui em desvios da linha política definida na Conferência em questão, o que possibilitou a formação de uma orientação política que exercitava sua ação tendo como horizonte político posturas que podem

3. Líder da União Democrática Nacional (partido político), governador do Estado da Guanabara durante o golpe de 1964 e um dos líderes do golpe burgo-militar. Por contradições com a ditadura, foi cassado em 1968.

4. Líder populista paulista e governador de São Paulo durante o golpe de 1964.

ser qualificadas como ilusões de classe em relação à burguesia. Essa ilusão pode ser entendida pelo oportunismo cupulista, pelo liberalismo na vida orgânica do partido e pela incapacidade de orientar os trabalhadores através da presença de vanguarda que o partido ainda exercia nas ações de massas. Portanto, são desvios à direita da linha política que contribuíram para a incapacidade do partido em reagir ao golpe burgo-militar de 1964 e alimentaram o politicismo tático.

Ainda na avaliação do balanço, que foi encaminhado para o VI Congresso do partido, houve erro, na verdade, na condução da política do V Congresso, considerados como desvios na aplicação desta, o que facilitou uma interpretação daquela crise política a partir de uma orientação pequeno burguesa, golpista, subjetivista, que teria favorecido o campo reacionário, ao desarticular a política de unidade do campo nacional e democrático. Orientado por essa reflexão e desenvolvida pelo crescimento do politicismo tático nas orientações internas e na luta política, a postura do PCB diante do golpe será de recuo tático. Isso pode ser comprovado na deliberação de só ter marcado, após um longo período a partir do golpe, a primeira reunião da direção do partido (CC) para maio de 1965.

O coletivo dirigente do partido, nessa reunião, em sua maioria, identifica que uma das causas do golpe foi não ter seguido as orientações e resoluções do V Congresso, o que abriu espaço, segundo o campo hegemônico, reafirmo, para o esquerdismo, o golpismo, o voluntarismo, desvios da linha e incapacidade de reagir diante da ruptura institucional. As forças políticas progressistas, incluindo aí o PCB, foram incapazes de responder às necessidades que se colocaram no processo político anterior, e impedir a movimentação desse golpe de Estado que a burguesia conseguiu realizar no Brasil. Para além dessas observações colocadas, para qualificar o desvio esquerdista na política do partido, a reunião tirou uma resolução no sentido articular a unidade das forças ligadas ao governo deposto e a criação de uma frente antirreacionária, antiburguesia, já que naquele momento essas forças estavam a serviço do imperialismo estadunidense no Brasil.

O PCB, ainda como análise dessa reunião, considerava que naquele momento o partido havia sido contaminado por uma concepção não marxista da revolução.

> Outra tese a ser combatida é a que vê a revolução, não como a obra das massas de milhões, como afirmava Lenin, mas como o resultado da ação heroica de alguns indivíduos (expressa no lema: o dever dos revolucionários é fazer a revolução), ou de pequenos grupos

audaciosos. Essa posição voluntarista, tipicamente blanquista, é a propugnada por todos os que hoje insistem em ver na criação de "focos" guerrilheiros no interior do país o passo inicial da revolução[5].

Podemos qualificar que a nova orientação do partido entre 1964 e 1967 foi marcada por duas posições: por um lado, uma tímida ação na frente de resistência contra a ditadura e, por outro lado, por um recuo orgânico para não ser massacrado no imediato pós-golpe pelos gerentes do recém-fundado Estado de exceção. As poucas iniciativas se reordenaram no campo do politicismo tático. No entanto, algumas preocupações informavam sobre a possibilidade de reação ao golpe por parte do PCB:

> Tínhamos como objetivo resistir ao máximo na capital [Brasília], mas calculamos que tudo dependeria do que estava acontecendo no Sudeste e, principalmente, no Rio Grande do Sul, porque pensávamos que haveria uma repetição da resistência desencadeada por Brizola em 1961.
>
> Definido o quadro, os companheiros Walter Ribeiro, ex-oficial do Exército, e Walter Valadares, que participaram ativamente da luta dos posseiros em Goiás, traçaram o seguinte plano. Com o maior contingente possível de homens armados, partiríamos para a região de Formoso e Trombas. Em anos anteriores, nessa área ocorreu um movimento de posseiros, vitorioso e bem organizado, sob a liderança de José Porfírio. Contávamos, portanto, com o apoio dos lavradores naquela região, o que nos permitiria estabelecer ali uma base de oposição ao golpe. Mas esse plano somente seria aplicado de acordo com o quadro geral do país e, notadamente, se houvesse outras frentes de combate[6].

Não se concretizando esse movimento, o partido tentou articular uma série de movimentos no campo da frente de resistência democrática com a perspectiva que pudesse responder de forma majoritária, dentro dessa articulação, ao conjunto das ações dos golpistas, agora já instituídos de forma completa no poder de Estado.

O debate que se abriu naquele período, dentro do horizonte teórico do PCB, confirmava que as ações do operador político dos comunistas brasileiros estavam pautadas por uma estratégia nacional-democrática, como primeira etapa da revolução que teria no horizonte, como se afirmava, o socialismo

5. PCB, em Edgard Carone, *O PCB*, vol. 3, p. 60.
6. Marco Antônio Tavares Coelho, *A Herança de um Sonho: As Memórias de um Comunista*, Rio de Janeiro, Record, 2000, p. 267.

para o Brasil. No entanto, as características do desenvolvimento capitalista e a formação social brasileira indicavam, para além do politicismo tático, a ação policlassista e o economicismo do PCB, a necessidade de uma nova estratégia para responder aos impasses da revolução brasileira.

A constante procura do PCB pela democracia (ou seria por liberdades democráticas?), mesmo naquela institucionalidade burguesa, era marcada por sua longa exclusão da vida política do país. Esse fenômeno fazia com que o partido se comportasse de forma errática ao fazer alguns movimentos como instrumento tático e possibilitasse ações de conciliação de classes, trazendo para dentro do bloco de forças da resistência nacional e democrática diversas frações da burguesia que já estavam consorciadas ao capital internacional e ao capital imperialista. No entanto, essa formulação política que interpretava o Brasil, e tentava orientar o partido, vai abrir uma profunda luta interna com desfechos extremamente desfavoráveis à vida orgânica do PCB. Tratava-se de um amplo processo de esgotamento de um ciclo político que vai originar uma grave cisão dentro do Partido Comunista Brasileiro, que se tornará histórica e terá consequências irreversíveis para a sua presença política a partir desse período, até 1992.

No entanto, precisamos ainda caracterizar o que era a situação do Brasil, naquele momento, do ponto de vista social e econômico na leitura do partido. Confirma-se na prospecção analítica que as balizas do modo de produção no país orientavam-se pelas relações capitalistas com forte grau de consolidação das forças produtivas no campo e na cidade. Portanto, torna-se vazia a aderência da formação social ao projeto estratégico do PCB, ainda permeado por uma leitura que dava conta da existência de resíduos feudais na formação social brasileira.

Numa análise mais acurada identifica-se que o projeto do PCB estava completamente superado. Caio Prado Jr. avança nessa leitura a partir de suas pesquisas sobre a formação social brasileira. Para o historiador comunista, o Brasil já era um país plenamente capitalista e vivia um processo complexo de contradições que alimentava a relação dialética entre riqueza e pobreza. Pautando-se no estudo do modelo de desenvolvimento brasileiro e sua integração consorciada e subalterna à lógica do sistema capitalista. Identificava, também, as características das classes sociais e, em especial, a classe operária e suas lutas. Nesse todo articulado da formação social e seus atores políticos, Caio Prado Jr. afirmava, ao contrário do PCB, a integração da inexistente "burguesia nacional" ao bloco do poder e suas coalizões internacionais. Observou ele que "as graves distorções observadas na interpretação da realidade política, econômica e social brasileira contribuíram para os erros que vinham sendo cometidos desde longa data na ação política da esquerda [e do PCB], que levaram afinal ao desastre de 1º de abril"[7].

A qualificação daquele momento histórico encontrava na leitura do PCB uma tentativa de aprisionar a realidade às suas formulações teóricas. Esse exercício do partido, ainda, era influenciado pela "teoria consagrada" que desarmava a capacidade analítica ao não vislumbrar, através de um exame mais acurado o que ocorreu e, ao mesmo tempo, orientar novas lutas.

No bojo da crise política que antecedeu o golpe de Estado de 1964 o PCB desenvolvia a política de construção de uma frente nacionalista com "a burguesia nacional". Seu instrumental analítico constituía-se o maior obstáculo à percepção do processo de fratura que se processava no interior do bloco de poder burguês, assim como o rápido esvaziamento que se processava nos reduzidos núcleos democráticos aglutinados em frações burguesas, que começaram a voltar-se na direção dos golpistas[8].

Mas, após o primeiro momento do recuo tático, o PCB rearticulou forças internas para voltar-se no sentido das lutas gerais das massas atacadas naquele momento. Mesmo tendo que continuar analisando, e debatendo internamente, os erros e os motivos da derrota. Do ponto da frente de resistência o partido continuava tentando articular o envolvimento do MDB com as lutas democráticas de combate à repressão, trabalhando com a perspectiva de se construir um movimento que levasse a ditadura à exaustão através do isolamento e que o campo oposicionista pudesse formar um governo que superasse o governo golpista estabelecido naquele momento. Essa possibilidade de um governo que fosse transitório e representativo desse movimento oposicionista policlassista era uma abstração do PCB em virtude de sua crença de que a ditadura não demoraria muito tempo: profundo engano histórico.

Esse conjunto difuso de movimentações táticas do PCB continuava sendo derivado, é bom que se frise, daquilo que se considerava o objetivo estratégico do partido. E esse arcabouço estratégico estava consolidado no documento de balanço para o VI Congresso e nas resoluções do próprio evento.

7. Caio Prado Jr., *A Revolução Brasileira: Perspectivas em 1977*, São Paulo, Brasiliense, 1978, p. 23.
8. Antonio Carlos Mazzeo, *Sinfonia Inacabada: A Política dos Comunistas no Brasil*, São Paulo, Boitempo, 1999, p. 133.

Em seu VI Congresso, realizado em dezembro de 1967, o PCB aprovou, adicionalmente, uma resolução defendendo um programa mínimo de quatro pontos: abolição de todos os decretos ditatoriais e a restauração das liberdades democráticas, das eleições e de uma constituição democrática assim como uma anistia para os presos políticos; a defesa da riqueza material do país através de uma política de desenvolvimento econômico independente; a elevação das condições de vida do povo trabalhador e a implantação parcial da reforma agrária; e a manutenção de uma política externa de afirmação da soberania nacional e de autodeterminação. Além disso, o partido "empreenderia uma luta contra as influências de esquerda e direita"[9].

O documento em questão ("Balanço") ainda se debruça sobre a necessidade do desenvolvimento capitalista, do avanço das forças produtivas, da articulação de ações que fomentem e desenvolvam a etapa nacional-democrática da revolução brasileira como um eixo importante. Possibilitando, dessa forma, a construção de um bloco revolucionário, na etapa em curso, para efetivar um conjunto de tarefas que se faziam necessárias com base nesse momento estratégico da revolução.

Alguns aspectos do documento de balanço para o VI Congresso foram modificados pelo próprio Congresso. Todavia, irão pautar novas políticas que serão colocadas em prática pelo PCB para fazer o enfrentamento à nova ordem burgo-militar até a derrota da ditadura através dos arranjos institucionais que superaram os 21 anos de comando das forças golpistas. Esses aspectos serão centrados na formação e desenvolvimento das forças democráticas através de ações de massas, mas, basicamente através das negociações de cúpula que vão acontecer até o seu desfecho no colégio eleitoral.

As Contradições Políticas e o Distanciamento da Perspectiva Socialista

O VI Congresso do PCB apresentou como elemento principal do ponto de vista da situação econômica e social do Brasil a análise que entendia a "nação" como portadora de uma economia agrária e industrial, mesmo estando o capitalismo brasileiro em desenvolvimento crescente desde a década de 1940 até aqueles dias. O documento aponta a constante penetração do capitalismo no campo, considera importante e relevante o papel do capitalismo de Estado no

9. Ronald H. Chilcote, *Partido Comunista Brasileiro: Conflito e Integração*, Rio de Janeiro, Graal, 1982, [p. 146].

Brasil, ou seja, a presença do aparato de Estado nas diversas ramificações da produção. Mas, por outro lado, identifica nesse quadro produtivo do desenvolvimento brasileiro uma incapacidade crônica de crescer que se estabeleceu no período de 1960 até 1965.

A inflação crônica, que deriva de causas estruturais e atingiu taxas elevadíssimas nos anos de 1960-65, em consequência também de causas conjunturais, foi o recurso usado para acelerar a taxa de acumulação de capital. Beneficiando-se da inflação durante um largo período, a burguesia temeu a hiperinflação que ameaça subverter todo sistema econômico[10].

O modelo de desenvolvimento brasileiro encontrava-se envolvido nas contradições do modo de produção determinante dentro da formação social brasileira e foi impactado, também, pela incapacidade política do Governo João Goulart de responder às ações do imperialismo; pela agitação promovida pelos segmentos golpistas e descontentes da política brasileira no processo de articulação entre as frações burguesas e os militares que se referenciavam no repertório da ideologia de "segurança nacional" e na perspectiva golpista. O Governo "Jango" e as forças políticas que defendiam esse projeto não tiveram capacidade de responder às articulações do imperialismo, que se movimentou através da orientação do Departamento de Estado dos EUA e das ações desenvolvidas pelo consórcio dirigido pela burguesia do "capital imperialista"[11].

Para o PCB, essas contradições cresceram e se avolumaram ao não se conseguir resolver as questões específicas da chamada "burguesia nacional". Todavia, o consórcio político e econômico do imperialismo com as frações da burguesia agrária e industrial conformou-se numa junção de frações de classe, bloco no poder[12] que vai governar o país a partir do golpe militar.

A derrubada do Governo Goulart trouxe uma modificação profunda na vida política brasileira. Assinala uma derrota das forças democráticas e nacionalistas, e uma vitória das

10. Reynaldo X. Carneiro Pessoa (org.), *PCB: Vinte Anos de Política (1958-1979): Documentos*, São Paulo, Lech, 1980, p. 160.

11. A expressão "capital imperialista" foi também utilizada no documento "Uma Alternativa para a Crise Brasileira", tendo em vista debater as contradições e aproximações entre o Estado e as ações econômicas do imperialismo (Reynaldo X. Carneiro Pessoa (org.), *PCB: Vinte Anos de Política*, p. 161; *Uma Alternativa para a Crise Brasileira: Encontro Nacional pela Legalidade dos Comunistas do PCB*, São Paulo, Novos Rumos, 1984, p. 91).

12. Nicos Poulantzas, *Poder Político e Classes Sociais*, Campinas, Unicamp, 2019.

correntes reacionárias e entreguistas. O golpe de 1º de abril, resultante da junção de forças políticas, econômicas e sociais numerosas e heterogêneas, deu início a um novo processo político em nosso país. [...] A burguesia nacional foi relegada a um plano secundário no aparelho de Estado[13].

As pendências sobre a questão da terra, as necessárias transformações sociais não realizadas, as novas demandas que passaram a existir em virtude, especialmente, de novas categorias sociais alocadas nas camadas médias (bancários, empregados do setor de serviços, servidores públicos, profissões entendidas como integrantes da pequena burguesia e outros setores da base da pirâmide) começaram a se movimentar diante da política implementada pela ditadura burgo-militar.

A fração burguesa ligada ao movimento nacionalista e democrático era, do ponto de vista político, muito pouco representativa e não conseguiu ter ressonância na cena política. No entanto, mesmo assim, o instrumental analítico do PCB deu uma excessiva importância a esse setor, considerando que ele foi imobilizado diante da nova política aplicada pelo governo militar de orientação burguesa e imperialista. A análise do PCB constatou então que estava ocorrendo uma mudança radical de regime político a partir do golpe de Estado e da ação dos golpistas no aparelho de Estado, considerando que esse movimento derrotou as forças nacionalistas e democráticas. Todavia, não se detém sobre o que tinha ocorrido na conjuntura anterior ao golpe para justificar essa derrota.

Para o partido, surgem como vitoriosas desse conturbado processo as correntes reacionárias e entreguistas. Essa nova conformação política fez com que setores da chamada "burguesia nacional" fossem forçados a transitar para a base de apoio da ditadura, para não serem relegados ao segundo plano do ponto de vista do aparelho de Estado. Aí começaram a se agravar as insuficiências da formulação política do PCB. O partido considerou que o golpe era contra a chamada "burguesia nacional", no entanto, esta foi relegada a uma condição secundária na relação com as políticas do aparelho do Estado. Nessa mesma perspectiva, para o PCB, o Estado brasileiro foi colocado a serviço do imperialismo, entendida essa premissa como uma alienação da soberania nacional.

O Estado brasileiro foi colocado a serviço de uma política de alienação da soberania nacional e de repressão às aspirações democráticas e progressistas do povo. O traço essen-

13. Reynaldo X. Carneiro Pessoa (org.), *PCB: Vinte Anos de Política*, p. 166.

cial dessa política está em que impõe ao país um curso de desenvolvimento que reforça a dependência e a subordinação ao imperialismo norte-americano e defende as posições da reação interna[14].

Em outra particularidade da avaliação, o partido identifica que o Estado brasileiro foi colocado a serviço da repressão contra as aspirações democráticas, como se essa postura estatal não tivesse existido antes. Portanto, essa característica foi-se acumulando dentro do aparelho de Estado com o desenvolvimento da ação dos governos golpistas, numa nítida aplicação da doutrina ideológica de poder que foi qualificada como de caráter semifascista.

Os arranjos políticos sofreram, já no governo do primeiro general presidente, Castelo Branco, o impacto dessa doutrina autoritária na relação com o parlamento e com os políticos da base de apoio. Isso gerou um determinado descontentamento político que encontrou ressonância na derrota sofrida pelos aliados políticos de extração liberal-burguesa e de tradição golpista, nas eleições para os Estados de Minas Gerais e da Guanabara. Esse acontecimento movimentou setores internos das Forças Armadas (FFAA) descontentes com o governo de Castelo Branco. Ocorreu, então, uma rearrumação de forças no ambiente da burguesia bancária e industrial, juntamente com segmentos mais à direita das Forças Armadas, que aproveitaram o momento político tenso para movimentar tropas e forças políticas no sentido de avançar para condutas mais autoritárias dentro do governo golpista. Foi nessa direção que agiu o porta-voz da corrente mais reacionária das Forças Armadas, o general Costa e Silva, que procurou consolidar o caráter mais violento do regime, levando adiante as propostas de "endurecimento" autoritário que consolidou o Estado de exceção no curso da cena política em movimento.

Todo esse conjunto de ações dos golpistas acabou com as garantias individuais e retirou conquistas e direitos dos trabalhadores. A política salarial do Governo Castelo Branco aplicou um forte "arrocho salarial" com medidas impactantes sobre os trabalhadores.

A situação econômica e política dos trabalhadores piorou consideravelmente em consequência do golpe de Estado de 1964 e da atuação do novo governo.

A linha geral da ditadura militar pode ser definida como reacionária, houve um grande retrocesso no país. As forças democráticas e progressistas foram seriamente prejudicadas.

14. *Idem*, p. 167.

Tiveram consequências sobretudo nocivas contra as bases da democracia, que constituíam o núcleo da política interna da ditadura. A classe operária foi privada de muitas conquistas importantes, alcançadas por ela durante anos de luta tenaz.

O governo de Castelo Branco desde o início conduziu a política de congelamento dos salários na qualidade de principal método de luta com a inflação ou, como dizia o Programa de Ação Econômica do Governo: "garantir a participação dos trabalhadores na utilização dos frutos do desenvolvimento econômico". Em conformidade com esse Programa propunha-se obter a duplicação da renda real per capita no decorrer de 18/24 anos e até 1980 atingir o nível de 650 dólares[15].

Essa postura era central nos objetivos que caracterizaram o primeiro governo da ditadura, continuou no período Costa e Silva e se transformou numa consigna do regime. Por outro lado, esse processo ensejou resistência, por parte dos trabalhadores, que começaram a desenvolver lutas para combater as medidas em curso. Essas ações contaram com o apoio das forças políticas democráticas e de esquerda. Todavia, se confrontaram com a mais ampla repressão por parte do aparato de Estado e do começo das ações desenvolvidas pelos setores mais retrógrados e reacionários dos militares. A partir daí, se consolidou um arcabouço policialesco dos organismos de segurança/repressão do regime, que agiam nos porões da ditadura[16].

A Visão Estratégica e a Ditadura da Tática na Política do PCB

Diante dessas balizas para a ação política, a estratégia do PCB contida no documento do VI Congresso afirmava um arsenal de propostas que o deslocava da luta concreta contra a ditadura, em virtude de algumas premissas analíticas, para um difuso campo da resistência democrática. Primeiro, fica evidente para os comunistas brasileiros a necessidade de desenvolvimento capitalista como uma etapa da luta nacional e democrática. Em segundo lugar, o desenvolvimento capitalista confirmaria as teses do PCB do ponto de vista estratégico, o que possibilitaria a aproximação da luta pelo socialismo. Esse argumento estratégico era, ainda, refém da visão etapista que se perdia na análise da formação social brasileira, que para o partido era caracterizada pela existência de "restos

15. Boris Koval, *História do Proletariado Brasileiro (1857 a 1967)*, São Paulo, Alfa-Ômega, 1982, pp. 502-503.
16. Situação desenvolvida a partir do ambiente de clandestinidade e executada nos "porões da ditadura", por milícias paramilitares e terroristas do aparelho de Estado, descontentes com o avanço da luta por liberdades democráticas e pelo fim da ditadura burgo-militar.

feudais". Portanto, esse arsenal propositivo, contido nas formulações, determinava quais forças sociais e políticas seriam aliadas do partido na formação do bloco que deveria lutar para realizar a revolução brasileira.

Esse impasse entre realidade concreta e a posição reformista do núcleo dirigente estagnado (maioria do CC) foi central para determinar a prática política do partido. Ainda dentro da perspectiva do PCB, a realidade brasileira passava por uma crise de estrutura, em especial pelo baixo desenvolvimento das forças produtivas capitalistas, que eram subordinadas a um processo de dominação, cuja contradição central se dava entre a necessidade de desenvolvimento das forças produtivas e a velha dominação imperialista que era aliada da exploração latifundiária.

Graças ao monopólio da terra por uma pequena minoria de grandes proprietários, imperam na agricultura os métodos mais atrasados de exploração do trabalho e gestão da propriedade. O latifúndio impede o acesso à terra e o melhor aproveitamento dos que nela querem trabalhar. Daí o mísero padrão de vida da população rural, as dimensões limitadas do mercado interno, a baixa produtividade da agricultura, a concentração de renda agrícola nas mãos de uma minoria privilegiada. Tudo isso perturba a acumulação interna e atua negativamente em relação ao desenvolvimento da economia[17].

O PCB reafirmava o instrumental teórico-político que pautou o conjunto das suas formulações a partir do histórico levante comunista de 1935.

> A partir desse processo de inflexão política, o partido se apresentará nas contendas da sociedade orientado pelo assentamento de uma nova cultura política, cujos braços exercitarão uma prática sindical não mais pautada na autonomia operária, mas uma militância no espectro corporativo da ordem burguesa. A batalha pela modernidade capitalista se aprofundará com a capitulação à "burguesia nacional", como parceiro conflitivo do longo processo de revolução burguesa, perenizando a visão etapista da revolução brasileira e afirmando a necessidade de um pacto pelo desenvolvimento das forças produtivas, passando de uma visão dogmática de ruptura para o afastamento de qualquer processo clássico de ruptura com a ordem do capital (com a rara exceção da manifestação dessa ideia nos anos de 1950). A constante preocupação com a estabilidade democrática tornou o partido subalterno no processo dessas lutas. Afirmação de uma visão autárquico-burguesa da soberania nacional. Confirmação de um frentismo policlassista como instrumento de luta pela democracia. Com todo esse arcabouço [...] permeado pela cultura de que a democracia só

17. Reynaldo X. Carneiro Pessoa (org.), *PCB: Vinte Anos de Política*, p. 162.

virá pelo arranjo da conciliação e tensionado pela dúvida da opção entre povo e classe, será vitoriosa na formulação do partido a política nacional libertadora e a revolução em etapas, como via nativa ao socialismo[18].

Portando, podemos afirmar a caducidade desse conjunto analítico, por entendermos que a realidade exibia uma formação social onde o modo de produção capitalista era determinante e a burguesia interna era consorciada à burguesia internacional. Essa realidade nos permite identificar, numa análise mais acurada, os equívocos do partido que o prendia a um projeto autárquico de nação que tinha contradições com o imperialismo. Sendo assim, a luta seria para superar essa dominação capitaneada pelo julgo da aliança imperialista com os latifundiários.

Para a linha política do VI Congresso, essa dupla dominação (imperialismo e latifundiários), gerava um empecilho ao desenvolvimento do Brasil. E isso se manifestava na qualidade dessa aliança política que submetia o país ao reacionarismo interno. Partindo desse esquemático e anacrônico instrumental analítico, o PCB entendia que a formação social brasileira se desenvolvia por etapas e todas elas, com as suas respectivas bandeiras de lutas e alianças, determinavam o processo brasileiro na procura pela trilha que levasse à "evolução" política e social. A etapa daquele momento se afirmava nas bandeiras de caráter nacional e democrático que, mesmo não se contrapondo ao capitalismo, nem mesmo acabando com a exploração do capital, seria fundamental para desobstruir o caminho para a revolução brasileira, tendo como horizonte a sociedade socialista. Constituindo-se, a partir desse roteiro esquemático, a necessária participação dos trabalhadores na efetivação da sua hegemonia na direção da revolução.

Todavia, pela ação tática inflexível em que o PCB vinha se pautando a partir da Declaração de Março e das resoluções do V Congresso, as ações desenvolvidas pelo partido perante o golpe burgo-militar se mostraram insuficientes para responder aos acontecimentos. A perspectiva de luta se transformou num discurso vazio e a posição dos comunistas não encontrou repercussão nas forças de esquerda contrárias ao golpe. Era um exercício retórico sem substância, que partia de uma análise superada, anteriormente feita, que projetava uma ação em que, para liderar a revolução nacional e democrática, o bloco revolucionário deveria ser constituído pelo proletariado, campesinato, pequena

18. Milton Pinheiro, "O PCB no Movimento da História: Das Contradições dos Anos de Formação às Lutas Contra o Estado Novo", *Revista Novos Tempos*, n. 7, pp. 214-215, 2012.

burguesia urbana e burguesia nacional (inimiga dos interesses do imperialismo), que cumpriria o papel de força hegemônica naquela etapa. No entanto, os argumentos do papel predominante da "burguesia nacional" no bloco de forças da revolução nacional e democrática, se levarmos em conta a realidade concreta e o papel de força auxiliar que a burguesia interna desenvolveu no processo golpista e na integração subalterna ao governo autoritário, a leitura do PCB não tinha consistência para se estabelecer diante da realidade concreta.

O conjunto das ações do partido em relação ao golpe se confrontou com a realidade. Por acreditar no papel estratégico da chamada "burguesia nacional" dentro do bloco de forças da etapa nacional e democrática, o PCB não observou a centralidade de classe na articulação de um movimento que tentasse se contrapor aos golpistas, no primeiro momento. O partido não conseguiu ter protagonismo naquela cena política, pois acreditava que a oposição das frações de classe da burguesia descontentes com o golpe faria a oposição no campo da luta pelo Estado de direito da democracia formal.

O PCB não percebeu que a burguesia, através das suas frações bancárias e industrial, e os militares entreguistas já haviam suprimido esse Estado formal para ficar no poder por muito tempo. Mais uma vez, os argumentos da vaga estratégia foram derrotados pelo arcabouço da ditadura da tática posta em combate pelo partido, que dava sinais no sentido de que o golpe seria uma medida preventiva para um novo rearranjo de forças do bloco no poder, que teria vida curta, e que em breve retornaria à democracia formal.

Sendo assim, caía por terra aquele denso conjunto de formulações/propostas do PCB para o caso de que seu projeto de revolução em etapas fosse vitorioso. Ficaram no meio do caminho, por descompasso de interesses dentro do bloco de forças propostas pelo partido, as tarefas que num primeiro momento consolidariam uma perspectiva de libertação econômica e política, de independência do imperialismo, transformação radical da estrutura agrária (acabando com o monopólio da terra), nacionalização das empresas do conglomerado estadunidense, consolidação do setor estatal na economia, industrialização, planejamento democrático e reforma agrária para ampliar o mercado interno. Mesmo acreditando que "A revolução brasileira, em sua presente etapa, deverá liquidar os dois obstáculos históricos que se opõem ao progresso da nação: o domínio imperialista e o monopólio da terra"[19].

19. Reynaldo X. Carneiro Pessoa (org.), *PCB: Vinte Anos de Política*, p. 172.

O próximo passo, por insistência tática, diante do possível avanço dessas reformas, seria a perspectiva de modificar o caráter da revolução brasileira com a possibilidade de se repensar a via para o socialismo. Porém, não se percebe quais seriam as formas de como se chegar ao socialismo a partir desse artefato analítico do Partido Comunista Brasileiro. Ficou apenas uma vaga perspectiva pacífica gerada pela democracia progressiva.

A tática do PCB, aprofundada por seu politicismo, influenciada em tese pela estratégia nacional e democrática, agia a partir da perspectiva de luta da pauta etapista. Esse modelo de fazer política levou o partido para o campo das articulações que movimentou um difuso bloco oposicionista na luta por liberdades democráticas. No entanto, existia um movimento real de outras forças de esquerda em processo de confronto com a ditadura, nas questões que interessavam aos trabalhadores e a construção de um campo de classe na política brasileira.

A paralisia política do PCB, de abril de 1964 a maio de 1965 (quando o CC se reuniu pela primeira vez depois do golpe), maturou uma posição tática com base na necessidade de enfrentamento aos golpistas a partir da nova realidade do aparato de Estado brasileiro. Portanto, o instrumental tático do PCB se pautava no discurso de mobilizar, unir e organizar a classe operária e, com ações concretas, na articulação das chamadas "forças patrióticas e democráticas" para o enfrentamento que tinha por base a luta no horizonte das liberdades democráticas contra o regime político imposto pelos militares e as frações da burguesia que rearranjaram a dominação dentro do novo bloco no poder.

Novamente, fica evidente para qualquer analista mais atento que a contradição entre as resoluções do VI Congresso, em particular o discurso em defesa da classe operária, e a operação concreta na realidade estavam em descompasso, já que se priorizava as articulações políticas no embrião da frente oposicionista, sem falar dos impasses colocados entre as formulações e a realidade concreta.

A partir do VI Congresso, a ação tática do PCB e o arcabouço estratégico se resumiu à tentativa de organizar e unir o maior conjunto possível de forças do campo da burguesia e dos liberais descontentes – porque foram atingidos pelos militares – para fazer a política de enfrentamento ao novo regime político. Ao lado dessas articulações, o partido pregava a luta pelas liberdades democráticas naquilo que dizia respeito ao direito de reunião, de associação, manifestação, liberdade de imprensa, liberdade partidária e manifestações difusas da cidadania.

A mecânica da política concreta do PCB informava que o bloco da tática era o mesmo bloco da estratégia (politicismo tático). Existiam impropriedades nas formulações do partido, que alimentavam a confusão nos interesses táticos e nas divagações estratégicas que impediram uma combativa prática política para enfrentar o novo bloco de forças no poder. Porém, mesmo assim, ao lado dessa orientação política, o partido considerava importante atuar na estrutura sindical que existia naquele momento, no sentido de se tentar avançar para os sindicatos livres[20].

Também nesse campo de luta havia um descompasso tático-estratégico entre as formulações e a centralidade da luta que estava sendo posta pela realidade. Existia uma presença repressiva muito forte da ditadura nos sindicatos que agia para impedir a luta dos trabalhadores e para aplicar a política de arrocho salarial. O PCB, embora atuando no embrião da frente oposicionista, formada por frações da burguesia insatisfeitas com os rumos do golpe e setores políticos do campo da democracia formal, acenava de forma genérica e discursiva para a necessidade de movimentar a estrutura sindical oficial com a perspectiva de modificar o caráter corporativo desse segmento social.

Mas a política do PCB, mesmo essa que priorizava de forma concreta as articulações "pelo alto", para construir o retorno à democracia formal, indicava a necessidade de mobilizar amplos setores da luta popular. A resolução congressual incentivava a mobilização dos camponeses, considerava importante a luta dos assalariados agrícolas, argumentava em defesa das reivindicações da pequena burguesia urbana, apoiava o papel importante da intelectualidade progressista como fonte de combate à ditadura, desejava que as contradições internas da Igreja Católica fossem resolvidas através da vitória dos setores progressistas – contra a ala de direita da Igreja que foi para as ruas em defesa do golpe. Portanto, existia uma luz que apontava para os novos atores sociais que estavam sendo descortinados pelo desenvolvimento de uma moderna sociedade capitalista no Brasil.

> O desenvolvimento determinou a formação de uma numerosa pequena-burguesia urbana com composição e estrutura igualmente novas no país. No passado, esta camada era constituída fundamentalmente por artesãos, pequenos produtores, profissionais autô-

20. Perspectiva político-sindical para, a partir do contexto sindical que se tinha, lutar pela transformação da estrutura sindical, pleiteando um modelo que o tornasse livre da presença reguladora do Estado e do patrão.

> nomos e servidores públicos. Seu peso no conjunto da população brasileira era pequeno. Hoje, os servidores públicos chegam a um milhão de pessoas. Os bancários, empregados do comércio, auxiliares diversos, técnicos etc., já somam cerca de 1,5 milhões de pessoas. O surgimento desse grupo ativo e numeroso de assalariados determina uma mudança de qualidade na composição e no papel da pequena burguesia urbana[21].

Contudo, essa iluminação não foi suficiente para romper com os impasses das formulações.

> Com a industrialização, ampliou-se o setor da burguesia cujos interesses estão ligados ao desenvolvimento autônomo do país. Esse setor distingue-se, em muitos aspectos, da burguesia comercial, outrora predominante. Luta para controlar o mercado interno e se choca com a ação do imperialismo. Seu interesse pela ampliação do mercado consumidor leva-o a apoiar a luta pela reforma agrária. Formou-se e ampliou-se, assim, um setor burguês que se liga ao movimento nacionalista e democrático, contrapondo-se nisto ao setor entreguista da burguesia brasileira[22].

O desaguar desse complexo de sugestões/formulações para enfrentar a ditadura foi a tentativa de construir um programa mínimo, estabelecido pelos citados quatro pontos: revogação da Constituição de 1967, revogação de atos que lesavam os interesses nacionais, abolição da política de arrocho salarial, política externa de afirmação da soberania nacional. Essa era uma tentativa, do longevo operador político dos trabalhadores brasileiros, mesmo já enfrentando dificuldades impostas pela realidade concreta, de manter a sua tradição de luta em consonância com a visão tática, que, em última instância, estava dirigindo o projeto estratégico.

No entanto, era uma tentativa, também, de encontrar brechas em sua formulação que minimamente pudessem dar respostas aos problemas internos. Contudo, a linha continuava sem sofrer grandes cismas: o partido desconectou-se de uma pauta de lutas mais específicas e continuou a trabalhar com generalizações frentistas que, em tese, teriam papel importante para aglutinar os segmentos descontentes com o novo regime político e a forma jurídico-econômica que o Estado passou a executar. Tendo como horizonte político esse cabedal analítico e como tática, a ampliação do campo oposicionista, o

21. Reynaldo X. Carneiro Pessoa (org.), *PCB: Vinte Anos de Política*, p. 165.
22. *Idem*, pp. 165-166.

partido considerou relevante as funções que o MDB[23] poderia ter. Naquele momento, o Movimento Democrático Brasileiro surgia como partido da chamada "oposição consentida". Mesmo com essas características iniciais, o PCB fez um esforço ao conclamar a unidade dentro dessa agremiação com o interesse de construir um espaço político que pudesse movimentar as mais amplas forças que se colocavam em movimento contra a ditadura.

> Apesar das medidas tomadas para instituir na prática o partido único, setores e personalidades políticas desenvolvem, no Parlamento e fora dele, a oposição ao regime. Os parlamentares eleitos, sob a legenda do MDB têm tido, com algumas exceções, uma posição vacilante diante das arbitrariedades da ditadura. Apesar disso, o MDB e outros agrupamentos existentes podem tornar-se um fator positivo para a mobilização das forças populares[24].

Essa perspectiva de atuação no MDB, no começo, teve pouca repercussão do ponto de vista de trazer para esse espaço político os trabalhadores, os movimentos populares e os setores combativos da esquerda. Todavia, se mostrou importante na articulação de outras formas de luta política que começavam a encontrar ressonância na afirmação de um embrião da frente democrática de luta contra a ditadura.

Apesar do MDB ainda ser, naquele momento, um espaço de luta política contraditório, e o PCB não ter maior densidade dentro dele, no campo da tática eleitoral o partido começou a ter uma determinada importância pelo papel que estava exercendo na união das forças contrárias ao regime político governado pelos militares. Todavia, apesar da centralidade desse campo de atuação, o PCB passou a desenvolver outras atividades na frente de resistência à ditadura em todo território nacional. Sem perder, contudo, o foco nas articulações da "frente única" com a perspectiva incerta de formar um novo governo com o caráter de transição, para superar o regime político imposto pelos golpistas. É com base nessa perspectiva que podemos afirmar que o partido analisava a ditadura como um pequeno e transitório período autoritário.

Portanto, algo destoava da capacidade analítica que marcou a história do PCB: ao considerar que a ditadura seria passageira, o partido se empenhou por um governo de ampla coalizão, com características de "frente única", que envolvesse

23. Movimento Democrático brasileiro. Partido criado pela nova institucionalidade golpista para representar pequenos interesses divergentes na relação de conflito com as políticas do governo burgo-militar.
24. Reynaldo X. Carneiro Pessoa (org.), *PCB: Vinte Anos de Política*, p. 181.

diversos segmentos descontentes com o golpe e aqueles que se opuseram aos reacionários durante o Governo João Goulart. Essa situação poderia pôr fim à ditadura através de um amplo processo de negociação de caráter bonapartista[25]. Todavia, sobressaiu dessa postulação uma profunda incapacidade analítico-política que demonstrou o esgotamento do PCB como operador político da classe operária para responder aos golpistas. A postura histórica do PCB, que sempre primou por análises ricas e centradas no que indicava a realidade, perdeu consistência teórica para entender o modo de produção capitalista predominante na formação social brasileira e não encontrava aderência para vislumbrar os atores que agiam sob a cortina da cena política que impactava a luta de classes naquela conjuntura.

O Partido e o Golpe nas Resoluções do VI Congresso

O Congresso também se dedicou a entender o partido, procurando discursivamente fomentar a sua presença na luta política em curso. Contudo, entre a visão orgânica de corte baluartista e as necessidades da luta concreta, o Congresso apontou para o fortalecimento do partido optando por práticas reformistas que, em tese, iriam estimular o crescimento e a presença partidária.

O PCB não conseguiu entender que a derrota estratégica que sofreu advinha da opção feita pela luta política nos marcos da linha construída pela Declaração de Março de 1958 e pelas Resoluções do V Congresso. Pautado pela orientação desses documentos, o núcleo dirigente estagnado argumentava que os motivos da derrota em 1964 foram determinados pela concepção de fundo pequeno-burguesa e golpista que existia no partido e na compreensão da revolução sem a necessidade de participação das massas – como sendo uma ação de poucos e bons. Também considerava que havia uma visão de luta política imediatista, uma postura esquerdista que limitava a compreensão teórica e impedia que o partido aplicasse a linha política da Declaração de Março e do V Congresso e por ter, dentro do aparelho partidário, uma forte influência da ideologia pequeno-burguesa. Sendo assim, esse conjunto explicativo, baseado nos tópicos citados, respondia à complexa questão da derrota do PCB.

Em nossa compreensão, a inversão das causas e a não identificação dos equívocos contidos nos documentos partidários pautaram a reflexão do PCB

25. Paulo Douglas Barsotti, *Marx Defensor do Estado? O Estado, a Política e o Bonapartismo no Pensamento Marxiano*, São Paulo, FFLCH-USP, 2002 (Tese de Doutorado).

em uma perspectiva que o colocava no campo de um profundo reformismo que subalternizava o papel da classe trabalhadora e que pode ser qualificado como um politicismo tático que subjugava a estratégia. Esse arcabouço teórico-político, e o concreto da sua práxis, levou a uma incompreensão do que havia ocorrido com aquele que é o mais grave acontecimento político da segunda metade do século XX, no Brasil. Ao desvelar esse ciclo da história brasileira, percebemos que o PCB ampliou celeremente a ruptura com a sua tradição de luta, optando por se inserir nas bandeiras pela democracia formal e se afastando das tarefas que davam centralidade ao papel da classe operária na luta política. E a história não demorou muito para comprovar o equívoco desse horizonte que se firmou no partido: a crise político-orgânica e seus fundamentos teóricos no final dos anos 1980.

Referências Bibliográficas

Barsotti, Paulo Douglas. *Marx Defensor do Estado? O Estado, a Política e o Bonapartismo no Pensamento Marxiano*. São Paulo, FFLCH-USP, 2002 (Tese de Doutorado).

Carone, Edgard. *O PCB*. Vol. 3: *1964-1982*. São Paulo, Difel, 1982.

Chilcote, Ronald H. *Partido Comunista Brasileiro: Conflito e Integração*. Rio de Janeiro, Graal, 1982.

Coelho, Marco Antônio Tavares. *A Herança de um Sonho: As Memórias de um Comunista*. Rio de Janeiro, Record, 2000.

Koval, Boris. *História do Proletariado Brasileiro (1857 a 1967)*. São Paulo, Alfa-Ômega, 1982.

Mazzeo, Antonio Carlos. *Sinfonia Inacabada: A Política dos Comunistas no Brasil*. São Paulo, Boitempo, 1999.

Partido Comunista Brasileiro. *Uma Alternativa para a Crise Brasileira: Encontro Nacional pela Legalidade dos Comunistas do PCB*. São Paulo, Novos Rumos, 1984.

Pessoa, Reynaldo X. Carneiro (org). *PCB: Vinte Anos de Política (1958-1979): Documentos*. São Paulo, Lech, 1980.

Pinheiro, Milton. "O PCB no Movimento da História: Das Contradições dos Anos de Formação às Lutas Contra o Estado Novo". *Revista Novos Tempos*, n. 7, pp. 181-216, 2012.

Poulantzas, Nicos. *Poder Político e Classes Sociais*. Campinas, Unicamp, 2019.

Prado Jr., Caio. *A Revolução Brasileira: Perspectivas em 1977*. São Paulo, Brasiliense, 1978.

Souza, José Milton Pinheiro de. *O PCB e a Ruptura da Tradição: Dos Impasses das Formulações do Exílio ao Exílio da Política no Brasil (1971-1991)*. São Paulo, PUC-SP, 2014 (Tese de Doutorado).

Capítulo 10
O Fracasso dos Autodenominados "Renovadores" (1970-1980)

Anita Leocadia Prestes

Nos anos 1960/1970, o grupo de intelectuais próximos ao PCB (Partido Comunista Brasileiro) ou organicamente a ele ligados, que viria a se autodenominar de "renovadores", sofreu em certa medida a influência de três fatores: *1.* um primeiro contato com os escritos de György Lukács e a tese da "via prussiana"; *2.* a leitura de alguns textos de Antonio Gramsci e a adesão à sua tese da "revolução passiva"; e *3.* a influência das teses eurocomunistas[1]. Suas leituras desses autores ficariam marcadas, em maior ou menor grau, pela forte presença de ideias liberais nos setores oposicionistas da sociedade brasileira; sociedade em que as tradições autoritárias das classes dominantes impediram durante muito tempo a difusão das obras dos fundadores do marxismo.

Em março de 1970, o Comitê Estadual (CE) do PCB da Guanabara lançou documento, escrito por Armênio Guedes, mais tarde reconhecido como um dos iniciadores do movimento "renovador" desse partido e um dos seus principais formuladores. Foi considerado um documento seminal por muitos "renovadores" e vários analistas, pois teria dado início a essa corrente de comunistas que passaram a pensar a democracia (sem adjetivos) – para alguns

1. Ver, por exemplo, Carlos Alexandre Ramos, *A Democracia no Pensamento Político dos Comunistas Brasileiros: 1979-1987*, São Carlos, Ufscar, 2013, p. 146 (Tese de Doutorado).

a democracia política –, como o objetivo principal de sua política, inclusive como o caminho necessário para o socialismo no Brasil[2].

Um mês após o lançamento dessa "Resolução", suas principais teses foram reproduzidas em documento do Comitê Central (CC) do PCB. Em ambos os documentos era deixada de lado a estratégia revolucionária definida pelo partido, restringindo a ação dos comunistas à luta contra a ditadura e pela formação de uma frente antiditatorial. Tal coincidência de posições seria reveladora das relações, marcadas por aproximações e afastamentos, posteriormente consolidados no CC entre os "renovadores" e a maioria vacilante e inconsequente da direção partidária – o chamado "pântano" –, termo cunhado por Lenin em relação aos setores de "centro" nos partidos políticos[3].

O movimento "renovador" iniciado no Rio de Janeiro foi, em grande parte, desarticulado logo no início devido à violenta repressão policial que se abateu sobre a direção partidária nesse Estado e em particular pela necessária saída do país de Armênio Guedes, localizado por agentes do Departamento do Estado dos EUA.

Nos anos 1970, período em que o CC do PCB fora forçado pela perseguição policial a funcionar no exílio europeu, São Paulo passaria a ser o principal centro de atuação dos chamados "renovadores". A partir de 1976, sob a liderança do médico David Capistrano Filho, os partidários dessa corrente estiveram à frente da reorganização do partido nesse Estado, após a sua desarticulação levada a cabo pela repressão movida pela ditadura contra os comunistas. A direção do PCB fora liquidada e sua militância profundamente golpeada. A Comissão Estadual de Reorganização do PCB de São Paulo então formada ficaria composta por um pequeno grupo de intelectuais "renovadores", entre os quais, nas palavras de Gildo Marçal Brandão, David Capistrano Filho "iria se tornar seu principal dirigente; e em seguida, a cabeça política do que se convencionou chamar (inadequadamente) de 'eurocomunismo' no Brasil"[4]. Ao lado de David Capistrano Filho, o secretário político, estava Marco Au-

2. "Documento: Resolução Política do CE da Guanabara do PCB (Março de 1970)", *Temas de Ciências Humanas*, n. 10, pp. 71-91, 1981.
3. Anita Leocadia Prestes, *Luiz Carlos Prestes: Um Comunista Brasileiro*, São Paulo, Boitempo, 2015, pp. 427-430 e 468-469.
4. Gildo Marçal Brandão, "Meu Amigo David Capistrano", em Simone de Castro Tavares Coelho (org.), *Gildo Marçal Brandão: Itinerários Intelectuais*, São Paulo, Hucitec, 1999, p. 247, *apud* Marcos Paulo de Lucca Silveira, *Intelectuais e a Questão da Democracia no Brasil: Um Estudo a Partir da Revista Presença*, São Paulo, FFLCH-USP, 2012, p. 112 (Dissertação de Mestrado).

rélio Nogueira, assim como alguns outros "renovadores" que posteriormente seguiriam, muitas vezes, caminhos divergentes[5].

Enquanto isso, o CC reorganizado no exílio atravessava um período de grandes turbulências, provocadas por divergências que não eram novas, mas haviam se tornado mais sérias e mais explícitas. Luiz Carlos Prestes, o secretário-geral do PCB, desde 1958 fazia restrições à Declaração de Março daquele ano, embora esse documento, que fora fruto de um acordo político, tivesse contado com o seu apoio para ser aprovado pela direção partidária, com vistas a enfrentar a crise em sua militância resultante das denúncias contra Stalin feitas no XX Congresso do Partido Comunista da União Soviética (PCUS)[6].

Entre outras questões, era grande a preocupação de Prestes com um certo abandono dos objetivos revolucionários do partido, implícito na Declaração de Março, apontando o perigo de uma "tática reformista, que nos colocaria a reboque da burguesia". Em artigo publicado em *Voz Operária* na mesma ocasião, ele escreveu: "A crítica superficial de nossos erros políticos pode conduzir agora ao erro oposto, à preocupação exclusiva com o movimento que se processa gradualmente, abandonando a meta revolucionária da classe operária"[7].

A preocupação do secretário-geral do PCB era justificada, pois esse documento se tornaria um ícone de muitos "renovadores", para os quais ele inaugurara um novo estilo de atuação dos comunistas que, segundo suas próprias palavras, teriam passado a "fazer política". Raimundo Santos, ao comentar a "Resolução do CE da Guanabara" de março de 1970, que teria seguido o caminho "renovador" iniciado pela Declaração de Março, dizia tratar-se de um "texto expressivo do exemplo brasileiro de um partido revolucionário – o PCB – que se converte em partido da política", ou seja, que transita de "partido revolucionário a partido com vocação para a política"[8]. De acordo com tal concepção, lutar pela revolução e tentar construir as forças capazes de levá-la a bom termo não seria uma atividade política. Na realidade, para os "renova-

5. Marcelo Fontenelle e Silva, "Entrevista com Marco Aurélio Nogueira: Intelectuais e Comunistas no Brasil da Redemocratização", *Agenda Política*, vol. 9, n. 1, pp. 342-344, jan.-abr. 2021; Milce Ferreira de Moura, *A Questão Democrática no Contexto da Crise Orgânica do Partido Comunista Brasileiro* (PCB)*: 1979-1987*, Marília, FFC-Unesp, 2005, p. 79 (Dissertação de Mestrado).
6. Anita Leocadia Prestes, *Luiz Carlos Prestes*, p. 313.
7. *Idem*, p. 319.
8. Raimundo Santos, "A Defesa da Política nos Anos de Chumbo", em Lincoln de Abreu Penna (org.), *Manifestos Políticos do Brasil Contemporâneo*, Rio de Janeiro, E-Papers, 2008, pp. 303-307.

dores", "fazer política" consistia em realizar entendimentos no meio político e privilegiar a atuação junto aos setores burgueses em detrimento do trabalho de organização e mobilização dos trabalhadores.

Em documento de março de 1981, assinado pela Comissão Estadual de Reorganização do PCB/SP, liderada pelos "renovadores", afirmava-se que nos anos 1970 o PCB em São Paulo "optou claramente por fazer política, sendo a única das correntes de esquerda a manter essa opção com coerência e constância"[9]. Raimundo Santos, um dos fiéis defensores da Declaração de Março, escrevia que esse documento significou na prática o reencontro do PCB com a capacidade de fazer política, a valorização dos processos políticos, das instituições democrática etc.[10] O mesmo autor acrescentou:

> [...] surgia no PCB, cada vez mais visível, uma corrente logo conhecida como corrente renovadora, que começou a defender abertamente a democracia (sem adjetivos) como valor histórico-universal, numa complicada tentativa de substantivação da política pecebista para os novos tempos. Não articulados organicamente, mas portadores de um conjunto de ideias-chave compartilhadas, esses militantes, até meados dos anos 80, marcaram presença no PCB, ora servindo como "espantalho eurocomunista" para o setor conservador, a justificar o "centrismo autorreprodutivo" da ala pragmática do Comitê Central; ora servindo as suas ideias como base para que esse núcleo majoritário pudesse dotar o PCB de uma orientação mais eficaz no novo período de transição democrática[11].

No exílio havia duas questões principais que levaram Prestes ao confronto com a maioria do CC. Prestes considerava que, diante das transformações por que passara o capitalismo no Brasil, estava superada a estratégia nacional e democrática da revolução em duas etapas adotada de longa data pelo PCB, de acordo com a qual seria necessário liquidar a dominação imperialista e a presença do latifúndio para assegurar o desenvolvimento autônomo do capitalismo nacional e criar assim as condições para a revolução socialista. Enquanto isso os dirigentes do partido, aferrados à defesa corporativa do status quo dessa

9. "PCB/São Paulo: Dez Anos de Política. O Futuro Imediato", em Reynaldo X. Carneiro Pessoa (org.), *PCB: Vinte Anos de Política (1958-1979): Documentos*, São Paulo, Lech, 1980, p. 170.

10. Raimundo Santos, *Modernização e Política*, Rio de Janeiro, Forense Universitária/UFRJ, 1996, p. 35, *apud* Milce Ferreira de Moura, *A Questão Democrática no Contexto da Crise Orgânica do Partido Comunista Brasileiro (PCB)*, p. 29.

11. Raimundo Santos, *O Pecebismo Inconcluso: Escritos sobre Ideias Políticas*, Rio de Janeiro, Universidade Rural, 1994, p. 37.

direção, se recusavam de maneira categórica a rever essas teses aprovadas mais uma vez no último congresso partidário[12].

Havia também a chamada "questão democrática", ou seja, o caráter da democracia a ser defendida pelos comunistas e por cuja implantação deveriam empenhar-se na luta contra a ditadura militar. Enquanto a maioria do CC restringia-se à defesa de uma transição "evitando tensões" do regime militar ao estado de direito da democracia burguesa preexistente no Brasil, Prestes considerava que os comunistas deveriam lutar por uma democracia mais avançada – uma "nova democracia" nas suas palavras – que pudesse abrir caminho para transformações mais profundas da sociedade brasileira, rumo ao socialismo:

> A conquista de um regime democrático não deverá significar [...] uma simples volta ao passado. A frágil e vulnerável democracia de 1964 não corresponde mais aos anseios do povo. A luta de todos os patriotas e democratas só pode ser por fim a derrota definitiva do fascismo e a inauguração de uma nova democracia, que assegure amplas liberdades para o povo, uma democracia econômica, política e social, que possibilite a solução dos problemas nacionais mais graves e imediatos[13].

A seguir, Prestes esclareceu o conteúdo dessa "nova democracia" por ele proposta:

> Trata-se da conquista de uma democracia que seja estável, que impeça a volta do fascismo. Para isso, a nova democracia terá que tomar medidas que limitem o poder econômico dos monopólios e dos latifundiários e que se orientem no sentido de sua completa liquidação. [...] A nova democracia deverá ser o regime estabelecido por um governo das forças da frente única patriótica e antifascista, abrirá caminho para as profundas transformações de caráter democrático e anti-imperialista, já hoje exigidas pela sociedade brasileira[14].

Para o êxito de tal objetivo, o secretário-geral do PCB enfatizava a necessidade de concentrar os esforços da militância comunista na organização e na mobilização dos trabalhadores, numa posição oposta à dos defensores de "fazer política", ou seja, de concentrar a atuação dos dirigentes do partido nos entendimentos com os políticos da burguesia liberal. Palco de tais diver-

12. Anita Leocadia Prestes, *Luiz Carlos Prestes*, pp. 412-420 e 446-447.
13. "Manifesto de Prestes" [29 out. 1974], *Voz Operária*, n. 118, dez. 1974 (Suplemento).
14. *Idem*.

gências, a direção do PCB no exílio ficaria dividida entre Prestes (e o pequeno grupo que o apoiava) e a maioria do CC, o "pântano", que oscilava e buscava a conciliação entre as posições do secretário-geral e do grupo simpático ao eurocomunismo composto apenas por Armênio Guedes, um dos pioneiros do movimento "renovador", e Zuleika Alambert[15].

Guedes era respaldado pela Assessoria do CC, por ele criada, composta por alguns "renovadores" exilados na Europa como Carlos Nelson Coutinho, Leandro Konder, Mauro Malin, Ivan Otero Ribeiro, Antônio Carlos Peixoto, entre outros. Tratava-se de um grupo de intelectuais cujas teses "renovadoras" estavam em consonância com as posições eurocomunistas então em moda, oriundas principalmente do Partido Comunista Italiano. Em particular, coincidiam na defesa de uma democracia sem adjetivações como caminho para o socialismo – uma leitura tendenciosa e deturpadora das ideias de Antonio Gramsci. O artigo de Carlos Nelson Coutinho, publicado em 1979, intitulado "A Democracia como Valor Universal", foi expressão desse movimento "renovador" influenciado pelas teses eurocomunistas e obteve grande repercussão junto à intelectualidade de esquerda no Brasil, embora o mesmo não ocorresse fora dos meios intelectuais, ou seja, no conjunto da militância partidária[16].

A comparação de certos documentos do CC do PCB no exílio (1976-1979) e logo após seu regresso ao Brasil (1979), nos quais os "renovadores" encabeçados por Armênio Guedes e a Assessoria conseguiram impor algumas de suas teses, com os escritos produzidos pelos "renovadores" da Comissão de Reorganização do PCB/SP no mesmo período (1976-1981) evidencia inegáveis coincidências, embora a predominância dos "renovadores" no CC por vezes fosse abafada pela conciliação com o grupo de Prestes praticada pelo "pântano", numericamente majoritário[17].

Entre tais coincidências, destacava-se a defesa da democracia sem adjetivações, ou seja, da "democracia política" burguesa como objetivo a ser conquistado com o final do regime militar através de um processo de negociação com as lideranças da burguesia liberal e, inclusive, com setores militares. Tal concepção se coadunava com a ideia de "fazer política", amplamente prestigia-

15. Anita Leocadia Prestes, *Luiz Carlos Prestes*, pp. 468-469.
16. Carlos Nelson Coutinho, "A Democracia como Valor Universal", *Encontros com a Civilização Brasileira*, Rio de Janeiro, Civilização Brasileira, 1979, vol. 9.
17. Reynaldo X. Carneiro Pessoa (org.), *PCB: Vinte Anos de Política (1958-1979)*; Marco Aurélio Nogueira, David Capistrano Filho e Cláudio Guedes, *O PCB em São Paulo: Documentos (1974-1981)*, São Paulo, Lech, 1981.

da pelos setores simpáticos aos "renovadores". No empenho por esses objetivos postulava-se a "unidade partidária" em torno das resoluções aprovadas no VI Congresso do PCB (1967), unidade que só poderia ser alcançada tendo como base uma política correta, em sintonia com as transformações em curso no país, algo que naquele período comprovadamente inexistia.

O apelo à convocação de uma Assembleia Constituinte sem condicioná-la à prévia derrota da ditadura, conforme era proposto por Prestes, configurava outra coincidência entre as posições "renovadoras" por vezes vitoriosas no CC e as teses presentes nos documentos dos "renovadores" paulistas e de alguns dos seus remanescentes no Rio de Janeiro. David Capistrano Filho, dirigente não só da Comissão de Reorganização do PCB em São Paulo, mas também fundador e redator do jornal *Voz da Unidade* – criado pelos "renovadores" paulistas e depois adotado pelo Comitê Central do partido – escrevia ser um "falso problema" a discussão de Constituinte com ou sem João Figueiredo, o ditador de plantão naquele momento[18].

Na opinião de Prestes, uma Constituinte convocada sob a ditadura seria manipulada pelo ditador de plantão e os setores militares dominantes. Seria, portanto, uma capitulação diante das lideranças burguesas liberais dispostas a um entendimento sem princípios com a ditadura. Segundo o secretário-geral do PCB, os comunistas deveriam lutar pela derrota da ditadura como condição prévia à convocação de uma Constituinte efetivamente livre e democrática, em correspondência aos interesses da maioria do povo brasileiro:

> Sou contra a convocação de uma Assembleia Constituinte com Figueiredo. Enquanto não houver liberdade de organização para todas as correntes políticas, não é possível convocar uma Assembleia Constituinte que seja capaz de representar efetivamente a vontade da nação e possa decidir soberanamente sobre os destinos do país[19].

A seguir Prestes definiu as condições necessárias para tal convocação:

> A revogação das leis de exceção, não apenas a Lei de Segurança Nacional, mas as próprias salvaguardas constitucionais, que permitem ao Poder Executivo decretar o estado de emergência sem consulta ao Parlamento, [...] assegurar o direito de greve para os trabalha-

18. David Capistrano Filho, *Voz da Unidade*, vol. 34, 21-27 nov. 1980, *apud* Carlos Alexandre Ramos, *A Democracia no Pensamento Político dos Comunistas Brasileiros*, p. 207.
19. *Jornal do Brasil*, Rio de Janeiro, 24 out. 1979, em Dênis Moraes (org.), *Prestes com a Palavra*, Campo Grande, Letra Livre, 1997, pp. 233-237.

dores, a independência sindical do Ministério do Trabalho, livre organização de partidos políticos de todas as correntes de opinião[20].

Da mesma maneira, a legalização do Partido Comunista provocava divergências entre Prestes e a maioria do CC, uma vez que tanto o "pântano" quanto os "renovadores" no exílio consideravam possível sua conquista sem a derrota prévia da ditadura[21], atitude que, de acordo com o secretário-geral, significaria aceitar um entendimento espúrio com o regime militar:

> A ditadura jamais concederá a legalidade sem luta. O que ela tenta, nesse momento, é forçar o PCB a um acordo. Acordo este que significaria um compromisso com a ditadura, incompatível com o caráter revolucionário e internacionalista do PCB, compromisso que o colocaria a reboque da burguesia e a serviço da ditadura, e inaceitável, portanto, à classe operária e a todos os verdadeiros comunistas[22].

Os "renovadores" de São Paulo também postulavam a legalidade do PCB sem condicioná-la à eliminação prévia da ditadura[23]. Com a aprovação da anistia, em agosto de 1979, a volta dos exilados ao país e o acirramento dos conflitos no âmbito do CC do PCB, Luiz Carlos Prestes, convencido de que a direção partidária abandonara os objetivos revolucionários do partido, lançava a "Carta aos Comunistas" (mar. 1980) – documento de denúncia desse abandono, cuja evidência tornara-se inquestionável[24].

Diante da posição assumida por Prestes, a aliança entre os "renovadores" de São Paulo e os da Assessoria (de regresso ao Brasil) e o "pântano" sairia momentaneamente reforçada no combate ao secretário-geral, acusado de divisionismo contra a unidade do partido e desrespeito aos seus estatutos. A bandeira da unidade sem princípios era retomada contra Prestes. Em documento dos "renovadores" paulistas afirmava-se que o "prestismo" era a ideologia do golpismo[25]. A aliança dos "renovadores" com o "pântano" tornou-se pública

20. *Idem, ibidem.*
21. Anita Leocadia Prestes, *Luiz Carlos Prestes*, pp. 487-488.
22. Luiz Carlos Prestes, *Folha de S. Paulo*, São Paulo, 26 mar. 1980, p. 5.
23. Marco Aurélio Nogueira, David Capistrano Filho e Cláudio Guedes (orgs.), *O PCB em São Paulo*, pp. XI, 35, 47-50, 53-57 e 62.
24. Luiz Carlos Prestes, *Carta aos Comunistas*, São Paulo, Alfa-Ômega, 1980; Anita Leocadia Prestes, *Luiz Carlos Prestes*, pp. 485-497.
25. Marco Aurélio Nogueira, David Capistrano Filho e Cláudio Guedes (orgs.), *O PCB em São Paulo*, pp. 205-206, 212, 220, 222 e 227.

com a edição em São Paulo do semanário *Voz da Unidade*, órgão central do PCB; um dos seus fundadores foi David Capistrano Filho e vários "renovadores" compunham a redação, inclusive Armênio Guedes, que dirigira no exílio o seu congênere *Voz Operária*.

Em maio de 1980, *Voz da Unidade* anunciou a formação do Coletivo de Dirigentes Comunistas – nova designação do CC do PCB – e a escolha de Giocondo Dias para seu coordenador, pois Prestes, rompido com a direção partidária, não atendera a sucessivas convocações do órgão dirigente máximo para discussão. Foi declarada a vacância do cargo de secretário-geral do CC do PCB, mas, ao não adotar nenhuma medida punitiva, a direção partidária buscava a reconciliação com Prestes, cuja presença era fundamental para a unidade e o prestígio dessa direção.

Nesse período de maior aproximação entre o "pântano" e os "renovadores", a direção do PCB esteve abertamente comprometida com o sindicalismo atrasado e manipulado pelo Estado e os patrões liderado por Joaquim dos Santos Andrade, o Joaquinzão do Sindicato dos Metalúrgicos de São Paulo, e por seu sucessor Luiz Antônio de Medeiros, e mostrou-se empenhada no combate à Oposição Sindical, cuja política, apoiada por Prestes, era vista como "esquerdista".

O "pântano", sob a direção de Giocondo Dias, mantinha o controle da máquina partidária e, uma vez constatado o afastamento definitivo de Prestes, não estava disposto a admitir a ascensão aos cargos de direção do partido dos intelectuais "renovadores". Ainda em 1980, Armênio Guedes fora afastado da Comissão Executiva do Coletivo de Dirigentes Comunistas; posteriormente os "renovadores" seriam afastados da redação de *Voz da Unidade*, entregue aos representantes do "pântano". Em setembro de 1983, houve a destituição de onze dirigentes do Coletivo Estadual de São Paulo, seguida pelo rompimento do Coletivo de Intelectuais do Rio de Janeiro, incluindo Armênio Guedes. Os "renovadores" estavam definitivamente excluídos das fileiras do PCB, cuja direção ficara entregue aos remanescentes do "pântano" e mais alguns elementos atraídos pelo grupo encabeçado por Giocondo Dias.

Diante dessa exclusão, os "renovadores" iriam se rearticular em torno da criação da revista *Presença* (1983-1992), concebida sob a inspiração da tese de Carlos Nelson Coutinho da democracia como valor universal e sob a liderança de David Capistrano Filho, que em artigo publicado no primeiro número da revista afirmava que os comunistas deveriam subordinar seus interesses à luta pela "democracia política"[26]. *Presença* foi editada no início em São Paulo, depois no Rio de Janeiro, com a participação de numerosos intelectuais "renovadores", cujas posições nem sempre seriam coincidentes. O caráter pretensamente teórico da publicação parece ter contribuído para o afastamento de David Capistrano Filho, tudo indica mais preocupado com a atuação prática no movimento popular e sindical.

A partir de janeiro de 1984, por iniciativa de David Capistrano Filho e João Guilherme Vargas Netto, é criado em São Paulo o jornal *A Esquerda* com o subtítulo *Democracia Rumo ao Socialismo*[27]. Sua direção era exercida por uma "Coordenação Política de *A Esquerda*" e, embora a orientação política continuasse essencialmente a mesma que fora adotada pelos "renovadores", havia nas matérias publicadas em suas páginas (1984-1986) a preocupação de orientar os leitores a uma maior atuação direta no movimento popular e sindical. Mas a direção de *A Esquerda*" continuava, ainda em junho de 1984, a apoiar no movimento sindical o grupo "pelego" de Joaquinzão nas eleições do Sindicato dos Metalúrgicos de São Paulo, acusando a Oposição Sindical de "uma prática sindical sem grandeza, sectária, partidária e divisionista"[28].

Em 1986, *A Esquerda* deixa de circular e alguns de seus dirigentes, inclusive David Capistrano Filho, ingressam no PT, afirmando que reconheciam na sua proposta partidária "uma consistente intimidade com as lutas das massas trabalhadoras, urbanas e rurais", assim como "uma orientação anticapitalista, de luta pelo socialismo"[29] – algo extremamente questionável do ponto de vista de uma concepção revolucionária consequente, baseada nas teses fundamentais do marxismo.

O movimento "renovador" fora excluído do PCB e não se firmara como um grupo independente. Durante os anos 1980 o PCB sobreviveu, decadente e adesista ao Governo, dirigido pelos remanescentes do "pântano", cujo controle da máquina partidária lhes permitiu garantir nos congressos partidários até 1992 a reeleição ao CC. Nesse ano ocorreu a cisão encabeçada por Roberto

26. David Capistrano Filho, *Presença*, n. 1, *apud* Marcos Paulo de Lucca Silveira, *Intelectuais e a Questão da Democracia no Brasil*, p. 107.

27. *Idem*, p. 108.

28. "Estamos com a Chapa 1 dos Metalúrgicos de São Paulo", *A Esquerda*, n. 10, 7-21 jun. 1984, em David Capistrano Filho, Ubiratan de Paula Santos e Breno Altman (orgs.), *Há o que Fazer: A Esquerda na Nova República*, São Paulo, Hucitec, 1986, pp. 127-128.

29. David Capistrano Filho, Ubiratan de Paula Santos e Breno Altman (orgs.), *Há o que Fazer*, p. 16.

Freire com a fundação do Partido Popular Socialista (PPS) e a manutenção da sigla do PCB por um grupo minoritário de militantes, entre os quais havia alguns membros do CC que fora coordenado por Giocondo Dias e Salomão Malina, conhecidos articuladores do "pântano".

Se a "democracia política" como caminho para o socialismo fracassou na Itália e no continente europeu, dando lugar ao avanço de correntes políticas autoritárias e neofascistas, no Brasil, uma sociedade marcada por gritantes desigualdades sociais e classes dominantes particularmente violentas, uma sociedade tradicionalmente excludente da maioria da população, com mais razão esse caminho se revelaria fadado ao fracasso. Apostar em um processo de permanente ampliação da "democracia política", ou seja, da democracia representativa burguesa, que poderia, através da acumulação de forças chegar à conquista do socialismo, não passou de uma utopia fora da realidade e de uma enorme ilusão na possibilidade de, nas condições brasileiras, obter soluções pacíficas nos conflitos cada vez mais sérios entre os donos do capital e os trabalhadores.

Referências Bibliográficas

Capistrano Filho, David; Santos, Ubiratan de Paula & Altman, Breno (orgs.). *Há o que Fazer: A Esquerda na Nova República*. São Paulo, Hucitec, 1986.

Coutinho, Carlos Nelson. "A Democracia como Valor Universal". *Encontros com a Civilização Brasileira*. Rio de Janeiro, Civilização Brasileira, 1979, vol. 9.

"Documento: Resolução Política do CE da Guanabara do PCB (Março de 1970)". *Temas de Ciências Humanas*, n. 10, pp. 71-91, 1981.

"Estamos com a Chapa 1 dos Metalúrgicos de São Paulo". *A Esquerda*, n. 10, 7-21 jun. 1984. *In*: Capistrano Filho, David; Santos, Ubiratan de Paula & Altman, Breno (orgs.). *Há o que Fazer: A Esquerda na Nova República*. São Paulo, Hucitec, 1986.

"Manifesto de Prestes" [29 out. 1974]. *Voz Operária*, n. 118, dez. 1974 (Suplemento).

Moraes, Dênis (org.). *Prestes com a Palavra*. Campo Grande, Letra Livre, 1997.

Moura, Milce Ferreira de. *A Questão Democrática no Contexto da Crise Orgânica do Partido Comunista Brasileiro (PCB): 1979-1987*. Marília, FFC-Unesp, 2005 (Dissertação de Mestrado).

Naves, Márcio. "Contribuição ao Debate sobre a Democracia". *Temas de Ciências Humanas*, n. 10, 1981, pp. 111-128.

Nogueira, Marco Aurélio; Capistrano Filho, David & Guedes, Cláudio (orgs.). *O PCB em São Paulo: Documentos (1974-1981)*. São Paulo, Lech, 1981.

"PCB/São Paulo: Dez Anos de Política. O Futuro Imediato". *In*: PESSOA, Reynaldo X. Carneiro (org.). *PCB: Vinte Anos de Política (1958-1979): Documentos*. São Paulo, Lech, 1980, pp. 169-177.

PENNA, Lincoln de Abreu (org.). *Manifestos Políticos do Brasil Contemporâneo*. Rio de Janeiro, E-Papers, 2008.

PESSOA, Reynaldo X. Carneiro (org.). *PCB: Vinte Anos de Política (1958-1979): Documentos*. São Paulo, Lech, 1980.

PRESTES, Anita Leocadia. *Luiz Carlos Prestes: Um Comunista Brasileiro*. São Paulo, Boitempo, 2015.

PRESTES, Luiz Carlos. *Carta aos Comunistas*. São Paulo, Alfa-Ômega, 1980.

RAMOS, Carlos Alexandre. *A Democracia no Pensamento Político dos Comunistas Brasileiros: 1979-1987*. São Carlos, Ufscar, 2013 (Tese de Doutorado).

SANTOS, Raimundo. *O Pecebismo Inconcluso: Escritos sobre Ideias Políticas*. Rio de Janeiro, Universidade Rural, 1994.

______. "A Defesa da Política nos Anos de Chumbo". *In*: PENNA, Lincoln de Abreu (org.). *Manifestos Políticos do Brasil Contemporâneo*. Rio de Janeiro, E-Papers, 2008.

SILVA, Marcelo Fontenelle e. "Entrevista com Marco Aurélio Nogueira: Intelectuais e Comunistas no Brasil da Redemocratização". *Agenda Política*, vol. 9, n. 1, pp. 338-356, jan.-abr. 2021.

SILVEIRA, Marcos Paulo de Lucca. *Intelectuais e a Questão da Democracia no Brasil: Um Estudo a Partir da Revista Presença*. São Paulo, FFLCH-USP, 2012 (Dissertação de Mestrado).

Capítulo 11
Uma Breve História dos Comunistas Paulistas (1976-1986)

Breno Altman

A onda repressiva que se abateu sobre o PCB nos anos 1970 teve seu epicentro em São Paulo. De 1974 a 1976, o aparato de segurança da ditadura praticamente destruiu as estruturas partidárias no Estado. De estudantes a operários, de intelectuais a policiais militares, quase todas as células comunistas foram duramente afetadas. A direção regional acabou dispersada, devido à prisão ou à fuga obrigatória de seus principais integrantes. O primeiro secretário do Comitê Estadual, Walter Ribeiro, foi assassinado, e está desaparecido até hoje.

A reorganização da seção paulista dos comunistas teria início, ironicamente, nas celas do DOI-Codi (Departamento de Operações de Informações – Centro de Operações de Defesa Interna), na Rua Tutoia, em São Paulo. Desde o final de 1975 ali estavam detidos vários jovens militantes dispostos a reconstruir e renovar o partido. O mais renomado era o médico pernambucano David Capistrano da Costa Filho, então com 27 anos. Apesar da pouca idade, tinha longa história militante, iniciada na pré-adolescência, na convivência com uma família de revolucionários.

David Pai era um lendário dirigente do partido. Capturado em 1974, tentando retornar clandestinamente do exílio, foi destroçado e assassinado na chamada Casa da Morte, em Petrópolis, segundo informações apuradas pela Comissão Nacional da Verdade. Sargento da Aeronáutica, tinha participado da rebelião militar de 1935. Depois de algum tempo preso, integrou-se às Brigadas Internacionais, durante a guerra civil na Espanha (1936-1939), ao final da qual se incorporou à resistência francesa contra o nazismo. De regresso ao Brasil, nos anos 1940, foi eleito para o Comitê Central do PCB. Casou-se com Maria Augusta, também combatente revolucionária, com quem teve três filhos. Um deles, o mais velho, herdaria seu nome e caminhada.

David Filho era um crítico da linha política emanada pelo Comitê Central antes e depois do golpe de 1964. O pai também, embora de forma mais discreta, como obrigavam as regras do centralismo democrático. Nenhum dos dois fora convencido a aderir ao campo da luta armada, o que os mantinha dentro do partido. O filho chegaria a participar, por certo tempo, da chamada Corrente Revolucionária, liderada por Apolônio de Carvalho e Mário Alves, de cuja costela nasceria o PCBR (Partido Comunista Brasileiro Revolucionário), uma das dissidências guerrilheiras da legenda guiada por Luiz Carlos Prestes. A princípio, também Carlos Marighella, comandante dos comunistas em São Paulo até 1966, participava da mesma coalizão, com Joaquim Câmara Ferreira e outros que desembocariam na Ação Libertadora Nacional (ALN), descontentes com o colapso do PCB, praticamente sem luta, frente à sublevação dos generais.

O pensamento do médico pernambucano iria amadurecer ao redor de um eixo distinto daquela discussão sobre a forma de resistência ao regime militar, se armada ou de massas, insurgente ou institucional. Seus olhos repousavam sobre a velha análise que o PCB fazia, desde o final dos anos 1920, sobre o desenvolvimento do capitalismo brasileiro e a estratégia revolucionária a ser seguida, cuja elaboração mais sofisticada viria à luz com a chamada Declaração de Março de 1958 e as resoluções do V Congresso (1960).

A concepção pecebista tinha sua origem nas teses do VI Congresso da Internacional Comunista, de 1928, acerca dos países coloniais e neocoloniais da Ásia, África e América Latina. A chave de leitura era relativamente simples. Essas nações ainda não teriam chegado ao capitalismo, apresentando a dominância de relações feudais e semifeudais, estabelecidas nos marcos de regimes coloniais. Deveria haver, portanto, na estratégia dos comunistas destes países, uma primeira etapa cujo objetivo seria a libertação nacional, a revolução democrático-burguesa ou qualquer conceito assemelhado – a terminologia iria variar ao longo das décadas sucessivas.

De toda maneira, o que estaria em questão não era a ascensão imediata do proletariado à condição de classe dirigente e a emergência de um processo revolucionário que conduzisse os trabalhadores ao poder e a sociedade ao socialismo. Nada disso. A hora e a vez caberiam à "burguesia nacional", com a qual a classe operária, o campesinato e os assalariados médios deveriam formar uma aliança estável, para triunfar sobre o imperialismo e o latifúndio, permitindo que o desenvolvimento capitalista viesse a ocorrer sem as amarras ditadas pelo feudalismo periférico.

Nesse esquema de raciocínio, enquanto o setor agrário estaria na órbita do neocolonialismo, em função das relações de troca que permitiam a exportação de café e outras commodities, associada à importação de bens industriais, a burguesia das fábricas seria potencialmente antagônica ao modelo da economia dependente. Sua suposta necessidade em romper com a preponderância agrarista, superando uma divisão de trabalho que impedia a industrialização e estabelecendo um moderno mercado de massas, seria a base objetiva para uma coalizão com as classes trabalhadoras.

Tal equação viria a instruir táticas à esquerda e à direita, em um pêndulo infernal, dos anos 1920 aos 1980, sempre a partir da identificação que a principal contradição do país era entre as forças motoras do desenvolvimento capitalista e as relações arcaicas do campo em sua conexão com o imperialismo. A cada derrota, um giro tático, mas sem revisão da estratégia democrático-nacional, ou qualquer um de seus apelidos eventuais.

Houve momentos em que a pedra angular era chamada de amplitude, quando se tratava de colocar os trabalhadores como linha auxiliar da burguesia nacional, apoiando um programa ancorado na hipótese de um capitalismo que democratizasse o Estado, a propriedade da terra, o consumo e os direitos sociais. Partia-se da concepção de que essa era a única saída para que o capítulo brasileiro da acumulação de capital pudesse avançar com rapidez e profundidade. O PCB pregava, nessas horas, o reboquismo de classe, a subordinação das lutas sociais aos pactos institucionais, o pacifismo e até mesmo a união nacional, abandonando qualquer perspectiva concreta de hegemonia.

Esse comportamento, por exemplo, foi característico do período 1945-1947, entre o fim do Estado Novo e o cancelamento do registro eleitoral do partido. Também era a receita da "Declaração de Março de 1958", determinante no ciclo precedente ao golpe de 1964, que claramente fixava, em última instância, a subordinação do proletariado à burguesia nacional, como está registrado no trecho abaixo:

> É indispensável, entretanto, jamais perder de vista que a luta dentro da frente única é diferente, em princípio, da luta que a frente única trava contra o imperialismo norte-americano e as forças entreguistas. Neste último caso, o objetivo consiste em isolar o inimigo principal da nação brasileira e derrotar a sua política. Já a luta do proletariado dentro da frente única não tem por fim isolar a burguesia nem romper a aliança com ela, mas visa defender os interesses específicos do proletariado e das vastas massas, simultaneamente ganhando a própria burguesia e as demais forças para aumentar a coesão da frente única. Por se travar dentro da frente única, esta luta deve ser conduzida de modo adequado, através da crítica ou de outras formas, evitando elevar as contradições internas da frente única ao mesmo nível da contradição principal, que opõe a nação ao imperialismo norte-americano e seus agentes[1].

Quando esse tipo de orientação fracassava, exatamente porque a lógica reinante derivava de uma fantasia estranha à formação histórica brasileira, imperava a confusão. Ao contrário da embocadura teórica dominante no PCB, que via o monopólio da terra e a dominação imperialista como impeditivos do desenvolvimento capitalista, ocorria exatamente o oposto. A acumulação era alavancada precisamente pela superexploração do trabalho, a internalização de capitais estrangeiros e a renda da exportação agroextrativista, em um processo que foi apagando quaisquer devaneios nacionalistas ou autonomistas de uma burguesia local paulatinamente incorporada à dinâmica da dependência.

De um ponto de vista estratégico, não havia chão para a frente única proposta pelos comunistas, invariavelmente surpreendidos – em suas fases frente-amplistas – por facadas nas costas desfechadas por frações burguesas consideradas aliadas, mas que preferiam se compor com "o imperialismo norte-americano e as forças entreguistas". Ao longo da trajetória do PCB, o malogro das táticas de concertação impunha uma guinada à esquerda a partir dos mesmos fundamentos analíticos. A autocrítica mais comum, depois do colapso da amplitude, era considerar que havia sido superestimada a disposição político-ideológica da burguesia interna em liderar a revolução nacional e democrática.

Seria tarefa do proletariado, portanto, criar um movimento próprio que aprofundasse o combate ao imperialismo e ao latifúndio, forçando setores burgueses a fazerem uma escolha entre o campo do imperialismo e a coalizão

1. "Declaração sobre a Política do Partido Comunista Brasileiro, Março de 1958", em Reynaldo X. Carneiro Pessoa (org.), *PCB: Vinte Anos de Política (1958-1979): Documentos*, São Paulo, Livraria Editora Ciências Humanas, 1980, p. 17.

nacional-popular capaz de parir uma suposta via democrática de desenvolvimento capitalista. Com tinturas diferentes, a rebelião militar de 1935, carimbada como Intentona Comunista pela direita, e o chamado Manifesto de Agosto (1950) corresponderam à versão esquerdista da sempiterna compreensão do Brasil como uma nação neocolonial ou pré-capitalista, sequioso por uma revolução burguesa que o colocasse na linha de tempo do capitalismo mundial.

O movimento pendular nunca parava, da moderação à radicalização e dessa novamente à moderação, sem que houvesse energia, elaboração e compromisso coletivos para conceber uma autocrítica mais profunda e autônoma, refratária à importação de modelos teóricos sem eficácia para a realidade brasileira. De comum, entre outros cromossomos, os polos da dualidade tática do PCB tinham relativamente pouco consideração pela semeadura de um movimento socialista de massas, independente e classista, que pudesse enfrentar o Estado oligárquico-burguês. Nas temporadas moderadas, a prática política tendia a resvalar para a institucionalização, o eleitoralismo e o cupulismo. Nas séries radicalizadas, emergia uma certa preferência pelo putschismo e a ação vanguardista de pequenos círculos, incluindo a luta armada.

Alguns estudos responsabilizam a influência militar sobre o partido, o peso do tenentismo de esquerda, por essas últimas características. Tudo indica ser uma conclusão incompleta e exagerada. A percepção estratégica de que ainda não era a hora da hegemonia dos trabalhadores possivelmente explique com maior clareza a timidez e a impaciência na organização popular. No fundo, girando à direita ou à esquerda, toda a política comunista era embalada pela expectativa de uma revolução burguesa que levasse o Brasil a algum lugar entre o julho francês de 1789 e o fevereiro russo de 1917, para somente então tratar da direção proletária, da independência de classe e da alternativa socialista.

Ora operando como linha auxiliar, ora como motor de arranque da expectativa nacional-libertadora, o PCB foi se autobloqueando como opção revolucionária de massas. Evidentemente não se pode subestimar a permanente repressão do Estado contra os comunistas, que atuaram na clandestinidade em quase todo o período de 1922 a 1986. Mesmo a perseguição, fruto de golpes e ditaduras, contudo, deve ser compreendida dentro de um contexto no qual o partido objetivamente não foi capaz de abolir, atenuar ou neutralizar os instrumentos mais antidemocráticos das classes dominantes.

Retornemos, porém, às masmorras do DOI-Codi, em 1975 e 1976. Assentado sobre essa interpretação da história comunista, associada à crítica contra a burocratização e o "mandonismo" que contaminavam a organização partidária, David Capistrano atrairia um grupo de companheiros à perspectiva de reconstruir o PCB em São Paulo assim que saíssem da cadeia. O plano propunha três elementos definidores: a hegemonia da classe trabalhadora na luta democrática e anti-imperialista; a abertura do partido e suas formas internas de existência para uma política de massas; a consolidação do socialismo como objetivo estratégico.

Esse núcleo iria formar a Comissão Estadual de Reorganização (CER), reconhecida a duras penas pelo Comitê Central (CC), então no exílio, em ritmo lento e negociado. A consolidação da direção paulista viria a ocorrer em 1979, no desfecho de uma conferência na qual seria eleito o novo Comitê Estadual (CE), com David Capistrano na posição de secretário político, o principal cargo de comando. Apesar das turbulências, internas e externas, o processo foi concluído com indiscutível sucesso. Centenas de militantes, muitos deles sobreviventes da perseguição ditatorial, retornavam às fileiras partidárias. Novos contingentes de estudantes, intelectuais e operários tinham sido recrutados. Em três anos de trabalho, mesmo na clandestinidade, os comunistas paulistas se tornaram a seção estadual mais prestigiosa e influente do PCB daquela época.

Pela primeira vez desde o golpe militar, o partido voltava a ter destaque no movimento operário, especialmente por conta das células organizadas entre os metalúrgicos da capital e da formação de uma agência sindical de comunicação, a Oboré, fundada e dirigida por Sérgio Gomes. A direção estadual se colava nas principais lutas sociais, com o próprio secretário político participando do comando da greve geral do funcionalismo público (1979), representando os trabalhadores da saúde. Diversas iniciativas culturais paulatinamente recuperavam o contato com a intelectualidade de esquerda, em particular com médicos sanitaristas, também regidos por David Capistrano Filho, que seriam a coluna vertebral, dez anos depois, da criação do Sistema Único de Saúde.

Os resultados eleitorais, na disputa parlamentar de 1978, ainda sob o bipartidarismo, igualmente eram promissores. Menos de dois anos após ter sido praticamente liquidado, o PCB de São Paulo elegia, pelo MDB, os deputados federais Alberto Goldman e Tidei de Lima, além do estadual Antonio Rezk. Os três seriam reeleitos em 1982, aos quais se somariam dois novos recrutamentos, o federal Ralph Biasi e o estadual Sérgio Santos. Pela primeira vez em quinze anos, aliás, em vez de viver um fluxo de saída na sua militância, o partido paulista celebrava o retorno de grupos e quadros que tinham se somado a antigas dissidências ou simplesmente se afastaram da agremiação.

Seria também sobre os ombros dos comunistas paulistas que o partido criaria, em 1980, um semanário legal, a *Voz da Unidade*. O jornal sofreria, logo depois, intervenção do CC, quando a luta interna se agudizou e a cúpula nacional deu início à ofensiva contra a direção local. Antes disso, atos públicos e festas bastante concorridos foram promovidos, tanto para recepcionar quem chegava do exílio quanto para impulsionar a imprensa partidária e a campanha pela legalização do PCB.

Muitos eram os obstáculos para a reorganização. Os mais graves estavam na manutenção do aparato repressivo da ditadura, na tendência do partido em se esconder nas sombras, no medo persistente de cadeia e morte, na cizânia provocada pelo balanço das quedas e dos comportamentos individuais sob tortura. Mas havia obstáculos relevantes de natureza interna. O partido, além de terrivelmente afetado pelas prisões e assassinatos dos anos anteriores, atravessava grave luta interna.

O primeiro enfrentamento da CER foi regional. Um pequeno regimento de militantes históricos considerava que o PCB estava falido e que era hora de construir um outro partido de esquerda, ao qual os comunistas se somariam imediatamente, como uma tendência interna. Um partido revolucionário e socialista, mas concebido como uma frente orgânica de todo o arco da esquerda marxista. Esses filiados acabaram apelidados de "horizontalistas", por sua oposição à reorganização do partido. Um desses dissidentes, Max Altman, chefe do influente setor judeu por dez anos, proporia a participação dos comunistas no PT desde quando esse projeto começou a ser colocado de pé. Participou do primeiro encontro da legenda, no Colégio Sion (1980), como observador anônimo. Por disciplina e lealdade, depois que sua fração foi derrotada e dissolvida, manteve-se no PCB e colaborou com o CE durante todo o período no qual este organismo esteve liderado por David Capistrano.

O cenário de maior complicação e envergadura, sem dúvida, estava na decomposição do Comitê Central. Funcionando fora do país pela primeira vez em sua história, o comando do PCB tinha sido arrebentado pela ditadura. Muito tempo depois se saberia que um de seus membros mais proeminentes, Severino Teodoro de Mello, era um traidor e trabalhava como agente infiltrado dos militares. Essas feridas temperavam com dor uma feroz divisão interna, repartindo o Estado Maior dos comunistas em três alas.

À esquerda, um bloco liderado por Luiz Carlos Prestes, que emulava esforço de retificação estratégica, buscando superar a longeva leitura sobre a constituição do capitalismo brasileiro, o papel da burguesia e a função política do proletariado. A bordo dessa inovação, o mitológico secretário-geral reivindicava uma outra abordagem da frente democrática contra a ditadura, colocando em primeiro plano a disputa de hegemonia pela classe operária, incluindo o objetivo de derrubar o regime militar e substituí-lo por um governo revolucionário que implantasse um programa antimonopolista, antilatifundiário e anti-imperialista. Os ventos da Revolução dos Cravos (1974) e da Revolução Sandinista (1979) pareciam animar o veterano líder comunista, além das considerações teóricas e políticas de âmbito nacional.

À direita, estavam os denominados "renovadores", sob a batuta de Armênio Guedes, um dos principais redatores da Declaração de Março de 1958. Muito simpático às teses do eurocomunismo, mesmo no que dizia respeito à crítica ferina contra a União Soviética, Guedes era aguerrido defensor da substituição do conceito de revolução, com fator estruturante da teoria do PCB, pela centralidade da questão democrática. O socialismo somente poderia e deveria ser alcançado, nesse modo de entender, como produto de um processo permanente de ampliação da democracia representativa, cuja reconquista deveria ser a meta central dos comunistas.

Os eurocomunistas se aproximavam das teses sociais-democratas, estabelecendo o regime democrático-liberal como um sistema que correspondia a fronteiras intransponíveis para os movimentos tanto da burguesia quanto os do proletariado. A isso, grosso modo, se batizava "pensamento renovador", embora seu nascimento, a bem da verdade, fosse anterior à tradição bolchevique, com origens na onda revisionista que abalou o marxismo alemão no final do século XIX. De quebra, para autenticar o compromisso histórico com os arquétipos do Estado burguês, recorria-se a um antissovietismo cada vez mais desbragado.

No meio, havia o pântano, um campo majoritário cujos principais expoentes eram Giocondo Dias e Salomão Malina, de notável habilidade para atrair os eurocomunistas e derrotar Prestes no Comitê Central. Esse grupo não referendava as críticas mais ácidas a Moscou e continuava reivindicando as históricas referências estratégicas do PCB, reorganizadas pela concepção de uma "revolução democrática e nacional", alterando a ordem do tradicional binômio que ditava os passos dos comunistas. Ainda que, na tática contra a ditadura, tivesse posição semelhante à dos seguidores de Armênio, a ala de Dias e Malina continuava prestando alguma homenagem formal ao discurso revolucionário, mas caminhando açodadamente para a assimilação do partido à "normalidade democrática" pleiteada como futuro pós-ditadura.

Esses conflitos, até 1979, tiveram baixa incidência prática sobre o cotidiano das seções comunistas que, país afora, buscavam se reerguer. O caminho da reorganização do PCB em São Paulo, nessas circunstâncias, esteve baseado no não alinhamento, até mesmo para poder dar conta da tarefa de reintegrar todos os militantes comunistas que haviam se afastado, não importando qual o ponto de vista na luta interna. De certa maneira, houve um acerto privilegiado com os renovadores de Armênio Guedes. Não dizia respeito à linha política, mas à defesa da democracia interna, frente a uma direção nacional que parecia disposta a esmagar quaisquer iniciativas que não lhe batessem continência.

O Comitê Estadual operou, ao menos antes de 1982, com o compromisso de manter a unidade partidária, o que levou ao choque contra Prestes quando esse lançou a Carta aos Comunistas (1980) e rompe com o partido, depois de chefiá-lo por quase quarenta anos. Os textos e declarações públicas das lideranças paulistas evitavam provocar atritos maiores tanto com a maioria do Comitê Central quanto internamente à seção regional, na qual conviviam, inclusive em posições dirigentes, membros das mais distintas visões. David Capistrano Filho buscava adiar confrontos teóricos e políticos mais densos, que eventualmente impedissem a própria reorganização, dificílima pela crescente desmoralização do Comitê Central, compensada inversamente por um autoritarismo sem freios.

Ao invés de lançar orientações de fundo sobre o processo revolucionário, a CER, depois o CE, se dedicava a implementar – no território das lutas sociais e do combate à ditadura – posições táticas que derivavam de consensos e maiorias que poderiam ser construídos no interior de uma direção plural, levando os choques até a fronteira da ruptura, mas sem ultrapassá-la. O comando do Comitê Estadual era exercido por um triunvirato: David Capistrano Filho, Ubiratan de Paula Santos e Hans Heinz Werfel (mais conhecido por seu nome de guerra, Elói). Nenhum desses dirigentes tinha qualquer vínculo com o eurocomunismo, mistificação usada pelo CC para amalgamar bases partidárias contra o agrupamento paulista, depois que a aliança com Armênio Guedes perdera utilidade. Mas os três eram críticos do método que sempre imperara no partido, marcado pela composição das instâncias de comando apenas com aqueles quadros alinhados à posição oficial ou majoritária.

Essa hibridez começaria a se exaurir com o retorno ao país dos membros do Comitê Central (1979), o afastamento de Prestes da Secretaria-Geral (1980) e a dissolução do VII Congresso pela Polícia Federal (1982). A luta interna se transformara em acerto de contas e caça às bruxas, com a direção nacional de tudo fazendo, com truculência e burocratismo, para preservar o controle sobre o partido que se reconstruíra na sua ausência. Os principais líderes comunistas de São Paulo começaram a desacreditar do PCB, considerando que era fundamental aprofundar a batalha de ideias, especialmente sobre a tática a ser seguida contra o regime militar e sobre o papel da classe trabalhadora. Também adquiria envergadura a hipótese de que o velho partido, sucumbindo a seus erros e acossado pelo nascimento do PT, poderia ter deixado de ser viável para constituir o proletariado como classe preparada à ocupação do poder.

A partir de 1983, haveria um giro progressivo no pensamento e na ação do PCB paulista. Seus dirigentes, cada vez mais pessimistas sobre um processo unitário, passaram a formular e implementar, com nitidez crescente, sua própria linha política. Ao contrário da maioria do Comitê Central, que apostava suas fichas em uma transição negociada com a ditadura dos generais, servindo de linha auxiliar aos setores mais atrasados da oposição liberal-burguesa, o CE paulista considerava ser plausível a emergência de um grande movimento popular que derrotasse o regime militar e impusesse uma ruptura democrática na qual os trabalhadores fossem seu segmento dirigente. O pântano, encabeçado por Giocondo Dias e Salomão Malina, se colocaria contra a campanha das Diretas Já, aceitando-a apenas instrumentalmente, quando era já um fato consumado. A liderança comunista de São Paulo, por sua vez, apostava tudo nessa empreitada, na qual se reencontraria com Prestes, partilhando opiniões bastante próximas.

O aprofundamento desse debate também provocaria divisões no próprio Comitê Estadual, pois a minoria eurocomunista – representada principalmente por Marco Aurélio Nogueira, na Comissão Executiva à qual fora incorporado em 1979 – tinha maior proximidade com a política da transição pactuada do que com a opção da radicalização democrática. O grupo ao redor de David Capistrano, na prática, enfrentava simultaneamente a pressão dos dirigentes nacionais, seus representantes estaduais e a lenta dissociação da franja direita daquele arranjo interno que havia sido estabelecido a partir de 1976.

O CE refutava qualquer solução de compromisso que precedesse a derrota da tirania fardada, negando posições do CC que acenavam com uma Assembleia Nacional Constituinte convocada pela própria ditadura ou um outro acordo qualquer de autorreforma. A avaliação era que, após a vitória oposicionista de 1982, somando-se às poderosas mobilizações dos trabalhadores, o novo equilíbrio de forças tornava viável a passagem da resistência à ofensiva, levando milhões às greves e às ruas para colocar um ponto final à ditadura, através de uma rebelião popular que forçasse a precipitação de eleições presidenciais ou fosse capaz de responder à altura eventuais tentativas de endurecimento do regime.

Nos meses que precedem a campanha das Diretas Já, em 1984, o CE agiria com máximo empenho para contribuir na aceleração da escalada proposta. O episódio mais importante foi a greve geral realizada em 21 de julho de 1983, quando os trabalhadores de São Paulo pararam contra a política salarial da ditadura. O setor sindical dos comunistas paulistas, muito influente no Sindicato dos Metalúrgicos da capital, entre outras entidades, seria decisivo para o sucesso do movimento. A ordem do Comitê Central era oposta à paralisação. Um ilustre porta-voz da cúpula comunista, o ex-sindicalista Hércules Corrêa, chegou a dar entrevista dizendo que trabalharia *full time* contra a greve. O Comitê Estadual decidiu descumprir publicamente a orientação superior. A ruptura passou a ser inevitável.

Na sequência dos acontecimentos de julho, o CE lançaria um documento, intitulado "Chegou a Hora da Verdade"[2], no qual destampava os choques nas fileiras comunistas e denunciava o Comitê Central como "residual" e "ilegítimo". Propunha a formação de uma comissão *ad hoc*, com a presença de todas as tendências, incluindo Luiz Carlos Prestes, para impulsionar um congresso unitário e democrático. A resposta do CC viria em setembro, com a intervenção no CE e o afastamento da maioria dos membros da Comissão Executiva daquele organismo: David Capistrano, Ubiratan de Paula Santos, Hans Heinz Werfel, João Guilherme Vargas Netto, Newton Cândido, Marco Aurélio Nogueira, Marco Moro e Luiz Antônio Medeiros, entre outros.

Uma nova direção seria nomeada pelo Comitê Central, liderada por Jarbas de Holanda, que viria a adquirir certa fama, nas eleições paulistanas de

2. Coletivo Estadual de Dirigentes Comunistas de São Paulo, "Chegou a Hora da Verdade", 31 ago. 1983, em Partido Comunista Brasileiro, *Para Renovar a Política dos Comunistas,* [s. l.], [s. ed.], 1983.

1992, por comandar um manifesto em favor de Paulo Maluf e contra Eduardo Suplicy. O antigo Comitê Estadual, no entanto, não reconheceria a medida punitiva e manteria sua identidade. Depois de ter participado do congresso de fundação da Central Única dos Trabalhadores, em agosto, faria sua reaparição pública no primeiro comício das Diretas Já, convocado pelo PT e ocorrido em 27 de novembro de 1983.

A dissidência permaneceria autônoma até 1986, mesmo enfrentando desacordos internos. Procurando manter a unidade forjada desde 1976, David Capistrano proporia a fundação de dois veículos distintos de comunicação: uma revista teórica, intitulada *Presença*, e um quinzenário que se chamaria *A Esquerda*. Buscava-se, àquela altura, conciliar o inconciliável. A minoria eurocomunista, liderada por Marco Aurélio Nogueira, também excomungada pelo pântano, teria a coordenação da primeira publicação e participação na segunda. A maioria do CE, alinhada com seu secretário político, empalmaria o quinzenário, com um pé na revista.

Essa combinação já estava morta em 1985. As divergências eram intransponíveis, sobre qualquer questão importante. A linha estabelecida pelo CE, no combate à ditadura, sustentava o boicote contra o Colégio Eleitoral, após a derrota das Diretas Já, e a oposição frontal ao Governo Sarney. David Capistrano e seus companheiros criticavam a transição conservadora e consideravam superada a aliança com a antiga oposição liberal-burguesa. Argumentavam, em sintonia com as posições do PT, que se tratava de asfaltar um caminho independente, das classes trabalhadoras, reivindicando o caráter determinante da hegemonia operário-popular sobre qualquer política de esquerda. Esse ponto de vista estava longe de ter acolhida ou simpatia entre os condutores da revista.

As dificuldades, porém, também se intensificariam dentro do grupo mais próximo a David. Rapidamente foi ganhando corpo a opção de se integrar ao Partido dos Trabalhadores, considerando essa agremiação o novo instrumento para desbravar uma alternativa socialista de massas. Outros companheiros, como João Guilherme Vargas Netto, Newton Cândido e Luiz Antônio Medeiros, foram refratários ao ingresso no PT, circunscrevendo-se a uma perspectiva sindicalista. O setor metalúrgico era liderado por essa ala e acabaria sendo incorporado à construção da Força Sindical, abandonando qualquer expectativa de emancipação revolucionária ou socialista.

A entrada de *A Esquerda*, como o antigo CE paulista ficou conhecido, no PT ocorreria no princípio de 1986, aos trancos e barrancos, enfrentando diversos obstáculos. O dínamo desse processo foi uma reflexão longa e irregular sobre os erros históricos do PCB, sobre sua visão acerca do capitalismo brasileiro e da política de subordinação das classes trabalhadoras à fração da burguesia que poderia representar, nas infundadas teorias do partido, uma via democrática e nacional de desenvolvimento. Pesou também, para a confluência ao leito petista, uma revisão teórica sobre a natureza do partido político que seria capaz de liderar a revolução brasileira.

David Capistrano e seus camaradas vinham consolidando uma crítica à suposta universalidade do modelo bolchevique, tornado impositivo aos partidos comunistas nos termos das famosas "21 Condições de Admissão na III Internacional" – elaboradas pelo próprio Lenin e aprovadas no II Congresso (1920) da entidade, quando se vivia a expectativa do espraiamento insurrecional ao ocidente europeu. Afinal, as duas revoluções vitoriosas na América Latina, a cubana (1959) e a nicaraguense (1979), tinham ocorrido sob outro tipo de formação partidária. No primeiro caso, uma organização guerrilheira de identidade político-ideológica muito flexível, o Movimento 26 de Julho, que somente adquiriria maior definição nos anos subsequentes à tomada do poder, comandando a refundação do Partido Comunista Cubano em 1965. No segundo, uma coalizão armada, a Frente Sandinista de Libertação Nacional, composta por três tendências autônomas que repartiam a direção.

O surgimento do PT tinha certos ingredientes comuns à origem de alguns partidos sociais-democratas, como o trabalhismo britânico, fundado diretamente por sindicatos que aspiravam uma participação política organizada da classe trabalhadora. Ao contrário daquela experiência, porém, o petismo não nascia estatutariamente controlado por burocracias sindicais ou mandatos parlamentares, abrigava a esquerda marxista, criara um sistema de tendências que dava a todos os grupos o direito de conquistar a direção e tornava a democracia interna um princípio inarredável. A singularidade petista estava em ser um partido-movimento, com extrema capilaridade popular, de caráter revolucionário e socialista, embora esquivo aos alinhamentos doutrinários próprios ao leninismo e ao tipo de organização tornada exemplar pela Revolução Russa.

A existência do PT parecia ser prova adicional de que o instrumento para a hegemonia dos trabalhadores e a deflagração do processo revolucionário não precisava repetir, até que um dia desse certo, uma forma-partido malsucedida na experiência nacional. Essa conclusão foi imprescindível para a entrada de A Esquerda na seara petista. A decisão de aportar no PT, de fato, virou solução natural. Nada teve de "entrismo". Não foi acompanhada pelo propósito de se articular como uma corrente na nova legenda. A adesão foi individual, em um momento no qual o petismo, às vésperas de seu V Encontro Nacional (1987), formulava o que viria a ser conhecido como "estratégia democrática e popular". Vários dos descendentes da experiência comunista paulista participaram de sua elaboração e redação.

Parecia uma resposta sólida à velha e fracassada teoria pecebista. O documento propunha fundir hegemonia proletária, encarnada pelo próprio PT, com um programa anti-imperialista, antimonopolista e antilatifundiário, dando vida a um governo de transição, ainda nos marcos do capitalismo e da democracia burguesa, que abrisse um processo de ruptura no qual a contrarrevolução poderia ser enfrentada e derrotada pela revolução embandeirada com a defesa do voto popular e da ordem constitucional. Soava como música, àqueles egressos do PCB, a combinação dialética proposta pelo professor Florestan Fernandes, também petista, entre a "revolução dentro da ordem" como antessala e preparação da "revolução contra a ordem".

Talvez com ingenuidade e deslumbramento, o luto pelo velho partido rapidamente foi substituído por alívio e entusiasmo com as expectativas que se erguiam. O PCB deixou de ser ferramenta útil à revolução brasileira. Reduzira-se a uma máquina enferrujada, politicamente capturada por frações da burguesia e operativamente manipulada por dirigentes que tinham perdido até a mais comezinha vontade para a luta de classes. Havia sido inviabilizado o plano concebido por David Capistrano e seus colegas de cárcere, de reconstrução crítica do PCB. Apesar das cautelas metodológicas e de uma boa dose de duvidoso ecletismo, a cada passo que se dava para reposicionar a política dos comunistas, mais hostil era o ambiente interno. Tornara-se insuperável a fusão de esclerose organizativa, agravada pelo assassinato de um terço do Comitê Central e a saída de Prestes, com uma concepção estratégica que, de tão enraizada, passara a fazer parte do código genético partidário.

Com o colapso da União Soviética, o pântano fez a travessia final e liquidou o partido de 1922, convertendo seus restos mortais em apêndice dos partidos neoliberais. Dias já havia falecido e coube a Malina abençoar o leme assumido por Roberto Freire, para navegar a legenda na rota da deserção. Uma brava resistência, composta por quadros intermediários e de base do período anterior, se opôs a esse destino, a partir dos anos 1990, resgatando a velha sigla, tateando uma política revolucionária e trabalhando para voltar a ter relevância nas classes trabalhadoras. Mas essa já é outra história, que não pertencia mais aos antigos integrantes do PCB paulista alinhados com David Capistrano Filho.

Também é outra história o que viria a acontecer com o PT a partir dos anos 1990, quando a crise mundial do socialismo e o esgotamento do ciclo de mobilizações iniciado no final da década de 1970 abriram janelas para uma política defensiva que iria deslocar a estratégia democrático-popular da função anti-imperialista e anticapitalista com a qual fora desenhada. Os fatos posteriores ao período aqui tratados, afinal, não anulam os paradigmas empregados nas discussões e decisões que, à época, tiveram lugar.

Referências Bibliográficas

COLETIVO Estadual de Dirigentes Comunistas de São Paulo. "Chegou a Hora da Verdade", 31 ago. 1983. *In*: PARTIDO Comunista Brasileiro. *Para Renovar a Política dos Comunistas*. [s. l.], [s. ed.], 1983.

"Declaração sobre a Política do Partido Comunista Brasileiro, Março de 1958". *In:* PESSOA, Reynaldo X. Carneiro (org.). *PCB: Vinte Anos de Política (1958-1979): Documentos*. São Paulo, Livraria Editora Ciências Humanas, 1980.

Capítulo 12
Os Comunistas e a Juventude (1922-1936)

Fernando Garcia de Faria

A partir da década de 1880, o movimento operário europeu criou as primeiras organizações juvenis socialistas[1] a partir das demandas por universalização da educação, das campanhas contra uma possível guerra ou vinculadas às reivindicações do trabalho. Em 1907, a II Internacional realizou, em Stuttgart (Alemanha) uma conferência de organizações socialistas de juventude que deu origem a uma sessão destinada ao acompanhamento desse tema.

O fenômeno do crescimento do número de jovens trabalhadores dentro das fábricas e de organizações juvenis de perspectiva socialista, suscitou Vladimir Ilitch Ulianov (Lenin) a considerar a especificidade juvenil na elaboração sobre a categoria "partido comunista", já desde *O Que Fazer?*, de 1902. Num artigo de 1916, ele elaborou a necessidade de haver um trabalho específico para os jovens: "As gerações maduras e mais velhas não sabem, frequentemente, como se dirigir à juventude, pois a juventude chegará ao socialismo de um modo diferente, por outros caminhos, com outras formas, em outras circunstâncias que seus pais"[2].

1. Segundo Shirley Weller, as primeiras organizações juvenis de matriz socialista foram fundadas na Holanda (1885), Bélgica (1886), Áustria (1894), Suécia (1895), Suíça (1900), Itália (1901), Noruega (1902), Espanha, (1903), Alemanha (1904), Dinamarca (1905), Finlândia (1906) e Estados Unidos (1907) (*History of the International Socialist Youth Movement to 1929*, New York, The Young Socialist, 1946, p. 1).
2. Vladimir I. Lenin, *Acerca de la Juventude*, Moskva [Moscou], Progresso, 1976, p. 171.

Com a fundação da III Internacional (Internacional Comunista – IC), em 1919, os jovens trabalhadores se fizeram representar na Internacional da Juventude Comunista (IJC)[3]. Rapidamente os partidos comunistas passaram a organizar os jovens trabalhadores em torno de agrupamentos específicos. Entre 1920 e 1925, dezenas de países criaram suas organizações juvenis comunistas que passaram a ter orientações gerais emitidas diretamente de Moscou. No entanto, os jovens brasileiros ainda não haviam tido experiências de atuação política organizada para além do movimento estudantil, sobretudo universitário. As lutas de classes no Brasil tiveram participação ativa da juventude, seja nas lutas por independência, nas jornadas pela abolição da escravidão, pela República, ou nas campanhas por diretos trabalhistas, sobretudo a partir do Congresso Operário Brasileiro, de 1906. Esse engajamento político juvenil não contou, ainda, com organizações específicas de jovens trabalhadores.

A fundação do Partido Comunista do Brasil (PCB), em março de 1922, absorveu a linhagem de organização política do movimento operário europeu que tinha como requisito a organizações dos jovens operários. No estatuto aprovado nesse primeiro congresso há dois artigos (11º. e 12º.) que tratam do "dever de [...] organizar uma juventude comunista"[4]. Apesar da menção ao trabalho entre jovens no primeiro estatuto, os comunistas não conseguiram levar à frente o trabalho juvenil num primeiro momento. Foi só em novembro de 1923 que a pauta voltou à tona. A orientação seria então que as instâncias locais "devem cuidar, desde já, da formação de agrupamentos iniciais de jovens proletários para a futura constituição da Juventude Comunista do Brasil"[5].

Todo o ano de 1924 até maio de 1925 foi tomado pelos preparativos do II Congresso do PCB. O período maturou as bases da organização juvenil comunista e da convicção em torno da necessidade da "vanguarda dos jovens"[6]. As-

3. Ainda em dezembro de 1919, foram feitas as primeiras articulações para a criação da IJC – ou KIM, sigla transliterada de Коммунистический интернационал молодёжи, КИМ (Fernando Garcia de Faria, *Congresso Nacional da Juventude Proletária, Estudantil e Popular: A Construção da Organização Juvenil Comunista Brasileira (1924-1936)*, São Paulo, FFLCH-USP, 2022, p. 60 (Dissertação de Mestrado).

4. Revista *Movimento Communista*, n. 7, jun. 1922, p. 186. No Archivio Storico del Movimento Operaio Brasiliano (Asmob), Instituto Astrojildo Pereira (IAP)/Centro de Documentação e Memória da Unesp (Cedem-Unesp).

5. "Relatório Trimestral do PC Brasileiro", Rio de Janeiro, 6 jan. 1924, remetido ao Executivo da IC, p. 4 (Asmob, IAP/Cedem-Unesp, IC-0143).

6. Trecho das *Resoluções do II Congresso do PCB*, p. 22. Também publicado no jornal *A Classe Operária*, n. 11 (3ª. fase), 18 maio 1946, p. 2 (Asmob, IAP/Cedem-Unesp).

trojildo Pereira escolheu Luís Peres, artesão vassoureiro e delegado mais jovem dos fundadores, para a responsabilidade de organizar a juventude comunista. Peres era um militante da confiança de Astrojildo desde que foi indicado como secretário do III Congresso Operário Brasileiro, em 1920. O jovem havia participado da articulação da União dos Operários Vassoureiros e Artes Correlativas, em 1919, e mostrou habilidade e lealdade. Após a fundação do PCB, Peres foi eleito para a restrita instância de direção, Comissão Central Executiva, onde também estavam outros quatro titulares: Abílio de Nequete, Astrojildo Pereira, Antonio Bernardo Canellas e Antônio Gomes Cruz Júnior. Ali ficaria a cargo das frações sindicais[7].

Em agosto de 1925, por correspondência, Peres se apresenta à Executiva da IC como "secretário-geral da Juventude Comunista do Brasil", organização fundada como cumprimento da resolução congressual do PCB para iniciar "uma série de trabalhos de organização e propaganda entre os jovens operários do Brasil"[8]. Solicita materiais em francês e espanhol para que sejam traduzidos e distribuídos no Brasil. Peres se refere a "inúmeras dificuldades", diz que a nova organização trabalha em íntima ligação com o PCB e pede apoio para as atividades da JCB.

Nesse primeiro momento, o PCB não consegue aprofundar sua organização juvenil comunista. Luís Peres passa por tribulações objetivas com a falta de comunicação com os Estados que teriam potencial para organizar a JCB, as restrições de um período de estado de sítio e à falta de atenção do PCB com a pauta juvenil. No final de 1926, Astrojildo pede para o jovem estudante de medicina, Leôncio Basbaum – que saía do Rio de Janeiro para ver a família –, para organizar os filhos dos comunistas em Recife e Salvador[9]. Quando voltou ao Rio, no início de 1927, Basbaum passa a ser o responsável por juventude na Comissão Central Executiva do PCB.

Coincide com o fim do estado de sítio e a tênue abertura política do início do Governo Washington Luís. Os comunistas passam a orientar o jornal diário *A Nação* e o Bloco Operário e Camponês (BOC) tem maior liberdade para atuar e fazer campanhas. A JCB lança campanhas por direitos trabalhistas, acompanha as dificuldades dos jovens trabalhadores, faz propaganda e defesa pública da União Soviética. Nas manifestações do primeiro de maio, a JCB

7. Octávio Brandão, *Combates e Batalhas*, São Paulo, Alfa-Ômega, 1978, p. 225.
8. Carta de Luís Peres, "Aos Camaradas da Executiva da Internacional Comunista de Jovens", 8 ago. 1925 (Asmob, IAP/Cedem-Unesp, IC-1006).
9. Leôncio Basbaum, *Uma Vida em Seis Tempos*, São Paulo, Alfa-Ômega, 1976, p. 42.

atuou com faixas e mobilização próprias, no Rio de Janeiro. Com esta exposição maior o número de aderentes, simpatizantes e núcleos da organização juvenil comunista aumentou. Em primeiro de agosto, seguindo a crescente organicidade da JCB, Basbaum noticia em suas memórias, "a fundação da JC", tendo então sido constituído o seu Comitê Central.

A direção política geral que a JCB recebia era oriunda do PCB, mas havia um conjunto de campanhas específicas e orientações próprias da pauta juvenil que chegavam da IJC. Num primeiro momento essas orientações chegavam de forma muito rarefeita, já que a elaboração da IC (e por conseguinte da IJC) sobre os países de capitalismo periférico, como o Brasil, era nula. O VI Congresso da IC (1928) se debruçou sobre os problemas da revolução nesses países "coloniais e semicoloniais" e o Brasil, outros países da América Latina, África e Ásia passaram a receber maior atenção da IC. Esse giro afetou, com efeito, diretamente a linha política da IJC. O V Congresso da IJC (1928), realizado logo após o da Internacional Comunista, contou com um representante brasileiro.

Leôncio Basbaum subiu à tribuna do V Congresso da IJC em 6 de setembro de 1928 como delegado da JCB, com direito de voz e voto. No rol de entrada do plenário figurava um mostruário com periódicos das organizações juvenis comunistas de dezenas de países; e entre elas o brasileiro *O Jovem Proletário*. Num discurso de oito páginas lido em francês, Basbaum apresentou a juventude trabalhadora brasileira como "indiferente à política" e que via o futebol como preocupação maior que as questões sociais. Alertou que a burguesia "começa a atrair a atenção dos jovens trabalhadores, sobretudo crianças, para organizar pequenos grupos de escoteiros católicos". Fez pesada crítica à falta de atenção que a IJC deu até então às organizações como a JCB e considerou acertada a linha de "classe contra classe" que pautava aquele conjunto de conclaves internacionais dos comunistas[10].

Dadas as preocupações das instâncias internacionais com o Brasil e a resolução de uma política de bolchevização e proletarização para os partidos comunistas de todo o globo, o PCB fez o seu III Congresso na passagem de 1928 para 1929; a JCB se reuniu em congresso dias depois. Já com a uma elaboração mais madura sobre o trabalho juvenil dos comunistas, a JCB modificou o seu nome para Federação da Juventude Comunista do Brasil (FJCB) e aprovou uma

10. Leôncio Basbaum, "Delegation du Brésil (Pereira)", 6 set. 1928 (Asmob, IAP/Cedem-Unesp, IC-1003).

plataforma que salientava alguns aspectos gerais como a luta antimilitarista (sobre a militarização das atividades juvenis), o anti-imperialismo e a propaganda contra os perigos de uma nova guerra de proporções internacionais. O trabalho sindical da juventude trabalhadora, a organização de campeonatos e clubes juvenis desportivos também compareceram nas preocupações da FJCB.

A nova etapa da organização juvenil comunista se diferencia inovando a intensidade da politização e a variedade de possibilidades de aproximação dos jovens trabalhadores. Tornaram-se perspectivas reais a atuação entre jovens trabalhadores rurais e estudantes; e o Comitê Central contém mais militantes de outros Estados com dezessete membros, sendo doze operários. Os preparativos para as eleições presidenciais de março de 1930 levaram a JCB a apoiar os esforços do BOC. Este, em seu I Congresso, organizou uma plataforma de 87 pontos que continham as reivindicações juvenis: jornada de seis horas diárias, proibição de trabalho infantil, salário igual para trabalho igual, férias de quinze dias a cada seis meses, proibição de trabalho em industrial insalubres, salário de acordo com o custo de vida, redução do período de aprendizagem para dois anos no máximo, fim dos serões, direito de voto para dezoito anos em diante e aumento de salários[11].

Para o maior enraizamento da FJCB, entre 12 e 19 de setembro de 1929, foi feita – como uma atividade orientada pela IJC que aconteceu em dezenas de países ao mesmo tempo – a Semana da Juventude Proletária. O jornal *O Jovem Proletário* passou a ter dez mil exemplares impressos e foi aberta uma campanha para que a FJCB chegasse a mil militantes (por essa época chegava aos trezentos)[12]. Com a implementação das resoluções do VI Congresso da IC e das articulações regionais feitas no âmbito da América Latina (sobretudo a I Conferência Latino-Americana da IC), o PCB passou por modificações na sua linha política e na composição de sua direção. A FJCB sofreu as mesmas mudanças que afastaram Leôncio Basbaum da direção e expulsou parte da direção nacional da entidade; uns acusados de esquerdismo, outros de direitismo.

Dada a crise que a FJCB passava, que poderia colocar a organização numa apatia de difícil reversão, o Secretariado Sul-Americano, SSA-IJC (departamento regional juvenil) preparou um documento orientador detalhado da linha

11. Dainis Karepovs, *A Esquerda e o Parlamento: O Bloco Operário e Camponês (1924-1930)*, Orientação de Edgard Carone, São Paulo, FFLCH-USP, 2001, p. 608 (Tese de Doutorado).

12. Leôncio Basbaum, "Relatório Geral da Federação da Juventude Comunista do Brasil", 9 dez. 1929, p. 1 (Asmob, IAP/Cedem-Unesp, IC-1016).

política dos jovens comunistas[13]. Apesar da aguda crítica feita à FJCB – apresentadas de forma excessivamente dura e sectária –, a instância regional inovou a orientação para que os jovens comunistas brasileiros se atentassem a quatro setores juvenis que ainda não faziam parte das preocupações cotidianas: negros, índios, mulheres e crianças.

Apesar de tratar os temas com generalizações, os jovens comunistas pretendiam levar ao centro proletário da arena política populações historicamente oprimidas, sem perder o caráter de classe da leitura do problema: "É preciso dedicar uma atenção especial à luta contra o 'chauvinismo' branco e pela igualdade de direitos para os trabalhadores brancos, índios e negros"[14]. Já para as jovens mulheres, o SSA-IJC orientava a FJCB a "tomar medidas concretas, para realizar um amplo trabalho entre as jovens operárias e camponesas" e que a "luta contra o preconceitos pequeno-burgueses e a influência religiosa devem ser conduzidas paralelamente entre as mulheres"[15].

A luta contra o escotismo também era uma realidade em todo o mundo. No Brasil se aliava à construção de uma Federação Infantil Comunista (FIC) que deveria "traçar um programa de reivindicações para os meninos proletários que compreendia os aspectos econômicos, políticos e culturais da infância explorada"[16]. A luta por uma FIC visava principalmente a luta contra o trabalho infantil, contra o analfabetismo, contra a influência militarista e religiosa; pois era preciso trabalhar as crianças do proletariado visando uma educação política, cultural e social que as encaminhassem para a luta contra o capitalismo.

Ao longo do ano de 1932 foi organizado um braço estudantil da FJCB. A constatação da necessidade de se ampliar a base social da entidade tinha alguns anos, mas não havia sido possível organizar estudantes até então. A Federação Vermelha de Estudantes (FVE) reuniu estudantes pobres tanto secundaristas como universitários, chegou a duzentos militantes no Rio de Janeiro e participou de campanhas contra a militarização juvenil. Apesar de sectária, angariou considerável número de simpatizantes por suas campanhas contra a perseguição de professores e diretores aos estudantes (por questões políticas ou inadimplência).

13. "Tese do Bureau Sul-Americano da Internacional Juvenil Comunista à Federação da Juventude Comunista do Brasil". A publicação é de maio de 1932, mas o texto foi elaborado em novembro de 1931 (Asmob, IAP/Cedem-Unesp, IC-1046).

14. *Idem*, p. 48.

15. *Idem*, p. 49.

16. *Idem*, p. 45.

A crescente possibilidade de um conflito bélico internacional a partir da Europa fez com que os comunistas se opusessem ao que já se chamava fascitização. E tanto a FJCB quanto a FVE tiveram conflitos violentos com integralistas a partir de 1933. Em meados de 1934, foram organizados diversos atos públicos de caráter antiguerreiro. Nesse período também constituiu-se o Comitê Estudantil de Luta Contra a Guerra, a Reação e o Fascismo, que reunia diversos setores estudantis de caráter anarquista, comunista, socialista e trotskista[17].

Em 23 de agosto de 1934 foi realizado o I Congresso Nacional contra a Guerra Imperialista, a Reação e o Fascismo, no Rio de Janeiro – no Teatro João Caetano –; como desdobramento do I Congresso de Amsterdã (Contra a Guerra e o Fascismo) dirigido por, entre outros, Willi Münzenberg, Romain Rolland, Máximo Gorki e Henri Barbusse. Logo em seguida houve dois atos políticos importantes: em 15 de setembro o I Congresso Estudantil Contra a Guerra Imperialista, a Reação e o Fascismo e uma semana depois (22 de setembro) o Comitê Estudantil de Luta Contra a Guerra e o Fascismo organizou um grande comício na Praça da Harmonia.

Diante da escalada de polarização entre os simpáticos do fascismo e seus opositores, em outubro foram assassinados, por extremistas de direita, dois militantes da FJCB, Décio Pinto de Oliveira, na Batalha da Sé; e Tobias Warchawsky, encontrado morto num bosque perto do Rio de Janeiro. As circunstâncias de luta acirrada entre os dois polos ganhavam o mundo e a política de classe contra classe, aprovada no VI Congresso da IC, mostrava-se claramente obsoleta. Após algumas tentativas de aproximação entre comunistas e social-democratas com o intuito de somarem forças contra o nazifascismo, a IC chamou o seu VII Congresso para atualizar a linha política dos comunistas de todo o mundo.

No início de agosto de 1935, Georgi Dimitrov, principal dirigente do conclave, apresentou sua intervenção no congresso da IC afirmando que o nazifascismo ganhava terreno no seio da juventude e que: "As nossas Federações comunistas de jovens são ainda, atualmente, numa série de países capitalistas, organizações

17. "O Comitê Estudantil de Luta Contra a Guerra, a Reação e o Fascismo lança a todos os estudantes um apelo no sentido de prepararem desde já por meio de amplas assembleias em suas escolas ou sociedades, teses antiguerreiras e antifascistas para serem apresentadas na 'Conferência Regional Estudantil de Luta Contra a Guerra, a Reação e o Fascismo' a ser realizada por iniciativa deste Comitê a 15 de julho. O Comitê convida a todos os estudantes sem distinção de crenças religiosas ou tendências políticas a tomarem posição diante do perigo iminente da Guerra e da feroz avançada Reação Fascista" (*Jornal do Brasil*, p. 14, 28 jul. 1934).

eminentemente sectárias, separadas das massas"[18]. O mesmo discurso crítico será feito por Dimitrov, dias depois, na abertura do VI Congresso da IJC.

Assim como no congresso anterior da IJC, a organização juvenil comunista brasileira foi representada por um de seus dirigentes. Desta vez foi o jovem marceneiro negro carioca, Valduvino Loureiro (com o codinome Marques), que apresentou um histórico da FJCB e afirmou que o partido por "consequência de seu próprio sectarismo impossibilitava o desenvolvimento da JC. O Partido não compreendia a JC como ampla organização de massas e a transformava em um apêndice do Partido[19]. E que isso estava se modificando com a compreensão crescente da política de frente única que se materializava no Brasil com a constituição da Aliança Nacional Libertadora (ANL).

Desde o primeiro semestre de 1935 crescia a necessidade de coadunar forças políticas em torno da derrota do integralismo. Essa conjunção de situações e demandas levou ao evento que tentaria envolver toda a juventude: o I Congresso Nacional da Juventude Proletária, Estudantil e Popular. O CNJPEP[20] sintetizou três adjetivos que visam representar um número maior de setores da tática antifascista: *1*. Proletários: jovens trabalhadores, de identificação com esta origem; *2*. Estudantes: identificados com os novos militantes da FJCB e

18. Georgi Dimitrov, "Ofensiva do Fascismo e as Tarefas da Internacional Comunista na Luta pela unidade da Classe Operária Contra o Fascismo", relatório apresentado no VII Congresso da Internacional Comunista [2 ago. 1935], *Obras Escolhidas*, Lisboa, Estampa, 1976, vol. III, p. 22.
19. "Informe do C. Marques no VI Congresso da IJC, Ano 1935", p. 1 (Asmob, IAP/Cedem-Unesp, IC-1005).
20. O programa do Congresso Juvenil tinha por base: "*a.* melhoria imediata dos salários de todos os jovens trabalhadores, seja nos campos, nas fábricas, nos escritórios; *b.* diminuição do tempo de trabalho, a fim de dar aos jovens, tempo para estudo sem sacrifício de saúde; *c.* imediata aplicação da lei de oito horas nos campos e lugares em que estiver sendo fraudada; *d.* instrução primária verdadeiramente gratuita, com doação de material escolar aos alunos pobres, além de alimentos e roupas. Serviço médico [e] dentário gratuito; *e.* diminuição imediata das taxas de ensino secundário e superior; *f.* proteção aos estudantes pobres secundários e superiores, aos jovens artistas e cientistas, dos intelectuais sem recursos por meios de subvenções diretas do governo; *g.* criação de centro de estudos, escolas, cursos de aperfeiçoamento técnico, científico e artístico – por parte do governo e das grandes empresas; *h.* nacionalização do ensino, afim de não existir o comércio de ensino como hoje em dia. Ensino leigo; *i.* liberdade de pensamento e reunião; *j.* criação de comissões fiscais, nas escolas, nas fábricas, nas fazendas e usinas afim de manter o cumprimento dessas medidas. Nessas comissões estão incluídos os diretores estudantis nos cursos secundários, democratização do ensino; *k.* lutar contra a militarização da juventude, contra a infiltração fascista, contra a guerra e a reação, contra o imperialismo, contra o latifúndio e pelas liberdades democráticas; *l.* formação duma ampla organização jovem nacional, encarregada de levar a cabo as decisões do Congresso e trazendo como escopo a formação dum espírito juvenil único capaz de levar toda a mocidade brasileira à vanguarda que lhe compete no cenário nacional" ("Aos Nossos Companheiros Jovens!", panfleto assinado pela "Comissão Organizadora", Asmob, IAP/Cedem-Unesp, IC-1072).

que se aproximaram dos comunistas pelas bandeiras antifascistas ou pelas lutas antimilitarista, anti-imperialista ou antilatifundiária – mas também os estudantes pobres da, ainda, diminuta malha educacional brasileira; e *3*. Populares: de segmentos mais pobres, os desempregados, de famílias mais humildes. Esta faixa populacional era uma grande parte da juventude naquele momento.

Os organizadores chamavam à responsabilidade para o CNJPEP, à luta para derrotar o integralismo um extenso leque de forças políticas e setores sociais contra o latifúndio, o imperialismo e o fascismo tão crescentes no país. Dentre eles os jovens soldados, marinheiros, ferroviários, transviários, tecelões, bancários, comerciários, telefonistas, pequenos comerciantes, funcionários públicos, estudantes, católicos, espíritas, protestantes, ministerialistas, anarquistas, comunistas, socialistas, trabalhistas, nacional evolucionistas, intelectuais pobres, artesãos, policiais militares, bombeiros, fuzileiros, camponeses, patriotas e, cabem aqui de forma especial, os "jovens integralistas iludidos".

Tentou-se como primeira data para a etapa nacional o 15 de abril – logo após o lançamento da ANL. As dificuldades de realização das etapas estaduais do congresso – sobretudo por conta da contracampanha feita pelos jornais, pelos integralistas e pelos infiltrados — fez com que se marcasse e remarcasse a plenária nacional por diversas vezes. Em 22 de junho, saiu a seguinte notícia: "Não se reuniu conforme fora anunciado o CNJPEP [...]. A polícia que compareceu numerosa ao local, onde se deveria reunir o congresso, afirma que não impediu a reunião, tendo apenas fiscalizado os arredores, para impedir que os congressistas entrassem armados"[21]. Mas jornalistas presentes afirmaram que a polícia impediu com violência a continuidade da reunião.

As etapas estaduais foram anunciadas no início, com adiantada organização em São Paulo, Minas Gerais, Pernambuco, Bahia e Rio de Janeiro. No então Distrito Federal é que se teve maior movimentação em torno do Congresso, já que ali se realizariam tanto a etapa daquela unidade da federação como a etapa nacional. Alagoas também teve mobilização em torno do CNJPEP, assim como o Maranhão, etapa que foi detida por uma onda de boatos que envolvia o próprio governador.

A etapa paulista, de início estava marcada para 24 de março para seguir com a seguinte ordem do dia: "*1*. situação da juventude proletária e popular de

21. "Não se Reuniu o Congresso da Juventude Proletária", *Correio de São Paulo*, p. 2, 24 jun. 1935 (Biblioteca Nacional).

São Paulo; *2.* movimento sindical juvenil; *3.* esportivo; *4.* cultural e estudantil; *5.* infantil; *6.* feminina; *7.* a guerra imperialista e o fascismo"[22]. A reação ao CNJPEP em São Paulo foi constante e efusiva: "Dirige os trabalhos Miguel Costa Filho, e desnecessário será dizer que este Congresso é única e exclusivamente comunista... preparamo-nos"[23]. A realização do CNJPEP era vista, sobretudo em São Paulo, como a continuidade da Batalha da Sé.

Em Pernambuco, a tentativa da etapa estadual do I CNJPEP, que deveria ter acontecido em 15 de agosto, contou com uma carta de apoio dos intelectuais assinada por, entre dezenas de outros, Gilberto Freyre e Rubem Braga. As bancadas reacionárias na Assembleia Legislativa fizeram pedidos para que o governador exonerasse os funcionários do Estado que tivessem apoiado a etapa pernambucana do Congresso, imprimindo dificuldade de adesão mínima para o conclave. Da mesma forma, em clima de tensão foram feitas de forma precária as etapas estaduais de Alagoas e Minas Gerais. Dezenas de jovens presos, fichados e perseguidos; enquanto Getúlio fechava a ANL.

Na Bahia, o CNJPEP estava programado para ser feito em cinco dias, sendo que no último seriam eleitos os delegados da etapa nacional, como nas demais etapas estaduais. As inscrições eram feitas no Centro Acadêmico da Faculdade de Direito. No dia 10 de junho foram eleitos os delegados regionais baianos para a etapa nacional do CNJPEP: "Edison Carneiro (estudante); Renato B. Moraes (operário) e Lygia Lemos (professora)"[24]. Em 14 de julho, três dias depois do fechamento da ANL, em reunião já marcada anteriormente na sede do Sindicato dos Trabalhadores do Comércio do Rio de Janeiro para dar continuidade à organização do CNJPEP foi, como estava se tornando rotina, invadida pela polícia e presa, dentre outros, Genny Gleizer, militante da FJCB de dezessete anos, romena e judia. Era a única estrangeira e foi a testa-de-ferro da situação que se armou em seguida. Os integralistas alegaram a prova do complô judaico-bolchevista.

Após a prisão, seu quarto de pensão foi revirado e a polícia noticiou ter encontrado diversos materiais do CNJPEP. Em poucos dias todos foram soltos, menos

22. "Primeiro Congresso da Juventude Proletária", *Correio de São Paulo*, p. 2, 7 jan. 1935 (Biblioteca Nacional).
23. "Associação Jornalística Católica – Noticiário – Congresso da Juventude Operária Estudantil", *A Cruz*, p. 6, 3 mar. 1935.
24. "O Primeiro Congresso da Juventude Brasileira", *Gazeta de Notícias*, p. 3, 11 jun. 1935 (Biblioteca Nacional).

Genny. O caso tomou as páginas de jornal, ela foi fichada como se tivesse dezoito anos e ficou quarenta dias desaparecida[25]; no Dops alegavam que ela havia sido solta junto com os outros e assim a mantiveram sequestrada por mais de um mês.

O CNJPEP não conseguiu se realizar, perdendo a força mobilizadora do início do ano. As etapas estaduais conseguiram algum êxito, mas a nacional foi desbaratada pela polícia por diversas vezes, se contarmos as reuniões preparatórias. Junto com o fechamento da ANL, o sequestro de Genny Gleizer, o grande número de matérias nos jornais que ligavam o Congresso a estes eventos a uma conspiração internacional e um número grande de presos políticos, fizeram com que o CNJPEP finalizasse sua organização em um ato político de agravo a Genny Gleizer e contra a sua deportação, em 9 de outubro. Pela organização do Congresso falou Ivan Pedro de Martins, além de Maria Lacerda Moura, Carlos Lacerda e Francisco Mangabeira; e foi aprovada uma moção[26].

Em fins de novembro, comunistas e ex-aliancistas insurrecionaram-se em Natal (RN), Recife (PE) e Rio de Janeiro, embora sem apoio do movimento sindical, juvenil e popular. A derrota militar foi imediata, com reação violenta do governo. A clandestinidade, perseguição, prisões, torturas dificultaram a perspectiva de realizar as etapas estaduais e a nacional do CNJPEP. Estava encerrada a primeira tentativa de organizar uma plataforma de reivindicações para a juventude feita por jovens. A FJBC iniciou um período de dificuldades de atuação, sendo necessário o recolhimento dos militantes para a atuação de resistência estritamente partidária.

Até que, em meados de 1936[27], quando em reunião do Comitê Central, o PCB extinguiu a Federação da Juventude Comunista do Brasil. O primeiro ciclo do trabalho dos comunistas entre a juventude legou imensa experiência e colocou à prova dezenas de militantes que enfrentaram a violência reacionária do Estado Novo.

25. Apenas "em 19 de agosto, o jornalista Danton Gomes do *Correio Popular* descobriu que a garota estava jogada numa das celas da cidade e conseguiu fazer a primeira entrevista com ela. Assim ele descreveu o encontro na sua matéria: 'De repente, uma jovem graciosa, de fisionomia quase infantil, abrindo caminho entre as demais detentas que, curiosas, haviam se aproximado da janela, mostrou por entre as grades de ferro o seu rosto simpático. Era Genny. [...] – 'Ah! o senhor é repórter? Então me faça a caridade de dizer que estou presa aqui. Hoje estive lendo nos jornais que todos me procuram, mas ignoram o meu paradeiro'. O segredo estava desfeito" (Augusto Buonicore, "O Caso Genny Gleizer: A Garota Judia e Comunista Deportada por Vargas", *Portal Grabois*, 7 ago. 2015).

26. "Nós, do povo carioca, presentes à sessão Congresso da Juventude e em nome de milhões de brasileiros que exigem a liberdade de Genny Gleizer, viemos protestar perante as autoridades do país contra o ato violento da polícia expulsando Genny e clamar em nome do povo brasileiro pelo cancelamento do decreto de expulsão!", *Diário da Noite*, p. 9, 10 out. 1935.

27. John W. Foster Dulles, *O Comunismo no Brasil*, São Paulo, Nova Fronteira, 1985, pp. 128-129.

Referências Bibliográficas

Basbaum, Leôncio. *Uma Vida em Seis Tempos*. São Paulo, Alfa-Ômega, 1976.

Brandão, Octávio. *Combates e Batalhas*. São Paulo, Alfa-Ômega, 1978.

Buonicore, Augusto. "O Caso Genny Gleizer: A Garota Judia e Comunista Deportada por Vargas". *Portal Grabois*, 7 ago. 2015.

Dimitrov, Georgi. "Ofensiva do Fascismo e as Tarefas da Internacional Comunista na Luta pela Unidade da Classe Operária Contra o Fascismo". Relatório apresentado no VII Congresso da Internacional Comunista [2 ago. 1935]. *Obras Escolhidas*. Lisboa, Estampa, 1976, vol. III.

Dulles, John W. Foster. *O Comunismo no Brasil*. São Paulo, Nova Fronteira, 1985.

Faria, Fernando Garcia de. *Congresso Nacional da Juventude Proletária, Estudantil e Popular: A Construção da Organização Juvenil Comunista Brasileira (1924-1936)*. São Paulo, FFLCH-USP, 2022 (Dissertação de Mestrado).

Karepovs, Dainis. *A Esquerda e o Parlamento no Brasil: O Bloco Operário e Camponês (1924-1930)*. Orientação de Edgard Carone. São Paulo, FFLCH-USP, 2001 (Tese de Doutorado).

Lenin, Vladimir I. *Acerca de la Juventude*. Moskva [Moscou], Progresso, 1976.

"Não se Reuniu o Congresso da Juventude Proletária". *Correio de São Paulo*, 24 jun. 1935 (Biblioteca Nacional).

Weller, Shirley. *History of the International Socialist Youth Movement to 1929*. New York, The Young Socialist, 1946.

Archivio Storico del Movimento Operaio Brasiliano/Instituto Astrojildo Pereira/Centro de Documentação e Memória (Unesp)

A Classe Operária, n. 11 (3ª. fase), 18 maio 1946.

Basbaum, Leôncio. "Delegation du Brésil (Pereira)". 6 set. 1928, IC-1003 (Discurso).

______. "Relatório Geral da Federação da Juventude Comunista do Brasil". 9 dez. 1929, IC-1016.

Comissão Organizadora. "Aos Nossos Companheiros Jovens!", IC-1072.

"Informe do C. Marques no VI Congresso da IJC, Ano 1935", IC-1005.

Movimento Communista, n. 7, jun. 1922.

Peres, Luís. "Aos Camaradas da Executiva da Internacional Comunista de Jovens". 8 ago. 1925, IC-1006.

"Relatório Trimestral do PC Brasileiro". Rio de Janeiro, 6 jan. 1924, IC-0143.

"Tese do Bureau Sul-Americano da Internacional Juvenil Comunista à Federação da Juventude Comunista do Brasil". Maio 1932 [nov. 1931], IC-1046.

Capítulo 13
A Questão Racial no Partido Comunista (1922-1943)[1]

Gabriel dos Santos Rocha

Chamamos de comunismo o movimento real que supera o estado de coisas atual. As condições desse movimento resultam dos pressupostos atualmente existentes.

Marx e Engels

A questão racial não é novidade no pensamento social brasileiro. Dela vêm se ocupando cientistas, intelectuais e políticos das mais variadas tendências, buscando interpretar a realidade nacional, ou mesmo "projetar" a nação brasileira, em distintas épocas. Da independência (1822) ao seu bicentenário (2022), desde a "Representação à Assembleia Constituinte sobre a Escravidão" (1823) de José Bonifácio aos debates atuais sobre o "racismo estrutural", a questão racial salta aos olhos de observadores e estudiosos da realidade nacional. Isso se deve não apenas à formação multiétnica do povo brasileiro, mas também ao fato de a "raça" ter servido historicamente como ferramenta de estratificação social, sendo funcional na exploração da força de trabalho, na efetivação ou negação de direitos, na aquisição de prestígio social, na consolidação de poder político e econômico.

Podemos dizer que a "raça" em sua acepção histórico-social opera – mediante a exploração da força de trabalho, e as relações de propriedade – como um dispositivo organizador das desigualdades na sociedade de classes, no sistema capitalista. O racismo é historicamente perene no Estado e na sociedade civil brasileira e vincula-se à formação social, cultural, política e econômica

1. Remeto os leitores a outro artigo de minha autoria, "Comunistas e a Questão Racial no Brasil (1919-1959)", em Danilo Enrico Martuscelli e João Batista Silva (orgs.), *Racismo, Etnia e Lutas de Classes no Debate Marxista*, Chapecó, Ed. dos Autores, 2021.

do país. Entretanto, ainda que as desigualdades sociais sejam fortemente marcadas e atravessadas pelo racismo, as abordagens sobre a "questão racial" no Brasil não são unívocas, e suas variações podem estar vinculadas ao espaço, ao tempo, filiação teórica e política, ou mesmo à origem de classe de cada autor que se dispôs a investigá-lo.

No entanto, apesar das divergências – ora, incongruências – em relação ao tema, a questão racial perpassa as pautas dos mais distintos intérpretes do Brasil de diferentes épocas, dentre os quais os intelectuais comunistas. Estes tiveram contribuições fundamentais na interpretação da realidade brasileira, assim como nas lutas sociais e políticas do país ao longo do século XX. O marxismo, em suas mais variadas tendências, é o arcabouço teórico que orienta a produção e a atividade política desses intelectuais, a priori, comprometidos com a transformação radical da sociedade – com a socialização dos meios de produção e a superação das classes sociais –, a despeito das diferenças (e divergências) táticas e estratégicas presentes entre eles.

A teoria marxista se ampara fundamentalmente na leitura dos processos históricos a partir da relação dialética entre formação social e modos de produção: a dinâmica da sociedade é em última instância determinada pelas formas de produção da vida material. Em uma sociedade como a brasileira, onde as desigualdades sociais são atravessadas pelo racismo, cabe aos marxistas refletirem sobre o papel da "raça" enquanto categoria histórico-social nas relações de produção. Cabe compreender qual é o papel do racismo no modo de produção capitalista.

Neste artigo buscaremos entender como a questão racial entrou na agenda dos comunistas brasileiros no período em que o Partido Comunista era uma seção da III Internacional (1919-1943)[2]. Isso nos remonta à recepção do marxismo como ferramenta interpretativa da realidade nacional, da qual derivaram leituras que passaram por inflexões ao longo da história da sociedade brasileira e do próprio movimento comunista. Nos remete, portanto, à própria história do partido, desde a fundação, a relação com a Internacional Comunista (IC) e o objetivo da revolução brasileira.

2. Também nos referimos a essa organização como Internacional Comunista (IC). Na literatura, também são utilizados os acrônimos Comintern (Communist International) do inglês e Kominter (Kommunistische Internationale).

Partido Comunista – Seção Brasileira da Internacional Comunista

Nos dias 25 a 27 de março de 1922, ocorreu nas cidades do Rio de Janeiro e Niterói o Congresso de fundação do PCB, na ocasião, Partido Comunista – Seção Brasileira da Internacional Comunista, popularmente conhecido como Partido Comunista do Brasil até 1961, quando mudou a denominação para Partido Comunista Brasileiro, em uma tentativa de obter registro junto ao Tribunal Superior Eleitoral (TSE). Divergências internas que vinham ocorrendo na agremiação resultaram na cisão de 1962 que deu origem ao PCdoB, o qual retomou o antigo nome da organização: Partido Comunista do Brasil[3].

O partido foi fundado com o objetivo de organizar a classe trabalhadora na luta contra a exploração capitalista e viabilizar a emancipação do proletariado com a superação da contradição entre trabalho e capital, ou seja: a superação do capitalismo e a emancipação da humanidade através do socialismo (uma via para o comunismo). A Revolução Bolchevique de 1917 foi referência fundamental para socialistas, anarquistas e comunistas de todas as partes do mundo naquele período. No caso brasileiro, podemos dizer que impulsionou a formação de um movimento comunista, pois, até então, o anarquismo era predominante entre os trabalhadores politicamente organizados no Brasil. Inclusive os fundadores e primeiros quadros do PCB têm origens nessa tendência do movimento operário[4].

Em 1919 os bolcheviques fundaram a Internacional Comunista (IC), a princípio com o objetivo de assegurar a defesa da União Soviética (URSS) e expandir a revolução mundial. Essa organização teve pouco mais de duas décadas de existência, foi dissolvida em 1943. Nos anos 1930, a IC recuaria nos objetivos da revolução mundial, tornando-se na prática uma rede internacional de informações para a URSS[5]. A Internacional Comunista "era um organismo complexo com várias seções de apoio como: socorro vermelho, secretariado feminino, internacional sindical vermelha etc. Sua estrutura se baseava nos Congressos, Plenos, *presidium* e Departamentos"[6]. Ao longo de sua existência, a organização teve sete congressos mundiais, todos sediados em Moscou.

3. Referiam-se às denúncias contra Stalin feitas no XX Congresso do Partido Comunista da União Soviética em 1956 e à nova estratégia política definida na Declaração de Março de 1958 pelo PCB, entre outros temas.
4. Edgard Carone, *O PCB*, vol. I: *1922-1943*, São Paulo, Difel, 1982.
5. Lincoln Secco, *História da União Soviética*, São Paulo, Maria Antonia, 2020, pp. 79 e 82.
6. Lincoln Secco, *A Batalha dos Livros*, Cotia, Ateliê Editorial, 2017, p. 51.

Foi no contexto da Revolução Russa (1917), fundação da III Internacional (1919) e formação da URSS (1922) que surgiram partidos comunistas nas diferentes partes do mundo, dentre elas o Brasil. Naquela conjuntura, os partidos comunistas recém-fundados viam na IC um importante polo organizativo da revolução mundial, e esforçavam-se para serem aceitos como membros daquela organização, ainda que na prática a dinâmica de cada partido correspondesse às diferentes realidades nacionais, nem sempre estando de acordo com os postulados da IC.

O PCB, desde sua fundação até meados dos anos 1930, esforçou-se para integrar-se à III Internacional. Em seu primeiro Congresso, em 1922, o partido aprovou moções de apoio à IC e ao seu secretariado sul-americano, e aderiu às "21 Condições de Admissão" na organização. Naquele mesmo ano ocorreu em Moscou o IV Congresso Mundial da IC, para o qual foi enviado Antonio Bernardo Canellas como representante da delegação brasileira. No entanto, na ocasião o PCB não foi aceito como membro efetivo, mas como "simpatizante" da organização, ao que tudo indica, por divergências do representante brasileiro com alguns pontos do programa comunista internacional: a defesa de Canellas à presença de maçons no PCB, além de outros pontos relacionados à conjuntura, contrariavam a linha política defendida pela III Internacional[7].

O PCB só foi aceito como membro efetivo em 1924, no V Congresso Mundial da IC. Mas foi a partir do VI Congresso Mundial em 1928, e da I Conferência Comunista Latino-Americana em 1929, que a Internacional Comunista buscaria interferir mais em suas seções latino-americanas (inclusive a brasileira). A história da relação do PCB com a IC não esteve isenta de divergências e contradições. Havia limites na influência de Moscou sobre os comunistas do Brasil (e de outras partes do mundo). As contradições implicadas nessa relação entre a IC e sua seção brasileira nos ajuda a entender a interpretação dos comunistas sobre a realidade brasileira e, consequentemente, suas formulações sobre a questão racial no Brasil.

Veremos que já havia um debate sobre a questão racial entre os comunistas quando o Brasil aderiu à III Internacional. Até que a IC passasse a exercer uma maior influência na América Latina, os comunistas brasileiros pensaram a questão racial a partir dos referenciais nacionais de seu tempo, ou seja: até o final dos anos 1920, consideravam que não existia o problema do racismo no Brasil.

7. Marly de Almeida Gomes Vianna, "Os Primeiros Anos do PCB e a Internacional Comunista", em *VIII Colóquio Internacional Marx e Engels*, Campinas, Unicamp, 2015, pp. 5-6.

A Questão Racial nos Primeiros Anos do PCB *(1922-1929)*

O debate sobre a questão racial entre os comunistas brasileiros deve ser compreendido no escopo da agenda política do partido e da interpretação de seus militantes sobre a realidade brasileira, em parte registrados em documentos da organização, correspondências com a IC, artigos da imprensa operária etc.[8] É também necessário considerarmos o ambiente cultural no qual se formavam aqueles militantes: dificuldades enfrentadas na produção e circulação dos textos, tais como limitações econômicas nas edições, traduções e publicações, limitações no acesso a bibliotecas e livrarias, baixo nível de alfabetização entre os trabalhadores brasileiros daquele período, além das perseguições políticas e repressão ao movimento operário.

Soma-se a isso o fato de a classe que detém o poder econômico – contra a qual lutam os comunistas – tem muito mais possibilidades de fazer suas ideias e valores prevalecerem na sociedade. "As ideias da classe dominante são, em cada época, as ideias dominantes, isto é, a classe que é a força material dominante na sociedade é, ao mesmo tempo, sua força espiritual dominante"[9]. E as ideias se tornam dominantes quando disseminadas e reproduzidas também por frações de classes dominadas (ainda que as mais beneficiadas continuem sendo as classes dominantes).

> Uma das mais cruéis "invenções" da superestrutura ocidental, o racismo, corresponde à necessidade dos colonizadores em geral; "invenção" do soldado de linha enviado para a colônia; do trabalhador rural desempregado na metrópole, transformado em capataz na colônia; etc. Caso o racismo correspondesse "apenas" à "invenção da classe dominante" ele não seria posto em uso em tal escala pelo conjunto da sociedade[10].

A superestrutura na qual se desenvolveu a infraestrutura intelectual[11] comunista, em diferentes épocas, não esteve imune aos preconceitos da sociedade e à ideologia dominante, por mais que os comunistas tentassem superar a classe dominante e seus preconceitos. Com seus acertos e erros, seria incorreto dizer que o PCB foi mais preconceituoso do que a sociedade brasileira, ainda que

8. Material amplamente analisado em Aruã Silva de Lima, *Comunismo Contra o Racismo: Autodeterminação e Vieses de Integração de Classe no Brasil e nos Estados Unidos (1919-1939)*, São Paulo, FFLCH-USP, 2015 (Dissertação de Mestrado).
9. Karl Marx e Friedrich Engels, *A Ideologia Alemã*, São Paulo, Boitempo, 2007, p. 47.
10. Wilson do Nascimento Barbosa, *O Caminho do Negro*, São Paulo, Câmara do Livro, 1999, p. 46.
11. Infraestrutura intelectual refere-se à infraestrutura dentro da própria superestrutura (Lincoln Secco, "Economia da Cultura e Infraestrutura Intelectual").

preconceitos eventualmente fossem reproduzidos entre seus militantes. Marly Vianna, ao tratar do período inicial do PCB, considera que seus integrantes também foram influenciados pelas "lições da história oficial" de seu tempo. É o que nos mostra um informe de Octávio Brandão sobre um curso de formação por ele preparado em 1923 que, no entanto, não chegou a ter a primeira aula concluída, segundo ele próprio, "por tumultos causados por elementos provocadores".

> Nós vivemos num país onde somos o único partido organizado, em que, fora os anarquistas – desorganizados – somos os únicos a receber os golpes da reação. Um país de pequena burguesia sórdida. País de imigrantes, que vem aqui somente para obter dinheiro e voltar em seguida. País de mulatos, quer dizer, de pessoas sem firmeza, sem moral e sem caráter. Grande parte do proletariado tem preocupações apenas mercantilistas e os anarquistas nos caluniam[12].

Ainda que Brandão tenha sido quadro de uma importante organização do proletariado, ele próprio em alguma medida foi contaminado pela ideologia da classe dominante, inclusive no que diz respeito à questão racial. Em 1926, em uma passagem de seu *Agrarismo e Industrialismo*, importante ensaio na história do marxismo brasileiro, o autor considerou que no Brasil "O homem, como a terra, ainda está em formação. Há uma mistura desordenada de raças e sub-raças. O duplo caos da terra e do homem projeta-se sobre numerosos aspectos da vida nacional"[13].

O disparate eugenista não era incomum naquela época, ainda que não fosse unanimidade. Vale ressaltarmos que apesar dos exemplos mencionados, a eugenia não compunha o núcleo teórico do PCB, e contrariava as diretivas do partido. Os programas e documentos oficiais da agremiação via de regra defendiam a igualdade entre os seres humanos sem quaisquer insinuações a supostas superioridade ou inferioridade raciais. Porém, isso, por si só, não impedia que o racismo fosse eventualmente reproduzido entre seus militantes, a exemplo dessas passagens que mencionamos.

A percepção do racismo como um problema também do Brasil era dificultada pela ideia de que aqui construiu-se uma sociedade mestiça na qual os diferentes grupos étnicos conviviam harmoniosamente. Mesmo que a realidade demonstrasse o contrário, a ideia de uma suposta ausência de preconceitos entre os brasileiros era endossada nos meios intelectuais da época, com exceção dos ativistas da

12. Octávio Brandão, *apud* Marly de Almeida Gomes Vianna, "Os Primeiros Anos do PCB e a Internacional Comunista", p. 11.
13. Octávio Brandão, *Agrarismo e Industrialismo*, 2. ed., São Paulo, Anita Garibaldi, 2006, p. 33.

Imprensa Negra e associações culturais negras que já denunciavam o "preconceito de cor" (expressão utilizada na época) arraigado na sociedade brasileira.

Assim, vemos que quadros do PCB também foram influenciados pelo pensamento que décadas depois veio a ser denunciado pelo movimento negro como "mito da democracia racial". É o caso de Antonio Canellas, que, em relatório dos delegados brasileiros apresentado à executiva da IC, afirmava que entre os brasileiros "não há preconceito de raça ou de religião, uma vez que gente de todas as raças e de todas as religiões vivem no Brasil, sem que os fatores de etnias ou religião constituam obstáculos ao entendimento dos diversos elementos"[14]. Em 1923, concordando com Canellas, Astrojildo Pereira afirmava em uma resolução que o Brasil era um "país cosmopolita, de imigração, onde jamais se manifestaram quaisquer preconceitos de raça"[15].

Naquele mesmo ano os comunistas brasileiros foram questionados pela IC sobre a chamada "questão negra" no Brasil, e foram convidados para um "Congresso dos Povos Negros do Mundo" o qual pretendia-se organizar com a presença de representantes de diversas nacionalidades. A resposta à IC foi enviada por Octávio Brandão, que na ocasião considerou a possibilidade de o PCB enviar um representante brasileiro para o referido congresso, além de um relatório sobre a situação racial no Brasil, porém Brandão foi taxativo ao afirmar que: "Existem negros no Brasil. Mas não há uma questão negra no Brasil"[16].

O congresso em questão veio a ocorrer apenas em julho de 1930 na cidade de Hamburgo, como I Conferência de Trabalhadores Negros, da qual o Brasil não participou. Em 1929, na I Conferência Comunista Latino-Americana, em Buenos Aires, Leôncio Basbaum afirmou que grande parte da população do litoral brasileiro era composta de mulatos, e que o tipo "negro puro" [palavras dele] era muito raro, e acrescentou:

> O preconceito contra o negro assume reduzidas proporções e no seio do proletariado ele não existe. Na burguesia e em certas camadas da pequena burguesia este mal é perceptível. Traduz-se no fato de que, nessas esferas, se vê com simpatia a influência do índio nos costumes do país e com certa má vontade, a influência do negro. Tal atitude não vem tanto de um verdadeiro ódio racial, como nos Estados Unidos, mas pelo fato de no estrangeiro muitas vezes se referirem ao país chamando-o, com uma evidente intenção pejorativa, de

14. Antonio Bernardo Canellas, *apud* Marly de Almeida Gomes Vianna, "Os Primeiros Anos do PCB e a Internacional Comunista", p. 3.
15. *Idem*, p. 6.
16. Octávio Brandão, *apud* Aruã Silva de Lima, *Comunismo Contra o Racismo*, pp. 107-108.

"país de negros". Isso excita a vaidade patriótica do pequeno burguês que protesta, esforçando-se por demonstrar o contrário. Mas é comum ver a esse mesmo pequeno burguês, em festas nacionais, exaltando o valor de seus ascendentes africanos [*sic*]. Deve-se notar ainda que há inúmeros negros e mulatos ocupando cargos de relevo no seio da burguesia nacional [*sic*]. Deduz-se disso que, a rigor, não se pode falar de preconceito de raças no Brasil. [...] A situação dos negros no Brasil não exige que nosso partido organize campanhas reivindicatórias para os negros, com palavras de ordem específicas[17].

Mesmo negando a existência de "preconceito de raças no Brasil", a afirmação de Basbaum nos revela em algumas contradições do "modus operandi do racismo à brasileira", dentre as quais: a ideologia do branqueamento socialmente disseminada, a identificação e predileção pelo europeu, e a relação de ambiguidade – quando não, de negação – com os negros e indígenas (quando não são rejeitados, são "seletivamente aceitos"). Como já foi mencionado, a maneira como os comunistas brasileiros interpretavam a questão racial na primeira década do PCB reflete as ideias dominantes sobre o tema no Brasil daquele período. Veremos agora como o tema vinha sendo debatido na IC, para analisarmos em que medida a inserção do PCB no movimento comunista internacional pode ter influenciado – ou não – as formas de os comunistas brasileiros debaterem o tema na década seguinte.

A Questão Racial na Internacional Comunista (1919-1943): Imperialismo, Colonialismo e Nacionalidades Oprimidas

A defesa da revolução bolchevique e a tentativa de expandi-la para o mundo impunha aos revolucionários a organização de seções nacionais de partidos comunistas em diferentes países, colocando como tarefa a leitura concreta da realidade de cada região onde o proletariado tomaria para si a incumbência de emancipar a sociedade da exploração capitalista. No entanto, houve dificuldades e limitações de variadas naturezas no diálogo entre as lideranças e membros da IC em suas distintas seções pelo mundo. Não faremos aqui um balanço aprofundado e amplo da política da III Internacional, mas tentaremos de alguma forma expor alguns pontos e suas contradições.

Os bolcheviques caracterizavam o capitalismo de sua época a partir das formulações de Lenin sobre o imperialismo: o estágio monopolista e financei-

17. Leôncio Basbaum, *apud* Marly de Almeida Gomes Vianna, "A Primeira Conferência Comunista Latino Americana: Buenos Aires, Junho de 1929", *Revista Novos Rumos*, vol. 57, n. 1, p. 103, 2020.

ro do capitalismo do qual a Primeira Guerra Mundial foi produto (uma guerra inter-imperialista)[18]. O capitalismo em sua etapa imperialista se expandia através do colonialismo: a imposição dos domínios monopolistas de nações europeias sobre a África e a Ásia. O colonialismo, via de regra, teve o racismo como ideologia de dominação, estabelecendo uma suposta "hierarquia racial" entre os seres humanos na qual o branco/europeu estaria no topo e as demais "raças" abaixo. A suposta inferioridade atribuída pelos europeus aos africanos e asiáticos justificaria ideologicamente a rapina sobre os territórios colonizados, as formas de exploração da força de trabalho daqueles povos e toda a violência à qual foram submetidos no período colonial entre o século XIX e meados do XX.

Deste modo, a questão racial entrou na agenda da IC: a partir da associação entre imperialismo, colonialismo e racismo como partes integrantes de um mesmo processo de exploração capitalista global. Isso nos ajuda a entender porque o problema do racismo para os comunistas daquele período esteve frequentemente associado à luta anti-imperialista, anticolonial e atrelado à noção de "nacionalidades oprimidas". Tais formulações levaram lideranças da IC – sobretudo a partir de seu VI Congresso Mundial (1928) – a proporem a "autodeterminação com governos e estados próprios" para indígenas e negros nas Américas, algo que fazia sentido para os povos colonizados em África e Ásia, mas não para as realidades latino-americanas ou mesmo estadunidense.

Ressalta-se também que o problema das nacionalidades teve que ser enfrentado pelos bolcheviques nos próprios limites geográficos da URSS que envolveu a diversidade regional, cultural e étnica dos domínios do império czarista dissolvido com a Revolução de 1917[19]. Tal situação possivelmente influenciou formulações teóricas e políticas de lideranças da IC para outras partes do mundo. A luta anti-imperialista e anticolonial como caminho da revolução foi colocada no I Congresso Mundial da IC, ocorrido entre 2 e 6 de março de 1919. Na sessão de encerramento do evento foi lançado o "Manifesto da Internacional Comunista ao Proletariado do Mundo Inteiro", que conferiu importância à luta dos povos colonizados no processo de emancipação do proletariado mundial[20].

O manifesto propunha que a luta anticapitalista do proletariado europeu se conectasse à luta dos povos colonizados, já que o colonialismo integrava o

18. Vladimir I. Lenin, *Imperialismo: Estágio Superior do Capitalismo*, São Paulo, Expressão Popular, 2012.
19. Aruá Silva de Lima, "A Internacional Comunista e seus (Des)caminhos sobre a Questão Negra", *VIII Colóquio Internacional Marx e Engels*, Campinas, Unicamp, 2015.
20. "Manifiesto de la Internacional Comunista a los Proletarios de Todo el Mundo", 6 mar. 1919.

sistema internacional de acumulação capitalista. Os comunistas das metrópoles deveriam ser adversários da política colonial de suas próprias nações, e caberia a eles apoiar o proletariado colonial e atraí-lo para as fileiras do comunismo. Embora a proposta tenha sido colocada em quase todos os Congressos Mundiais da IC, na prática os partidos comunistas metropolitanos, a exemplo do britânico e do francês, não demonstraram empenho na luta anticolonial[21].

Vale lembrar que naquele mesmo ano a descolonização da África e os direitos civis dos negros nos EUA foram debatidos no I Congresso Pan-Africano em Paris, organizado pelo estadunidense W. E. B. Du Bois e pelo senegalês Blaise Diagne[22]. No II Congresso Mundial da IC, ocorrido entre 19 de julho 7 de agosto de 1920, o colonialismo e o problema das nacionalidades oprimidas foram pautados por Lenin, e contou com uma intervenção do comunista estadunidense John Reed, autor do clássico *Dez Dias que Abalaram o Mundo*[23]. Lenin preparou o "Esboço Inicial das Teses Sobre as Questões Nacional e Colonial", documento que contém o embrião das discussões sobre a questão racial na III Internacional, a partir de breves apontamentos sobre a situação dos trabalhadores negros nos EUA.

> Não só em toda a propaganda e agitação dos partidos comunistas – tanto da tribuna parlamentar como fora dela –, devem ser incansavelmente desmascaradas as constantes violações da igualdade das nações e das garantias dos direitos das minorias nacionais em todos os Estados capitalistas, a despeito das suas constituições "democráticas", como é preciso também, primeiro, explicar constantemente que só o regime soviético está em condições de proporcionar de fato a igualdade de direitos das nações, unindo primeiro os proletários e depois toda a massa dos trabalhadores na luta contra a burguesia; segundo, é necessário uma ajuda direta de todos os partidos comunistas aos movimentos revolucionários nas nações dependentes ou que não gozam da igualdade de direitos (por exemplo, na Irlanda, entre os negros da América [leia-se EUA] etc.) e nas colônias[24].

Neste documento, Lenin versou sobre a falsa "igualdade de direitos" formalizada nas constituições liberais dos países capitalistas onde a premissa formal dos "direitos iguais" oculta desigualdades reais, servindo como instrumen-

21. Hakim Adi, "Pan-Africanismo e Comunismo: O Comintern, a 'Questão do Negro' e a Primeira Conferência Internacional de Trabalhadores Negros", em Danilo Enrico Martuscelli e João Batista Silva (orgs.), *Racismo, Etnia e Lutas de Classes no Debate Marxista*, pp. 185-209.
22. Weber Lopes Góes e Renata Gonçalves, "À Margem de Outubro: Comunistas e a Questão Racial no Brasil", *Lutas Sociais*, vol. 21, n. 38, pp. 192-207, jan.-jun. 2017.
23. Hakim Adi, "Pan-Africanismo e Comunismo".
24. Vladimir I. Lenin, "Teses para o II Congresso da Internacional Comunista", 14 jul. 1920.

to de acomodação das tensões de classes, e também mencionou grupos aos quais não é conferida sequer a igualdade de direitos a exemplo dos irlandeses – no Reino Unido – dos negros nos EUA, e dos povos colonizados. O III Congresso Mundial da IC, realizado entre 22 de junho e 12 de julho de 1921, contou com a participação de David Ivon Jones representando a delegação sul-africana. Jones propôs que IC deveria estabelecer um Bureau específico para debater o colonialismo, questões relacionadas à África e aos negros na "América"[25].

Por sinal, nesses primeiros anos da IC o problema racial foi debatido com o foco sobretudo nos EUA e África do Sul. Os delegados negros que se destacaram na história da organização eram estadunidenses ou caribenhos representando o Partido Comunista dos EUA, como Claude McKay (Jamaica), Otto Huiswood (Guiana Holandesa), George Padmore (Trinidad e Tobago), Harry Haywood (EUA), William Patterson (EUA), James Ford (EUA).

Entre 30 de novembro e 5 de dezembro de 1922, ocorreu o IV Congresso Mundial da IC. Dele participaram, representando oficialmente o PC dos EUA: o jamaicano Claude McKay e Otto Huiswood, da Guiana Holandesa, posteriormente nomeado presidente da Comissão Negra que o congresso estabeleceu. Huiswood foi um dos primeiros a considerar que os negros estadunidenses seriam vanguarda na libertação de todos os afrodescendentes do mundo. Tal ideia aparece na "Tese sobre a Questão Negra", aprovada naquele congresso, cuja redação teve a participação fundamental de Huiswood e McKay[26].

O documento confere aos negros estadunidenses o papel de vanguarda na luta antirracismo e anticolonial, afirmando que sua história os preparou para "desempenhar um papel importante na luta de libertação de toda a raça africana"[27]. Menciona a exploração do trabalhador negro na formação do capitalismo estadunidense, do escravismo ao "trabalho livre", e enfatiza que os negros já travavam uma luta clandestina por liberdade desde a escravidão, tema que também aparecerá futuramente na produção de comunistas negros brasileiros como Edison Carneiro e Clóvis Moura, os quais consideraram a história da luta de classes no Brasil desde o período escravista.

Nessa tese os EUA são alçados ao "centro da cultura negra e do protesto negro", tangenciando um movimento negro internacional que envolveria África,

25. Hakim Adi, "Pan-Africanismo e Comunismo", p. 186.
26. *Idem*, pp. 187-188.
27. "Teses sobre a Questão Negra", 30 nov. 1922.

América Central e Caribe. Sabemos que o IV Congresso foi o primeiro no qual esteve presente um representante brasileiro, Antonio Canellas, e como já mencionamos na ocasião os comunistas brasileiros ainda não reconheciam problema racial no próprio país. Ainda assim, chama a atenção o fato de o Brasil sequer ser mencionado no documento.

> [...] o inimigo da raça negra e o inimigo dos trabalhadores brancos é o mesmo – o capitalismo e o imperialismo. A luta internacional da raça negra é uma luta contra o inimigo comum. Um movimento negro internacional com base nesta luta deve ser organizado: nos Estados Unidos, o centro da cultura negra e protesto negro, na África, com a sua reserva de mão de obra humana para o desenvolvimento do capitalismo, na América Central (Costa Rica, Guatemala, Colômbia, Nicarágua e outros países "independentes"), onde o domínio do capitalismo americano é absoluto, em Porto Rico, Haiti, São Domingos e outras ilhas do Caribe, onde o tratamento brutal dos nossos irmãos negros pela ocupação americana provocou um protesto em todo o mundo de negros conscientes e trabalhadores brancos revolucionários, na África do Sul e Congo, onde a industrialização crescente da população negra levou a todos os tipos de revoltas, e no leste da África, onde as incursões do capital mundial levou a população local a iniciar um ativo movimento anti-imperialista[28].

Cabe refletirmos sobre possíveis razões que levaram a IC conferir aos negros estadunidenses o papel de vanguarda na libertação de "toda a raça africana". Um primeiro ponto é o fato de as tensões raciais nos EUA serem bastante explícitas, a exemplo dos linchamentos e das leis segregacionistas que postulavam desigualdades de direitos entre negros e brancos. Tal situação poderia levar a uma radicalização dos trabalhadores negros, que poderia ser canalizada como luta anticapitalista, desde que os trabalhadores brancos se solidarizassem com os afro-estadunidenses na luta contra o racismo. Caberia aos comunistas o papel de unir trabalhadores negros e brancos contra a burguesia estadunidense. Para tanto, era necessário atrair os trabalhadores negros para as fileiras do comunismo e lutar contra o racismo também incutido nos trabalhadores brancos. Vale lembrar que naquela época, nos EUA, havia sindicatos dirigidos por brancos que impediam a filiação de negros.

Um segundo ponto reside no fato de os EUA ser um país altamente industrializado, com um capitalismo avançado, o que, na perspectiva da IC, também favorecia os negros estadunidenses como vanguarda da luta antirracismo (aliada à luta pelo socialismo), na medida em que o triunfo da revolução mundial necessitava

28. *Idem.*

fundamentalmente da superação do capitalismo nos países centrais do sistema. Ainda que os EUA naquela época não ocupassem a dianteira do capitalismo ocidental, como passou a ser no pós-Segunda Guerra, o país já concorria ao posto.

O V Congresso Mundial da IC ocorreu entre junho e julho de 1924. Na ocasião a questão racial apareceu através da crítica que seu então presidente, Dmitri Manuilski, fez aos partidos comunistas da França e da Inglaterra por não estarem demonstrando esforços na luta anticolonial. Manuilski criticou os franceses por não organizarem os "nativos" [termo utilizado por ele] que viviam na França, nem formarem lideranças provenientes das colônias como quadros do partido, enquanto o próprio exército colonial francês recrutava negros para suas fileiras[29].

O V Congresso também foi marcado, dentre outras coisas, pela chamada "bolchevização" da IC: a implementação de um regime disciplinar rígido que desencadearia na perseguição (posteriormente na eliminação) de opositores de Stalin no interior do próprio movimento comunista. Inicia-se um processo de mudanças no caráter, na composição e na direção dos partidos comunistas. "É em nome da 'bolchevização' que será conduzida em toda sua amplitude a depuração dos elementos dirigentes que, originários da esquerda ou da direita, não se alinhavam incondicionalmente com a equipe dirigente da Comintern em Moscou"[30].

Entre os dias 10 e 14 de fevereiro de 1927, sob os auspícios da IC, ocorreu em Bruxelas o Congresso Internacional contra a Opressão Colonial do qual participaram "membros de distintos grupos como National Congress of British West Africa (NCBWA), Comité de Defense de la Race Nègre (CDRN) e Union Patriotique"[31]. O congresso produziu um documento intitulado "Resolução Geral sobre a Questão Negra", que dentre outras coisas exigia: liberdade completa dos povos africanos e de origem africana, plena igualdade entre negros e todas as demais "raças", controle das terras e governos em África pelos africanos, abolição total dos trabalhos compulsórios e taxações injustas, abolição total das restrições raciais, sociais, políticas e econômicas, abolição da conscrição e recrutamento militar, liberdade de movimento dentro e fora da África, liberdade de expressão, imprensa e reunião, direito à educação em todas as áreas e à organização de sindicatos[32].

29. Augusto Buonicore, "Reflexões sobre o Marxismo e a Questão Racial", 2009, p. 7.

30. Pierre Broué, *História da Internacional Comunista: 1919-1943*, São Paulo, Sundermann, 2007, p. 479.

31. Luiz Bernardo Pericás, "Apresentação à Resolução Geral sobre a Questão Negra", *Margem Esquerda: Revista da Boitempo*, n. 27, pp. 139-142, 2º. sem. 2016.

32. "Resolução sobre a Questão Negra (1927)", *Margem Esquerda: Revista da Boitempo*, n. 27, pp. 142-145, 2º. sem. 2016.

Em 1928, foi fundado o Comitê Sindical Internacional de Trabalhadores Negros (International Trade Union Committee of Negro Workers – ITUCNW) a partir de uma das seções de apoio da IC, a Internacional Vermelha de Sindicatos (Red International of Labor Unions – Rilu). O ITUCNW foi presidido por James Ford (1928-1931) e posteriormente por George Padmore (1931-1933), sendo dissolvido em 1937[33]. Ainda em 1928, entre 17 de julho e 1 de setembro, ocorreu o VI Congresso Mundial da IC, que produziu as "Teses Acerca do Movimento Revolucionário nos Países Coloniais e Semicoloniais" nas quais a questão racial foi colocada. Se por um lado o documento apresentou algum avanço em relação aos anteriores por considerar que "a situação dos negros varia nos diferentes países, e por isso requer uma análise concreta para cada caso", por outro, reduziu as referidas especificidades a três casos:

> *1.* os EUA e alguns países da América do Sul, onde as massas negras são uma minoria relativamente à população branca; *2.* a União da África do Sul, na qual os negros estão em maioria relativamente aos colonialistas brancos; *3.* os Estados negros que são atualmente colônias ou semicolônias do imperialismo [Caribe e África][34].

O Brasil não foi citado explicitamente no documento. Porém, considerando que a essa altura os comunistas brasileiros já vinham sendo questionados pela IC sobre a situação dos negros, inferimos que o país esteja incluído genericamente na referência à América Sul (ainda que considerem erroneamente a população negra como minoria). Um outro problema contido nessas teses é a consigna da "autodeterminação" (à qual já nos referimos) com a criação de uma "república própria" para os negros, por sinal, vistos enquanto nacionalidades oprimidas tanto na África quanto nas Américas.

Apesar do disparate, mesmo para a época, a proposta de uma "república separada para os negros" no Brasil chegou a ser colocada pelo PCB nos anos 1930 (embora sem muito empenho, felizmente) – ao que tudo indica, mais como um gesto de disciplina com a IC do que por uma leitura concreta da realidade. Ressalta-se o fato de que a IC no final dos anos 1920 já vivia os efeitos da "bolchevização", discordâncias com a linha colocada pela vanguarda poderiam ser vistas como desvios burgueses ou traições. Trata-se também de um período em que a IC tentou interferir mais na política dos partidos comunistas latino-americanos.

33. Hakim Adi, "Pan-Africanismo e Comunismo", pp. 191-193.
34. "Teses acerca do Movimento Revolucionário nos Países Coloniais e Semicoloniais", 1 set. 1928.

O programa aprovado no VI Congresso tornou-se obrigatório para todos os partidos vinculados à III Internacional, e algumas resoluções afetaram diretamente a linha política dos comunistas na América Latina e no Brasil, tais como: "a qualificação de nossos países como semicoloniais e semifeudais, a concepção de frente única pela base, numa luta de classe contra classe, a grande desconfiança das camadas médias urbanas. Tais posições vigoraram na IC até seu VII Congresso, em 1935"[35]. A insígnia de uma revolução democrático-burguesa, "antifeudal" e anti-imperialista, fruto do VI Congresso da IC, influenciaria a política do PCB até meados dos anos 1960.

Neste contexto, em junho de 1929, foi organizada a I Conferência Comunista Latino-Americana, em Buenos Aires, sob a direção do comunista suíço Jules Humbert-Droz, evento ocorrido em decorrência do VI Congresso da IC (1928). A questão racial foi debatida na Conferência, e mais uma vez, o problema do racismo foi negado pelos representantes brasileiros, como vimos no tópico anterior. Os debates da IC sobre a questão racial seguiram no II Congresso Internacional contra a Opressão Colonial, ocorrido em Frankfurt, entre 21 e 27 de julho de 1929.

Diferente da primeira (1927), a segunda edição do encontro já contava com um ambiente menos variado e heterogêneo, e o foi preparado com envolvimento de figuras do alto escalão da IC como Manuilski, Molotov, Kuusinen e Osip Pyatnitsky. Àquela altura a organização vivia o período esquerdista da chamada política de "classe contra classe": "era clara a oposição dos delegados comunistas aos de tendências distintas, o que gerou um clima geral de insatisfação e desconforto nas discussões (os representantes indianos, por exemplo, seriam chamados de 'seguidores de Gandhi', enquanto outros, de 'agentes do imperialismo')"[36]. Em julho de 1930, foi realizada em Hamburgo a I Conferência de Trabalhadores Negros, a qual vinha sendo anunciada desde o II Congresso Mundial da IC (1920), que contou com a presença de delegados dos EUA, Caribe e de alguns domínios dos impérios britânico e francês em África[37]. O Brasil não esteve presente.

O VII Congresso Mundial da IC ocorreu em agosto de 1935. Na ocasião, o fracasso da política ultraesquerdista de classe contra classe, propugnada no VI Congresso (1928), concomitante ao fortalecimento da extrema direita, teve como resposta da IC o giro tático para a política de Frentes Populares contra o

35. Marly de Almeida Gomes Vianna, "A Primeira Conferência Comunista Latino Americana", p. 93.
36. Luiz Bernardo Pericás, "Apresentação à Resolução Geral sobre a Questão Negra", p. 141.
37. Hakim Adi, "Pan-Africanismo e Comunismo".

fascismo. A crítica ao colonialismo que antes envolvia a luta dos comunistas contra a burguesia de cada metrópole foi substituída pela ampla aliança – incluindo setores burgueses – contra o nazifascismo. Tal política criou divergências com George Padmore e outras lideranças negras que acabaram rompendo com a III Internacional. Na avaliação dos dissidentes as burguesias francesas, inglesas e estadunidense, notadamente racistas, pouco diferiam dos fascistas e nazistas em suas políticas para os negros e povos colonizados, os quais continuavam sendo vistos e tratados como "sub-raças".

Entre maio e junho de 1943, a IC foi dissolvida por seu Comitê Executivo.

O PCB Reconhece a Questão Racial no Brasil (1930-1940)

Vimos que VI Congresso Mundial IC (1928) e a I Conferência Comunista Latino-Americana (1929) marcaram um período no qual a IC buscou interferir mais na política de suas seções na América Latina. Neste contexto, cresceram as pressões para que os partidos se posicionassem em relação à questão racial, entendida, naquele contexto, na chave de "nacionalidades oprimidas". No entanto, o processo de reconhecimento da questão racial entre os comunistas brasileiros, em que pese alguma influência da III Internacional nos anos 1930, deve ser compreendido também a partir do contexto histórico, social, cultural e político nacional. Só assim, entenderemos porque o problema do racismo era negado pelos comunistas na década anterior, e como passou a ser, então, reconhecido.

Para os comunistas dos anos 1920, o preconceito e a discriminação do negro seriam "residuais", e não um problema sistêmico. A marcante miscigenação da população, muitas vezes, foi alçada no senso comum como prova de ausência de racismo entre os brasileiros (ainda que pretos e pardos compusessem as esferas mais desfavorecidas da sociedade). Seria o brasileiro, antes de tudo, um mestiço. Tal ideia funcionou informalmente, em alguma medida, como o direito no Estado burguês que, abstratamente, formaliza "a igualdade entre todos os cidadãos", porém, na prática funciona como um amortecedor das tensões de classes, e mantenedor das desigualdades reais.

Em uma época em que o pensamento eugenista ainda influenciava não apenas na produção intelectual, mas também em políticas públicas, tomar a mestiçagem como um valor positivo da identidade nacional (com todas as limitações que isso implicou no reconhecimento do problema do racismo) já representava algum avanço. Neste ponto, os artistas modernistas da década de

1920 – alguns deles inclusive se vinculariam ao PCB – anteciparam Gilberto Freyre. Para os comunistas daquele período o negro, quando discriminado, o era por ser pobre, e ser pobre, na visão da época, nada teria a ver com ser negro. A questão racial diluía-se no discurso classista. Não havia mediação entre raça e classe na concepção dos comunistas brasileiros, até então.

Assim, podemos inferir que o Grupo Comunista Zumbi, que estava entre as pequenas organizações que deram origem ao PCB, para seus integrantes era uma referência à luta de classes dos quilombolas contra os escravocratas, e não necessariamente um símbolo de negritude. Em 1929, Astrojildo Pereira, em seus derradeiros momentos de dirigente do partido escreveu "Sociologia ou Apologética?", um ensaio crítico ao livro *Populações Meridionais do Brasil*, de Oliveira Vianna (defensor do "arianismo"). Astrojildo se empenhou em demonstrar o caráter de classe das ideias de Vianna, definindo-o como uma filosofia política a serviço dos latifundiários e fazendeiros que, até então, dominavam o país.

Em contraposição à apologética eugenista de Vianna, Astrojildo defendeu o materialismo histórico como método de interpretação, e propôs a leitura da história do Brasil a partir da luta de classes (negada por Vianna), desde o período escravista.

> Os negros lutaram. Luta, aqui também, cruel, feroz, obstinada e secular. [...] Autêntica luta de classes, que encheu séculos da nossa história, e teve o seu episódio culminante de heroísmo e grandeza na organização da República dos Palmares, tendo à sua frente a figura de Zumbi, o nosso Spartacus negro[38].

Sendo a escravidão uma relação de produção, o negro rebelde tornava-se símbolo de luta para a coletividade dos trabalhadores no passado e no presente. No mesmo ensaio, Astrojildo enalteceu a figura de Zumbi dos Palmares se contrapondo aos bandeirantes e aristocratas que simbolizavam a opressão da classe dominante. Naquele mesmo ano em que publicava esse ensaio, ao ser questionado no Secretariado Sul-Americano da IC sobre a situação racial no Brasil, Astrojildo argumentou que no Brasil negros e brancos trabalhavam juntos, participavam dos mesmos sindicatos, havia negros no PCB, inclusive no Comitê Central, cujo critério de acesso não era a cor da pele, e sim, o desempenho e as qualidades do militante[39].

38. Astrojildo Pereira, *Escritos Históricos e Políticos*, São Paulo, Alfa-Ômega, 1979, p. 166.

39. Astrojildo Pereira, *apud* Aruã Silva de Lima, *Comunismo Contra o Racismo*, pp. 130-131.

Para entendermos o argumento de Astrojildo, é necessário recorrermos ao contexto histórico no qual foi feita a afirmação. Em 1928, o PCB, através do Bloco Operário e Camponês (BOC), lançou as candidaturas de Octávio Brandão e do marmorista negro Minervino de Oliveira nas eleições para intendente (equivalente a vereador, naquela época) no Distrito Federal. Os comunistas venceram aquelas eleições, conquistando duas vagas na intendência. No ano seguinte Minervino foi candidato à presidência da República pelo PCB e o BOC, ou seja: o primeiro candidato comunista à presidência da República no Brasil foi um operário negro[40]. No entanto, isso ocorreu sem que houvesse qualquer referência à sua negritude, em campanhas, discursos, documentos, programas da agremiação etc.

Minervino era um destacado sindicalista que, por várias vezes, ocupou o cargo de secretário do Centro dos Operários Marmoristas, e também atuou na imprensa operária. Minervino foi escolhido por representar a classe trabalhadora organizada e o povo. O partido não tinha a intenção de lançar propriamente uma candidatura negra. No entanto, a inflexão do PCB sobre a questão racial se daria nos anos seguintes. O reconhecimento da opressão de negros e indígenas, e uma política específica para ambos, apareceria na agenda da agremiação, como nos mostra a "Carta do Secretariado da América do Sul e do Centro ao C.C. do PCB" (1933), onde se lê:

> As tarefas do partido são: *a.* a luta decisiva contra a subestimação da questão nacional, a defesa da palavra de ordem leninista da "autodeterminação das nacionalidades até a separação" e a luta contra todas e quaisquer deformações da mesma; *b.* Introdução nas fileiras do partido dos melhores representantes do movimento revolucionário espontâneo das massas trabalhadoras negras e índias; *c.* A ligação da luta pelas reivindicações parciais com a luta pela libertação nacional das massas trabalhadoras negras e índias (reivindicação de iguais condições de trabalho para os operários de todas as nacionalidades, reivindicação da supressão do trabalho forçado dos índios etc.)[41].

A consigna da autodeterminação com governos próprios para indígenas e negros foi levantada na I Conferência Nacional do PCB, em julho de 1934[42], e já aparecia no livro de Leôncio Basbaum, *A Caminho da Revolução Operária*

40. Petrônio Domingues, "Minervino de Oliveira: Um Negro Comunista Disputa a Presidência do Brasil", *Lua Nova*, n. 101, pp. 13-51, maio-ago. 2017.
41. "Carta do Secretariado da América do Sul e do Centro ao C.C. do PCB (1933)", em Victor Jeifets e Andrey Schelchkov (comp.), *La Internacional Comunista en América Latina*, Moskva [Moscou]/Santiago de Chile, Aquilo-Press/Ariadna, 2018, p. 691.
42. "I Conferência Nacional do PCB", em Edgard Carone, *O PCB*, vol. 1, pp. 159-171.

Camponesa (1933). Porém, devido à própria realidade brasileira, tal consigna não se sustentou. De qualquer forma, nota-se que a questão racial, antes ignorada, passava a ser debatida entre os comunistas brasileiros.

Àquela altura, Octávio Brandão mostrava um posicionamento diferente de outrora. Em documento de 1936, intitulado "A Luta Revolucionária no Brasil", denunciou que nas empresas imperialistas "[...] os negros são recusados como empregados nos escritórios", sendo aceitos apenas nos trabalhos "considerados inferiores", e em geral, não são promovidos. Brandão também denunciou a violência contra negros e indígenas no país, mencionou a repressão à Revolta dos Marinheiros (1910), e a morte de Herculano de Souza, comunista, negro e trabalhador do Porto de Santos. Mencionou também ações do Socorro Vermelho em prol dos direitos da população negra no Brasil[43].

O tema também foi colocado na política de Frente Popular contra o fascismo, preconizada no VII Congresso Mundial da IC que, no Brasil teve na Aliança Nacional Libertadora (ANL) sua principal expressão. No manifesto da organização em 1935, afirma-se:

> Com a Aliança estarão todos os homens de cor do Brasil, os herdeiros das tradições gloriosas dos Palmares, porque só a ampla democracia, de um governo realmente popular, será capaz de acabar para sempre com todos os privilégios de raça, de cor ou de nacionalidade, e de dar aos pretos no Brasil a imensa perspectiva da liberdade e igualdade, livre de quaisquer preconceitos reacionários, pela qual lutam com denodo há mais de três séculos[44].

Contudo, um fator que possivelmente contribuiu para a mudança de olhar dos comunistas sobre a questão racial foi a emergência de um movimento negro de grande amplitude, como foi a Frente Negra Brasileira (FNB). O debate sobre a questão racial tornava-se cada vez menos contornável para os comunistas brasileiros. Não bastassem as diretivas da IC, agora havia uma organização negra (de dimensões nunca vistas, até então, no Brasil) pautando o debate nacionalmente. O PCB teve que demonstrar alguma disposição e olhar com mais atenção o problema racial, na medida em que seu principal antagonista da extrema direita, a Ação Integralista Brasileira (AIB), não apenas tinha uma boa relação com membros da FNB, como também ganhava negros para suas fileiras.

43. Octávio Brandão, "A Luta Revolucionária no Brasil", em Victor Jeifets e Andrey Schelchkov (comp.), *La Internacional Comunista en América Latina*, pp. 731-749.
44. Luiz Carlos Prestes, "Manifesto de Luís Carlos Prestes (1935)", em Edgard Carone, *O PCB*, vol. 1, p. 178.

> A ANL precisa utilizar o mais possível, no momento atual, a grande vontade de luta dos negros, despertada pela guerra imperialista contra a Abissínia. Para isso devem ser enviados os maiores esforços e empregados todos os métodos e recursos. [...] Nos lugares onde houver organizações negras, chamá-las à frente com a ANL contra a guerra, o imperialismo e contra o fascismo pela defesa dos interesses específicos dos negros em cada localidade. [...] Nas localidades e principalmente nas capitais nas quais não existem organizações negras como a Frente Negra, os aliancistas devem imediatamente tomar iniciativa de sua organização sem fazer questão de programas radicais, nem de imediata adesão formal a ANL[45].

Nesse contexto de inflexão sobre o debate racial, vemos também esforços dos comunistas na compreensão da realidade nacional e na busca de uma maior aproximação com o povo. Ressalta-se a atuação de jovens intelectuais na Bahia dos anos 1930, no grupo que ficou conhecido como Academia dos Rebeldes: jovens comunistas, universitários, boêmios, e interessados na cultura popular de sua região, dentre os quais destacaram-se Jorge Amado, Aydano do Couto Ferraz e Edison Carneiro. Os três jovens militantes do PCB participaram do I Congresso Afro-Brasileiro organizado por Gilberto Freyre e Ulysses Guimarães em Recife, em 1934, evento que reuniu tanto estudiosos de assuntos relacionados às matrizes africanas no Brasil, quanto ialorixás e babalorixás, cozinheiros, trabalhadores de engenho, pescadores etc. Na ocasião, Edison Carneiro apresentou um texto que talvez seja a primeira análise marxista sobre a questão racial no Brasil.

> O processo histórico de transformação da sociedade semifeudal do Brasil em sociedade capitalista, que se traduziu, primeiro na demagogia abolicionista, depois na consciência, por parte dos próprios senhores de escravos, da necessidade do trabalho assalariado, que produz a mais-valia absoluta, e onde a exploração do trabalhador pode ser levada ao extremo, – veio mudar somente a forma de exploração. [...] o negro se viu forçado a sofrer as flutuações do mercado, onde ia à procura de comprador para a sua única mercadoria de que podia dispor, – a sua força de trabalho. Numa palavra, o negro se proletarizou[46].

Nota-se o alinhamento do autor com as teses do VI Congresso Mundial da IC ao caracterizar o Brasil como uma sociedade "semifeudal". Carneiro segue o ensaio denunciando que o trabalhador negro no pós-abolição sofre a dupla opressão de classe e raça, está última, muitas vezes reproduzida pelos próprios

45. ANL, *apud* Aruã Silva de Lima, *Comunismo Contra o Racismo*, pp. 207-208.
46. Edison Carneiro, "Situação do Negro no Brasil", *Estudos Afro-Brasileiros*, Recife, Fundação Joaquim Nabuco/Massangana, 1988, p. 237.

trabalhadores brancos. O autor também denuncia a perseguição às religiões de matrizes africanas, tema com o qual viria a se notabilizar como antropólogo e etnólogo posteriormente.

Em 1937, Edison Carneiro e Aydano do Couto Ferraz organizaram o II Congresso Afro-Brasileiro em Salvador, o qual podemos ver como mais uma participação dos comunistas no debate público sobre a questão racial. O evento se contrapôs às ideias eugenistas de hierarquização racial, e colocou em pauta a liberdade religiosa e dos direitos de culto para as religiões de matriz africana. Tal fato resultou resultando na criação da União das Seitas Afro-Brasileiras da Bahia – tema que voltaria a aparecer anos depois na participação dos comunistas no Congresso Nacional. Foi Jorge Amado que, na condição de deputado federal do PCB, apresentou a emenda 3.218, que inseriu na Constituição de 1946 a liberdade de culto religioso.

Ainda na década de 1930, Edison Carneiro publicou *Religiões Negras* (1936) e *Negros Bantos* (1937). Em 1946, publicou no México *Guerra de los Palmares*, que no ano seguinte saiu no Brasil como *Quilombo dos Palmares*, um clássico nos estudos sobre as lutas negras no Brasil, livro que anos depois veio a influenciar Clóvis Moura (assim como Carneiro, um comunista negro) em seu também clássico *Rebeliões da Senzala* (1959). Colocava-se então a mediação entre raça e classe na interpretação dos problemas nacionais.

Conclusões

Os revolucionários de cada época e lugar lutam para transformar radicalmente a sociedade da qual também são produtos, portanto, da qual também carregam as contradições que pretendem superar. Não seria diferente no caso brasileiro. Cabe considerarmos isso ao olharmos para a questão racial na história do PCB. Ela não se desvincula da história do Brasil e, só poderá ser compreendida no contexto cultural, político, econômico e social de cada período. Do mesmo modo, a história do Brasil não ocorre à revelia da história da humanidade, portanto, das outras sociedades com as quais temos alguma relação.

A luta antirracismo da população negra em âmbito internacional certamente contribuiu para que os comunistas prestassem atenção ao problema e buscassem alguma forma de intervenção junto com os negros de cada nação. Em 1919, mesmo ano do I Congresso Mundial da IC em Moscou, ocorreu em Paris o I Congresso Pan-Africano, que colocou em pauta o colonialismo europeu na África e os direitos civis dos negros nos EUA. No Brasil, a luta antirracismo ganhou proeminência com o advento da FNB, que, fundada em 1931, em 1936 chegou a obter o registro de partido político junto ao Tribunal Superior Eleitoral (TSE), e foi extinta em 1937 com o golpe do Estado Novo (1937-1945).

No âmbito internacional, vemos que o debate sobre o racismo entrou na agenda da Internacional Comunista a partir da interpretação do capitalismo em sua etapa imperialista, da qual o colonialismo foi um fator político e econômico decisivo. A exploração colonial recaía sobretudo nos povos africanos e asiáticos, vistos por europeus como "raças inferiores", noção esta também disseminada entre brancos nos países americanos em relação aos negros e indígenas. Assim, imperialismo, colonialismo e racismo foram tomados como partes integrantes do processo de acumulação capitalista.

Ainda que tal visão estivesse correta, ela não era suficiente para compreender as especificidades do problema racial em cada sociedade, sobretudo, nas sociedades americanas, bastante diversas entre si de Sul ao Norte, e diferentes das sociedades africanas e asiáticas. Assim, a percepção de tal problema no Brasil necessariamente teve que considerar as condições objetivas e subjetivas colocadas pela história do país. Replicar a concepção da IC de nacionalidades oprimidas para negros e indígenas não cabia para a realidade brasileira, mas fez parte do processo de tomada de consciência dos comunistas sobre o racismo no Brasil. Consciência que deve ser compreendida a partir das condições objetivas e subjetivas do Brasil e do mundo daquele período.

Considerar isso não significa ter complacência com os erros de nossos antepassados, e sim, um esforço para não ser anacrônico. Não cabe a nós, no século XXI, olharmos para nosso passado à procura de sujeitos com a consciência de nossos dias. Aliás, se os encontrássemos seria preocupante, pois provavelmente significaria que não avançamos. Não cabe a nós julgarmos nem justificarmos nosso passado. Da história, cabe tirarmos lições e apreender como a realidade se move, se quisermos superar o estado de coisas atual.

Referências Bibliográficas

ADI, Hakim. "Pan-Africanismo e Comunismo: O Comintern, a 'Questão do Negro' e a Primeira Conferência Internacional de Trabalhadores Negros". *In*: MARTUSCELLI, Danilo Enrico & SILVA, João Batista (orgs.). *Racismo, Etnia e Lutas de Classes no Debate Marxista*. Chapecó, Ed. dos Autores, 2021, pp. 185-209.

Barbosa, Wilson do Nascimento. *O Caminho do Negro*. São Paulo, Câmara do Livro, 1999.

Brandão, Octávio. "A Luta Revolucionária no Brasil". *In*: Jeifets, Victor & Schelchkov, Andrey (comp.). *La Internacional Comunista en América Latina*. Moskva [Moscou]/Santiago de Chile, Aquilo-Press/Ariadna, 2018, pp. 731-749.

______. *Agrarismo e Industrialismo*. 2. ed. São Paulo, Anita Garibaldi, 2006.

Broué, Pierre. *História da Internacional Comunista: 1919-1943*. São Paulo, Sundermann, 2007. 2 vols.

Buonicore, Augusto. "Reflexões sobre o Marxismo e a Questão Racial", 2009. Disponível em: https://www.escolaPCdoB.org.br/file.php/1/materiais/pagina_inicial/Biblioteca/85_REFLEXOES_SOBRE_O_MARXISMO_E_A_QUESTAO_RACIAL.pdf. Acesso em 13 jun. 2022.

"Carta do Secretariado da América do Sul e do Centro ao C.C. do PCB (1933)". *In*: Jeifets, Victor & Schelchkov, Andrey (comp.). *La Internacional Comunista en América Latina*. Moskva [Moscou]/Santiago de Chile, Aquilo-Press/Ariadna, 2018.

Carneiro, Edison. "Situação do Negro no Brasil". *Estudos Afro-Brasileiros*. Trabalhos Apresentados ao I Congresso Afro-Brasileiro realizado no Recife, em 1934. Recife, Fundação Joaquim Nabuco/Massangana, 1988 [1934], pp. 237-241.

Carone, Edgard. *O PCB*. Vol. 1: *1922-1943*. São Paulo, Difel, 1982.

Domingues, Petrônio. "Minervino de Oliveira: Um Negro Comunista Disputa a Presidência do Brasil". *Lua Nova*, n. 101, pp. 13-51, maio-ago. 2017.

Góes, Weber Lopes & Gonçalves, Renata. "À Margem de Outubro: Comunistas e a Questão Racial no Brasil". *Lutas Sociais*, vol. 21, n. 38, pp. 192-207, jan.-jun. 2017.

Lenin, Vladimir I. *Imperialismo: Estágio Superior do Capitalismo*. São Paulo, Expressão Popular, 2012.

______. "Teses para o II Congresso da Internacional Comunista". 14 jul. 1920. Disponível em: https://www.marxists.org/portugues/lenin/1920/07/14.htm#r8. Acesso em 13 jun. 2022.

Lima, Aruã Silva de. *Comunismo Contra o Racismo: Autodeterminação e Vieses de Integração de Classe no Brasil e nos Estados Unidos (1919-1939)*. São Paulo, FFLCH-USP, 2015 (Dissertação de Mestrado).

______. "A Internacional Comunista e seus (Des)caminhos sobre a Questão Negra". *VIII Colóquio Internacional Marx e Engels*. Campinas, Unicamp, 2015.

Marx, Karl & Engels, Friedrich. *A Ideologia Alemã*. São Paulo, Boitempo, 2007.

"Manifiesto de la Internacional Comunista a los Proletarios de Todo el Mundo". 6 mar. 1919. Disponível em: https://www.marxists.org/espanol/tematica/internacionales/comintern/1919/manif_wtw.htm. Acesso em 13 jun. 2022.

Pereira, Astrojildo. *Escritos Históricos e Políticos*. São Paulo, Alfa-Ômega, 1979.

PERICÁS, Luiz Bernardo. "Apresentação à Resolução Geral sobre a Questão Negra". *Margem Esquerda: Revista da Boitempo*, n. 27, pp. 139-142, 2º. sem. 2016.

PRESTES, Luiz Carlos. "Manifesto de Luís Carlos Prestes (1935)". *In*: CARONE, Edgard. *O PCB*. Vol. 1: *1922-1943*. São Paulo, Difel, 1982.

"RESOLUÇÃO sobre a Questão Negra (1927)". *Margem Esquerda: Revista da Boitempo*, n. 27, pp. 142-145, 2º. sem. 2016.

ROCHA, Gabriel dos Santos. "Comunistas e a Questão Racial no Brasil (1919-1959)". *In*: MARTUSCELLI, Danilo Enrico & SILVA, João Batista (orgs.). *Racismo, Etnia e Lutas de Classes no Debate Marxista*. Chapecó, Ed. dos Autores, 2021.

SECCO, Lincoln. *A Batalha dos Livros*. Cotia, Ateliê Editorial, 2017.

______. "Economia da Cultura e Infraestrutura Intelectual". Disponível em: https://gmarx.fflch.usp.br/sites/gmarx.fflch.usp.br/files/inline-files/infraestrutura-intelectual.pdf. Acesso em 13 jun. 2022.

______. *História da União Soviética*. São Paulo, Maria Antonia, 2020.

"TESES acerca do Movimento Revolucionário nos Países Colonias e Semicoloniais". 1 set. 1928. Disponível em: https://www.marxists.org/portugues/tematica/1928/09/teses_comintern.htm. Acesso em 13 jun. 2022.

"TESES sobre a Questão Negra". 30 nov. 1922. Disponível em: https://www.marxists.org/portugues/tematica/1922/11/30.htm#r1. Acesso em 13 jun. 2022.

VIANNA, Marly de Almeida Gomes. "A Primeira Conferência Comunista Latino Americana: Buenos Aires, Junho de 1929". *Revista Novos Rumos*, vol. 57, n. 1, pp. 91-108, 2020.

______. "Os Primeiros Anos do PCB e a Internacional Comunista". *VIII Colóquio Internacional Marx e Engels*. Campinas, Unicamp, 2015.

Capítulo 14
O PCB e as Artes no Brasil[1]

Andréia Carolina Duarte Duprat

O socialismo, as teorias marxistas e marxianas balizaram e influenciaram inúmeros movimentos e artistas ao longo do século XX. O Partido Comunista do Brasil (PCB), que, por certo tempo, tomou para si a responsabilidade de interpretar e disseminar o marxismo em território nacional, elaborou e executou projetos culturais que envolveram a criação de publicações, peças de teatro, programas de rádio, obras de literatura, música, cinema e artes visuais. Nesse texto, trago uma breve panorâmica da arte e sua relação com o ideário do PCB. Destaco o período em que se tentou implantar o realismo socialista zhdanovista entre os artistas militantes, e procuro esclarecer alguns pontos dessa tendência estética, que foi oficializada na União Soviética durante o governo de Stalin.

Antes de adentrar ao tema específico desse trabalho, é interessante relembrar alguns pontos básicos sobre arte e comunismo e olhar para um passado mais distante. A arte, por mais subjetiva e individualizada que possa parecer, é a manifestação de uma sociedade e está imbricada nos seus valores, no seu modo de organização e de produção, e tem o potencial de propagar princípios

1. Esse texto apresenta trechos da dissertação da autora, *Clube de Gravura de Porto Alegre e Revista Horizonte (1949-1956): Arte e Projeto Político*, defendida em 2017 no Programa de Pós-Graduação em Artes Visuais, com ênfase em História, Teoria e Crítica, da Universidade Federal do Rio Grande do Sul (UFRGS).

e ideias e estimular a reflexão. Justamente por isso, as discussões sobre arte estavam na ordem do dia entre os militantes que a queriam aliada a uma práxis revolucionária. No caso brasileiro, percebe-se que o PCB foi um aglutinador de intelectuais e artistas que pretendiam interferir nos rumos da sociedade e que aderiram ao ideário do partido e usufruíram de sua estrutura para atuar em escala maior do que conseguiriam isoladamente. Vários desses agentes culturais se engajaram em entidades organizadas pela defesa dos trabalhadores, notadamente, órgãos de imprensa.

A constituição de uma rede de jornais e revistas era imprescindível para propagar os princípios socialistas, divulgar as notícias nacionais e internacionais das organizações, promover as obras de autores e autoras que compartilhavam os valores semelhantes, propagandear as ações partidárias, conscientizar e mobilizar a população. Devido a diversos episódios de repressão dos comunistas, os periódicos sofreram com a irregularidade de edição, destruição de acervo, trocas forçadas de nome e a perseguição de seus colaboradores. Entretanto, os esforços de manutenção de seus veículos de comunicação não cessaram nem mesmo quando o partido se encontrava na clandestinidade. É possível constatar a perseverança dos militantes na construção de uma verdadeira rede de imprensa[2].

A respeito dos demais aparatos culturais, percebe-se que a influência do PCB cresceu ao longo dos anos. Logo após a fundação do partido, em 1922, não é possível notar uma forte adesão dos artistas aos princípios comunistas em suas produções. A conjuntura se alterou ao longo da década, e já de 1929 para 1930, pela crise financeira mundial e as importantes mudanças na política brasileira derivadas da Revolução de 1930, a questão social se tornou cada vez mais presente e urgente. Somada a isso, a repercussão da Revolução Russa de 1917 alimentou os anseios dos que desejavam transformações na contraditória e injusta sociedade brasileira. Por certo, a União Soviética despertou seu interesse[3].

Na década de 1930, o PCB pregava a proletarização dos militantes, de acordo com a orientação da III Internacional, o que ocasionou o afastamento de líderes importantes como Octávio Brandão e Astrojildo Pereira. Segundo

2. Marisa Midori Deaecto e Jean-Yves Mollier (orgs.), *Edição e Revolução: Leituras Comunistas no Brasil e na França*, Cotia/Belo Horizonte, Ateliê Editorial/ Editora UFMG, 2013.

3. Ana Paula Palamartchuk, *Ser Intelectual Comunista... Escritores Brasileiros e o Comunismo (1920-1945)*, Campinas, IFCH-Unicamp, 1997 (Dissertação de Mestrado).

Dainis Karepovs, a partir de 1929, o PCB passou pelo processo de proletarização, que, no Brasil, ficou conhecido como obreirismo e que "significou a promoção de militantes de extração operária, em detrimento dos tidos como de origem pequeno-burguesa"[4].

Esse processo foi implementado a partir de orientação da Internacional Comunista e resultou na substituição de quase todo o núcleo dirigente do partido. Também foram nesses anos que surgiram importantes exemplos do chamado Romance de 1930, marcado pelo regionalismo crítico e temas sobre o trabalho, a exemplo de *Parque Industrial* (1932), de Patrícia Galvão, e *Caminho de Pedras* (1936), de Rachel de Queiroz. Cabe notar que as duas escritoras divergiam sobre a obediência às diretrizes partidárias: Pagu as seguia, e Rachel as contrariava e reclamava da intervenção e censura do partido em seus escritos.

Porém, é preciso observar que a pesquisa estética sobre temas nacionais não surgiu na década de 1930. Somente para citar o caso mais contundente, os artistas do modernismo e da Semana de Arte Moderna de 1922 já evidenciavam essa busca. A própria arte social – termo consagrado por Aracy Amaral em seu extenso estudo publicado no livro *Arte Para Quê?* – não surgiu somente naquele decênio. Entretanto, pode-se perceber que foi nessa época que a produção mais engajada se intensificou.

O desejo por afastar-se do academicismo e por atrelar as transformações da arte a transformações da sociedade encontrou amparo no partido da revolução, o PCB. Em termos de programa e de linguagem visual, os artistas alemães foram provavelmente os principais inspiradores dos brasileiros, destacando-se Käthe Kollwitz, Otto Dix e George Grosz. Käthe Kollwitz merece uma menção à parte. Suas obras começaram a ser divulgadas no país nos anos 1920. Encontramos relatos sobre sua produção, por exemplo, em matéria do jornal *A Manhã*, do Rio de Janeiro, de 1926, em que se apresentava a biografia da artista e exaltava o caráter humanitário e a excelência técnica de sua produção. Na capital do Rio Grande do Sul, Porto Alegre, tem-se notícia de que suas gravuras eram expostas na Livraria Internacional, de propriedade do anarquista Friedrich Kniestedt[5].

4. Dainis Karepovs, *A Esquerda e o Parlamento no Brasil: O Bloco Operário e Camponês (1924-1930)*, São Paulo, FFLCH-USP, 2002, p. 49 (Tese de Doutorado).

5. Aracy Amaral, *Arte Para Quê? A Preocupação Social na Arte Brasileira, 1930-1970: Subsídios para uma História Social da Arte no Brasil*, 3. ed., São Paulo, Nobel, 2003.

Theodor Heuberger, fundador da Sociedade Pró-Arte, promoveu a *Exposição Allemã de Livros e Artes Graphicas* na Biblioteca Nacional, no Rio de Janeiro, reunindo aquarelas e águas-fortes de Dix e desenhos de Grosz pertencentes a Mário de Andrade. O *Diário da Noite* divulgou a mostra e ressaltou as águas-fortes de Käthe, "a maior desenhista social da Europa"[6]. A mostra seguiu para São Paulo, e na notícia do *Correio Paulistano*, os trabalhos de Kollwitz novamente são exaltados: "[...] série 'guerra campestre', editada em Dresde, constitue uma maravilha, pelos assumptos observados e executados com gênio"[7].

Fruto da visita à União Soviética em 1931, a pintora Tarsila do Amaral fez uma exposição, na qual exibiu Operários, e realizou uma palestra intitulada Arte Proletária na URSS, no Clube dos Artistas Modernos (CAM), no ano de 1933. Foi também nesse período que se promoveu outra mostra de Käthe Kollwitz, e que David Alfaro Siqueiros, um dos grandes muralistas mexicanos, visitou o Brasil e proferiu palestras sobre a arte revolucionária mexicana. Outros dados que demonstram a aproximação de artistas do PCB é a filiação de Emiliano Di Cavalcanti em 1928, e a produção da primeira obra de Portinari mais comprometida politicamente, denominada *Retirantes*[8].

No ano anterior, fora fundado em São Paulo o Clube de Artistas Modernos (CAM) por Flávio de Carvalho, Di Cavalcanti, Antônio Gomide e Carlos Prado. Na mesma cidade, já havia outra agremiação artística de relevo, a Sociedade Pró-Arte Moderna, liderada por Lasar Segall. Essa sociedade foi responsável por providenciar trabalhos gráficos alemães para exposições do CAM, incluindo a que foi dedicada à Käthe Kollwitz, em 1933, que foi tema de artigos e de conferência de Mário Pedrosa, reproduzida no jornal antifascista *O Homem Livre*, publicada com o título "As Tendências Sociais da Arte e Kaethe Kollwitz". Esses textos são considerados inaugurais da crítica de arte de Pedrosa.

O antifascismo era uma das lutas que mais mobilizavam os intelectuais progressistas da época. No Brasil, o combate se dava pela denúncia dos regimes nazifascistas europeus e também pela mobilização contra o fascismo

6. "Exposição Allemã de Livros e Artes Gráphicas: Abriu-se, Hoje, a Grande e Variada Mostra Artístico--Industrial", *Diário da Noite*, n. 207, ano 2, p. 2, 7 jun. 1930.
7. "Exposição Allemã de Livros e Artes Gráphicas: Prorogado para Outubro Encerramento de Importante Certâmen", *Correio Paulistano*, n. 23070, p. 2, 27 set. 1930.
8. Antonio A. C. Rubim, *Marxismo, Cultura e Intelectuais no Brasil*, Salvador, UFBA, 1995.

interno, principalmente contra os integralistas (camisas-verdes) e os fascistas (camisas-negras). Seguindo a linha da Frente Ampla, na capital paulista foi fundada a Frente Única Antifascista, em 1933, liderada por Francesco Frola, na qual militavam integrantes do Partido Socialista Brasileiro, da União dos Trabalhadores Gráficos, da Legião Cívica 5 de Julho, do Partido Socialista Italiano, do Grêmio Universitário Socialista, do Bandeira dos Dezoito, da Liga Comunista e dos grupos Socialista Giacomo Matteotti e Italia Libera. Foram criados impressos para divulgar as ações da Frente Única: *A Rua*, *O Homem Livre* e *O Socialismo*. Pela já dada disputa com os trotskistas, o PCB não aderiu à Frente, mas esteve presente em comícios de 1933 e 1934[9].

Vale retomar o texto de Pedrosa a fim de extrair algumas concepções sobre arte social do autor. Em "As Tendências Sociais da Arte e Kaethe Kollwitz" (1933), Pedrosa propôs relações dos modos de produção com as técnicas e formas estéticas, indo até a arte primitiva, passando pela grega e pela renascentista. Sobre a produção que lhe era contemporânea, o autor afirmou:

> Se as chispas mágicas dos altos fornos e as formas audazes das máquinas prodigiosas enchem o cérebro e a imaginação de uma parte dos artistas de hoje, levanta-se por outro lado, como exigência de integralização do espírito humano, como expressão necessária da sensibilidade moderna, uma outra parte destes que deixa o campo da natureza morta e das pesquisas puramente técnicas para ver a sociedade em vivo, na sua dramática fermentação. Esses vão buscar os elementos de uma expressão poética também moderna nas relações sociais contemporâneas[10].

A arte pela arte seria uma invenção atual, mas havia artistas resistentes, como Käthe Kollwitz. Segundo o autor, as obras de Kollwitz eram marcadas por um "humanismo superior" e "pela sua atitude em frente à guerra, define-se a tendência social dominante em Kollwitz – a fidelidade à sua classe"[11]. Dois anos depois, o Clube de Cultura Moderna do Rio de Janeiro inaugurou a *Mostra de Arte Social*, organizada por Aníbal Machado, contendo cerca de 170 obras, entre as quais predominaram as obras gráficas, entre elas, as de Goeldi, Santa Rosa, Ismael Nery, Di Cavalcanti e Portinari. O desenho e a gravu-

9. Ricardo F. Castro, "O Homem Livre: Um Jornal a Serviço da Liberdade (1933-1934)", *Cadernos ael*, vol. 12, n. 22-23, pp. 61-76, 2005.
10. Mário Pedrosa, "As Tendências Sociais da Arte e Kaethe Kollwitz", *O Homem Livre*, n. 6, ano 1, p. 3, 2 jul. 1933.
11. *Idem*, n. 8, ano 1, p. 4, 17 jul. 1933.

ra traziam consigo um aspecto revolucionário advindo de uma tradição que comportava Honoré Daumier, Francisco de Goya e Käthe Kollwitz. O tema da mostra foi objeto da conferência de encerramento, de Aníbal Machado, reproduzida na revista *Movimento* de outubro de 1935[12].

No plano político, aquele ano foi marcado pela constituição da Aliança Nacional Libertadora (ANL), liderada pelos militantes comunistas. A adesão dos "tenentes" e de Luiz Carlos Prestes à ANL trouxe ainda mais notoriedade à entidade. A repressão foi intensa, ainda mais devido à tentativa insurrecional de 1935. Uma publicação cultural ligada à ANL foi a *Revista Esfera, de Letras, Artes e Ciências*, fundada em 1938, no Rio de Janeiro. Foram publicados oito números de 1938 a 1939, e dezoito de 1944 a 1950, em uma nova fase[13].

Sua primeira redatora-chefe foi Sylvia de Leon Chalreo, e a diretora, Maria Jacintha Trovão da Costa. Colaboraram escritores e jornalistas próximos ao PCB e conhecidos do público: Rubem Braga, Manuel Bandeira, Rossini Camargo Guarnieri, Álvaro Moreyra, Jorge Amado, Geraldo Ferraz, Carlos Drummond de Andrade, Oswald de Andrade, Raymundo Moraes, Eneida, José Lins do Rego, Graciliano Ramos, entre outros. É interessante notar os diferentes Estados de origens desses colaboradores – Bahia, São Paulo, Minas Gerais, Pará, Alagoas, Ceará, Sergipe. Os temas giravam em torno da literatura, do teatro, da música e das artes visuais.

A revista tinha uma forte relação com Portugal, principalmente, com integrantes do chamado neorrealismo português, Afonso de Castro Moreira (Senda) e Abel Salazar. Mais de vinte artigos de autores portugueses foram publicados, a maioria neorrealistas e membros do movimento antisalazarista. Naquela época, duas entidades da Capital Federal colaboravam com a publicação: a Associação de Artistas Brasileiros, criada em 1929 por Celso Kelly, que reunia nomes como Di Cavalcanti, Candido Portinari, Tomás Santa Rosa, Heitor Villa-Lobos; o Clube de Cultura Moderna do Rio de Janeiro, de 1935 e ligado à ANL, de que participavam Aníbal Machado, Paulo Werneck, Álvaro Moreyra, Santa Rosa. O Clube pretendia ser parte da frente ampla antifascista, e foi fechado quando se instaurou o Estado Novo. Uma de suas ações mais relevantes foi a Mostra de Arte Social, já citada.

12. Aracy Amaral, *Arte Para Quê?*

13. Ana L. V. Queiroz, *Sylvia de Leon Chalreo: A Editora da Esfera*, São Paulo, IEB-USP, 2019 (Dissertação de Mestrado).

O fechamento do regime de Getúlio Vargas com a instituição do Estado Novo, em 1937, tornou a atuação do PCB ainda mais difícil. Isso enfraqueceu a militância e o engajamento dos intelectuais às ações partidárias. Essa situação se reverteu com a chamada "redemocratização" de 1945. O partido retornou à legalidade, e retomou fortemente seus projetos e ampliou seu quadro. Estima-se que o partido chegou a ter trezentos mil filiados, entre eles, notórias figuras da cultura, a exemplo do poeta Carlos Drummond de Andrade, do arquiteto Oscar Niemeyer, do músico Dorival Caymmi, do escritor Monteiro Lobato e do pintor Quirino Campofiorito.

Conforme as diretrizes decretadas pelo Cominform, constituir aparatos culturais diversos se tornou uma missão primordial para o PCB. Por conseguinte, surgiram diversos periódicos, escolas de partido, participação expressiva em entidades como a Associação Brasileira de Escritores (ABDE) e o Movimento Brasileiro dos Partidários da Paz. Foi criada a União dos Trabalhadores Intelectuais (em 1945), cuja missão era aglutinar agentes de diversos campos, artistas, escritores, profissionais liberais etc.

Segundo o levantamento de Antonio Rubim (1995), é notável o crescimento das publicações comunistas no período em que o PCB estava na legalidade. O autor contabilizou a circulação de oito diários e diversos semanários ligados aos comunistas, como: *Tribuna Gaúcha* (Porto Alegre), *Tribuna do Povo* (São Luís), *Tribuna Popular* (Rio de Janeiro), *Hoje* (São Paulo), *Folha do Povo* (Recife), *O Momento* (Salvador), *Folha Popular* (Natal). Os jornais tinham uma tiragem considerável e eram um espaço de formação e atuação de profissionais da imprensa.

A retomada de artistas visuais à base comunista pôde ser atestada pela mostra *Artistas Plásticos do Partido Comunista do Brasil*, na qual figuraram trabalhos de Sigaud, Bruno Giorgi, Pancetti, Candido Portinari, Burle Marx, Tomás Santa Rosa, entre outros. Além da organização de exposições, os artistas se empenharam na colaboração de diversas publicações, por meio de ilustrações, da diagramação e de artigos. Entre os que mais se destacaram, pode-se citar Di Cavalcanti, Paulo Werneck, Carlos Scliar, Clóvis Graciano e Renina Katz.

Outro espaço de atuação dos artistas comunistas era em entidades criadas por eles que visavam a democratização do acesso à arte, o trabalho coletivo e a formação artística. Houve um grande incentivo à produção das artes gráficas, notadamente, a gravura, por sua reprodutibilidade e por poder ser empregada em diversos meios – revistas, jornais, panfletos, cartazes, álbuns. Quando se fortaleceu o Movimento dos Partidários da Paz e o realismo socialista no país, percebe-se uma ampliação da atividade artística. Isso pode ser constatado pelo aumento da participação de artistas em impressos e na criação de organizações como os clubes de gravura. O Clube dos Amigos da Gravura de Porto Alegre, fundado por Carlos Scliar e Vasco Prado, foi a primeira entidade do tipo e iniciou sua trajetória no final de 1950. Logo, surgiram entidades semelhantes em São Paulo, Rio de Janeiro, Santos, Recife, Curitiba.

O cinema também foi um campo de atuação dos militantes do PCB. Eles incentivaram a criação de Clubes de Cinema em diversas cidades, a exemplo do Clube de Cinema da Bahia, do qual participaram Walter da Silveira e Glauber Rocha[14]. Mas a aventura cinematográfica não se limitou à projeção e à crítica de filmes, também abrangeu produções próprias. Oscar Niemeyer e Ruy Santos fundaram a Liberdade Filmes, que executou os documentários *O Comício de Prestes do Pacaembu* e *24 Anos de Luta*. Nelson Pereira dos Santos produziu *Juventude e Atividades Políticas em São Paulo*, e Salomão Scliar, *Esperança das Multidões* e *Congressos*.

Ainda de acordo com Antonio Rubim, os filmes que tiveram maior repercussão foram *Estrela da Manhã* (1950), dirigido por Oswaldo Marques de Oliveira, com argumento de Jorge Amado e música de Radamés Gnattali e Dorival Caymmi; *O Saci* (1953), dirigido por Rodolfo Nanni, da produtora Brasiliensis Filmes, e *Rosa dos Ventos*, coprodução Brasil e República Democrática da Alemanha.

A cassação do registro do PCB, no ano de 1947, evidentemente, enfraqueceu sua atuação pública. Intelectuais se afastaram do quadro ou tiveram dificuldades em desenvolver seu trabalho em veículos de fora do partido, caso permanecessem próximos ou filiados. A clandestinidade e a repressão trouxeram a necessidade de maior unidade a fim de estabelecer a resistência e a sobrevivência do partido. Isso acarretou maior severidade nas diretrizes e maior cobrança de obediência a elas. Isso também se deveu, talvez até com maior força, ao alinhamento com as orientações do Partido Comunista da União Soviética (PCUS), então sob regime stalinista e sob a vigência da doutrina estética oficial do realismo socialista zhdanovista.

14. Antonio A. C. Rubim, *Marxismo, Cultura e Intelectuais no Brasil.*

Realismo Socialista, Zhdanovismo e a Repercussão no Brasil

No Brasil, a adoção do realismo socialista se evidenciou após o fim da Segunda Guerra Mundial em publicações culturais ligadas ao PCB. A revista Literatura, do Rio de Janeiro, fundada e dirigida por Astrojildo Pereira em 1946, congregava colaboradores de diversas tendências políticas e publicava textos de variados gêneros – poemas, crônicas, notícias – visando tornar públicas as questões da cultura. Dois anos após sua fundação, o conteúdo da publicação se restringiu ao procurar seguir a linha zhdanovista. Semelhante é o caso da revista *Fundamentos*, de São Paulo, lançada em 1947 e dirigida por Monteiro Lobato e Ruy Barbosa Cardoso. Em suas páginas, encontram-se artigos em que transparece a defesa dos princípios do partido e matérias sobre cultura em geral[15].

A rigidez das diretrizes partidárias é percebida nas páginas dos veículos de imprensa do PCB. A revista *Problemas*, criada por 1947, por exemplo, dirigida por Carlos Marighella e Diógenes Arruda, continha textos sobre assuntos da cultura em geral, mas, quando o partido intensificou seu propósito de formação ideológica por meio das publicações, passou a publicar, sobretudo, traduções dos teóricos do marxismo-leninismo.

O II Congresso dos Escritores teve lugar em Belo Horizonte, de 12 a 16 de outubro de 1947, e marcou o conflito entre comunistas e não comunistas. O foco dos debates estava nos direitos autorais, matéria de um projeto de lei, mas os militantes do PCB queriam que os congressistas se preocupassem com a Lei de Segurança Nacional e a cassação do registro do partido, sendo bastante impositivos nos trabalhos da Comissão de Assuntos Políticos, o que gerou protestos. Carlos Drummond de Andrade reclamou da tentativa de partidarização da ABDE e do evento. A mescla de assuntos político-partidários com profissionais – no caso, da categoria dos escritores – tornou-se alvo de críticas que alegavam que isso prejudicaria discussões intelectuais mais densas.

O PCB conseguiu impor sua linha à ABDE no ano de 1949, quando ocorreu a eleição da diretoria. Duas chapas concorreram, uma ligada ao Partido encabeçada por Homero Pires; outra, liderada por Afonso Arinos de Melo Franco. A concorrente "neutra" venceu, mas conflitos agressivos com os mem-

15. Luciana B. M. Arbex, *Intelectualidade Brasileira em Tempos de Guerra Fria: Agenda Cultural, Revistas e Engajamento Comunista*, São Paulo, FFLCH-USP, 2012 (Dissertação de Mestrado).

bros do partido a levaram a renunciar e a sair da associação. Na verdade, todos os associados não comunistas deixaram a entidade. Tudo isso ocasionou o distanciamento entre os literatos por questões ideológicas e, de certa forma, determinou a divisão polarizada do espaço de trabalho.

As revistas culturais se destacavam por envolver escritores e artistas renomados. *Literatura* teve na redação Álvaro Moreyra, Graciliano Ramos e Manuel Bandeira. *Fundamentos* contou com a colaboração de Monteiro Lobato, Mário Gruber e Caio Prado Jr. Também foram lançadas *Seiva* (Salvador), *Para Todos* (Rio de Janeiro), *Orientação* (Recife) e *Horizonte* (Porto Alegre). Essas publicações colaboraram com o campo cultural das diferentes regiões do Brasil ao disponibilizarem ao público textos literários, reportagens, poemas, reproduções de imagens artísticas e matérias sobre sociedade, política, cinema, música etc. Mesmo na fase mais radical, na qual a produção era mais controlada, essa contribuição não pode ser desprezada.

Os artistas comunistas resgataram as obras de Käthe Kollwitz como modelo de artista devido às gravuras de temas sociais, à técnica apurada e à preferência pela figuração. Os trabalhos de Kollwitz podiam ser encontrados nas páginas de publicações ligadas ao PCB. Temos o caso da *Fundamentos: Revista de Cultura Moderna*, que lançou seu primeiro número em junho de 1948, tendo no cargo de diretor Ruy Barbosa Cardoso e no de redator-chefe, Monteiro Lobato. No seu nono exemplar, a capa estampava *Nie Wieder Krieg* (*Guerra Nunca Mais*), de Käthe Kollwitz. Trata-se de uma litografia feita em agosto de 1924 a pedido da Juventude Alemã, ligada ao Partido Socialista Alemão, segundo o artigo sobre a artista.

Na nona/décima edição da revista, encontra-se o artigo de Emiliano Di Cavalcanti "Realismo e Abstracionismo"[16], que critica veementemente o chamado "anarquismo modernista" ao se referir ao abstracionismo. Esse texto revela suas ideias sobre arte influenciadas pelo realismo socialista zhdanovista e pode ser entendido, inclusive, como uma declaração dos princípios estéticos da revista. Di Cavalcanti reclama do afastamento da realidade de artistas como Kandinsky, Paul Klee, Mondrian e Calder, cujas obras chama de "especialização estéril", "visões monstruosas" e "abortos estéticos"[17]. Esse debate não esta-

16. Emiliano Di Cavalcanti, "Realismo e Abstracionismo", *Fundamentos*, n. 9-10, p. 241, ago. 1948.
17. *Idem*, p. 242.

va restrito ao Brasil, mas também se realizava, naquele momento, na Europa e tinha um caráter internacional.

A defesa do realismo, para Di Cavalcanti, passa por compreender que se encontra em um processo de evolução social e artística. O artista deveria ter liberdade para criar, mas suas escolhas não deveriam fugir à compreensão do público, e Di Cavalcanti remete a Kant, Hegel e Marx para basear sua argumentação.

> As teorias de arte como jogo, livre atividade individual, desinteressada e gratuita vêm diretamente de Kant. Assim o valor e o sentido da obra de arte residem unicamente na sua estrutura interior, tornando-a um todo independente de qualquer condição histórica e social, livre de condições exteriores. Hegel criticou profundamente Kant. Demonstrou que a obra de arte possui evidentemente uma unidade orgânica[18].

A arte deveria contribuir para enriquecer as relações humanas e deveria representar uma razão. A obra de arte seria o fruto de um processo de síntese: "O complexo da totalidade das coisas vive nela idealmente por um lado e concretamente por outro, porque a obra de arte é uma realidade, a única realidade que o homem (o artista) conhece totalmente porque foi o seu criador"[19]. Para Di Cavalcanti, o apego às experimentações formalistas da arte pura, dos "anarquistas modernistas", aproxima o artista do individualismo e da satisfação ao gosto de uns poucos. O processo histórico e social de sua época não se reflete em suas obras.

As revistas culturais do PCB que surgiram no final dos anos 1940 tinham, com frequência, vínculos com entidades artísticas. No caso dos anos 1950, as organizações mais alinhadas com as diretrizes partidárias eram os clubes de gravura, mencionados anteriormente, que, por vezes, eram derivados de iniciativas de formação de grupos precedentes.

Clubes de Gravura e o Projeto Político do PCB

A iniciativa de Vasco Prado e de Carlos Scliar de criar o pioneiro Clube de Gravura de Porto Alegre (CGPA) foi concomitante com a entrada de ambos na redação da revista *Horizonte*, que fora lançada em 1949 sob direção de Cyro

18. *Idem*, p. 243.
19. *Idem*, p. 245.

Martins, juntamente com Lila Ripoll, que substituiria o escritor. A publicação inaugurava uma Nova Fase – algo que aconteceu com outros impressos do partido – na qual se privilegiava aspectos do realismo socialista, divulgação teórica, críticas e ensaios culturais e a disseminação de campanhas da paz. Não é exagero afirmar que a atuação de Scliar e Vasco é consequência da militância política.

No ano de 1948, os artistas sul-rio-grandenses participaram do Congresso Mundial de Intelectuais em Defesa da Paz, em Wroclaw, na Polônia, durante o qual interagiram com outros artistas engajados, destacando-se o fundador do Taller de Gráfica Popular (TGP), Leopoldo Méndez. Méndez vinha de uma rica trajetória em busca de uma arte envolvida com as questões do povo mexicano, e criara o Taller com seus camaradas a fim de proporcionar um espaço de congregação de artistas, baseada no trabalho coletivo e na preocupação social, em que se promovia a formação e educação, confeccionava-se materiais impressos para diversas campanhas ligadas a partidos de esquerda e movimentos antifascistas.

O TGP aderiu prontamente as empreitadas do Movimento dos Partidários da Paz, e era de se esperar que participassem da delegação mexicana em seus eventos internacionais. O fato é que o TGP e Méndez inspiraram Scliar e Vasco, que voltariam a Porto Alegre com a missão de divulgar o movimento, o que foi cumprido com a participação na elaboração de um veículo de imprensa – a revista Horizonte – e a constituição do CGPA, no ano 1950. Os dois ou três primeiros anos do CGPA foram bastante focados na colaboração com a revista e com o movimento pacifista, mas logo ganhou "vida própria" promovendo mais cursos e exposições. A principal publicação coletiva do grupo, o álbum *Gravuras Gaúchas* (1952), recebeu o Prêmio da Paz e reuniu trabalhos dessa fase inicial.

Scliar assumiu o papel de promotor do CGPA e, também em função de seu compromisso político, tratou de incentivar a criação de entidades artísticas semelhantes pelo Brasil. Porém, o entusiasmo de Scliar não tem apenas relação com sua militância, mas integrava seu fazer desde sempre e compunha sua própria índole de agitador cultural. Sua estreia artística ocorreu na *Exposição do Centenário Farroupilha*, em 1935, com apenas quinze anos de idade, e pouco tempo depois se tornou um dos fundadores da Associação Francisco Lisboa, em 1938. Durante a Segunda Guerra Mundial, foi combatente da FEB e se dedicou a registrar a vida no *front*, cujos resultados foram a série de desenhos Caderno de Guerra e o livro com textos de Rubem Braga (1969).

Em suas andanças pelo país, Scliar incentivou a criação do Clube de Gravura do Recife sob a liderança de Abelardo da Hora. O clube pernambucano se estruturou a partir de entidades já existentes – a Sociedade de Arte Moderna do Recife (SAMR), criada em 1948 por Abelardo, Hélio Feijó e Ladjane Bandeira; e sua entidade herdeira, o Atelier Coletivo, fundado em 1952 por Abelardo da Hora, Wellington Virgolino, Tilde Canti, Wilton de Souza, José Cláudio, Ionaldo Andrade, Armando Lacerda e Ivan Carneiro. Scliar indicou a formação de um grupo voltado às artes gráficas semelhante ao CGPA: "Sugeriu que aqui houvesse um interesse por gravura, a partir da ideia do 'Clube de Gravura', e chegamos então a distribuir três remessas de gravura, em três meses"[20].

O Clube do Recife, de 1953, também surgiu para auxiliar a manutenção do Atelier Coletivo, que vivia com frequentes problemas financeiros. O clube participou de exposições coletivas, a exemplo da mostra que acompanhou o I Congresso Nacional de Intelectuais, em Goiânia, em 1954, e a *Mostra de Gravuras Brasileiras*, itinerante, que contou com trabalhos dos clubes de gravura do Brasil. O clube produziu o álbum Gravuras (1957), que reuniu obras de Corbiniano Lins, Wellington Virgolino e Wilton de Souza talhadas em matriz de gesso[21]. Passaram ainda pelas entidades Gilvan José Meira Lins Samico, Marius Lauritzen, Maria de Jesus Costa, Guita Charifker, Antônio Heráclito Campello Neto, Anchises Azevedo, Bernardo Dimenstein, entre outros.

O Atelier Coletivo e o Clube de Gravura não mantinham uma publicação própria. Os artistas comunistas contribuíam com a revista *Orientação*. Abelardo da Hora, militante de fato do PCB, defendia um plano para a Frente Intelectual no Recife. Ele ressalta que "todos os trabalhos que foram realizados até agora, foram conseguidos com maleabilidade e sem sectarismo e só conseguiremos mantê-los e realizar o resto do programa, se trabalharmos sempre assim, do contrário liquidaremos tudo que já realizamos e ficaremos isolados"[22]. Essas palavras constam em uma autobiografia escrita para o partido, documento incluso em processos que sofreu durante a ditadura civil-militar, e demonstram a preocupação de Abelardo com a autonomia e com a liberdade dos artistas que

20. Abelardo da Hora, *apud* Aracy Amaral, *Arte Para Quê?*, p. 189.
21. Eduardo Dimitrov, *Regional como Opção, Regional como Prisão: Trajetórias Artísticas no Modernismo Pernambucano*, São Paulo, FFLCH-USP, 2013 (Tese de Doutorado); José Cláudio, *Memória do Atelier Coletivo/Artistas de Pernambuco/Tratos da Arte de Pernambuco*, Recife, Cepe, 2010.
22. Abelardo da Hora, "Biografia de Abelardo da Hora", SSP/Deops-PE (Documento).

se engajam com as causas democráticas, evidentemente, sem abrir mão dos princípios revolucionários que deveriam ser basilares para a produção cultural.

Scliar também teve papel fundamental na organização da entidade similar em Curitiba. Já havia, na cidade, a "Garaginha", que era, de fato uma garagem, utilizada como ateliê por Violeta Franco e onde se reuniam artistas e interessados por arte, tais como Alcy Xavier, Nilo Previdi, Loio-Pérsio, Mário Romani, Eduardo Rocha Virmond – esse grupo foi o contato inicial de Scliar. Em 1951, conforme Carla Nascimento[23], graças aos incentivos de Poty Lazzarotto e de Scliar surgiu o Clube de Gravura do Paraná, cuja primeira dirigente foi Violeta Franco. A entidade durou pouco tempo, dada a diversidade de tendências dos seus integrantes, e por eles terem se dispersado em seguida.

Terminado o Clube, formou-se o Centro de Gravura, sob a direção de Nilo Previdi, considerado um local de utilidade pública e financiado pela municipalidade, onde se ofereciam aulas de variadas técnicas de gravura e de pintura[24]. Previdi era um artista comunista que prezava pela popularização da arte e acreditava no seu papel social, podendo ser associado ao realismo socialista. Mesmo que o Clube Gravura de Curitiba tenha sido marcado por uma existência efêmera, ele influenciou de forma decisiva a formação do Centro de Gravura, que seria fundamental para a história da arte no Paraná. Artistas relacionados com o clube colaboraram com a revista *Joaquim*, mas não se pode afirmar que fosse uma publicação de estreita ligação com o projeto comunista.

No Distrito Federal, o Clube de Gravura do Rio de Janeiro congregava associados e artistas interessados em difundir a arte da gravura realista por meio de um trabalho coletivo, também inspirados pela experiência do CGPA[25]. Dirigiam a instituição Percy Deane, Hugo Mund Jr., Raquel Strosberg, Regina Yolanda e Arydio X. da Cunha. Outras cidades também ensaiaram a formação de seus próprios clubes, como Florianópolis. Na capital paulistana, Luís Ventura procurou organizar uma agremiação baseada no modelo do CGPA com a participação de Mário Gruber, Renina Katz, Clóvis Graciano, Otávio Araújo[26].

23. Carla Nascimento, *Nilo Previdi: Contradições entre a Arte Moderna e a Arte Engajada em Curitiba entre os Anos 1940-60*, Curitiba, Setor de Ciências Humanas, Letras e Artes, UFPR, 2013 (Dissertação de Mestrado).

24. *Idem.*

25. "Vida de um Clube de Gravura", *Sul: Revista do Círculo de Arte Moderna*, n. 25, ano 8, pp. 30-34, ago. 1955.

26. Aracy Amaral, *Arte Para Quê?*

O Clube de Gravura de São Paulo iniciou suas atividades sob a presidência de Clóvis Graciano no início do ano de 1952. Suas primeiras atividades foram cursos de gravura ministrados por Manoel Martins e Renina Katz e uma exposição de obras de Käthe Kollwitz. O Clube era uma referência para os jovens artistas paulistas, como se vê em entrevista de Mário Gruber, Estela Tuchsneider, Flávio Tanaka e Luís Ventura concedida a Fernando Pedreira e publicada na revista *Fundamentos*[27]. O Clube de São Paulo teve vida curta. Vemos a colaboração de seus integrantes nas páginas da revista *Fundamentos*. Na cidade de Santos, Mário Gruber fundou um Clube de Gravura, que também teve curta duração, e, posteriormente, foi seguido pelo Clube de Arte.

Para compreender o quão a fundo ia a adesão dos artistas brasileiros ao realismo socialista ou ao zhdanovismo, é preciso entender um pouco sobre as premissas e os aspectos que envolvem sua adoção pelo PCUS. Em seguida, expõe-se brevemente aspectos dessas tendências.

Realismo Socialista e Zhdanovismo em Perspectiva

Paul Wood[28] observa que o realismo socialista não é simplesmente uma "efígie sem vida", como dizem alguns teóricos ocidentais, como também não era arte experimental. Os seus limites eram definidos pela visão de responsabilidade social. A corrente do realismo socialista oficializada pelo Partido Comunista da União Soviética (PCUS) se sobrepôs à multiplicidade de possibilidades para a arte revolucionária discutida em debates entre intelectuais e artistas. A burocracia partidária elegeu uma doutrina rígida que encontrou opositores dentro do próprio partido e na esquerda de modo geral.

Nesse estudo, adota-se a diferenciação entre realismo socialista e zhdanovismo, defendida por autores como Stefan Morawski, Vittorio Strada e Dênis de Moraes. Saber distinguir essas duas tendências é fundamental a fim de compreender a produção realista socialista e as peculiaridades do zhdanovismo e melhor avaliar os juízos posteriores acerca delas.

27. Fernando Pedreira, "Artistas Jovens e Arte Jovem: Uma Entrevista", *Fundamentos*, n. 32, ano 5, pp. 20-24, abr. 1953.
28. Paul Wood, "Realismos e Realidades", em Paul Wood, David Batchelor e Fer Briony, *Realismo, Racionalismo, Surrealismo: A Arte no Entreguerras*, São Paulo, Cosac Naify, 1998, pp. 250-335.

O filósofo e professor de estética polonês Stefan Morawski[29] observa que o realismo socialista foi a formulação teórica que preponderou entre os comunistas que seguiam as diretrizes do PCUS até o início da década de 1930. Essa corrente surgiu a partir de um processo histórico de engajamento de intelectuais com as causas sociais durante o período de crise do czarismo e teria se desenvolvido durante a Revolução Russa de 1917, expandindo-se na primeira década de existência da União Soviética. Não foi plenamente planejado, mas foi se desenvolvendo à medida que as condições de engajamento dos intelectuais em um processo de mudança social também se modificavam.

Essa corrente passou a ser denominada de zhdanovismo entre as décadas de 1930 a 1950. Ela foi oficializada por Andrei Zhdanov, o primeiro-secretário do Comitê Central do partido, durante o I Congresso dos Escritores em 1934, e chegou ao Brasil nos anos 1940, adotada nominalmente pelos artistas e pelos intelectuais que colaboravam com veículos de imprensa de esquerda. Os princípios defendidos incluíam:

> [...] a denúncia da cultura burguesa decadente; a recusa do formalismo estético; a necessária filiação intelectual à política revolucionária; a defesa do marxismo-leninismo como doutrina de libertação dos povos; a superioridade da URSS em todos os domínios; a submissão de escritores e artistas não-comunistas à ordem dominante; o Partido como a principal força na frente ideológica[30].

Lenin pensava que a intervenção do partido no campo das artes seria importante a fim de haver a prevalência do *partiinost*, ou seja, o espírito de partido. Entretanto, seus escritos possibilitavam interpretações ambíguas, porque tanto poderiam ser utilizados na defesa da liberdade artística quanto do controle sobre os artistas e intelectuais[31]. Vittorio Strada[32] aponta que a visão vulgar acerca do pensamento leninista levou ao autoritarismo partidário, mas Lenin não restringia a liberdade da arte, mesmo havendo ligação aos propósitos do partido.

29. Stefan Morawski, *Fundamentos de Estética*, trad. José Luis Álvarez, Barcelona, Península, 1977.
30. Dênis de Moraes, *O Imaginário Vigiado: A Imprensa Comunista e o Realismo Socialista no Brasil (1947-53)*, Rio de Janeiro, José Olympio, 1994, p. 153.
31. *Idem*.
32. Vittorio Strada, "Da 'Revolução Cultural' ao 'Realismo Socialista'", em Eric Hobsbawm (org.), *História do Marxismo: O Marxismo na Época da Terceira Internacional: Problemas da Cultura e da Ideologia*, Rio de Janeiro, Paz e Terra, 1987, pp. 109-150.

Stefan Morawski afirma que o realismo socialista, no seu processo de desenvolvimento, resgatou teorias e práxis passadas e originou uma nova arte, correspondendo às necessidades da vida pós-revolução. O estudioso adverte que essa corrente teórica não surgiu em 1934, junto com o zhdanovismo, mas que trabalhos foram feitos bem antes disso, como *A Mãe* (1907), de Máximo Gorki, e que suas premissas nasceram de obras como essa.

A Revolução Russa de 1917 foi um momento fundamental para a estruturação daquilo que ficou conhecido como realismo socialista. A tomada do poder pelos bolcheviques alterou profundamente a sociedade e os modos de relação entre as pessoas, o que exigiu novas formulações filosóficas. O termo realismo remete à tradição, e socialista remete ao engajamento dos artistas nos primeiros anos após a Revolução, destacando-se Gorki, Maiakovski, Eisenstein, entre outros. A construção dessa tendência foi um processo que gerou as seguintes ideias: o entendimento da realidade soviética deve ser prioridade, a literatura é uma arma de classe baseada no materialismo dialético, a literatura proletária deve tocar os sentimentos e pensamentos dos leitores através de ficções[33].

Entre 1917 e 1924, as prioridades de Lenin eram políticas e econômicas; entretanto, ele não deixou as questões culturais de lado. O líder soviético queria a popularização da arte e que as obras pudessem ser compreendidas pela população. Nos anos 1926 a 1929, Lunacharsky assumiu o Ministério da Educação e quis pôr em prática as ideias de Lenin sobre cultura, e ele próprio já havia escrito anteriormente textos sobre arte, como *Tarefas Culturais a Assumir pela Classe Operária* (1918) e *Arte e Indústria* (1924), cujo ponto principal é a cultura proletária, fruto da ação de artistas participantes da revolução e da consolidação do socialismo.

Mas não havia uma visão única sobre a arte entre os artistas e os intelectuais soviéticos, pois Lunacharsky admirava também a arte de vanguarda e defendia a experimentação formal; além disso, difundiu o expressionismo, o cubismo e o pluralismo de manifestações na União Soviética. Já Máximo Gorki, outro personagem influente, não era um entusiasta da arte contemporânea que se ocupava de novas formas de expressão, e sim da arte popular e proletária. O individualismo em oposição à coletividade já havia sido tema de Gorki em 1909, em *A Aniquilação do Indivíduo*. Tempos depois, escreveu

33. Stefan Morawski, *Fundamentos de Estética*, p. 283.

Sobre o Escritor Proletário (1928) e *Sobre o Realismo do Socialismo* (1933), no qual denunciava o egoísmo e o hedonismo da literatura burguesa e exaltava a literatura humanista voltada ao bem-estar comum.

Mesmo com essas discordâncias e debates, é necessário apontar que o pensamento sobre a função social da arte, na União Soviética, foi dando sinais cada vez mais fortes de enrijecimento ao longo dos anos 1920. Segundo Morawski, não se deve pensar que Zhdanov propôs essa tendência espontaneamente apenas em 1934, mas sim a fez alicerçadas em bases que já existiam. No início da década de 1920, surgiu a Associação dos Artistas da Revolução (AKR ou AKRR), que dominou o cenário e direcionou a arte soviética para o realismo socialista.

A Associação não chegou a formular uma teoria estética, somente divulgou uma declaração durante sua primeira exposição, em 1922, denominada de Pinturas de Artistas de Tendência Realista em Auxílio dos Famintos. No texto, os artistas se comprometiam a representar o realismo heroico, próprio da Revolução, e descartar o abstrato[34]. Alguns integrantes da AKRR foram Abram Arkhipov, Ilia Mashkov e Boris Kustodiev.

A partir da morte de Lenin, em 1924, e da ascensão de Stalin como principal liderança soviética, os debates sobre política cultural se caracterizaram pela dominação das linhas mais duras. *Sobre a Política do Partido no Campo Literário* (1925) trata da submissão das artes às diretrizes do partido. A "representação verídica da sociedade"[35] deveria ser a meta da literatura na visão da Associação Russa dos Escritores Proletários (RAPP), criada na época.

A institucionalização do realismo socialista deu seus primeiros sinais em 1929, quando Aleksandr Fadeiev publicou "Abaixo Schiller!" na *Literaturnaia Gazeta*. Em 1932, ocorreram fechamentos de instituições independentes do partido sob o argumento de que gerariam conflitos entre os militantes socialistas, e criou-se a União dos Escritores Soviéticos da URSS. No texto do editorial da *Literaturnaia Gazeta* de 29 de maio de 1932, intitulado "Ao Trabalho!", cunhou-se o termo realismo socialista: "As massas exigem do artista a sinceridade e a veracidade do realismo socialista, revolucionário na figuração da revolução proletária"[36]. Dois anos depois, ocorreu o I Congresso dos Es-

34. Paul Wood, "Realismos e Realidades".
35. Luciana B. M. Arbex, *Intelectualidade Brasileira em Tempos de Guerra Fria*, p. 96.
36. Vittorio Strada, "Do 'Realismo Socialista' ao 'Zdhanovismo'", em Eric Hobsbawm, *História do Marxismo*, p. 190.

critores, no qual o realismo socialista se consagrou como a estética oficial da União Soviética[37].

Gorki e Zhdanov, em 1934, reuniram as concepções sobre a arte dos soviéticos e elaboraram generalizações que culminaram na formulação de diretrizes básicas para o realismo socialista existente até aquele momento. Dos discursos proferidos por eles, pode-se retirar as seguintes formulações, expostas por Morawski: o realismo extrai a essência e transforma-a em imagem; ao se incorporar à imagem o que se deseja ver realizado, tem-se o tipo de romantismo que pode ser útil à causa revolucionária; o trabalho deve ser o tema principal do escritor. A realidade deveria ser representada em seu processo de evolução, para isso, admitir-se-ia o uso de todas as formas e métodos artísticos. Durante o I Congresso de Escritores, o clima era de segregação entre os supostos verdadeiros e falsos revolucionários.

As declarações de Zhdanov incitavam o menosprezo à tradição cultural do passado e à arte contemporânea do Ocidente. As propostas do secretário do partido tomaram feição de decretos, serviam para designar o que era permitido e o que era proibido. O realismo socialista zhdanovista se tornou institucional, oficial, a única corrente artística que seria própria para os soviéticos. Durante os anos de 1936 a 1938, os documentos do Comitê Central do partido acerca das artes revelam o abandono das ideias de Lenin e Lunacharsky. A arte progressista se transformou em uma arte de propaganda, de exaltação às maravilhas do regime soviético e reprimia qualquer tipo de crítica. Houve o resgate das formas da arte do século XIX sob a alegação de que eram mais acessíveis ao povo, mesmo que isso significasse adotar a linguagem de uma sociedade que ainda não passara pela revolução.

Morawski propõe chamar essa corrente autoritária de zhdanovismo. Não se tratava mais de colocar a criação artística a serviço de uma nova sociedade, mas sim de torná-la submissa aos interesses partidários. O zhdanovismo só tolerava o que era moldado segundo seus preceitos. A arte passou a ser vigiada e supervisionada. Havia pessoas responsáveis por orientar os artistas, os escritores e os teóricos, "uma hierarquia de vigilantes estéticos"[38]. No início do século XX, houve diversas proposições acerca de uma teoria para a cultura baseada nas ideias de Marx, sendo a representação e o realismo os principais

37. *Idem*, pp. 151-219.

38. Stefan Morawski, *Fundamentos de Estética*, p. 291.

tópicos de discussão. Uma das ideias vigorantes foi a de que o realismo não seria a reprodução da realidade – isso seria próprio do naturalismo –, mas sim a representação da realidade percebida através de uma nova visão que proporcionaria a revelação da complexidade da estrutura social que condiciona a existência de cada um[39].

Leandro Konder reforça o predomínio, entre os marxistas, da concepção de arte como "reflexo" da realidade e como forma de conhecimento particular de apreensão do real. Ele explica a influência de Hegel sobre as teorias marxistas, destacando o modo com que esse autor trata a *mimesis* de Aristóteles: "em sua forma vulgarizada, semelhante teoria [*mimesis*] tem servido de escora a um naturalismo que empobrece a arte [...] a arte de se situar acima da natureza, pois o espiritual é superior ao natural"[40].

György Lukács afirma que o critério qualitativo de avaliação de uma obra deve ser seu esforço em representar a realidade. Os marxistas mais conscientes devem se sentir herdeiros da arte progressista do passado, representada pelos gregos, pelos renascentistas, por Shakespeare, Victor Hugo, Tolstoi, entre outros. Deve-se também ponderar o que é a realidade a ser refletida, "essa realidade não é somente a superfície imediatamente percebida do mundo exterior, não é a soma dos fenômenos eventuais, causais, momentâneos"[41]. O naturalismo deve ser rechaçado por sua prática mecanicista e antidialética de compreensão dos fenômenos, que se confundem com sua essência, reduzindo-a, assim como o idealismo, pois contrapõe o fenômeno e sua essência, formando uma antítese que fragmenta o real.

A literatura e a arte decadentes unificam essas duas correntes, "substituem a verdadeira busca da essência por um jogo de analogias superficiais que, tal como as concepções de essência dos clássicos do idealismo, prescinde do real"[42]. A verdadeira arte procura a essência, mas sem esquecer o fenômeno correspondente, nos momentos de movimento dialético, integrantes de um processo contínuo, "fornece sempre um quadro de conjunto da vida humana,

39. Francisco Posada, *Lukács, Brecht e a Situação Atual do Realismo Socialista*, Rio de Janeiro, Civilização Brasileira, 1970.
40. Leandro Konder, *Os Marxistas e a Arte*, São Paulo, Expressão Popular, 2013, p. 33.
41. György Lukács, "Introdução aos Escritos Estéticos de Marx e Engels", em Karl Marx e Friedrich Engels, *Cultura, Arte e Literatura: Textos Escolhidos/Karl Marx e Friedrich Engels*, trad. José Paulo Netto e Miguel M. C. Yoshida, São Paulo, Expressão Popular, 2010, p. 24.
42. *Idem*, p. 25.

representando-a no seu movimento, na sua evolução e desenvolvimento"[43]. O *tipo* é uma das manifestações da síntese entre fenômeno e essência, constituinte de obras realistas.

O realismo não se confunde com o idealismo e o naturalismo. O naturalismo parte de dados empíricos e da percepção imediata do fenômeno, que observado assim, superficialmente, apenas toca a história social. O ser humano é entendido como uma entidade imutável, cujo destino é determinado por suas condições biológicas e ambientais. O idealismo adota o procedimento da idealização em detrimento com dados concretos, fundamenta-se em ideias abstratas acerca dos seres humanos e das relações que estabelecem[44].

Aqui apresentou-se rapidamente algumas concepções acerca do realismo, do realismo socialista e do zhdanovismo. Como apresentado anteriormente, o debate sobre essas tendências estéticas nos espaços comunistas veio com mais vigor, no Brasil, em meados da década de 1940. Embora comprometido com os encaminhamentos do PCUS, e embora os artistas tivessem acesso as concepções soviéticas por meio de traduções de textos nas revistas mesmas com que colaboravam, não é possível afirmar que a produção brasileira obedecesse completamente às diretrizes do zhdanovismo.

Em um país que não passava por um processo revolucionário, idealizar a classe trabalhadora como prescrevia a doutrina de Zhdanov não encontrava razão de ser na realidade do Brasil. O que se vê em muitas das obras é a denúncia da exploração e a valorização da cultura e dos tipos populares. Levando isso em conta, pode-se afirmar que a gravura revolucionária chinesa, a arte mexicana e os expressionistas alemães são modelos fundamentais para os brasileiros por tratarem de tradição, do popular, do regional e da denúncia das mazelas sociais em seus trabalhos. Esse ponto de vista é melhor desenvolvido na minha dissertação *Clube de Gravura de Porto Alegre e Revista Horizonte (1949-1956): Arte e Projeto Político*.

Considerações Finais

Nas poucas linhas aqui apresentadas, fica evidente a importância do comunismo na História da Arte no Brasil. Muitas e muitos artistas notáveis

43. *Idem*, p. 26.
44. Stefan Morawski, *Fundamentos de Estética*.

tiveram uma formação política graças ao seu envolvimento com o PCB e com outras tendências do campo de esquerda, e isso foi fundamental para os rumos que tomaram sua produção artística e definiu sua relevância no cenário artístico local e nacional. Ao trazer autores que discutem concepções marxistas sobre estética e arte, procuro estimular a busca pessoal e dos leitores de aproximações do marxismo com a História da Arte, o que seria enriquecedor para essa área de conhecimento. Ainda há muito a construir. Também objetivo alertar para concepções mais amplas do realismo e do realismo socialista, que, por vezes, ficam reduzidos ao legado do zhdanovismo.

Referências Bibliográficas

AMARAL, Aracy. *Arte Para Quê? A Preocupação Social na Arte Brasileira, 1930-1970: Subsídios para uma História Social da Arte no Brasil.* 3. ed. São Paulo, Nobel, 2003.

ARBEX, Luciana B. M. *Intelectualidade Brasileira em Tempos de Guerra Fria: Agenda Cultural, Revistas e Engajamento Comunista.* São Paulo, FFLCH-USP, 2012 (Dissertação de Mestrado).

CASTRO, Ricardo F. "*O Homem Livre*: Um Jornal a Serviço da Liberdade (1933-1934)". *Cadernos AEL*, vol. 12, n. 22-23, pp. 61-76, 2005.

CLÁUDIO, José. *Memória do Atelier Coletivo/Artistas de Pernambuco/Tratos da Arte de Pernambuco.* Recife, Cepe, 2010.

DEAECTO, Marisa Midori & MOLLIER, Jean-Yves (orgs.). *Edição e Revolução: Leituras Comunistas no Brasil e na França.* Cotia/Belo Horizonte, Ateliê Editorial/Editora UFMG, 2013.

DI CAVALCANTI, Emiliano. "Realismo e Abstracionismo". *Fundamentos*, pp. 241-246, ago. 1948.

DIMITROV, Eduardo. *Regional Como Opção, Regional Como Prisão: Trajetórias Artísticas no Modernismo Pernambucano.* São Paulo, FFLCH-USP, 2013 (Tese de Doutorado).

"EXPOSIÇÃO Allemã de Livros e Artes Gráphicas: Abriu-se, Hoje, a Grande e Variada Mostra Artístico-Industrial". *Diário da Noite*, n. 207, ano 2, 7 jun. 1930 (Rio de Janeiro).

"EXPOSIÇÃO Allemã de Livros e Artes Gráphicas: Prorogado para Outubro Encerramento de Importante Certâmen". *Correio Paulistano*, n. 23070, 27 set. 1930 (São Paulo).

HORA, Abelardo da. "Biografia de Abelardo da Hora". SSP/Deops-PE (Documento).

KAREPOVS, Dainis. *A Esquerda e o Parlamento no Brasil: O Bloco Operário e Camponês (1924-1930).* São Paulo, FFLCH-USP, 2002 (Tese de Doutorado).

KONDER, Leandro. *Os Marxistas e a Arte*. São Paulo, Expressão Popular, 2013.

LUKÁCS, György. "Introdução aos Escritos Estéticos de Marx e Engels". *In*: MARX, Karl & ENGELS, Friedrich. *Cultura, Arte e Literatura: Textos Escolhidos/Karl Marx e Friedrich Engels*. Trad. José Paulo Netto e Miguel M. C. Yoshida. São Paulo, Expressão Popular, 2010, pp. 11-38.

MORAES, Dênis de. *O Imaginário Vigiado: A Imprensa Comunista e o Realismo Socialista no Brasil (1947-53)*. Rio de Janeiro, José Olympio, 1994.

MORAWSKI, Stefan. *Fundamentos de Estética*. Trad. José Luis Álvarez. Barcelona, Península, 1977.

NASCIMENTO, Carla. *Nilo Previdi: Contradições entre a Arte Moderna e a Arte Engajada em Curitiba entre os Anos 1940-60*. Curitiba, Setor de Ciências Humanas, Letras e Artes, UFPR, 2013 (Dissertação de Mestrado).

PALAMARTCHUK, Ana Paula. *Ser Intelectual Comunista... Escritores Brasileiros e o Comunismo (1920-1945)*. Campinas, IFCH-Unicamp, 1997 (Dissertação de Mestrado).

PEDREIRA, Fernando. "Artistas Jovens e Arte Jovem: Uma Entrevista". *Fundamentos*, n. 32, ano 5, pp. 20-24, abr. 1953.

PEDROSA, Mário. "As Tendências Sociais da Arte e Kaethe Kollwitz". *O Homem Livre*, n. 6, ano 1, pp. 3-4, 2 jul. 1933.

______. "As Tendências Sociais da Arte e Kaethe Kollwitz". *O Homem Livre*, n. 8, ano 1, 17 jul. 1933.

POSADA, Francisco. *Lukács, Brecht e a Situação Atual do Realismo Socialista*. Rio de Janeiro, Civilização Brasileira, 1970.

QUEIROZ, Ana L. V. *Sylvia de Leon Chalreo: A Editora da Esfera*. São Paulo, IEB-USP, 2019 (Dissertação de Mestrado).

RUBIM, Antonio A. C. *Marxismo, Cultura e Intelectuais no Brasil*. Salvador, UFBA, 1995.

STRADA, Vittorio. "Da 'Revolução Cultural' ao 'Realismo Socialista'". *In*: HOBSBAWM, Eric (org.). *História do Marxismo: O Marxismo na Época da Terceira Internacional: Problema da Cultura e da Ideologia*. Rio de Janeiro, Paz e Terra, 1987, pp. 109-150.

______. "Do 'Realismo Socialista' ao 'Zdhanovismo'". *In*: HOBSBAWM, Eric (org.). *História do Marxismo: O Marxismo na Época da Terceira Internacional: Problemas da Cultura e da Ideologia*. Rio de Janeiro, Paz e Terra, 1987, pp. 151-219.

"VIDA de um Clube de Gravura". *Sul: Revista do Círculo de Arte Moderna*, n. 25, ano 8, pp. 30-34, ago. 1955.

WOOD, Paul; "Realismos e Realidades". *In*: WOOD, Paul; BATCHELOR, David & BRIONY, Fer. *Realismo, Racionalismo, Surrealismo: A Arte no Entreguerras*. São Paulo, Cosac Naify, 1998, pp. 250-335.

Capítulo 15
O PCB e a Federação de Mulheres do Brasil (1949-1957)

Iracélli da Cruz Alves

Em 23 e 24 de maio de 1949, o Rio de Janeiro, então Distrito Federal, sediou a Conferência Nacional Feminina, evento organizado por mulheres ligadas ao então Partido Comunista do Brasil (PCB). O encontro conseguiu agregar representantes de vários Estados do país, como Amazonas, Bahia, Ceará, Espírito Santo, Minas Gerais, Paraná, Pernambuco, Rio Grande do Norte, Rio Grande do Sul e São Paulo. Durante a conferência, uma série de questões foram debatidas. Ao final, consideraram que, naquela conjuntura, os principais problemas das mulheres de várias partes do país eram a carestia, a falta de escolas e creches, a ausência de assistência à saúde, os salários baixíssimos, os transportes precários, a mortalidade infantil, a não inclusão das empregadas domésticas na Consolidação das Leis do Trabalho (CLT) e a não emancipação econômica[1].

Interligando todos os problemas, as participantes entenderam que para resolvê-los era fundamental a consolidação de um "movimento feminino" nacional, forte e unificado. Para atender o objetivo, aproveitaram o evento para criar uma entidade nacional: a Federação de Mulheres do Brasil (FMB). Resultado de uma ampla articulação de mulheres organizada em sintonia com o PCB

1. "Conferência Nacional Feminina", *Momento Feminino*, n. 59, ano 2, p. 4, 20 maio 1949; "Nosso Congresso", *Momento Feminino*, n. 60, ano 2, p. 3, 30 jun. 1949.

e com a Federação Democrática Internacional de Mulheres (FDIM)[2], a nova federação começou a ser oficialmente construída em 1946, com a fundação do Instituto Feminino de Serviço Construtivo (IFSC), criado para servir como "um elo entre as várias e operantes associações de mulheres do Distrito Federal e de outros Estados".

Sua principal finalidade era "a realização de uma convenção, de cuja realização decorrerá a criação de uma Federação de Mulheres"[3]. Além do IFSC, o jornal *Momento Feminino* (*MF*) serviu como um elo entre as diversas associações, ligas e uniões que começaram a surgir ou se reorganizar em diversas partes do país na década de 1940, sobretudo, a partir de 1945[4]. Dirigido e organizado especialmente por mulheres comunistas, *MF* existiu de 1947 até 1956. Editado no Rio de Janeiro e impresso na tipografia Imprensa Popular, que pertencia ao PCB, circulou em diversas cidades brasileiras, especialmente nos grandes centros urbanos[5].

Coerente com o debate da conferência, com o ideário pecebista e com as orientações da FDIM, o estatuto da FMB pautou três eixos básicos: *1.* a defesa dos direitos civis, econômicos e políticos das mulheres, *2.* a proteção da infância e da juventude e *3.* e a luta pela paz, guarda-chuva que abrigava desde o movimento contra o alto custo de vida até a defesa da exploração estatal dos recursos naturais, destacando-se o petróleo[6]. Nas linhas que seguem, meu objetivo é analisar como a nova organização se estruturou, seus objetivos e articulações políticas, dando uma atenção especial à relação com o PCB e à sua importância para a sobrevivência do partido.

2. Fundada em novembro de 1945, em Paris, no seio das lutas antifascistas de mulheres espalhadas em várias partes do mundo, a FDIM era marcadamente influenciada pelo comunismo, embora se apresentasse como ideologicamente eclética (Elza Deli Veloso Macedo, *Ordem na Casa e Vamos à Luta! Movimento de Mulheres: Rio de Janeiro, 1945-1964. Lydia da Cunha: Uma Militante*, Niterói, Instituto de História, UFF, 2001, p. 146, Tese de Doutorado).
3. "Uma Instituição de Mulheres", *Momento Feminino*, n. 28, ano 1, p. 4, 30 jan. 1948.
4. Em 1945, após a Segunda Guerra Mundial e o consequente desmoronamento do nazifascismo, houve o crescimento de expectativas democráticas em vários países do mundo, entre os quais o Brasil. O contexto favoreceu o desenvolvimento de novas articulações e/ou rearticulações de organizações feministas que se encontravam enfraquecidas devido ao Estado Novo (1937-1945), regime autoritário de inspiração fascista.
5. Iracélli da Cruz Alves, "Para o Coração, Sim. Mas Também para o Espírito: Momento Feminino e o Debate Feminista no Brasil Republicano", *Revista de História* [no prelo].
6. "Nosso Congresso", p. 3.

Organização, Demandas e Articulações Políticas

Entre 1949 e 1957, momento em que atuou com maior expressividade no cenário político, a Federação de Mulheres do Brasil realizou diversos eventos nacionais em diferentes capitais do Brasil. O calendário da entidade incluía reuniões de conselho, congressos e assembleias. Das reuniões de conselho participavam as dirigentes das filiadas estaduais, que apresentavam os problemas organizativos locais e votavam na direção nacional, escolhida a cada novo conselho. Nos congressos e conferências definia-se o estatuto a partir das orientações da FDIM, do PCB e das demandas políticas nacionais. Já as assembleias eram destinadas à construção de estratégias da entidade.

As organizações regionais seguiam a mesma estratégia organizativa. Antes dos eventos nacionais se reuniam para elaborarem os relatórios que seriam apresentados, e depois faziam eventos para pensarem táticas alinhadas às resoluções tomadas no plano nacional. Provavelmente tinham uma agenda própria relacionadas às necessidades de seus respectivos bairros, Estados e municípios[7]. Além da agenda interna, de 1949 até 1957, a organização participou de todas as reuniões do conselho e de todos os congressos da FDIM[8].

Durante seus quase dez anos de atuação política expressiva (1949-1957), a FMB levantou todas as bandeiras do PCB, como a luta pela paz mundial e a defesa da exploração estatal das riquezas naturais, especialmente do petróleo. Em períodos eleitorais, fazia campanha para os candidatos e especialmente para as candidatas comunistas. O partido, por sua vez, respondendo às demandas colocadas pelas mulheres que vinham atuando em suas fileiras desde a sua fundação, costumava lançar representantes do "sexo feminino" nos processos eleitorais[9]. O jornal *Momento Feminino* serviu como meio de propaganda, divulgação de ideias, de articulação e de educação militante.

7. Iracélli da Cruz Alves, *Feminismo entre Ondas: Mulheres, PCB e Política no Brasil*, Niterói, Instituto de História, UFF, 2020, pp. 119-120 (Tese de Doutorado).
8. Segundo Fernanda Lédo Flôres, desde quando iniciou suas atividades, a FDIM realizava um Congresso Internacional a cada três anos; um Conselho anual com representantes de mulheres dos países membros. Ademais, a instituição possuía um Comitê Executivo com no mínimo 27 mulheres, que se reuniam duas vezes ao ano; um Secretariado, que contava com quatro secretárias; e uma Comissão de Verificação, composta por três mulheres, que não podiam fazer parte do Comitê Executivo ("A Atuação da Federação Democrática Internacional de Mulheres em Cuba (1960-1980)", *Anais do XIII Encontro Estadual de História, História e Mídias: Narrativas em Disputa*, Recife, 2020.
9. Segundo Btzaida Tavares, há indícios de uma expressiva participação de mulheres no processo que culminou na formação do partido, fundado em 25 de março de 1922. As experiências das mulheres no

Preocupou-se também em contribuir com a diminuição dos índices de analfabetismo através do espaço de alfabetização, onde publicava aulas, atividades e mecanismos de autoavaliação[10]. Suas páginas nos informam, ainda, sobre a movimentação da FMB e organizações filiadas. A seção "Atividades Femininas" deixava suas leitoras a par do movimento político de mulheres e entidades ligadas à federação em várias partes do país, incluindo cidades do interior. Era comum a publicação de matérias e notas relacionadas a realização de eventos, atividades e fundação de novas organizações, a exemplo da União Feminina de Candeias e da União Feminina de Alagoinhas, fundadas respectivamente em 1951 e 1952, ambas em cidades do interior da Bahia[11].

Comumente, essas organizações atuavam nas lutas contra a carestia, contra a crise de abastecimento, por moradia, pela qualidade dos transportes públicos e outras demandas que pudessem tornar mais confortável o cotidiano das camadas populares. Como destacou Guilherme Nunes, reivindicavam o que hoje poderíamos chamar de direito à cidade, pontuando as especificidades das mulheres[12]. O jornal também deixa entrever que a federação criou espaços de aproximação com as mulheres das periferias e das cidades do interior. Realizava visitas para ouvi-las com a finalidade de compreender suas dificuldades cotidianas; além de promover cursos de alfabetização, educação profissionalizante e outras tarefas políticas. Muito embora a maior parte delas tenha se

movimento operário nas décadas de 1910-1930, tema estudado por Gláucia Fraccaro, demonstra que isso é muito provável. Ronald H. Chilcote fez referência a uma Liga Comunista Feminina em um organograma sobre a formação do PCB. Além da atuação na fundação do partido, desde os primeiros anos da existência do PCB há referências sobre a presença das mulheres. Em suas memórias, João Falcão faz referência à fundação, em 1928, de um Comitê das Mulheres Trabalhadoras, ligado ao partido. Laura Brandão teria sido uma das fundadoras. Maria Elena Bernardes endossou a afirmação. Ademais, destacou que Laura participou de várias atividades, entre as quais, a fundação do jornal *A Classe Operária*, em 1925, mas depois foi invisibilizada. "Mais uma vez assistimos à direção do PCB ocultando o trabalho da militância feminina", reclamou Bernardes (Btzaida Mata Machado Tavares, *Mulheres Comunistas: Representações e Práticas Femininas no PCB (1945-1979)*, Belo Horizonte, FFCH-UFMG, 2003, p. 61, Dissertação de Mestrado; Gláucia Fraccaro, *Os Direitos das Mulheres: Feminismo e Trabalho no Brasil (1917-1937)*, Rio de Janeiro, FGV, 2018; Ronald H. Chilcote, *O Partido Comunista Brasileiro*, Rio de Janeiro, Graal, 1982, tabela 2.1, p. 55; João Falcão, *O Partido Comunista que Eu Conheci: 20 Anos de Clandestinidade*, Rio de Janeiro, Civilização Brasileira, 1988, p. 45; Maria Elena Bernardes, *Laura Brandão: A Invisibilidade Feminina na Política*, Campinas, Unicamp/CMU, 2007, p. 100).

10. Iracélli da Cruz Alves, "Para o Coração, Sim. Mas Também para o Espírito".
11. "Atividades Femininas", *Momento Feminino*, n. 92, ano 4, p. 2, mar.-abr. 1952.
12. Guilherme Machado Nunes, *Mulheres Comunistas no Brasil: Ekisa Kauffmann, Julieta Basttistioli e Júlia Santiago da Conceição (1935-1965)*, Porto Alegre, IFCH-UFRGS, 2021, p. 26 (Tese de Doutorado).

concentrado no Rio de Janeiro e em São Paulo, houve um esforço para atingir cidades mais distantes do centro político-econômico do país[13].

O objetivo era, na medida do possível, entender as pluralidades que cabiam no "ser mulher" em um país extremamente desigual em termos de gênero, raça, classe e região e assim, dentro dos limites impostos pelo contexto, inserir no plano político da federação os problemas que julgavam mais urgentes. Os eixos de atuação estruturados pelo movimento tinham por objetivo falar a todas, em que pese a diversidade de existências. Um deles foi a luta pela garantia de direitos civis e políticos das mulheres, centralizada na defesa da alteração do Código Civil de 1916. No processo, houve a promoção, junto às associadas, de debates e palestras sobre a necessidade de modificação da Lei, que restringia a autonomia das mulheres.

Escrito por encomenda em 1889 pelo então jovem jurista Clóvis Beviláqua, o Código Civil só foi aprovado em 1916, quando o parlamento retirou as "disposições liberais", quais sejam, aquelas que ampliavam os direitos das mulheres e das "crianças ilegítimas" da família, leia-se, aquelas que nasciam fora do casamento legal. A versão final reproduziu as diferenças de gênero após o casamento. Após o matrimônio os homens seguiam como sujeitos jurídicos capazes, ao passo que as mulheres eram equiparadas aos menores de dezesseis anos, portanto, civilmente incapazes. Refletindo "tanto os valores culturais que condenavam o comportamento sexual ilícito das mulheres, mas não o dos homens, como o paternalismo tradicional que diluía os princípios liberais de igualdade e responsabilidade", a nova lei civil restringiu, dentro e fora do lar, a cidadania e a autonomia das mulheres casadas[14].

No movimento pela modificação dessa lei, estrategicamente, a FMB se articulou com personalidades das esferas jurídica e política, como os desembargadores Vicente Faria Coelho e Osni Duarte, o senador Mozart Lago, pelo Partido Social Progressista (PSP), e o deputado Nelson Carneiro, pela União Democrática Nacional (UDN)[15]. Essas articulações políticas, que extrapolavam a esfera pecebista, tiveram como resultado imediato a defesa, por parte de

13. Essa movimentação pode ser acompanhada especialmente nas secções "Atividades Femininas" e "De Semana em Semana" do *Momento Feminino*.

14. Sueann Caulfields, *Em Defesa da Honra: Moralidade, Modernidade e Nação no Rio de Janeiro*, Campinas, Unicamp, 2000, pp. 62-69.

15. "Instalado o Conselho da Federação de Mulheres", *Momento Feminino*, n. 71, ano 4, p. 4, 15 jun. 1950; "A Assembleia e os Direitos da Mulher", *Momento Feminino*, n. 96, ano 5, p. 2, out.-nov. 1952; "Sinal dos Tempos a União das Mulheres Latino-Americanas", *Momento Feminino*, n. 108, ano 8, pp. 20-21, set.-nov. 1954; "Preparando a Conferência Internacional das Mulheres Trabalhadoras", *Momento*

senadores e deputados, dos direitos civis e políticos das mulheres. O deputado Nelson Carneiro, por exemplo, apresentou, em 1952, um Projeto de Lei propondo a regulamentação do divórcio[16].

O divórcio só seria legalizado no Brasil em 1977. O PL, novamente de autoria de Nelson Carneiro, então Deputado Federal pelo Movimento Democrático Brasileiro (MDB), foi instituído via Emenda Constitucional, em 28 de junho daquele ano. Meses depois, em 26 de dezembro, foi sancionada a Lei n. 6.515, conhecida como Lei do Divórcio. A partir de então a separação passou a vir acompanhada de automática autorização para novas núpcias, o que não era possível no desquite. Essa e outras tantas modificações sofridas pelo código durante todo o século XX foram consequências de uma ampla articulação feminista construída ao longo do século XX, da qual a FMB foi parte[17].

O programa da FMB também pautou a maior participação das mulheres nos quadros da política institucional, defendendo a necessidade de "pugnar pela maior participação da mulher nos cargos legislativos e administrativos do país"[18]. Definiu como fundamental que se respeitasse, coisa que o Estado não vinha fazendo na prática, o direito de livre associação e expressão de pensamento e a participação das mulheres na defesa dos direitos dos povos em reger seus próprios destinos[19]. A crítica sobre o não cumprimento das leis no mundo do trabalho também compôs o repertório do debate.

A federação estabeleceu em seu programa a necessidade de fazer valer a aplicação em todo o país da lei que previa a igualdade salarial, sem distinção de sexo, para pessoas que desempenhassem a mesma função e em iguais condições; defendeu a criação de dispositivos legais que impedissem que as mulheres fossem dispensadas do trabalho quando casassem, noivassem ou engravidassem, o que era comum na época; sugeriu às mulheres que se organizassem em campanhas para fazer valer a assistência aos filhos de todas as trabalhadoras, inclusive empregadas domésticas, mediante a criação de lactários, creches, escolas maternais etc., em

Feminino, n. 115, ano 9, p. 34, 1955; "Na História do Trabalho Humano pela Primeira Vez Reúnem-se Mulheres Trabalhadoras do Mundo Inteiro", *Momento Feminino*, n. 118, ano 9, p. 21, 1956.

16. "A Assembleia e os Direitos da Mulher", p. 5; "Sinal dos Tempos a União das Mulheres Latino-Americanas", pp. 20-21.
17. A última alteração do código ocorreu em 2002, quando a "virgindade" da esposa como causa legítima de anulação do casamento deixou de ser prevista (Iracélli da Cruz Alves, *Feminismo entre Ondas*, pp. 236-241).
18. "Nosso Congresso", pp. 3-4.
19. "Sinal dos Tempos a União das Mulheres Latino-Americanas", pp. 20-21.

todos os Estados, procurando levar realmente essa assistência a zona rural; e pontuou que era fundamental trabalhar para obter uma legislação que fixasse direitos e deveres que regulassem a relação das empregadas domésticas e suas patroas[20].

Em resumo, um conjunto de atividades, com destaque para reuniões, palestras, debates; protestos junto aos órgãos legislativos, Câmaras Municipais; organização e participação em atos públicos, passeatas, comícios, panfletagem, conselhos, assembleias, conferências e congressos de mulheres, bem como eventos promovidos pelo PCB e a elaboração de estudos, relatórios e documentos propositivos para a política partidária turbinaram a ação de mulheres comunistas ao longo da década de 1950[21]. Em pouco menos de uma década de existência, a FMB construiu um movimento feminista em conexão com o PCB em diversas cidades do país. E conseguiram ganhos importantes. Além da regulamentação do divórcio, citada linhas acima, em Fortaleza, Estado do Ceará, implantaram um lactário.

Ademais, negociavam com a Coordenação Econômica do Governo produtos que eram apreendidos por sonegação (alimentos, tecidos populares). A FMB comprava os produtos e revendia às associadas pelo preço de custo. A federação obteve, ainda, conquistas institucionais, como a aprovação, em 1962, da Lei Delgada nº. 4, que conferia amplos poderes às autoridades públicas na defesa da economia popular. Como consequência, foi criado um órgão próprio para aplicá-la – a Superintendência Nacional de Abastecimento (Sunab)[22]. A instituição foi, ainda, uma importante base de sustentação do PCB na medida em que colaborou significativamente para que suas ideias chegassem às camadas populares, sobretudo às mulheres trabalhadoras. Na conjuntura em que atuou com maior expressividade no cenário político, o partido vivia um momento de crise.

20. "Nosso Congresso", p. 3; "Resoluções do Congresso Nacional Feminino", *Momento Feminino*, n. 61, ano 2, p. 4, 30 ago. 1949.

21. Elza Deli Veloso Macedo, *Ordem na Casa e Vamos à Luta!*; Viviane Maria Zeni Leão, *Momento Feminino: Mulheres e Imaginário Comunista*, Curitiba, Setor de Ciências Humanas, Letras e Artes, UFPR, 2003 (Dissertação de Mestrado); Juliana Dela Torres, *A Representação Visual da Mulher na Imprensa Comunista Brasileira (1945-1957)*, Londrina, Centro de Letras e Ciências Humanas, UEL, 2009 (Dissertação de Mestrado); Daniella Ataíde Lobo, *Militância Feminina no PCB: Memória, História e Historiografia*, Vitória da Conquista, Departamento de Estudos Linguísticos e Literários, UESB, 2017 (Dissertação de Mestrado); Alane Ferreira, *Mulheres Vermelhas: A Atuação das Militantes do Partido Comunista do Brasil (PCB) no Jornal Momento Feminino (1947-1950)*, Feira de Santana, DCHF-UEFS, 2019 (Dissertação de Mestrado); Guilherme Machado Nunes, *Mulheres Comunistas no Brasil*.

22. Elza Deli Veloso Macedo, *Ordem na Casa e Vamos à Luta!*, p. 196.

A FMB e "o Trabalho do Partido entre as Mulheres"

Em 1949, ano de fundação da Federação de Mulheres do Brasil, o PCB vivia mais uma de suas crises políticas decorrentes do anticomunismo[23]. Passada a euforia democrática de 1945[24], a partir de 1946 o governo de Eurico Gaspar Dutra (1946-1951) adotou uma série de medidas que contrariavam os princípios democráticos. Conforme Carla Rodeghero, após várias medidas que visavam controlar "os excessos da propaganda comunista", o registro do PCB foi cassado em 1947 e, logo em seguida, dos seus parlamentares. Um dos grandes alvos do anticomunismo, ainda segundo a autora, foi a bem-sucedida reorganização do PCB. Para Guilherme Nunes, "talvez na mesma medida em que a vida pública – legal e/ou ilegal – do Partido Comunista ganhasse cada vez mais destaque e importância, cresciam os discursos e iniciativas anticomunistas, agora turbinados pela Guerra Fria".

Assim, apesar da expectativa democrática que se seguiu ao período imediatamente posterior ao final da Segunda Guerra, o autoritarismo e o anticomunismo continuaram presentes na política brasileira[25]. Diante das arbitrariedades da política anticomunista, o PCB radicalizou o discurso em defesa do rompimento com as parcelas da burguesia nacional antes percebidas como progressistas[26]. Em janeiro de 1948, lançou um manifesto que sinalizava o giro

23. Segundo Rodrigo Patto Sá Motta, o anticomunismo é um corpo heterogêneo que reúne grupos e projetos políticos diversos. O único ponto de união é a recusa militante ao projeto comunista de sociedade. Para o historiador, a motivação anticomunista foi resultado da intricada mistura entre instrumentalização (ou manipulação) e convicção, que se combinaram em diferentes medidas ao longo da história. No Brasil, ainda de acordo com Motta, os valores religiosos católicos se tornaram a principal base da mobilização anticomunista, majoritariamente conservadora e reacionária (Rodrigo Patto Sá Motta, *Em Guarda Contra o Perigo Vermelho: O Anticomunismo no Brasil (1917-1964)*, São Paulo, Perspectiva, 2002, *passim*).

24. O ano de 1945 foi marcado pelo final da Segunda Guerra Mundial e, consequentemente, por expectativas democráticas em diversas partes do mundo, inclusive no Brasil. No país, naquele ano, o Estado Novo, que já dava sinais de falência, se desmanchava rapidamente. A ideia de que o país estava cada vez mais próximo de uma democracia começava a ganhar materialidade através de diversas medidas, entre as quais, a anistia dos presos políticos e exilados e a legalização oficial do PCB. Numa tensa negociação, em 2 de dezembro as eleições foram realizadas; Eurico Gaspar Dutra foi eleito presidente.

25. Carla Simone Rodeghero, "O Anticomunismo nas Encruzilhadas do Autoritarismo e da Democracia: A Conjuntura 1945-1947", *Métis: História e Cultura*, vol. 5, n. 10, pp. 180-199, jul.-dez. 2006; Guilherme Machado Nunes, *Mulheres Comunistas no Brasil*, p. 24.

26. Em 1943, otimista com a entrada do Brasil na Segunda Guerra em apoio aos Aliados, no interior do PCB iniciou-se um acirrado debate sobre a proposta de união em torno de Getúlio Vargas. A linha política, denominada de União Nacional, acabou sendo aprovada na Conferência da Mantiqueira, reali-

político; logo em seguida, em primeiro de agosto de 1950, Luiz Carlos Prestes, secretário-geral do partido, definiu a nova orientação no documento que ficou conhecido como Manifesto de Agosto.

Agora o objetivo era derrubar o governo de Eurico Gaspar Dutra, qualificado como de "traição nacional". Os grandes capitalistas brasileiros passaram a ser considerados inimigos e colocados no mesmo plano dos monopólios imperialistas. Após a deposição do presidente, a finalidade era formar um exército popular para organizar as forças que consideravam verdadeiramente democráticas numa Frente de Libertação Nacional. Mas a aplicação da linha esbarrou em vários obstáculos. O PCB partiu para a tentativa de "tirar greve" a qualquer custo, mas fracassou. A rede de militantes de base foi enfraquecida e muitos intelectuais debandaram[27].

A FMB não debandou, mas não seguiu exatamente o "novo caminho" apontado por Prestes. As costuras políticas não estavam em total sintonia com o programa do partido. Após o giro político, o jornal *Momento Feminino* continuou afirmando com recorrência que a FMB e organizações filiadas estavam abertas às mulheres de qualquer orientação política, credo religioso, raça e classe social. A própria federação, que nunca foi exclusivamente dirigida por pecebistas – embora majoritárias – continuou com a mesma característica após o Manifesto de Agosto[28]. A insubmissão ao programa oficial, que não foi exclusiva da entidade, certamente, contribuiu para que o partido não ficasse politicamente isolado.

Moisés Vinhas lembrou que, no contexto, especialmente após a década de 1950, provavelmente, o que impediu os comunistas de desaparecerem como força política efetiva foi a "sua participação em campanhas pela paz, contra a bomba atômica, na qual conse[guiram] reunir milhares de assinaturas; e principalmente a atividade desenvolvida em defesa do monopólio estatal do petróleo e da construção da Petrobrás"[29]. Se a premissa é verdadeira, as diversas organizações

zada em agosto. O objetivo era formar uma frente ampla contra o fascismo. No processo, sobretudo a partir de 1945, conseguiu influenciar sobremaneira várias frentes e organizações de diversos setores da sociedade, entre os quais, intelectuais, artistas e movimentos sindical, estudantil e de mulheres.

27. Moisés Vinhas, *O Partidão: A Luta por um Partido de Massas (1922-1974)*, São Paulo, Hucitec, 1982, pp. 129-130; Elias Chaves Neto, *Minha Vida e as Lutas de Meu Tempo*, São Paulo, Alfa-Ômega, 1977, p. 124; Jacob Gorender, *Combate nas Trevas. A Esquerda Brasileira: Das Ilusões à Luta Armada*, 2. ed., São Paulo, Ática, 1987, p. 21.

28. Para conhecer os nomes que compuseram as direções da FMB, cf. Iracélli da Cruz Alves, *Feminismo entre Ondas*, pp. 124-125 e 213.

29. Moisés Vinhas, *O Partidão*, p. 96.

políticas de mulheres reunidas em torno da FMB tiveram um papel crucial para a sobrevivência do partido, já que atuaram expressivamente em todas as campanhas mencionadas por Vinhas. O movimento conseguiu, por exemplo, colher setecentas mil assinaturas na campanha contra o emprego da bomba atômica e oitocentas mil em favor de um Pacto de Paz entre as grandes potências[30].

O vínculo entre a FMB e o PCB é inegável. Não por acaso, o IV Congresso Nacional do Partido, realizado de 7 a 11 de novembro de 1954, discutiu "o trabalho do partido entre as mulheres". Na oportunidade, as atenções se voltaram para a FMB, prevalecendo a ideia de que era necessário um investimento maior do partido no trabalho político direcionado ao movimento. No congresso, Olga Maranhão, que acabara de ser eleita suplente do Comitê Central, via com o entusiasmo o surgimento da FMB. Em sua avaliação, naquela conjuntura, "novas e poderosas organizações femininas de massas foram criadas" e "o importante nestes movimentos foi o fato novo de que eles eram liderados por uma organização de massas de caráter nacional – a Federação de Mulheres do Brasil". Para ela, o partido havia conseguido aumentar sua influência "no seio das grandes massas femininas"[31].

Meses depois, em abril de 1955, o jornal *Imprensa Popular* publicou um balanço feito por Iracema Ribeiro, então suplente do CC. Concordando com Maranhão, a comunista entendia que a fundação de uma federação nacional representava um passo importante no sentido organizativo[32]. Ambas concordavam que a FMB possuía grande potencial político, mas acreditavam que as estratégias do "movimento feminino" eram insuficientes porque restritos a uma minoria de mulheres. Em uma avaliação concisa, Olga Maranhão destacou que o partido ainda subestimava o "trabalho feminino de massas"[33]. Ribeiro concordou. Os problemas seriam, em sua concepção, decorrentes do "atraso do trabalho do Partido entre as mulheres".

Avaliando mais densamente, ela elencou os elementos que, na sua concepção, representavam o atraso, quais fossem, *1.* a subestimação pelo trabalho político entre as mulheres; *2.* os métodos empregados, *3.* e o "baixo nível políti-

30. Iracélli da Cruz Alves, *Feminismo entre Ondas*, p. 102.

31. Olga Maranhão, "Ganhar Milhões de Mulheres para o Programa do Partido", *Problemas: Revista Mensal de Cultura Política*, n. 64, dez. 1954-fev. 1955.

32. Iracema Ribeiro, "Sobre o Trabalho do Partido Comunista do Brasil entre as Mulheres", *Imprensa Popular*, n. 1468, ano 3, pp. 2-4, 3 abr. 1955 (3º Caderno).

33. Olga Maranhão, "Ganhar Milhões de Mulheres para o Programa do Partido".

co", resultado da inexperiência das militantes direcionadas ao trabalho com as "massas femininas". Sobre o primeiro ponto, observou que o trabalho entre as mulheres não era desenvolvido pelo conjunto do partido, mas apenas por um reduzido número de "companheiras". No que diz respeito aos métodos, Iracema acreditava que os militantes pecebistas eram "impregnados do mais profundo sectarismo". Suas atividades se limitavam às tarefas partidárias internas.

Sobre o último ponto, enfatizou que as "companheiras" delegadas ao trabalho feminino, em geral, possuíam "baixo nível político" e "falta de experiência". Como consequência, não conseguiam fazer nada além do que "um trabalho de agitação e propaganda muito geral, quase sempre afastado da realidade que aflige as mulheres"[34]. As duas subscreviam a intepretação de Luiz Carlos Prestes. No IV Congresso, o secretário-geral destacou que o partido era negligente em relação ao trabalho desenvolvido entre as mulheres. Em sua avaliação, prevalecia o "desprezo e a subestimação do trabalho entre as mulheres".

Tomadas como categoria social importante para servir à luta dos trabalhadores, o dirigente definiu como tarefa do Partido Comunista "libertar as mulheres, operárias e camponesas da influência da burguesia, para educar politicamente e organizar as operárias e as camponesas sob a bandeira do proletariado". Desse modo, não seriam apenas as organizações de massa e de base femininas as responsáveis por "esclarecer" as mulheres. Todas as organizações do partido deveriam "incluir entre suas tarefas cotidianas e permanentes o trabalho entre as massas femininas, a fim de dirigir e orientar a luta das mulheres em defesa dos seus direitos, em defesa da infância e da paz"[35]. Mas as pretensões do dirigente seriam relativamente frustradas, talvez em função da forma como entendia o lugar do PCB em um movimento que já vinha se organizando com relativa autonomia e estratégias próprias desde, pelo menos, o início do século XX[36].

Lendo a contrapelo, as palavras de Prestes, subscritas por Iracema Ribeiro e Olga Maranhão, indicam que o objetivo do partido era uma interferência de cima para baixo. A intenção era "dirigir e orientar", estratégia que deixa pouco espaço para o diálogo, na medida em que, ao que parece, não se pretendia

34. *Idem.*

35. "Informe de Prestes ao IV Congresso", *Imprensa Popular*, n. 1365, ano 7, pp. 4-6, 28 nov. 1954 (Suplemento).

36. Iracélli da Cruz Alves, "Feminismo, Comunismo e Democracia no Brasil: Disputas em Torno da Construção de uma Frente Única de Mulheres (1945-1949)", *Revista Anos 90* [no prelo].

estudar e entender as estratégias e táticas que já vinham sendo construídas pelo próprio movimento. A ausência de escuta pode ter contribuído para uma leitura eivada de preconceitos que subestimava a capacidade organizativa e política das mulheres que construíam paulatinamente a federação – que, para Ribeiro, tinham um "baixo nível político" e "falta de experiência".

Como dito, a Federação de Mulheres do Brasil era fruto de um trabalho político que começou muito antes de sua fundação e envolveu mulheres, articulações e estratégias que extrapolavam os muros do PCB. Entre 1945 e 1948, por exemplo, houve a tentativa de construção de uma frente ampla suprapartidária de mulheres que incorporou a Federação Brasileira pelo Progresso Feminino (FBPF), importante organização feminista de orientação política liberal. O projeto foi frustrado em 1948 em razão, entre outras coisas, do acirramento do anticomunismo e da Guerra Fria[37]. Após a fundação da FMB, o movimento continuou sendo plural, se articulando com mulheres e grupos políticos de outras colorações partidárias, como vimos.

Talvez acreditando em sua capacidade organizativa e no potencial político da federação, ao que parece, as mulheres que a construíam não concordaram com a avaliação do partido. Não por acaso, o jornal *Momento Feminino* não divulgou as críticas. Importante dizer que nem Iracema Ribeiro nem Olga Maranhão faziam parte da FMB. Arcelina Mochel – que no mesmo congresso foi eleita para integrar o CC – não discursou. Depois do congresso, *MF*, que aliás era dirigido por Mochel, não publicou nenhuma linha sobre a avaliação. Analisando o periódico e os trabalhos desenvolvidos pela federação até então, elas podem ter interpretado que o balanço feito pelo partido destoava do trabalho concreto do movimento de mulheres e de sua federação nacional.

Passados três anos do IV Congresso, "o trabalho do partido entre as mulheres" ficaria ainda mais comprometido, assim como a movimentação política das próprias mulheres. Desta vez, as expectativas seriam frustradas pelas mãos autoritárias do Estado. Em janeiro de 1957, um decreto de Juscelino

37. Fundada em 1922 e dirigida por Bertha Lutz a maior parte do tempo, a FBPF teve como questão central, mas não única, a luta pelos direitos civis e políticos das mulheres. Organização de nível nacional, ao longo das décadas de 1920 e 1940 manteve filiais em vários Estados do Brasil como São Paulo, Bahia e Pernambuco, assim como outras associações assistenciais e profissionais se uniram à entidade. A partir de 1945 a federação e o Instituto Feminino de Serviço Construtivo mantiveram uma relação próxima. O objetivo era construir um movimento feminista nacional, suprapartidário e unificado (Iracélli da Cruz Alves, "Feminismo, Comunismo e Democracia no Brasil").

Kubitschek proibiu por seis meses o funcionamento da federação e de todas as entidades filiadas[38]. Foi a primeira vez que a Federação de Mulheres do Brasil foi colocada na ilegalidade. Segundo nota divulgada nas páginas policiais da imprensa carioca de grande circulação, a FMB e sua filiada carioca – a Associação Feminina do Rio de Janeiro (AFRJ) – "tinham caráter subversivo e nada mais eram do que frentes legais do instinto PCB"[39].

A federação tentou se defender, respondendo, mediante notas pagas divulgada nos mesmos jornais, que provaria "em juízo serem patrióticas as atividades da Federação de Mulheres"[40]. A imprensa comunista se mobilizou para defendê-la[41]. Apesar dos protestos e do retorno à legalidade após os seis meses, a partir daquele ano ficou difícil para a FMB manter a força política – subestimada pelas avaliações do PCB – do início da década de 1950. Desde 1956 não contava mais com seu principal meio de comunicação e articulação – o jornal *Momento Feminino* –, e ainda tinha de lidar com medidas autoritárias. Mesmo com dificuldades, continuou funcionando. Em 1959, participou da Segunda Conferência Latino-Americana de Mulheres, no Chile; em 1960 comemorou o 8 de março no Rio de Janeiro[42]; no ano seguinte tentou realizar o II Encontro Latino-Americano de Mulheres, mas parece que o evento não saiu do papel[43]. Formalmente, segundo Elza Macedo, sobreviveu muito precariamente até 1965[44].

38. Segundo Marcela Morente, o decreto de Kubitschek se baseou no artigo 6°. do Decreto 9.085, de 25 de março de 1946, lançado pelo Governo Dutra, que dispunha sobre o registro civil de pessoas jurídicas, estabelecendo que seriam fechados, por um prazo não superior a seis meses, "as sociedades que fizessem falsa declaração de seus fins, ou que após receberem o registro passassem a exercer atividades ilícitas ou nocivas à segurança do Estado, a ordem política ou social, ao bem público, à moral e aos bons costumes" (Marcela Cristina de Oliveira Morente, *Invadindo o Mundo Público: Movimento de Mulheres (1945-1964)*, São Paulo, Humanitas, 2017, p. 35).
39. "De Caráter Subversivo as Duas Entidades", *Correio da Manhã*, n. 19.581, ano 56, p. 5, 24 jan. 1957 (1 cad.); "Fechadas a Federação de Mulheres do Brasil e a Associação Feminina", *Diário de Notícias*, n. 10.495, ano 27, p. 15, 24 jan. 1957.
40. "Provaremos em Juízo Serem Patrióticas as Atividades da Federação de Mulheres", *Última Hora*, n. 2.037, ano 7, p. 5, 16 fev. 1957.
41. "Ilegal a Suspenção da Federação de Mulheres", *Imprensa Popular*, n. 2.025, ano 5, p. 3, 27 jan. 1957; "Série de Provocações Anticomunistas para Abrir Caminho à Reação e ao Entreguismo", *Voz Operária*, Rio de Janeiro, n. 402, p. 3, 2 fev. 1957; "Para Onde Vai o Governo de JK", *Voz Operária*, n. 402, p. 5, 2 fev. 1957.
42. Elza Deli Veloso Macedo, *Ordem na Casa e Vamos à Luta!*, pp. 240-241.
43. Arquivo Público do Estado de São Paulo, microfilmes do Archivio Storico del Movimento Operaio Brasiliano, Instituto Astrojildo Pereira, Resistência Interna [e apoio internacional], Processos, Prisões e Torturas (Manuscritos).
44. Elza Deli Veloso Macedo, *Ordem na Casa e Vamos à Luta!*, pp. 240-241.

Notas Finais

No calor dos acontecimentos e mergulhados em uma sociedade estruturalmente sexista, era difícil para os militantes do partido enxergarem potência, capacidade organizativa e alto nível político em um movimento protagonizado por mulheres. Vivendo um momento de crise e perseguição política, as dificuldades tornavam-se ainda maiores. Os sujeitos daquele tempo ainda não conheciam o futuro e os efeitos decorrentes da ação política das mulheres, alguns citados ao longo do artigo, a exemplo da Lei do Divórcio e da modificação processual do Código Civil ao longo de todo século XX.

Mas por volta da década de 1960-1970, uma série de livros de memória escritos por ex-militantes comunistas, a maioria do gênero masculino, foram publicados. Nenhum deles incluiu em suas lembranças e avaliações políticas a relevância do trabalho das mulheres para o partido. Logo em seguida, chegou a vez dos historiadores, a maioria homens, construírem a história do partido. Apoiando-se sobretudo em fontes oficiais do PCB (de hegemonia masculina), imprensa partidária (com exceção do jornal *Momento Feminino*) e memórias (também hegemonicamente masculinas), endossaram as concepções do partido e dos seus memorialistas no que diz respeito à importância das mulheres e de suas organizações para o PCB.

Assim, o papel da federação no que diz respeito à política pecebista segue sendo negligenciado. Em muitas das narrativas, sejam elas memorialísticas ou historiográficas, a federação e outras organizações de mulheres comunistas sequer são mencionadas; quando o são, aparecem absolutamente secundarizadas. Poderia listar aqui uma série de livros de memória e de história que seguem essa linha interpretativa. Optei por não fazê-lo, porque precisaria de um artigo inteiro para demonstrar com o rigor necessário à pesquisa histórica como – até hoje – historiadores do partido tendem a silenciar sobre as mulheres comunistas.

No entanto, desde pelo menos o início dos anos 2000, um conjunto de historiadores – especialmente mulheres – tem se dedicado a lançar luz sobre a movimentação política das mulheres comunistas. Nesses trabalhos, muitos dos quais citados aqui – e, ao que parece, lidos quase exclusivamente por *nosotras* –, o Instituto Feminino de Serviço Construtivo, a Federação de Mulheres do Brasil, o jornal *Momento Feminino* e tantas outras ligas, uniões e associações de mulheres ligadas ao PCB emergem com força e complexidade. O esforço tem revelado histórias que eram praticamente apagadas nas pesquisas dedicadas à "política geral" (leia-se, masculina). Em que pese a relevância do que tem sido feito até aqui, seguimos carecendo de sínteses que demonstrem o impacto político das instituições de mulheres na dinâmica partidária nas mais variadas durações.

Considerando os limites da pesquisa histórica, precisamos saber com mais exatidão, em que medida a ação das mulheres e/ou feministas foram importantes para definir os programas do partido ou para sua sobrevivência ao longo de sua existência. No caso da Federação de Mulheres do Brasil, organização para a qual dediquei as linhas deste artigo, espero ter demonstrado a contento que a entidade não foi meramente um espaço de atuação do PCB e de divulgação de ideias do partido.

Embora tudo isso tenha feito parte da política da federação, ela criou estratégias próprias, levantou bandeiras que não necessariamente eram consideradas urgentes para a política partidária e, ao seu modo, fez política considerando as necessidades das mulheres. Nesse sentido, foi uma organização fundamental para a construção do movimento feminista e comunista no país. No que diz respeito ao primeiro ponto, acredito ter contribuído para amenizar a lacuna em minha tese de doutorado. Em relação ao segundo, janelas têm sido abertas. Estimo que pesquisadores e pesquisadoras se desafiem a saltá-las a fim de aprofundar essa história.

Referências Bibliográficas

"A ASSEMBLEIA e os Direitos da Mulher". *Momento Feminino*, n. 96, ano 5, out.-nov. 1952.

ALVES, Iracélli da Cruz. *A Política no Feminino: Uma História das Mulheres no Partido Comunista do Brasil – Seção Bahia (1942-1949)*. Feira de Santana, DCHF-UEFS, 2015 (Dissertação de Mestrado).

______. *Feminismo entre Ondas: Mulheres, PCB e Política no Brasil*. Niterói, Instituto de História, UFF, 2020 (Tese de Doutorado).

______. "Feminismo, Comunismo e Democracia no Brasil: Disputas em Torno da Construção de uma Frente Única de Mulheres (1945-1949)". *Revista Anos 90* [no prelo].

______. "Para o Coração, Sim. Mas Também para o Espírito: Momento Feminino e o Debate Feminista no Brasil Republicano". *Revista de História* [no prelo].

ARQUIVO Público do Estado de São Paulo. Microfilmes do Archivio Storico del Movimento Operaio Brasiliano. Instituto Astrojildo Pereira, Resistência Interna [e Apoio Internacional]. Processos, Prisões e Torturas (Manuscritos).

"Atividades Femininas". *Momento Feminino*, n. 92, ano 4, mar.-abr. 1952.

Bernardes, Maria Elena. *Laura Brandão: A Invisibilidade Feminina na Política*. Campinas, Unicamp/CMU, 2007.

Caulfields, Sueann. *Em Defesa da Honra: Moralidade, Modernidade e Nação no Rio de Janeiro*. Campinas, Unicamp, 2000.

Chaves Neto, Elias. *Minha Mida e as Lutas de Meu Tempo*. São Paulo, Alfa-Ômega, 1977.

Chilcote, Ronald H. *O Partido Comunista Brasileiro*. Rio de Janeiro, Graal, 1982.

"Conferência Nacional Feminina". *Momento Feminino*, n. 59, ano 2, 20 maio 1949.

"De Caráter Subversivo as Duas Entidades". *Correio da Manhã*, n. 19.581, ano 56, 24 jan. 1957 (1 cad.).

Falcão, João. *O Partido Comunista que Eu Conheci: 20 Anos de Clandestinidade*. Rio de Janeiro, Civilização Brasileira, 1988.

"Fechadas a Federação de Mulheres do Brasil e a Associação Feminina". *Diário de Notícias*, n. 10.495, ano 27, 24 jan. 1957.

Ferreira, Alane. *Mulheres Vermelhas: A Atuação das Militantes do Partido Comunista do Brasil (PCB) no Jornal Momento Feminino (1947-1950)*. Feira de Santana, DCHF-UEFS, 2019 (Dissertação de Mestrado).

Flôres, Fernanda Lédo. "A Atuação da Federação Democrática Internacional de Mulheres em Cuba (1960-1980)". *In*: *Anais do XIII Encontro Estadual de História. História e Mídias: Narrativas em Disputa*, n. 13. Recife, 2020.

Fraccaro, Gláucia. *Os Direitos das Mulheres: Feminismo e Trabalho no Brasil (1917-1937)*. Rio de Janeiro, FGV, 2018.

Gorender, Jacob. *Combate nas Trevas. A Esquerda Brasileira: Das Ilusões à Luta Armada*. 2. ed. São Paulo, Ática, 1987.

"Ilegal a Suspenção da Federação de Mulheres". *Imprensa Popular*, n. 2.025, ano 5, 27 jan. 1957.

"Informe de Prestes ao IV Congresso". *Imprensa Popular*, ano 7, n. 1365, 28 nov. 1954 (Suplemento).

"Instalado o Conselho da Federação de Mulheres". *Momento Feminino*, n. 71, ano 4, 15 jun. 1950.

Leão, Viviane Maria Zeni. *Momento Feminino: Mulheres e Imaginário Comunista*. Curitiba, Setor de Ciências Humanas, Letras e Artes, UFPR, 2003 (Dissertação de Mestrado).

Lobo, Daniella Ataíde. *Militância Feminina no PCB: Memória, História e Historiografia*. Vitória da Conquista, DELL-UESB, 2017 (Dissertação de Mestrado).

MACEDO, Elza Deli Veloso. *Ordem na Casa e Vamos à Luta! Movimento de Mulheres: Rio de Janeiro, 1945-1964. Lydia da Cunha: Uma Militante.* Niterói, Instituto de História, UFF, 2001 (Tese de Doutorado).

MARANHÃO, Olga. "Ganhar Milhões de Mulheres para o Programa do Partido". *Problemas: Revista Mensal de Cultura Política*, n. 64, dez. 1954-fev. 1955. Disponível em: https://www.marxists.org/portugues/tematica/rev_prob/64/mulheres.htm. Acesso em 13 jun. 2022.

MORENTE, Marcela Cristina de Oliveira. *Invadindo o Mundo Público: Movimento de Mulheres (1945-1964).* São Paulo, Humanitas, 2017.

MOTTA, Rodrigo Patto Sá. *Em Guarda Contra o Perigo Vermelho: O Anticomunismo no Brasil (1917-1964).* São Paulo, Perspectiva, 2002.

"NA HISTÓRIA do Trabalho Humano pela Primeira Vez Reúnem-se Mulheres Trabalhadoras do Mundo Inteiro". *Momento Feminino*, n. 118, ano 9, 1956.

"NOSSO Congresso". *Momento Feminino*, n. 60, ano 2, 30 jun. 1949.

NUNES, Guilherme Machado. *Mulheres Comunistas no Brasil: Ekisa Kauffmann, Julieta Basttistioli e Júlia Santiago da Conceição (1935-1965).* Porto Alegre, IFCH-UFRGS, 2021 (Tese de Doutorado).

"PARA Onde Vai o Governo de JK". *Voz Operária*, n. 402, 2 fev. 1957.

"PREPARANDO a Conferência Internacional das Mulheres Trabalhadoras". *Momento Feminino*, n. 115, ano 9, 1955.

"PROVAREMOS em Juízo Serem Patrióticas as Atividades da Federação de Mulheres". *Última Hora*, n. 2.037, ano 7, 16 fev. 1957.

"RESOLUÇÕES do Congresso Nacional Feminino". *Momento Feminino*, n. 61, ano 2, 30 ago. 1949.

"REUNIU-SE o Conselho de Representantes". *Momento Feminino*, n. 98, ano 6, jan.-fev. 1953.

RIBEIRO, Iracema. "Sobre o Trabalho do Partido Comunista do Brasil entre as Mulheres". *Imprensa Popular*, n. 1.468, ano 3, pp. 2-4, 3 abr. 1955 (3°. Caderno).

RODEGHERO, Carla Simone. "O Anticomunismo nas Encruzilhadas do Autoritarismo e da Democracia: A Conjuntura 1945-1947". *Métis: História e Cultura*, vol. 5, n. 10, pp. 179-202, jul.-dez. 2006.

"SÉRIE de Provocações Anticomunistas para Abrir Caminho à Reação e ao Entreguismo". *Voz Operária*, n. 402, 2 fev. 1957.

"SINAL dos Tempos a União das Mulheres Latino-Americanas". *Momento Feminino*, n. 108, ano 8, set.-nov. 1954.

SOARES, Ede Ricardo Assis. "Insubordinação das Bases do PCB Frente às Orientações Políticas dos Manifestos de Janeiro de 1948 e Agosto de 1950". *In*: SENA JR., Carlos

Zacarias. *Capítulo de História dos Comunistas no Brasil*. Salvador, EdUFBA, 2016, pp. 197-213.

Tavares, Btzaida Mata Machado. *Mulheres Comunistas: Representações e Práticas Femininas no PCB (1945-1979)*. Belo Horizonte, FFCH-UFMG, 2003 (Dissertação de Mestrado).

Torres, Juliana Dela. *A Representação Visual da Mulher na Imprensa Comunista Brasileira (1945-1957)*. Londrina, CLCH-UEL, 2009 (Dissertação de Mestrado).

"Uma Instituição de Mulheres". *Momento Feminino*, n. 28, ano 1, 30 jan. 1948.

Vinhas, Moisés. *O Partidão: A Luta por um Partido de Massas (1922-1974)*. São Paulo, Hucitec, 1982.

Capítulo 16
As Gráficas Clandestinas do PCB

☭

Wilson Milani

Em sessenta anos de atuação, a polícia política brasileira acumulou um vasto acervo, formado por incontáveis documentos textuais e cerca de cem mil fotografias. O conteúdo iconográfico conta ainda com panfletos e cartazes, além de objetos apreendidos durante diligências. Todo esse material arquivado é proveniente do exercício duradouro e sistemático da violência de Estado. Ele também retrata a história da vida partidária do PCB e das lutas populares travadas ao longo de um período considerável, que vai de 1922 a 1983 – período durante o qual a polícia política existiu oficialmente. Do mesmo modo, ilumina o mundo rico e obscuro da cultura militante do sigilo e da luta clandestina, formadas por "aparelhos", "pontos", "medidas de segurança", ideias e informações urdidas nas sombras e à margem da legalidade.

Até chegar aos três casos que dão forma à tese que está na origem deste capítulo[1], foi preciso passar pela leitura e análise de aproximadamente 2196

1. Este texto é uma versão adaptada de um dos capítulos da tese *As Gráficas Clandestinas do PCB: Anticomunismo e Ação Repressiva do Estado*, defendida em maio de 2020 na Universidade Federal do Rio de Janeiro (UFRJ). A opção pelo tema das gráficas surgiu a partir do contato estabelecido pelo autor com parte do acervo do Arquivo Público do Estado do Rio de Janeiro (Aperj). Ali há uma profusão de inquéritos, formulários, fichas, dossiês, prontuários, pedidos de busca, entre outros documentos históricos, que tratam em detalhes da repressão aos locais onde o Partido Comunista do Brasil (PCB) imprimiu o material de sua propaganda partidário-ideológica durante momentos importantes do século XX. A tese se propôs a abordar a repressão do Estado brasileiro sobre as gráficas do PCB em dois

documentos escritos e 1180 imagens – considerando somente o universo arquivístico do Aperj. Este é parte da extensão do universo que se ofereceu à pesquisa desde o princípio. Mais do que uma representação verossímil da realidade, os inquéritos, prontuários e autos judiciais presentes no Aperj deixaram entrever versões parciais dos acontecimentos ali narrados, nas quais prevaleceram o ponto de vista dos agentes da repressão sobre as atividades dos militantes e a estrutura de suas organizações – incluindo o aparato gráfico clandestino.

Resultado direto de atos de censura e força, as informações contidas nas fontes policiais não devem por isso ser desacreditadas; trata-se antes de buscar o modo como a violência estatal se inscreveu nesses registros. É de se espantar que, em meio a tantas histórias já narradas sobre a trajetória centenária do Partido Comunista do Brasil (PCB), a história de suas gráficas clandestinas tenha sido tão continuamente negligenciada. Causa espécie porque, em incontáveis ocasiões, a reorganização do partido após uma investida policial de grande escala sempre esteve ligada ao reestabelecimento imediato de sua oficina gráfica.

Subterrâneos da Liberdade

No decorrer do último século, os comunistas colocaram em circulação uma quantidade espantosa de livros, jornais, revistas e panfletos – conteúdo responsável em parte pela formação intelectual da esquerda brasileira e de setores progressistas da sociedade. Especialmente em momentos históricos de ditadura, o trabalho editorial e de propaganda do PCB ganhou um sentido de intervenção política inestimável.

Livros e algumas edições de jornais e revistas do PCB eram a um só tempo comercializados para o grande público e recomendados em cursos de formação militante. Servia, dessa maneira, tanto à "agitação" quanto à "propaganda". O formato e, principalmente, o conteúdo dos impressos dependiam de decisões que se tomavam na seção de "Agitprop", que, por sua vez, refletiam a linha político-ideológica adotada pelo partido a cada período histórico. Com efeito, o tratamento especial dispensado às gráficas decorria antes do enorme

períodos de autoritarismo de nossa história recente: o Estado Novo (1937-1945) e a ditadura militar (1964-1985). Em especial, três episódios de "estouros" de gráficas – ocorridos em 1939, 1940 e 1975 – foram objetos de análise por meio do método de estudo comparativo de casos.

prestígio que a III Internacional – a reunião mundial dos comunistas realizadas em 1919 – passou a dar às atividades jornalísticas e editoriais[2]. A partir de então, o órgão internacionalista adotara uma política animada pela ideia de que o progresso do movimento operário e a difusão do marxismo eram instâncias de luta inseparáveis.

Em memórias publicadas por ex-militantes é muito comum a menção à leitura de alguma publicação comunista como uma das razões – havia muitas outras, tão ou mais importantes – para o ingresso no partido. São os casos de Paulo Cavalcanti, Cristiano Cordeiro, Leônidas de Rezende, João Amazonas e, entre os nomes mais célebres, Mário Pedrosa e Jacob Gorender. Luiz Carlos Prestes reconheceu que seu engajamento no projeto comunista foi em parte facilitado pela leitura de obras de Marx e Lenin durante o exílio vivido na Bolívia e na Argentina após o fim da Coluna Invicta[3].

Não é por acaso, portanto, que os órgãos repressivos alimentaram uma verdadeira obsessão pelas "gráficas vermelhas". Os impressos comunistas foram vistos como uma ameaça aos poderes constituídos e à ordem social, tornando-se necessário dificultar ou interromper sua circulação. Havia uma vigilância inescrupulosa por parte do Estado em torno dos locais em que o material era produzido. Interditar uma gráfica representava diminuir a possibilidade de o ideário comunista ser reproduzido. Opor-se ao PCB era fundamentalmente anular os efeitos na sociedade de seu discurso revolucionário.

Nesse sentido, representações do imaginário anticomunista no Brasil foram constantemente mobilizadas pelos órgãos repressivos em sua campanha contra o maquinário editorial do PCB. Dentre as principais figuras desse imaginário, a que associa os comunistas a "agentes infecciosos" guarda uma semelhança íntima com as gráficas, por conta do caráter mesmo do material impresso, muitas vezes distribuído de maneira sorrateira, à revelia da lei. Isso significa dizer que, para a polícia, o trabalho de produção e distribuição de livros e jornais pelo PCB assemelhava-se ao modo insidioso de expansão de uma doença.

Em tal dinâmica repressiva, confiscar cada boletim individualmente era uma tarefa impossível. Para evitar que o "germe da subversão" circulasse pelo corpo social, o ideal para as forças do Estado era ter acesso à sua fonte de emis-

2. Lincoln Secco, *A Batalha dos Livros*, Cotia, Ateliê Editorial, 2017.
3. Anita Leocadia Prestes, *Luiz Carlos Prestes: Um Comunista Brasileiro*, São Paulo, Boitempo, 2015.

são: as gráficas. Acontecia, no entanto, que, uma vez "empastelada", a oficina era imediatamente reinstalada em outro ponto clandestino, emulando, assim, o modo de funcionamento de certos vírus, que se transformam por variação genética e voltam modificados ao trabalho de contaminação.

A militância, em contrapartida, procurava proteger as oficinas e os gráficos que nelas trabalhavam com a maior segurança e sigilo possíveis. Uma das medidas adotadas consistia em manter locais de impressão alternativos à gráfica central, de modo que, se esta última "caísse" num cerco policial, o partido não ficaria de todo alijado dos meios necessários para a produção de seu órgão informativo e de outras publicações. A noção de "subterrâneos da liberdade", criada pelo escritor Jorge Amado para se referir ao PCB, adquire um sentido quase literal quando se trata das gráficas clandestinas, erguidas quase sempre a muitos palmos do chão.

Para elucidar melhor esses conceitos, toma-se aqui o documento dedicado a formalizar as diretivas de agitação e propaganda do PCB em meados dos anos 1970[4]. À época o partido se esforçava para colocar em prática as deliberações resultantes do VI Congresso realizado em 1967, entre as quais estava uma forma diferente de conceber e de realizar a divulgação dos preceitos do marxismo e a formação de quadros dirigentes. Tratava-se de dar prosseguimento à autocrítica que vinha sendo realizada desde 1958 sobre a política editorial e de propaganda.

Apesar de reconhecer que avançara nesse campo, o equívoco persistia naquele ano de 1973, mas agora por razões distintas. O partido teria estabelecido uma dicotomia entre o trabalho desempenhado pela Agitprop e a ideia mais geral do processo revolucionário brasileiro. As concepções "um partido de ação política, dirigente de grandes massas" e "um partido de agitadores e propagandistas" se chocavam e se excluíram mutuamente. Como resultado imediato, a agitação e a propaganda passaram a ser levadas a cabo principalmente pelas "organizações de massa" e, quando o era pelo partido, restringia-se ao órgão oficial, *Voz Operária*.

O que se devia fazer nessas circunstâncias, avaliava então o Comitê Central, era reorientar o aparato editorial no sentido de consolidar o princípio elementar de todo e qualquer partido revolucionário: "o empenho pela influência entre as grandes massas e pela direção de suas lutas". Aplicada ao contexto

4. Arquivo Público do Estado do Rio de Janeiro (Aperj), Polícias Políticas, Comunismo, panfl. 154.

da ditadura, a nova orientação traduzia-se em investir em ações de Agitprop, resultando no "levantamento" de gráficas clandestinas naquele período.

O documento prescrevia uma postura de crítica permanente às violências e aos atos discricionários do regime militar que acabara de entrar numa fase decisiva. O Comitê Central avaliava que o "combate à opressão política vai adquirindo maior amplitude e força, assumindo as mais diversas formas". Em razão disso, caberia ao partido "denunciar todas as manifestações de arbítrio da ditadura, todos os atos de violência e terror, todos os atentados à liberdade, e mobilizar as massas contra o fascismo e pela democracia, constitui um dos elementos básicos de nossa agitação e propaganda"[5].

Não se pode perder de vista que o golpe militar impactou as condições de possibilidade para o trabalho editorial do PCB. Se no interregno democrático (1945-1964) predominara uma ação partidária de caráter legal, a partir de 31 de março a clandestinidade se impôs subitamente. A esse respeito, o documento faz uma menção direta às gráficas: "Só uma propaganda baseada numa aparelhagem de confecção e de distribuição rigorosamente clandestina poderá ter garantida a sua continuidade e independência"[6].

Para a direção comunista, essa "aparelhagem" estava ainda por ser criada; ela não existira até aquele momento, em que pesem os esforços realizados desde o golpe para o estabelecimento de uma gráfica do partido. Entre abril de 1968 e setembro de 1973, o jornal *Voz Operária* foi improvisadamente impresso em São Paulo em uma gráfica localizada na rua Abagiba, n. 964[7].

> É indispensável mudar radicalmente essa situação, e adotar em todo o Partido, qualquer que seja o escalão, as medidas práticas indispensáveis à instalação da aparelhagem clandestina capaz de permitir um trabalho de agitação e propaganda permanente, descentralizado, e que possa resistir aos golpes da reação. O nível técnico dessa aparelhagem deve corresponder às possibilidades reais de cada organização: reco-reco, mimeógrafo, tipografia etc., sem que isso signifique espírito conformista diante das dificuldades. Melhorar constantemente essa aparelhagem, elevar seu nível técnico, respeitar rigorosamente os preceitos do trabalho clandestino, devem constituir preocupação permanente do Partido. O mesmo no que diz respeito à aparelhagem de distribuição[8].

5. *Idem.*
6. *Idem.*
7. Aperj, Polícias Políticas, Comunismo, not. 21, dossiê 2, ff. 10-11.
8. Aperj, Polícias Políticas, Comunismo, panfl. 154.

Vale ressaltar, no entanto, que as tentativas das organizações – incluindo o PCB – de implementar gráficas clandestinas permanentes durante a ditadura foram quase todas frustradas pelos militares. Essa irregularidade na impressão de literatura marxista decerto impactou os rumos tomados pela esquerda naquele período. O número de gráficas desbaratadas pela ditadura foi de seis nos anos compreendidos entre janeiro de 1969 e maio de 1977. Entre elas certamente estava a do PCB, ocorrida em 1975 e vista como um dos episódios mais contundentes daquele período, ao lado dos assassinatos de Herzog e do operário Manoel Fiel Filho.

A ênfase da "doutrina da guerra revolucionária" direcionada aos meios editorial e de propaganda dos "subversivos" explica a enorme atenção dispensada pela ditadura militar às gráficas comunistas, cujos "estouros" eram celebrados como troféus de extremo valor. Ao reprimir uma panfletagem, confiscar tiragens de jornais e revistas, ou destruir um parque gráfico clandestino ou uma editora, os agentes imaginavam estar atuando contra a "guerra psicológica" dos "vermelhos".

Já a primeira gráfica da história do partido foi desarticulada pela polícia em 1923, apenas um ano após o início da circulação da revista *Movimento Comunista*, cuja edição foi logo suspensa. Abílio de Nequete, que viria a ser o primeiro secretário-geral do PCB, relatou que a tipografia no Méier, bairro operário da zona norte do Rio de Janeiro, entrou em bancarrota, obrigando os militantes a venderem o maquinário existente – tipos, caixas, prensas etc. – para sanar dívidas. Antes disso, parece terem sido rodados ali aos menos dois panfletos: *Aos Operários da Construção Civil* – mil exemplares, com distribuição gratuita – e *As 21 Condições* – seis mil exemplares, também com distribuição gratuita.

Mas qual seria, então, o lugar da gráfica na estrutura partidária? A preocupação da militância em protegê-la era justificada? Como qualquer historização do PCB, é algo um tanto incerto por conta dos longos períodos de clandestinidade vivenciados pelo partido; torna-se difícil quantificar, por exemplo, a porcentagem das reservas financeiras destinada em cada época às gráficas, ou o número de militantes mobilizados na produção de todo o material impresso. De todo modo, a vida partidária dependia visceralmente dos instrumentos destinados a rodar impressos. Tanto é que, após uma investida repressiva de grandes consequências, uma das primeiras medidas a se tomar era "levantar" novamente uma gráfica.

Foi o que os militantes paulistas do PCB fizeram em novembro de 1936, voltando a imprimir material numa casa localizada na rua Circular, n. 378, no bairro Brooklin Paulista – à época, uma região bucólica. Quem coordenava os trabalhos era o gráfico Antônio Vaivuskas. A polícia política chegou ao "aparelho" somente cinco meses depois, realizando seu procedimento de praxe: prisão dos militantes, confisco e descarte de jornais, revistas e livros, apreensão do maquinário e registro fotográfico minucioso de tudo.

A Revolução no Prelo

A figura do gráfico, espécie de "artesão da revolução", esteve presente com destaque ao longo de momentos importantes dos processos revolucionários dos séculos XIX e XX.

> Porque os gráficos foram os primeiros operários intelectualizados do mundo. No exercício de sua profissão as ideias transitavam por seus olhos, as teorias escorriam entre seus dedos. Esse fato os fez vanguarda, jogou-os universalmente, ao longo do tempo, na primeira linha dos revolucionários sociais[9].

Além da habilidade manual exigida pelo ofício, o gráfico precisava necessariamente ser alfabetizado para ingressar no universo dos livros e da leitura. Isso já o diferenciava da maioria dos trabalhadores e de uma parte significativa dos militantes do PCB[10]. A alfabetização, todavia, não podia ser demasiado precária, uma vez que o ofício exigia conhecimentos gramaticais para realizar algumas operações impostas pelo método da linotipia – casos da hifenização e da justificação do texto. Os únicos cargos na indústria gráfica que dispensavam a alfabetização eram o de encadernador e o de operador de guilhotina.

Esses operários tinham acesso frequente e em primeira mão a textos políticos e à literatura marxista. Soma-se a isso o histórico de mobilização da categoria, desde o princípio do período republicado associado à vanguarda de muitas lutas do proletariado brasileiro. Essa posição de liderança explica-se pela natu-

9. João Batista Marçal, *A Imprensa Operária do Rio Grande do Sul*, Porto Alegre, Ed. dos Autores, 2004, p. 20. Citado por Clarice Gontarski Speranza, "Memória e Identidade: Reflexão sobre os Gráficos Gaúchos", *Métis: História & Cultura*, vol. 6, n. 12, pp. 11-34, jul.-dez. 2007.

10. Maria Nazareth Ferreira, *A Imprensa Operária no Brasil (1880-1920)*, Petrópolis, Vozes, 1978; Leila Maria da Silva Blass, *Imprimindo a Própria História: O Movimento dos Trabalhadores Gráficos de São Paulo no Final dos Anos 20*, São Paulo, Loyola, 1982.

reza do ofício: em suas mobilizações reivindicatórias, os gráficos tinham a ação facilitada por imprimirem eles próprios os materiais utilizados em assembleias, passeatas, reuniões etc. Havia, no processo de construção da identidade desses trabalhadores, um correlato entre a natureza do ofício e a formação de uma consciência política. Os gráficos atribuíam a si mesmos "uma inerente capacidade de militar sindicalmente"[11].

A impressão de boletins, panfletos e jornais ajudava a difundir o conjunto específico de demandas da categoria dos gráficos e, por consequência, o ideário mais amplo de emancipação política e social. "O conhecimento da linguagem escrita, o acesso a diferentes tipos de publicação e o domínio das técnicas de impressão criavam condições propícias à difusão de ideologias reivindicatórias e à mobilização dos trabalhadores"[12]. Além do mais, os gráficos tinham acesso às reivindicações de outros setores do proletariado, já que se dedicavam a imprimir seus materiais gráficos[13].

O PCB teve em suas fileiras os gráficos João da Costa Pimenta, Mário Grazzini e Duvitiliano Ramos como quadros de direção. Este último chegou ao cargo de secretário-geral em novembro de 1932. Ramos foi autor de romances e pesquisas históricas que jamais chegaram a ser publicadas. Um dos 22 responsáveis pela fundação do partido, Costa Pimenta comandou a União dos Trabalhadores Gráficos (UTG) no momento em que a associação desempenhou papel de vanguarda frente ao movimento operário paulista nos anos 1920[14]. Já no sul do país, Gabriel Quintana, linotipista vinculado ao partido, comandou uma greve de 29 dias em Porto Alegre no começo dos anos 1950.

Antes da fundação do PCB, o trabalho editorial de um gráfico pernambucano ganharia notoriedade. Antonio Bernardo Canellas imprimiu artesanalmente no começo dos anos 1920 cerca de nove brochuras que abordavam

11. Artur José Renda Vitorino, *Máquinas e Operários: Mudança Técnica e Sindicalismo Gráfico (São Paulo e Rio de Janeiro, 1858-1912)*, São Paulo, Annablume/Fapesp, 2000, p. 136.

12. Benito Bisso Schmidt, *Em Busca da Terra da Promissão: A História de Dois Líderes Socialistas*, Porto Alegre, Palmarinca, 2004, p. 71. Citado por Clarice Gontarski Speranza, "Memória e Identidade".

13. Gláucia Rodrigues Castellan, *Artesãos da Subversão: Os Trabalhadores Gráficos e o Deops: Repressão e Resistência Durante a Era Vargas (1930-1945)*, São Paulo, FFLCH-USP, 2010 (Dissertação de Mestrado).

14. Nesse mesmo estado, a militância anarquista do gráfico e jornalista Edgard Leuenroth também é digna de nota. Hoje ele fornece o nome a um dos principais centros arquivísticos relacionados à luta operária, o Arquivo Edgard Leuenroth (AEL), sediado na Universidade Estadual de Campinas, a Unicamp. Leuenroth e Costa Pimenta participaram da formulação dos estatutos de fundação da UTG paulista em 1919.

assuntos tão variados quanto a educação popular, a propaganda política, o modelo organizativo operário etc. Dois livros eram assinados por Sébastien Faure, enquanto os demais eram de autoria do próprio gráfico. Podia-se encontrar as obras em cidades como Natal, Paraíba do Norte, Recife – onde foram impressas –, Maceió, Salvador e Rio de Janeiro.

Anos mais tarde, Canellas seria o delegado do PCB em um congresso da Internacional realizado em 1922. Seu desempenho, no entanto, frustrou as expectativas dos comunistas brasileiros de serem reconhecidos pela organização. Canellas defendeu a entrada de maçons no partido que representava e chegou a discutir rispidamente com Trotski. O PCB ingressaria na Internacional somente dois anos depois do imbróglio entre o militante brasileiro e o dirigente soviético[15].

Impresso Político e Dissidência

Os impressos políticos que circulam a cada período dão acesso a lances importantes da história social de um país: o tipo de regime e o modo de funcionamento de suas instituições; os debates públicos mais proeminentes; o grau de abertura à liberdade de crítica e opinião; o estado de coisas das lutas populares. Permitem também, quando relacionados com as ações do aparato repressivo do Estado, reconstruir as estratégias que grupos e partidos adotaram para fazer circular ideias dissidentes e revolucionárias.

Visto como um texto de intervenção, o impresso político – notadamente o panfleto – costuma adotar um tom direto, inflamado e convocatório. Espera-se que, com isso, a ação política possa ser despertada. "Em geral, [o panfleto] possui um caráter agressivo, por vezes acusativo. Através desse método, seu autor busca atrair eventuais adeptos à sua causa, a despeito do caráter contundente em que se apresenta o conteúdo dessas ideias"[16].

Há pelo menos três tipos de panfletos políticos, segundo a classificação sugerida por Penna: o panfleto que reflete um ponto de vista coletivo, publicado por organizações e movimentos populares, não necessariamente partidários; o panfleto que é veículo de expressão de um determinado partido político; e o

15. Lincoln Secco, *A Batalha dos Livros*.
16. Lincoln de Abreu Penna, "Os Panfletários da República: A Campanha do Petróleo na Imprensa Nacionalista", *Revista Alceu*, vol. 4, n. 7, p. 84, jul.-dez. 2003.

panfleto que se ocupa de representar as opiniões pessoais sobre assuntos em voga na sociedade (tipo muito frequente até o século XIX). No caso do PCB, os impressos saídos de suas gráficas clandestinas estavam voltados a temas considerados caros ao partido, à situação revolucionária e às conjunturas políticas específicas.

Eles se enquadram simultaneamente nos dois primeiros tipos antes mencionados. Com efeito, o panfleto tem um vínculo secular com a divulgação de ideários revolucionários e de movimentos oposicionistas. No Brasil, esse tipo de uso remonta às primeiras décadas do século XIX, quando foi empregado na propagação pública de pautas e ideias do movimento de independência. Nesse sentido, o panfleto é uma "arma política" na medida em que:

> É fácil de manusear, guardar, esconder ou eliminar. É de baixo custo e pode transmitir rapidamente uma mensagem para um grande público. Pode ser mimeografado ou impresso, com ou sem imagem, instigando o leitor a pensar, discutir e agir na vida prática, diária. Pelo seu formato "portátil", o folheto tornou-se um importante instrumento de propaganda política favorecendo a circulação da crítica e do protesto proibido. Por esta característica particular favorece as ações políticas clandestinas, proibidas, revolucionárias[17].

Por isso destina-se a ocupar o espaço público das mais diversas maneiras: distribuído em praças, ruas e sinais; afixado em paredes, postes, muros, lixeiras e portas de lojas; amarrado a monumentos e passarelas; jogado do alto de edifícios[18]. Não encontrando lugar nos canais convencionais de comunicação, as ideias contidas num panfleto político procuram atingir uma comunidade imaginada de leitores indignados.

Aos olhos do Estado, todavia, o impresso político representa a prova de um delito – o "delito de opinião" – ou de um crime – o "crime patriótico", relacionado à segurança nacional. A montagem de uma espécie de "cena do crime" com os materiais apreendidos tornou-se bastante comum nas ocasiões em que órgãos repressivos desbaratavam alguma gráfica do PCB. A imagem então produzida naquelas circunstâncias passaria a fazer parte do relatório de investigação em curso e dos autos de busca e apreensão. Já os impressos apreendidos eram recolhidos a um depósito, ou incinerados.

17. Maria Luiza Carneiro e Boris Kossoy, "Propaganda e Revolução: Os Caminhos do Impresso Político, 1930-1945", em Luís Reis Torgal e Heloísa Paulo, *Estados Autoritários e Totalitários e suas Representações*, Coimbra, Imprensa da Universidade de Coimbra, 2008, p. 156.
18. Durante a ditadura militar, expedientes semelhantes foram utilizados por organizações e partidos de esquerda para denunciar os crimes do regime e mobilizar parcelas da sociedade para combatê-lo.

O PCB deu ao impresso alguns usos e sentidos, muitos deles ligados à ideia de uma "formação educacional que emancipa e liberta": sob essa perspectiva, o impresso era um difusor do pensamento revolucionário entre o proletariado e outras classes; um propulsor do letramento entre parcelas analfabetas da população brasileira; um meio de instruir quadros e militantes; um repertório de teorias e ideias a serem evocadas na luta política; e, por fim, um veículo de divulgação da vida partidária e das lutas populares em geral.

Não se tratava de conceber o impresso comunista apenas como uma força capaz de impulsionar greves e manifestações públicas; num dado momento, ele foi tomado metonimicamente como sendo a própria revolução. Isso ocorreu no curso da segunda metade do século XX, quando o acirramento da disputa entre os Estados Unidos e a União Soviética difundiu a tese de que haveria duas formas principais dos países socialistas fomentarem processos revolucionários mundo afora: ou enviando aos países agentes comunistas infiltrados ou promovendo a difusão de obras teóricas revolucionárias.

Referências Bibliográficas

BLASS, Leila Maria da Silva. *Imprimindo a Própria História: O Movimento dos Trabalhadores Gráficos de São Paulo no Final dos Anos 20*. São Paulo, Loyola, 1982.

CARNEIRO, Maria Luiza Tucci & KOSSOY, Boris. "Propaganda e Revolução: Os Caminhos do Impresso Político, 1930-1945". *In*: TORGAL, Luís Reis & PAULO, Heloísa. *Estados Autoritários e Totalitários e suas Representações*. Coimbra, Imprensa da Universidade de Coimbra, 2008.

CASTELLAN, Gláucia Rodrigues. *Artesãos da Subversão: Os Trabalhadores Gráficos e o Deops: Repressão e Resistência Durante a Era Vargas (1930-1945)*. São Paulo, FFLCH-USP, 2010 (Dissertação de Mestrado).

FERREIRA, Maria Nazareth. *A Imprensa Operária no Brasil (1880-1920)*. Petrópolis, Vozes, 1978.

PENNA, Lincoln de Abreu. "Os Panfletários da República: A Campanha do Petróleo na Imprensa Nacionalista". *Revista Alceu*, vol. 4, n. 7, pp. 83-98, jul.-dez. 2003.

PRESTES, Anita Leocadia. *Luiz Carlos Prestes: Um Comunista Brasileiro*. São Paulo, Boitempo, 2015.

SECCO, Lincoln. *A Batalha dos Livros*. Cotia, Ateliê Editorial, 2017.

SPERANZA, Clarice Gontarski. "Memória e Identidade: Reflexão sobre os Gráficos Gaúchos". *Métis: História & Cultura*, vol. 6, n. 12, pp. 11-34, jul.-dez. 2007.

VITORINO, Artur José Renda. *Máquinas e Operários: Mudança Técnica e Sindicalismo Gráfico (São Paulo e Rio de Janeiro, 1858-1912)*. São Paulo, Annablume/Fapesp, 2000.

Capítulo 17
A Imprensa Comunista no Brasil (1945-1964)

Pedro Estevam da Rocha Pomar

Qualquer superlativo será insuficiente para descrever, à altura, os feitos da imprensa comunista brasileira durante as décadas de 1940 e 1950. Suas marcas distintivas foram o inédito, eficiente exercício de contra-hegemonia "a céu aberto", dentro das regras da democracia liberal, inaugurado no curto período de legalidade do então Partido Comunista do Brasil (PCB) entre os meses finais do Estado Novo e maio de 1947, e uma ousada estética política, inovadora para aquele momento histórico. A imprensa era o "abre-alas" do partido, seus jornais e revistas eram a representação, a um só tempo simbólica e material, do programa e do ideário comunista, a desafiar, por sua simples existência, a ordem profundamente reacionária.

Por essa razão, ela foi reprimida com brutalidade, em especial pelo governo do general Eurico Gaspar Dutra (1946-1951) e pelos governos estaduais da época. "Brutalidade", como veremos, não é uma figura de retórica. Mas de que imprensa estamos falando? Antes mesmo que o Estado Novo chegasse ao fim em outubro de 1945 pelas mãos de seus próprios chefes militares, Dutra e Góes Monteiro, a direção do PCB percebeu a necessidade e a possibilidade de criar e manter meios de comunicação capazes de amplificar as mensagens do partido e fazê-las chegar aos setores da sociedade que pretendia representar (as "massas trabalhadoras", os pobres em geral, os setores médios), quebrando assim a dominação exercida nesse campo pela imprensa tradicional, claramente alinhada aos interesses da burguesia ascendente, da oligarquia rural, dos governos de perfil sempre conservador.

Nessa ousada empreitada organizativa, político-ideológica e cultural, não se pode precisar quanto foi resultado de planejamento e quanto foi improvisado. É possível, até mesmo, que o incentivo imediato tenha sido meramente de ordem conjuntural ("tática"): a participação dos comunistas nas eleições gerais de dezembro de 1945. Porém, claramente existiu um projeto nacional, centralizado, inspirado na experiência dos bolcheviques mas provavelmente também na dos comunistas alemães no entreguerras[1], de criar uma ampla rede de jornais de massa, inclusive diários, nas principais cidades do país; uma agência noticiosa para abastecer esses jornais; revistas culturais, teóricas ou literárias, voltadas tanto para a formação dos próprios quadros quanto para consumo da intelectualidade; empresas editoras de livros; e até uma companhia cinematográfica.

Apenas o rádio deixou de entrar nesses planos. A esta altura as emissoras de rádio já detinham grande influência no Brasil. Por isso mesmo, os comunistas podem ter imaginado que pleitear uma concessão de rádio seria iniciativa recebida pelo governo Dutra como provocação política intolerável. Conseguiram espaços radiofônicos em São Paulo, na Rádio Difusora, em Porto Alegre, na Rádio Difusora e na Rádio Cruzeiro, mantiveram programas (como *A Hora do Partido Comunista do Brasil*)[2], mas pareciam não cogitar propostas mais audaciosas nesse setor.

No campo do jornalismo impresso, ao iniciar seu projeto na década de 1940, o PCB já dispunha de expressivas experiências acumuladas desde seu surgimento em 1922. Ou antes até: a revista mensal, depois quinzenal *Movimento Comunista* precedeu o próprio PCB: "Com seu primeiro número de janeiro de 1922 a revista preexiste ao próprio partido e funciona mesmo como elemento articular visando a fundação do partido. Tal fato acontece em março do mesmo ano e decorre da unificação dos diversos grupos comunistas existen-

1. Ciro Marcondes Filho, *O Capital da Notícia*, São Paulo, Ática, 1986, p. 69. O complexo editorial de Willi Münzenberg, ligado ao Partido Comunista Alemão (KPD), publicava, em 1931, o *Arbeiter Illustrierte Zeitung*, com tiragem de quinhentos mil exemplares.
2. Andréia Carolina Duarte Duprat, "A Atuação Cultural do PCB no Período de Legalidade em Porto Alegre (1945-1947)", *Boletim do GMarx-USP*, n. 25, ano 1, 2020.

tes", registra Rubim[3]. Dirigida por Astrojildo Pereira, *Movimento Comunista* lançará ao todo vinte e quatro edições, com tiragem estimada entre mil e duzentos e mil e setecentos exemplares, até ser fechada pela polícia do governo Arthur Bernardes em junho de 1923[4].

Os jornais *A Classe Operária*, de rica e atribulada trajetória desde seu lançamento em 1925[5], e *A Nação* – cedido ao partido quando seu proprietário, Leônidas Resende, migrou do positivismo para o marxismo em 1927 – trouxeram mais leitores e mais ensinamentos nessa seara. A Conferência de Niterói do PCB, realizada em fevereiro de 1925, decidiu "publicar um semanário legal e de massas", incumbindo da tarefa o dirigente Octávio Brandão. A primeira dificuldade a superar é a falta de recursos financeiros. Tem início aí, ao que parece, um aprendizado que se revelará valioso duas décadas depois: "Em março e abril de 1925 se realiza uma campanha de propaganda e finanças pró-semanário, cujo título será *A Classe Operária*. A palavra de ordem 'A luta contra o capital precisa de capital' é então lançada"[6].

Sindicatos (padeiros do Rio de Janeiro, metalúrgicos de Niterói, outros em Porto Alegre) assumem boa parte das despesas, tornando possível a compra de uma tipografia. Paradoxalmente, o sucesso do periódico provocou seu fechamento pelo governo em apenas três meses. Nesta efêmera primeira fase de sua existência, foram lançadas doze edições de *A Classe Operária*, com tiragens crescentes, total de quase 99 mil exemplares impressos e ampla circulação entre as camadas proletárias e outros grupos sociais, apesar do estado de sítio em vigor[7].

Foi já sob o Estado Novo que o jornalismo dos comunistas mostrou-se capaz não apenas de falar para a classe trabalhadora (e para os intelectuais) mas também de rivalizar em sucesso com a imprensa comercial, quando a revista mensal *Seiva*, de Salvador, publicou, em 1943, entrevista na qual o general da ativa Manoel Rabelo tecia críticas ao governo e ao então ministro da Guerra,

3. Antonio Albino Canelas Rubim, *Partido Comunista: Cultura e Política Cultural*, São Paulo, FFLCH-USP, 1986, p. 6 (Tese de Doutorado).
4. *Idem*, pp. 6-7.
5. Osvaldo Bertolino, *Maurício Grabois – Uma Vida de Combates: Da Batalha das Ideias ao Comando da Guerrilha do Araguaia*, São Paulo, Anita Garibaldi, 2004, pp. 69-74.
6. Antonio Albino Canelas Rubim, *Partido Comunista*, p. 11. O jornal só voltaria a circular em 1928.
7. *Idem*, pp. 12-13.

general Dutra, com grande repercussão, a ponto de provocar o fechamento da publicação e a prisão dos responsáveis[8].

Entre os colaboradores de *Seiva*, lançada em 1938, figuram nomes que se tornariam importantes no partido e na produção de seus impressos, como Armênio Guedes, Aydano do Couto Ferraz, Jacob Gorender, Milton Cayres de Brito, Rossini Camargo Guarnieri, Ruy Facó, Dalcídio Jurandir. Paralelamente, surgem outros periódicos voltados ao debate político, cultural e literário e fortemente influenciados pelo PCB, como as revistas *Continental*, em Salvador, *Leitura* e *Esfera* no Rio de Janeiro.

Continental saiu mensalmente de 1942 a 1944, com tiragem de oito mil exemplares. Contava com Arcelina Mochel, Armênio Guedes, Luiz Pinheiro Paes Leme e colaboradores como Álvaro Moreyra, Mário Alves, Maurício Grabois, Milton Cayres de Brito, Evaldo da Silva Garcia. *Leitura*, lançada em 1942 e que tinha como editores Dioclécio Duarte e Raul de Góes, "atinge rapidamente os 20 mil exemplares de tiragem (nº 9) e não os ultrapassa [apenas] por problemas como escassez de papel, dificuldade de transporte e falta de uma gráfica que pudesse produzi-la em quantidade maior"[9]. *Esfera*, cuja diretora era Sylvia de Leon Chalreo, tinha Dias da Costa como redator-chefe e imbatível equipe de redatores: Eneida de Moraes, Graciliano Ramos, Jorge Amado, Quirino Campofiorito e outros, e "publicará inclusive documentos partidários, além de dedicar boa parte do número 10, de junho de 1945, a Luiz Carlos Prestes"[10].

Portanto, ao lançar-se na aventura da montagem de sua rede de jornais e revistas na fase de declínio do Estado Novo, o PCB dispunha de considerável experiência acumulada na produção de publicações jornalísticas, podendo contar com dezenas de quadros partidários qualificados, disponíveis e habituados com esse tipo de trabalho e com suas adversidades típicas: retaliações policiais e recorrentes dificuldades financeiras que se refletiam, por exemplo, na remuneração insuficiente e incerta.

8. *Idem*, p. 34. Apesar da pequena tiragem (três mil exemplares ou menos), a revista foi fechada em 1943 pelo Departamento de Imprensa e Propaganda do Governo Federal (DIP). Rabelo opinara que o Brasil, embora tivesse declarado guerra à Alemanha, não se empenhava decididamente no conflito. João Falcão e Wilson Falcão, diretores da publicação, e Jacob Gorender, secretário, foram presos.
9. *Idem*, pp. 35-37.
10. *Idem*, p. 36.

Tribuna Popular, o principal diário do PCB, foi lançado no Rio de Janeiro já em maio de 1945, com tiragem inicial estimada em cinquenta mil exemplares. Em Salvador, em março, surgira *O Momento* – inicialmente como semanário. Em agosto, dirigindo-se ao comitê central do partido, Maurício Grabois, dirigente incumbido do setor de comunicação ("divulgação e propaganda"), destacou a centralidade dos "meios de divulgação", de modo a permitir aos simpatizantes a compreensão das posições políticas dos comunistas, e enfatizou ser essa tarefa "essencialmente um trabalho de organização". Citou, ainda, a criação da agência de notícias (que viria a ser a Interpress), destinada a fornecer material informativo aos "jornais de massa". Significativamente, como destaca Bertolino, seu informe era intitulado "Levemos às massas nossa linha política"[11].

Na mesma ocasião, ele propôs o relançamento, agora como semanário, de *A Classe Operária* (desativado desde 1940), para cumprir o papel de "órgão central" do partido, dirigido aos seus militantes. O jornal efetivamente voltaria a circular em março de 1946. Grabois defendeu, igualmente, a criação de uma revista teórica, mas esta, que veio a chamar-se *Problemas*, surgiria apenas em agosto de 1947, depois, portanto, da cassação do partido pelo Tribunal Superior Eleitoral.

Outra declaração sua, mais controversa, diz respeito às comunicações por meios sonoros e visuais: "Sem dúvida o rádio, o cinema e o disco de vitrola constituem os melhores veículos de propaganda entre os analfabetos. Neste sentido já demos alguns passos com o fim de criarmos um departamento de cinema do partido". Dessa forma, o dirigente dava a entender que o rádio e mesmo o cinema só interessavam ao PCB como forma de acesso aos contingentes populacionais iletrados (que, dizia, constituíam cerca de 70% da população)[12]. O "departamento" a que ele se refere viria a ser a Liberdade Filmes, companhia cinematográfica criada por Oscar Niemeyer e Ruy Santos, que produziu o longa-metragem *25 Anos de Luta*, sobre a história do partido.

De qualquer modo, as considerações de Grabois na reunião do comitê central do PCB indicam certo descortínio da liderança comunista, que busca assim preparar-se para os embates futuros. Por outro lado, é preciso situar o contexto político em que surgem os primeiros diários do PCB, entre eles o

11. Osvaldo Bertolino, *Maurício Grabois*, pp. 63 e ss.
12. *Idem*, p. 65.

paulista *Hoje*, que viria a ser lançado em outubro de 1945, pouco antes do golpe que destituirá Vargas. Ao lado dos trabalhistas, os comunistas atuaram intensamente no movimento queremista, que preconizava a "Constituinte com Getúlio". É contra a perspectiva de continuação de Vargas no poder, em aliança com PCB e trabalhistas, que se mobilizariam as forças golpistas alojadas no próprio governo e nas fileiras da União Democrática Nacional (UDN), as quais contavam, ainda, com apoio dos EUA.

Da sua parte, porém, Vargas concede certas facilidades aos comunistas. É por essa razão que o diário comunista *Hoje*, com tiragem inicial declarada de vinte mil exemplares, nascerá nas oficinas de *A Noite*, jornal comercial que havia sido incorporado ao patrimônio da União em São Paulo. Uma vez derrubado o enfraquecido ditador, o novo governo tratou de desalojar das dependências de *A Noite* o recém-criado jornal: "Assim, em fins de novembro de 1945, menos de dois meses após o lançamento do *Hoje*, menos de um mês após a deposição de Vargas, e em plena campanha eleitoral, o Ministério da Justiça ordenou que *A Noite* deixasse de imprimir o diário comunista"[13].

A medida, que se consumou em apenas 48 horas, apesar dos protestos do PCB, criou-lhe dificuldades óbvias: num primeiro momento, precisou imprimir seu jornal na gráfica do *Diário de Campinas* (a quase cem quilômetros da capital). Mas o partido logo trataria de montar suas próprias oficinas gráficas, graças a uma iniciativa de arrecadação de recursos financeiros que se revelou inovadora e politicamente acertada: a "Campanha Pró-Imprensa Popular"[14]. Ao eleger Prestes senador e uma expressiva bancada de deputados federais, sem contar os mais de 9% dos votos nacionais recebidos por seu desconhecido candidato a presidente da República (Iedo Fiúza, prefeito de Petrópolis), o PCB de certa forma viu legitimado seu projeto de "divulgação de massas".

Ainda em 1945 foram lançados os também diários *Folha do Povo* (Recife), na sua segunda fase[15], *Tribuna Gaúcha* (Porto Alegre), *Folha Capixaba* (Vitória). *O Momento* tornou-se diário em março de 1946. Na mesma época,

13. Pedro Estevam da Rocha Pomar, *Comunicação, Cultura de Esquerda e Contra-Hegemonia: O Jornal* Hoje *(1945-1952)*, São Paulo, FFLCH-USP, 2006, pp. 41-43 (Tese de Doutorado).

14. Sobre a qual se falará adiante.

15. Ana Paula Araújo de Lira, "*Folha do Povo*: A Voz Popular no Jornalismo Diário Recifense (1935-1960)", em Intercom, *XXX Congresso Brasileiro de Ciências da Comunicação*, Santos, 29 ago.-2 set. 2007, pp. 8 e ss.

comprado pelo partido a um aliado, *O Democrata* (Fortaleza) passou a circular sob orientação do PCB[16]. No mesmo ano surgiram *O Estado de Goiás* (Goiânia), *Jornal do Povo* (Belo Horizonte) e o semanário *A Voz do Povo* (Maceió). Diversos outros títulos de jornais e revistas, aparecidos nas décadas de 1940 e 1950, foram identificados por Rubim no seu pioneiro levantamento da imprensa comunista brasileira[17]. Nem sempre, como ele adverte, é possível distinguir a "tênue diferença" que distingue as publicações estritamente partidárias, comunistas, daquelas mantidas por amigos do PCB e por ele fortemente influenciadas.

Os jornais comunistas compartilhavam muitas características. As principais eram, certamente, a linha editorial e a temática. O mundo do trabalho era claramente uma das prioridades, assim como, subsidiariamente, o mundo da pobreza. Como apontado no caso do *Hoje*, mas extensivo aos seus congêneres, os temas maiores eram "as condições de vida da população, as condições de trabalho nas fábricas, a luta de classes real e concreta"[18]. O enquadramento engajado concedia legitimidade a "mundos" subalternizados, sub representados, distorcidos ou inexistentes nas páginas da imprensa comercial, hegemônica. Especialmente nos anos iniciais de 1945-1946, tais opções editoriais estavam relacionadas à conjuntura de ascenso do operariado, de fortes greves e de protestos contra a carestia.

Entre abril de 1945 e os primeiros meses de 1947 – paralelamente à movimentação da classe trabalhadora para recompor o poder aquisitivo dos salários e derrubar as proibições da "economia de guerra" – os comunistas venceram disputas nos sindicatos e passaram a dividir a liderança desse setor com o Partido Trabalhista Brasileiro (PTB). Por outro lado, criaram os "comitês democráticos populares", que buscavam organizar e impulsionar as reivindicações locais nos bairros pobres[19].

16. Ildefonso Rodrigues Lima Neto, *Escrita Subversiva: O Democrata, 1946-47*, Fortaleza, CH-UFC, 2006 (Dissertação de Mestrado), p. 18; Ana Cristina Martins Leite, "Introdução", *O Democrata. O Jornal do PCB no Ceará: Da Abertura Política (1945) à Volta à Ilegalidade (1947)*, Fortaleza, CH-UFC, 1990 (Trabalho de Conclusão de Curso).
17. Antonio Albino Canelas Rubim, *Partido Comunista*, pp. 43 e ss.
18. Pedro Estevam da Rocha Pomar, "Nas Páginas do *Hoje*: O Diário Paulista do PCB e sua Vocação Contra-Hegemônica", *Perseu: História, Memória e Política*, n. 12, ano 7, p. 20, 2016.
19. Inicialmente pensados como frentes, segundo relatos, os Comitês Democráticos Populares teriam se descaracterizado depois, passando a agrupar só a militância comunista e perdendo sua razão de ser.

Em 1946, ano rico em greves e protestos, lia-se no *Hoje* que "A Light Desafia os Trabalhadores", os operários da Fiação e Tecelagem Assad haviam cruzado os braços, a "Delegacia de Ordem Política e Social não Respeita a Constituição da República", porque abriu processo contra "três operárias do Moinho Santista". Ou que entraram em greve "setecentos tecelões de Guaratinguetá", assim como os trabalhadores de São Paulo movimentam-se "pela libertação dos líderes da [estrada de ferro] Sorocabana".

O espaço conquistado nas páginas do *Hoje* pelo movimento sindical e por suas especificidades refletia as dinâmicas sociais, políticas e culturais típicas de um proletariado numeroso, concentrado geograficamente e em ebulição, ao tratar de assuntos como a destituição, por uma assembleia, da junta governativa do Sindicato dos Tecelões de Sorocaba, "imposta há dois anos pelo Ministério do Trabalho", bem como "a consequente reação do governo, que usou a polícia para ocupar a sede do sindicato", ou ainda

> [...] a decisão dos operários da Goodyear de paralisar suas atividades antes do fim da jornada, com a finalidade de participar, "em massa" (como prova a fotografia publicada), de uma assembleia convocada pelo Sindicato dos Trabalhadores em Artefatos de Borracha, o que foi "prova eloquente de consciência de classe e profundo espírito sindicalista". O principal objetivo da assembleia (realizada no salão do Sindicato dos Músicos) foi a luta pelo descanso semanal remunerado, previsto no artigo 157, §6 da Constituição Federal[20].

A primazia conferida à atividade sindical aparece já na primeira edição do diário comunista pernambucano *Folha do Povo*, por meio da coluna "Vida Sindical"[21], que tratava de "temas específicos do cotidiano dos trabalhadores", como carteira de trabalho e direitos dos operários. "Os assuntos eram, muitas vezes, sugeridos pelos próprios funcionários das fábricas e tecelagens, que enviavam sugestões através dos representantes do partido"[22].

Nesse mesmo diário, aponta Lira, outra vertente de aproximação com os setores populares era a seção "O Povo Faz o Seu Jornal". O conteúdo a ela destinado "poderia ser enviado de qualquer maneira, escrito a caneta, a lápis, em papel amassado ou qualquer outra circunstância". Nada parecido existia em outros impressos locais, e a diagramação do jornal privilegiou o título com tipologia diferente da

20. Pedro Estevam da Rocha Pomar, "Nas Páginas do *Hoje:* O Diário Paulista do PCB e sua Vocação Contra-Hegemônica", *Perseu: História, Memória e Política,* p. 21.
21. *Folha do Povo*, 19 nov. 1945. Citado por Ana Paula Araújo de Lira, "*Folha do Povo*", p. 9.
22. *Idem*, pp. 9-10.

utilizada no restante da página. "Como era fácil encontrar a seção, a população podia conferir se o conteúdo enviado era, de fato, publicado no jornal"[23].

No Ceará, idêntica "articulação do jornal com o movimento operário" foi percebida em *O Democrata* por Lima Neto: "Ferroviários dirigem-se a Luiz Carlos Prestes", "Calçamento para Ligar os Subúrbios Proletários de Fortaleza", "Os Sindicatos do Ceará Mobilizam-se para Lutar Contra a Paralisação das Obras do Porto" foram manchetes em março e abril de 1946. O conteúdo da página "Movimento Sindical" estava dividido entre "agendas de encontros dos sindicatos e associações; dicas e informações sobre a legislação trabalhista; matérias sobre as questões relativas aos trabalhadores da capital e interior, além de informes internacionais", tornando-se assim "ponto de confluência das ações organizativas"[24].

No *Hoje*, os dramas da população, as amarguras do cotidiano popular compareciam igualmente com veemência: "15 Famílias Vão Ser Despejadas da Travessa dos Estudantes", "Falta de Pão e Excesso de Choro para Comemorar a Semana da Criança"[25]. A linguagem adotada em algumas matérias espelha a coloquialidade popular e experimenta um certo sensacionalismo. A manchete "Os Tubarões São Donos de Poderosa Rede que Envolve o Comércio desta Capital"[26] é um ataque frontal às indústrias Matarazzo e a monopólios similares.

Outra prioridade indiscutível da imprensa comunista é a política, com destaque para a atuação do próprio PCB e de seus aliados, as disputas eleitorais, as críticas aos governos conservadores e a determinados personagens e forças políticas. "Iedo Fiúza, Candidato do Povo", "Com Prestes, pela Candidatura Civil", "O Partido Continua Sua Luta Pacífica pela Convocação de uma Assembleia Constituinte/Ordem e Tranquilidade", "Por Decreto de Ontem Foi Extinto o Tribunal de Segurança Institucional", "O Povo Brasileiro não Mais Será Governado por Velhos Moldes Ditatoriais e Fascistas"[27].

O noticiário internacional recebe destaque, pois a rede de diários e periódicos comunistas surge ao final da Segunda Guerra Mundial, quando União Soviética, Estados Unidos e China despontam como os grandes vencedores, os países capitalistas se reorganizam, os partidos comunistas da Itália e da França

23. *Idem*, p. 10.
24. Ildefonso Rodrigues Lima Neto, *Escrita Subversiva*, p. 162.
25. *Hoje*, p. 8, 12 out. 1946; Pedro Estevam da Rocha Pomar, *Comunicação, Cultura de Esquerda e Contra-Hegemonia*, p. 137.
26. *Hoje*, 1º. out. 1946; Pedro Estevam da Rocha Pomar, "Nas Páginas do *Hoje*", p. 21.
27. Pedro Estevam da Rocha Pomar, *Comunicação, Cultura de Esquerda e Contra-Hegemonia*.

ganham inédito protagonismo, os países do Leste Europeu – uma vez derrotado o invasor nazista – declaram-se socialistas, os criminosos de guerra vão a julgamento etc. Procurava-se valorizar as conquistas militares, sociais e econômicas dos soviéticos (e dos países do Leste Europeu) e, especialmente após a deflagração da "Guerra Fria", denunciava-se o imperialismo norte-americano.

Os diários comunistas mais estruturados, como *Tribuna Popular* e *Hoje*, abriram espaços consideráveis ao esporte. Futebol, natação, basquete, boxe e até turfe faziam parte do noticiário habitual. Os temas e eventos de natureza artística, porém, apareciam mais esporadicamente no noticiário. Por outro lado, alguns tópicos abordados nas "páginas comunistas" surpreendem porque, embora possam ser enquadrados na ótica geral dos conflitos sociais, revelam pontos de vista que parecem inovadores para a época. Neste sentido, matérias publicadas no *Hoje* despertam atenção pelo tratamento concedido à questão indígena, no tocante à luta pela terra[28], e à questão do racismo identificado numa escola religiosa[29]. *Folha do Povo* publicará impactante estudo sobre a tuberculose, que "assume em Pernambuco condições de verdadeira epidemia"[30].

Configuração Jurídica e Financiamento

Os jornais do PCB não apresentavam vínculo formal com o partido, e sim com sociedades comerciais, devidamente registradas, que se responsabilizavam por eles. Esse estratagema era plenamente compreensível, vistas as perseguições sofridas tanto pelo partido e seus militantes quanto por suas publicações. Em alguns casos, recorreu-se a intermediários para adquirir títulos que já existiam. *Hoje* era uma "pequena revista", que foi comprada (ou simplesmente recebida em doação) e teve sua matrícula reformada para que se transformasse num jornal, como diligentemente registrou o Dops[31]. *O Democrata* foi adquirido ao então senador eleito Olavo Oliveira (PSD)[32].

28. "Dois Civilizados 'Apatacados' Roubam as Terras dos Índios do Bananal", *Hoje*, 28 out. 1946. Três indígenas guaranis foram à sucursal de Santos do jornal para denunciar o caso (*idem*, p. 141).
29. "Um Brasileiro Pode Entrar em Qualquer Restaurante, Barbeiro, Estabelecimento de Ensino Independentemente de sua Raça ou Cor", *Hoje*, 13 out. 1946 (*idem*, p. 140).
30. "A Tuberculose Dizima os Trabalhadores", *Folha do Povo*, 3 maio 1950; Ana Paula Araújo de Lira, "*Folha do Povo*", p. 12.
31. Pedro Estevam da Rocha Pomar, *Comunicação, Cultura de Esquerda e Contra-Hegemonia*, p. 53.
32. Ildefonso Rodrigues Lima Neto, *Escrita Subversiva*, p. 18.

A fachada empresarial conferia status legal aos jornais e permitia, ainda, determinadas operações de natureza comercial necessárias ao seu funcionamento regular, como a compra das bobinas de papel utilizadas na impressão, no caso daqueles que possuíam oficinas próprias. A prerrogativa das empresas de importar com isenção de impostos equipamentos relacionados à sua atividade permitiu ao *Hoje*, por exemplo, em determinada ocasião, levantar recursos financeiros por meio da revenda de câmeras fotográficas adquiridas no exterior[33]. Além disso, no caso do *Tribuna Popular*, *Hoje* e *O Momento*, foi possível a venda de ações, dando certo impulso inicial aos jornais.

O diário paulista surgiu misturado com a Editora Brasiliense, pertencente ao intelectual Caio Prado Jr., que em novembro de 1945 cedeu o prédio da empresa para a nascente Sociedade de Amigos do *Hoje*. Esta organização tornou-se responsável por uma "Campanha das Trinta Mil Assinaturas", que obteve relativo sucesso, especialmente no interior do Estado, ainda que se desconheça o número total de assinantes conquistado. Caio Prado Jr. teria sido o principal cotista do jornal[34], embora seu nome não conste de uma relação de 544 acionistas apreendida pelo Dops[35].

Tal como ocorria com os assinantes, parte expressiva dos acionistas do *Hoje* residia no interior. Um grupo de 64 acionistas contribuiu com cotas de mil cruzeiros (ou cinquenta ações de vinte cruzeiros cada) ou mais, que eram pagas em prestações mensais. Exemplos: na capital, o cientista Samuel Barnsley Pessoa comprou cem ações (dois mil cruzeiros), quantidade igual às adquiridas por Celso Brasil Navarro, de Jaú, e Paulo Leão, de Araçatuba.

Na Bahia, depois que a direção estadual do PCB "sentiu a necessidade de um jornal diário", no início de 1946, os responsáveis por *O Momento*, então semanário, trataram de criar "uma sociedade por cotas que seria a proprietária do jornal e cujo capital seria destinado à aquisição de máquinas" e outros equipamentos: a Editora Seiva Ltda.[36], que tinha como principal acionista Aristeu Nogueira, ele próprio dirigente estadual do partido. O projeto do diário foi compartilhado com os leitores do semanário por meio da seção "Construtores

33. Pedro Estevam da Rocha Pomar, *Comunicação, Cultura de Esquerda e Contra-Hegemonia*, pp. 71-72. Depoimento de Jacob Feldman.
34. *Idem*, pp. 64 e 84.
35. "Acionistas do Jornal *Hoje*", Arquivo do Estado de São Paulo (*idem*, p. 61).
36. Homenagem à revista fechada pelo Estado Novo em 1944.

do Diário do Povo", que publicava nomes e fotografias de quem se dispunha a financiar o novo jornal[37], em mais uma demonstração de ousadia política.

O esforço dos comunistas para lançar e manter a rede de jornais diários em atividade não foi menos que formidável, constituindo uma das facetas mais admiráveis da constituição do seu "quase nacional" aparato de imprensa nos anos quarenta. O financiamento era uma questão chave para os diários e, quando a direção do PCB deu-se conta de que não bastavam os recursos levantados pela mobilização inicial em torno dos jornais e pelos meios que lhes eram próprios (venda avulsa, assinaturas, publicidade), optou por uma alternativa mais audaciosa. Assim, em julho de 1946 a III Conferência Nacional do PCB decide promover a "Campanha Pró-Imprensa Popular", que pretendia arrecadar, em todo o país, dez milhões de cruzeiros em apenas três meses – até outubro[38].

"A Comissão de Finanças realizou então uma espetacular campanha [...] que se estendeu a quase todos os Estados e que mobilizou dezenas de milhares de pessoas", registrou Basbaum, que percebeu no episódio "entusiasmo revolucionário surpreendente"[39]. Outro cronista rigoroso, Falcão, exaltou a iniciativa de modo semelhante – "Não havia precedentes para o entusiasmo com que a Campanha Pró-Imprensa Popular foi acolhida" – apontando-lhe, no entanto, outras qualidades:

> O Partido foi inteiramente mobilizado para atingir os objetivos da Campanha, que além do lado financeiro visava também a sacudi-lo e arregimentá-lo para manter o seu ritmo de crescimento, para mobilizar as massas e prepará-las para enfrentar as vicissitudes do momento: a ameaça de fracasso da Constituinte, dominada pelas pressões da direita; as perseguições e atentados do governo Dutra contra os comunistas e as liberdades públicas; a inflação e a carestia da vida, agravadas com a dilapidação das nossas divisas no exterior; e, finalmente, a sistemática campanha da imprensa reacionária e do governo para a cassação do registro do Partido Comunista. De fato, o Partido levantou-se como um todo para atender ao chamado de Prestes e da direção nacional[40].

37. João Falcão, *O Partido Comunista que Eu Conheci: 20 Anos de Clandestinidade*, Rio de Janeiro, Civilização Brasileira, 1988, p. 310.
38. *Idem*, p. 317.
39. Leôncio Basbaum, *Uma Vida em Seis Tempos*, São Paulo, Alfa-Ômega, 1988, p. 195. Ele acredita, porém, que o montante arrecadado foi mal empregado.
40. João Falcão, *O Partido Comunista que Eu Conheci*, p. 318.

O percurso da campanha reiterou a criatividade marcante da estética política do PCB, dando ensejo a comícios em diversos pontos do Brasil, reunindo multidões. O comício realizado na capital paulista em 9 de outubro de 1946, com participação de milhares de pessoas e do deputado federal José Maria Crispim, foi habilmente explorado na capa do *Hoje*, "com a publicação de montagem fotográfica que ocupou toda a largura da página"[41]. Em 20 de outubro foi a vez de Sorocaba, polo da indústria têxtil, onde a atividade teria reunido doze mil pessoas[42].

No principal centro operário do país, os comunistas decidiram criar um personagem simbólico, o Camarada Hoje, materializado em bonecos de papelão ou na forma de fantasias vestidas por apoiadores. Entre os comitês estaduais do PCB, coube ao de São Paulo a maior cota de arrecadação: cinco milhões de cruzeiros, o que se traduziu como "Campanha dos Cinco Milhões". Porém, foram levantados 3,8 milhões de cruzeiros, ou 77% da meta[43]. Montante suficiente para que a Gráfica Hoje S.A. comprasse o prédio da rua Conde de Sarzedas, que abrigaria as oficinas gráficas, por 350 mil cruzeiros, e pagasse a "segunda prestação das máquinas, totalizando, com a primeira, 500 mil cruzeiros"[44].

A meta nacional da campanha teria sido alcançada[45], o que permitiu a alguns dos diários a aquisição de instalações e de equipamentos. Esse salto de qualidade só foi possível porque o partido vivia a legalidade: gozava de certa liberdade de movimentos, encontrava-se em fase de crescimento, preparando-se, por sinal, para as eleições estaduais que se realizariam em janeiro de 1947. No entanto, havia crescente repressão, entre outros motivos, porque Dutra editara seu decreto antigreve já em março de 1946, à revelia da Constituinte. A batalha por recursos continuaria cotidianamente, em condições cada vez mais árduas. A receita de vendas avulsas era escassa, porque diretamente afetada pela repressão: intimidação de jornaleiros pela Polícia, apreensão frequente de exemplares.

41. *Hoje*, p. 1, 10 out. 1946; Pedro Estevam da Rocha Pomar, *Comunicação, Cultura de Esquerda e Contra-Hegemonia*, p. 68.
42. "Doze Mil Pessoas no Comício Pró-Imprensa Popular em Sorocaba", *Hoje*, p. 1, 22 out. 1946 (*idem, ibidem*).
43. "Campanha dos Cinco Milhões", *Hoje*, p. 1, 31 out. 1946 (*idem*, p. 69).
44. "Adquirido pela 'Gráfica Hoje S.A.' o Prédio em que Serão Instaladas as Máquinas do Jornal do Povo", *Hoje*, p. 1, 31 out. 1946 (*idem, ibidem*).
45. *O Democrata*, p. 1, 4 nov. 1946; Ildefonso Rodrigues Lima Neto, *Escrita Subversiva*, pp. 177-178.

Nesse contexto, a publicidade publicada nas páginas dos jornais do PCB ganhava certa relevância. Os comunistas eram bastante pragmáticos, não havendo registro de objeções de natureza moral, política ou ideológica a qualquer tipo de anúncio publicitário. De pequenos negócios, como alfaitarias e farmácias, a clínicas médicas, cinemas, indústrias e marcas de cigarro, tudo era válido para reforçar o caixa dos jornais do partido[46]. Enquanto o diário paulista do PCB fazia publicidade da Agência de Seguros Oriente, seu congênere cearense recomendava a Prudência Capitalização, empresa de Fortaleza: "Vintém Poupado, Vintém Ganho", dizia o anúncio de *O Democrata*. "Contrariando os ensinamentos marxistas, o anunciante fazia a campanha em nome do acúmulo de capital", anota Lima Neto.

Restrito inicialmente a pequenos anunciantes, *O Democrata* aos poucos ampliou sua clientela, passando a incluir a aérea Cruzeiro do Sul e lojistas expressivos – o que demonstraria a aceitação do jornal pelo público e o consequente interesse dos novos anunciantes. Por outro lado, a necessidade de angariar recursos justificaria receber dinheiro de empresas, "em nome da causa"[47]. No caso do *Hoje*, os principais fatores a limitar ou frustrar essa fonte de receitas não eram de natureza comercial, mas política: "as seguidas proibições e apreensões, que interrompiam a circulação do jornal fazendo cair os índices de venda e leitura; as pressões sobre empresas dispostas a colaborar", bem como o fato de que, "por sua temática e orientação editorial, colocava-se num campo antagônico ao dos potenciais anunciantes"[48]. Obviamente, tais constatações são válidas para os demais diários comunistas.

Repressão Implacável em Todas as Frentes

Como se advertiu acima, os impressos comunistas existentes nas décadas de 1940 e 1950, em especial os diários, foram alvo rotineiro da repressão política do governo federal e da maioria dos respectivos governos estaduais. Não havia novidade no fato de jornais e revistas do PCB serem visados pela Polícia. Contudo, no período citado, a vigilância e as ações violentas e punitivas da Polícia e do Exército redobraram, por diversas razões. Tudo concorreu para

46. No *Hoje*, os anúncios dos cines Marabá e Ritz, da capital paulista, eram praxe, e o cigarro Flórida Luxo ocupava espaço na capa do jornal.
47. Ildefonso Rodrigues Lima Neto, *Escrita Subversiva*, pp. 173-174.
48. Pedro Estevam da Rocha Pomar, *Comunicação, Cultura de Esquerda e Contra-Hegemonia*, p. 176.

essa situação: o crescente protagonismo político dos comunistas e seu prestígio entre os setores populares, a incomodar e preocupar as oligarquias e o governo Dutra; os inegáveis êxitos iniciais dos jornais em questão, a reverberar a onipresença do PCB; o advento da Guerra Fria em março de 1946; e por último as novas vitórias eleitorais dos comunistas em janeiro de 1947.

À frente de uma pálida democracia liberal, Dutra jamais deixaria de ser o general reacionário do Estado Novo. Ao final de seu mandato, eram cinquenta e cinco os militantes comunistas assassinados pela repressão[49]. Seu decreto antigreve levou sindicalistas à cadeia. Nesse contexto, não houve comiseração: jornais como *Tribuna Gaúcha*, *Hoje*, *Tribuna Popular*, *Folha do Povo*, *O Momento* e todos aqueles que se opunham à política liberal, ao governo federal e aos EUA foram tratados com selvageria: apreensão frequente de tiragens inteiras, invasão de redações e empastelamento de oficinas gráficas, prisão de jornalistas (não raramente por longos períodos), gráficos e jornaleiros, espancamentos, processos judiciais arbitrários. Proibição pura e simples de circular por ordem do Ministério da Justiça, espionagem permanente, sabotagem.

A república liberal utilizou todos os instrumentos que tinha à sua disposição para desgastar, manietar, sufocar os impressos do PCB. "Procurava-se estrangular os diários, asfixiando-os nas diversas etapas do processo de produção, da captação de recursos financeiros até a circulação e venda dos exemplares"[50]. Nesse sentido, alguns casos são emblemáticos, não podendo restar dúvida quanto à vigilância implacável e à dedicação incansável dos órgãos de repressão às publicações comunistas:

> Onisciente polícia política, o Dops exercia controle de tudo que dizia respeito ao *Hoje*. Espionava, de modo metódico, as festas e outros eventos públicos promovidos pelo jornal. Investigava as empresas que colaboravam com o jornal, interrogava jornaleiros, apreendia edições, seguia os passos de seus representantes comerciais. Por mais de uma vez, invadiu a redação do *Hoje* e, depois, do *Notícias de Hoje*, onde confiscou documentos trabalhistas, contábeis, correspondência pessoal[51].

Assim, quando um capitão da Força Pública atirou à queima-roupa, pelas costas, num operário que distribuía exemplares do *Hoje*, em outubro de 1950,

49. Emiliano José, *Carlos Marighella: O Inimigo Número Um da Ditadura Militar*, São Paulo, Casa Amarela, 1997, p. 170.
50. Pedro Estevam da Rocha Pomar, *Comunicação, Cultura de Esquerda e Contra-Hegemonia*, p. 105.
51. *Idem, ibidem.*

nada mais fez do que radicalizar por conta própria a relação existente entre o Estado e o jornal[52]. As redações dos diários comunistas viviam literalmente entrincheiradas, frequentemente cercadas por agentes ou contingentes policiais encarregados de apreender edições ou efetuar prisões. Nos anos 1940, Porto Alegre foi palco do cenário assim descrito por Costa Leite:

> Na Rua da Ladeira (atual General Câmara), visando evitar a circulação da *Tribuna Gaúcha*, ocorriam prisões, espancamentos, tumultos e até derramamento de sangue em momentos críticos de repressão. A ordem poderia partir do Tribunal da Justiça, da Guarda Civil ou até mesmo de um delegado enfurecido com o conteúdo do jornal. Com a redação sempre vigiada, a cada edição se estabelecia um confronto. As portas do prédio permaneciam fechadas e, no seu interior, o jornal era rodado, enquanto os militantes pensavam numa forma de burlar a vigilância policial e distribuí-lo em locais estratégicos e previamente determinados[53].

Uma das mais cruéis formas de perseguição às publicações do PCB era a apreensão das edições, por implicar elevadas perdas econômico-financeiras e, simultaneamente, o desperdício do trabalho sempre penoso das equipes de jornalistas, gráficos, apoiadores. Era demasiado simples para a repressão apreender as tiragens, mesmo no período de legalidade do partido e na suposta vigência de liberdades democráticas. Aparentemente não havia necessidade sequer de mandado judicial: "as autoridades policiais davam a ordem, de madrugada, e os agentes saíam para cumprir sua missão, sem maiores embaraços"[54].

Provavelmente por localizar-se no então Distrito Federal, *Tribuna Popular* foi alvo preferencial desse tipo de operação, combinado com sucessivas proibições de circular. Num relatório de julho de 1946, um investigador de plantão diz haver recebido, às 5h20, determinação do delegado de Segurança Social "no sentido de apreender a edição do jornal matutino *Tribuna Popular* nas bancas". Três turmas de policiais foram então encarregadas da tarefa. "Estas turmas regressaram às 16h30, tendo alcançado plenamente o objetivo,

52. "Fazia Entrega de um Jornal Comunista/Baleado no Pescoço pelo Capitão da Força Pública", *Diário da Noite*, 23 out. 1950. O trabalhador Álvaro Fernandes Lopes foi baleado pelo capitão Benedito da Silva Mattos, após lhe dar as costas, depois de entregar um exemplar do *Hoje* a outro trabalhador.

53. Carlos Roberto da Costa Leite, "*Tribuna Gaúcha* (1946-1958): Luta e Resistência", *Recanto das Letras*, 13 maio 2018.

54. Pedro Estevam da Rocha Pomar, *Comunicação, Cultura de Esquerda e Contra-Hegemonia*, p. 45.

deixando as 'bancas' da cidade sem qualquer exemplar do referido matutino", regozija-se o autor do documento[55]. Outro relatório denota satisfação ainda maior do agente incumbido por seu superior da tarefa de apreensão, ao valer-se de uma metáfora para descrever o sucesso obtido:

> Às 5h recebi uma comunicação telefônica do dr. Fredgard Martins, em que o mesmo me autorizava fosse efetuada a apreensão dos exemplares do jornal *Tribuna Popular*. Imediatamente, designei duas turmas de funcionários desta Divisão, a fim de dar cumprimento à missão, o que resultou em proveitosa colheita, tendo sido apreendidos mais ou menos 18 000 exemplares daquele matutino [...][56].

A primeira invasão sofrida pela *Tribuna Popular* ocorreu em 30 de outubro de 1945, no contexto do golpe contra Vargas. A redação foi ocupada pelo Exército e interrompida a publicação do jornal. Na ocasião, o Exército teria apreendido ali uma submetralhadora. O incidente deu origem a um Inquérito Policial-Militar (IPM), no qual foram ouvidos jornalistas da equipe. Documento reservado, enviado à Delegacia de Ordem Política e Social pelo major encarregado do IPM, informou a apreensão pela 1ª. Região Militar, na noite de 29 de outubro de 1945, de "uma submetralhadora calibre 45 M3 na sede do jornal *Tribuna Popular*", bem como solicitou à polícia política "diligências" urgentes, para esclarecer "de quem o referido jornal obteve a arma em apreço"[57].

No seu depoimento ao IPM, um dos chefes da redação, Álvaro Moreyra, explicou que só "entrou na posse" da redação dois dias depois da data em que ela esteve sob ocupação do Exército, dando a entender, assim, que a arma poderia ter sido colocada ali pelos próprios militares. Provocações desse tipo não eram estranhas às práticas das Forças Armadas e da Polícia. Novas interrupções sucederam em 30 de agosto e em 27 de novembro de 1946, e depois em janeiro de 1948, quando o prédio é invadido pela Polícia. Neste episódio, que coincide com a cassação dos mandatos dos parlamentares comunistas pelo Congresso Nacional, ocorre resistência de militantes, entre os quais Salomão Malina, que por causa disso ficará preso por um ano e meio[58].

55. Relatório de 25 jul. 1946, do investigador Geraldo Lucchetti, no Aperj (*idem, ibidem*).
56. *Idem*, p. 46.
57. Ofício de 30 nov. 1945, assinado pelo major Hildebrando Pelágio Rodrigues Pereira, da Diretoria de Material Bélico, no Aperj (*idem*, p. 47).
58. Antonio Albino Canelas Rubim, *Partido Comunista*, p. 42.

A partir de então a *Tribuna Popular* deixará de circular com esse nome, passando a chamar-se *Imprensa Popular*.

Na Bahia, após fase inicial tranquila[59], *O Momento* enfrentou violentos ataques das forças repressivas estatais. Empastelado pelo Exército em maio de 1947, após a cassação do registro eleitoral do PCB, o jornal foi invadido pela Polícia em julho e agosto de 1953, havendo prisões. Na primeira investida, motivada por críticas a Dutra, até machados foram usados pelo Exército, como descreve Serra:

> Segundo o relato de testemunhas, às primeiras horas da noite do dia 22 um caminhão do Exército parou à porta do jornal e dele saltaram alguns policiais e praças, armados de revólveres, cassetetes e machados e ingressaram na redação. Os redatores que lá se encontravam foram imobilizados pela força das armas e os invasores passaram adiante arrombando a porta e gerência e penetrando também na oficina, mandando parar a impressora que estava em funcionamento. A golpes de machado e usando bastante violência procuraram inutilizar as máquinas impressoras e a linotipo e destruiram todo o material, móveis e equipamentos de todas as dependências do jornal[60].

Em fevereiro de 1948, o incidente que ficaria conhecido como "Massacre da Praça da Sé" (por envolver o assassinato de um trabalhador pela Polícia e diversas pessoas feridas), sem relação direta com o jornal, acabaria por afetar sua equipe. Durante comício convocado pelo PCB – proibido – três jornalistas de *O Momento* foram presos. Dois deles foram libertados em seguida, porém José Maria Rodrigues permaneceu encarcerado por seis meses e teria sido torturado. Almir Matos, diretor do jornal e um dos vereadores eleitos em novembro de 1947 (por outra legenda), sofreu agressões, assim como outros militantes.

Outro jornal comunista a sofrer duríssima repressão foi a *Folha do Povo*, que teve a redação invadida pela Polícia do governador Barbosa Lima Sobrinho em 8 de janeiro de 1948, na primeira de uma longa série de agressões ao diário pernambucano. Isso porque, além de criticar a cassação dos mandatos dos parlamentares comunistas, "o jornal passou a pautar questões como a liberdade de imprensa, por conta dos ataques ao jornal *Hoje*", aponta Lira[61]. O maior choque, porém, se deu quando a *Folha do Povo* publicou a série de

59. A princípio, o PCB tinha boa relação com o governador Otávio Mangabeira.
60. Sônia Serra, *O Momento: História de um Jornal Militante*, Salvador, FFCH-UFBA, 1987 (Dissertação de Mestrado).
61. Ana Paula Araújo de Lira, "*Folha do Povo*", p. 10.

reportagens intitulada "Luz Sobre a Farsa do 15º. RI", em alusão a acusações do governo ao ex-militar Gregório Bezerra, deputado constituinte cassado[62]:

> Gregório Bezerra foi preso e levado para o 15º Regimento de Infantaria do Exército, na Paraíba, onde ocorreu um incêndio. O Exército acusou Bezerra de ter provocado o incidente, mas a *Folha do Povo* denunciou durante todo o mês de março e abril que a acusação era falsa. As reportagens foram colhendo depoimentos e provas, até que o governo federal solicitou que Barbosa Lima Sobrinho mandasse intervir no jornal. A *Folha do Povo* foi fechada durante quinze dias, enquanto a notícia de que a redação havia sido empastelada por ter comunistas armados circulava em outros periódicos, como o *Jornal do Commercio* do dia 20 de abril de 1948[63].

Nos dias 17 e 18 de abril, a *Folha do Povo* teve as instalações arrombadas, "material apreendido e 31 pessoas presas, algumas espancadas", deixando de circular até 5 de maio. Mal recomeçou, no dia 18 de maio foi obrigada a fechar novamente, e permaneceu suspensa até novembro de 1948[64]. Os jornalistas da *Folha do Povo* "puderam contar o que vivenciaram apenas quinze dias depois, quando saíram da prisão". Nesses textos, denunciam os governos federal e estadual – "Os fascistas do Catete e seus agentes neste Estado pretenderam calar a voz deste jornal suspendendo-o de circulação, e assaltando, ocupando nas caladas da noite as oficinas em que é impresso" – e exaltam a "resistência vigorosa dos seus trabalhadores", os quais impediram "que os salteadores da Dops conseguissem completar os seus intentos, danificando as máquinas compradas com o dinheiro do povo para que Pernambuco tivesse um jornal diferente dos 'jornais-balcões', vendidos ao latifúndio e ao imperialismo"[65].

Quanto ao *Hoje*, sua primeira invasão ocorreu na noite de 2 para 3 de janeiro de 1948, por determinação do coronel Nelson Aquino, secretário da Segurança Pública do governo Adhemar de Barros, que ordenou previamente a apreensão da edição comemorativa do quinquagésimo aniversário de Prestes, a pretexto de que viria a conter "propaganda de processos violentos para subverter a ordem política e social". Mas o Dops deparou-se com a resistência da

62. *Idem*, p. 11.
63. *Idem, ibidem.*
64. Antonio Albino Canelas Rubim, *Partido Comunista*, p. 45. O jornal voltaria a ser atacado em 1950 e 1953.
65. "Quatro Dias sob Ocupação Policial" e "Não se Pode Calar a Voz do Povo", *Folha do Povo*, 5 maio 1948; Ana Paula Araújo de Lira, "*Folha do Povo*", p. 11.

equipe do jornal: estavam lá o diretor Joaquim Câmara Ferreira, o secretário de redação Noé Gertel, o deputado estadual Estocel de Moraes, o marinheiro e dirigente partidário Francisco Manoel Chaves e gráficos como José Jofre Farias.

A Polícia lançou bombas de gás lacrimogêneo e atirou contra as oficinas do jornal na Conde de Sarzedas, alegando revidar a disparos que teriam partido de dentro da gráfica. Os deputados estaduais comunistas Caio Prado Jr. e Mario Schenberg intervieram. Os tiros cessaram, mas os defensores se entregaram, sendo todos presos, num total de quarenta pessoas, inclusive dez estivadores, "seguranças" do jornal. Câmara Ferreira, Gertel e Estocel seriam libertados após dois meses, uma vez que a a justiça considerou falsa a alegação de que tivessem atirado na Polícia. Porém, em dezembro de 1950 os três foram condenados a um ano de prisão.

O responsável imediato pela investida, delegado Louzada da Rocha, do Dops, redigiu relatório de 31 páginas a respeito. Arguto, Louzada abre o relatório citando os famosos escritos de Lenin sobre a imprensa como "organizador coletivo", para então discorrer sobre o papel dos diários do PCB. *A Classe Operária*, pontificou o repressor, apenas "foi mantido como tradição", pois os comunistas teriam sentido a "necessidade de criação de órgãos de caráter mais amplo e ainda não estigmatizados"[66].

Nesse mesmo ano, Milton Cayres de Brito, diretor do jornal e deputado cassado, é preso na porta do *Hoje*. Era a senha para "uma escalada de suspensões e proibições". A portaria 12.791 do Ministério da Justiça, de 5 de fevereiro de 1948, suspendeu por quinze dias a circulação do *Hoje*. A portaria 12.862, de 27 de fevereiro, renovou por seis meses a suspensão. O jornal então recorreu a títulos substitutos, como *O Sol* e *Notícias de Hoje*, também sujeitos a apreensões e suspensões. Voltaria a ser publicado a 5 de setembro, e novamente apreendido dois dias depois, "por conter matéria ofensiva à ordem pública e aos poderes constituídos".

No governo Vargas, *Hoje* passou a ser alvo do Exército depois de transcrever, na edição de 25 de novembro de 1951, trechos de um documento secreto sobre mobilização de reservistas para eventual participação na Guerra da Coreia. Instaurado um inquérito, foi emitido um mandado de busca e apreensão nas dependências do jornal. Assim, no dia 7 de janeiro de 1952, a redação e as

66. "Relatório do Delegado Louzada da Rocha", Arquivo do Estado, 30-Z-74-22, ff. 2-3; Pedro Estevam da Rocha Pomar, *Comunicação, Cultura de Esquerda e Contra-Hegemonia*, pp. 107-108.

oficinas foram ocupadas por soldados da 2ª Região Militar, comandados pelo tenente-coronel Diderot Ayres de Miranda e auxiliados por agentes do Dops.

O processo do Ministério da Guerra registra que dois coronéis responsáveis pelo setor de recrutamento da 2ª Região Militar "asseveram que existe realmente o documento em apreço, tratando-se de longo ofício secreto que, entre outros assuntos, aborda a questão da convocação de reservistas para uma eventual manobra e salientam a importância do documento"[67]. Durante a operação militar foram presas no *Hoje* dezessete pessoas, oito das quais permaneceriam encarceradas por meses a fio: Djales Rabelo, Francisco de Paula Campos de Oliveira, Jaime Gonçalves, Oswaldo Rodrigues Gomes, Paulo Nunes Batista, Raul Azedo Neto, Vitório Martorelli e Elias Chaves Neto (que ficou preso quase um ano).

Por fim, a portaria 372 do ministro Negrão de Lima, da Justiça, de primeiro de setembro de 1952, aplicou nova suspensão de seis meses ao diário do PCB, que provocou sua substituição definitiva por *Notícias de Hoje*. Dois meses antes, o Supremo Tribunal Federal havia condenado Milton Cayres de Brito e Joaquim Câmara Ferreira, ambos diretores do *Hoje*, a seis meses de prisão, por alegadas "injúrias" contra Dutra em matéria publicada em janeiro de 1948.

Novos Rumos e *Estudos Sociais*

No final da década de 1950 o PCB lançaria, ainda, duas publicações importantes, que procuraram fazer diferença em relação às experiências passadas: o semanário *Novos Rumos* e a revista *Estudos Sociais*. Ambas expressaram a alteração de rota do partido no final dos anos cinquenta, que implicou adesão às teses defendidas pelo Partido Comunista da União Soviética a partir de 1956 ("Relatório Kruschev"), de "coexistência pacífica" com o imperialismo, bem como levou à busca do "caminho pacífico para a revolução brasileira", que acarretava maior aproximação com setores da burguesia nacional supostamente interessados na soberania e independência do país frente aos interesses do imperialismo norte-americano.

São bastante conhecidos os devastadores reflexos do "Relatório Kruschev" sobre o movimento comunista mundial e sobre o PCB. No que diz respeito à

67. "Auditoria da 2ª RM", Arquivo do Estado, 30-Z-74-4, 421-560, f. 147, cópias; Pedro Estevam da Rocha Pomar, *Comunicação, Cultura de Esquerda e Contra-Hegemonia*, p. 112.

imprensa pecebista, as repercussões foram trágicas, afetando os diários que a duras penas ainda sobreviviam na década de 1950, como *O Momento*, ao causar a saída de jornalistas e o desalento de outros[68]. Contudo, *Voz Operária*, que fora lançado em 1949 para suceder *A Classe Operária*, por ser o "órgão central" do partido foi o epicentro da crise, na medida em que seus jornalistas decidiram, à revelia da direção do PCB, amplificar o debate sobre as acusações feitas por Kruschev a Stalin (falecido em 1953). Assim também ocorreu na *Imprensa Popular*.

Perplexa com as denúncias do dirigente soviético, a liderança do PCB tardou a reagir[69]. Quando o fez, foi para proibir o debate interno, o que só acirrou a reação dos grupos interessados na discussão do relatório. O conflito com as duas redações foi resolvido por meio da violência física, literalmente: os jornalistas foram expulsos por estivadores ligados ao partido[70]. Profissionais como Aydano do Couto Ferraz e Osvaldo Peralva deixaram o PCB em razão do episódio.

No seu livro *O Retrato*, libelo anticomunista, Peralva atribui a iniciativa de abrir o debate sobre os crimes de Stalin nos jornais do partido a um grupo secreto denominado "Sinédrio", do qual fariam parte, entre outros (e além dele e de Aydano): Carlos Duarte, ex-diretor de *Imprensa Popular*; Ernesto Maia, comentarista internacional de *Voz Operária*; João Batista de Lima e Silva, redator e ex-diretor de *Voz Operária* e de *Imprensa Popular*; e Victor Konder, diretor da revista *Problemas* e da agência Interpress[71].

Fundado em janeiro de 1959, *Novos Rumos* substituiu *Voz Operária* como porta-voz oficioso do PCB. "Como o nome diz, o jornal expressou a nova linha adotada com a chamada 'Declaração de Março de 1958'. Eram os 'novos rumos' do partido", anota Ferreira[72]. Sua direção era composta por Orlando Bonfim Júnior (que substituiu Mário Alves), Fragmon Carlos Borges e Luiz

68. Sônia Serra, "Jornalismo Político dos Comunistas no Brasil: Diretrizes e Experiências da *Imprensa Popular*", 2011, p. 19.
69. "A delegação que havia participado do XX Congresso [do PCUS] e a direção nacional protelam o inevitável debate do informe. Somente em agosto acontece a primeira reunião do Comitê Central, após o congresso realizado em fevereiro, e mesmo depois dela o debate não é tornado público. A situação era ainda mais grave e delicada pois o *Diário de Notícias*, do Rio de Janeiro, havia publicado o relatório secreto em junho" (Antonio Albino Canelas Rubim, *Partido Comunista*, p. 70).
70. Jorge Ferreira, "*Novos Rumos*: Jornal do Partido Comunista", *Locus: Revista de História*, vol. 19, n. 2, p. 207, 2013.
71. Osvaldo Peralva, *O Retrato*, Porto Alegre, Globo, 1962, pp. 184-185.
72. Jorge Ferreira, "*Novos Rumos*", p. 208.

Mário Gazzaneo. A redação funcionava no centro do Rio de Janeiro, na Avenida Rio Branco, mas possuía sucursais em São Paulo (dirigida por Joaquim Câmara Ferreira) e no Paraná, e uma edição própria em Minas Gerais[73].

O jornal tinha apenas oito páginas, mas tiragem de sessenta mil exemplares, e era distribuído "nas bancas do país inteiro, de Manaus a Porto Alegre, transportado por via aérea aos estados mais distantes"[74]. Nas capitais onde não tinha sucursais, *Novos Rumos* dispunha de correspondentes remunerados, que eram jornalistas profissionais, em contraste com a situação predominante na anterior geração de jornais do partido. Os salários eram razoáveis e regularmente pagos, o que permitia dedicação exclusiva de seus jornalistas, estimados em quinze na redação carioca.

O PCB decidira abrir mão dos diários em várias capitais e concentrar esforços no semanário nacional, o que favorecia, em tese, a melhor remuneração paga por *Novos Rumos*. A profissionalização do trabalho jornalístico parecia propiciar um menor dirigismo da direção partidária sobre o jornal. Elio Gaspari, um dos repórteres do jornal, sintetizou *a posteriori*: "Aquela redação estava cheia de comunistas, mas até que não tinha tanto comunismo"[75]. Haveria no semanário "mais jornalismo que política", avalia Andrade.

Em agosto de 1961, quando ocorreu a renúncia de Jânio Quadros, um incidente da acirrada conjuntura política mostrou a relevância jornalística do semanário do PCB. *Luta Democrática*, jornal pertencente ao notório deputado federal Tenório Cavalcanti, era impresso na mesma gráfica que imprimia *Novos Rumos*. Os ministros militares e a UDN tentavam impedir a posse do vice João Goulart. O marechal Henrique Lott, porém, pronunciou-se a favor de Goulart. "O governador Carlos Lacerda, também contrário à posse de Jango, tentou impedir que os jornais publicassem a manifestação de Lott", relata Andrade. Um dos jornais censurados foi *Luta Democrática*:

> Os policiais interromperam a impressão e fizeram retirar as declarações de Lott. E deixaram a gráfica, dever cumprido. Momentos mais tarde, eles não sabiam, seria rodada a edição de *Novos Rumos*. Sem censura, o jornal do PCB chegou às bancas no dia seguinte

73. *Idem, ibidem*; Miguel Caballero Andrade, *Novos Rumos: A História do Semanário do PCB, de 1959 a 1964*, Rio de Janeiro, CFCH-UFRJ, 2007, p. 12 (Trabalho de Conclusão de Curso).

74. *Idem, ibidem.*

75. *Idem*, p. 4.

com o pronunciamento de Lott. Quando a polícia saiu às ruas para recolher os jornais, a edição já estava quase esgotada[76].

Um paradoxo é que, no essencial, *Novos Rumos* abordou as temáticas já trabalhadas por seus predecessores: política nacional; lutas sindicais, camponesas e estudantis; conquistas do socialismo, "entre outras práticas presentes desde a década de 1930" nos jornais do PCB[77]. Mas, dentro desse leque temático, houve inovações como a coluna "Teoria e Prática", assinada por Apolônio de Carvalho e aparentemente enriquecida pelo diálogo com leitores que lhe endereçavam cartas com perguntas[78]. Além disso, o semanário contava com colaboradores como o infatigável Astrojildo Pereira, Leandro Konder, Di Cavalcanti, e dava certo destaque a questões culturais e ao esporte, especialmente o futebol[79].

Outra contradição é que, embora tenha sido o próprio símbolo e emblema da forte guinada pacifista, ou de conciliação de classes, teoricamente representada pela Declaração de Março de 1958, o semanário pecebista fugiu ao script, na constatação de Ferreira:

> Mas, em suas páginas, não encontramos moderação política. Não há, em *Novos Rumos*, a imagem que ficou, para as gerações posteriores, de um Partido Comunista que abandonou a luta revolucionária, optando pela via parlamentar dentro das regras da democracia liberal ou, ainda, do reboquismo ao governo de João Goulart. *Novos Rumos* foi jornal de oposição a Jango e, fazendo coro com a Frente de Mobilização Popular, exigia a decretação imediata das reformas e um governo formado exclusivamente pelas esquerdas[80].

À primeira vista, portanto, nem mesmo *Novos Rumos* escapou da sina dos "dois Partidos Comunistas", os dois ou mais partidos que por décadas a fio coexistiram na estrutura do PCB[81]. De um lado a orientação que emana das direções partidárias, de outro lado a prática concreta das células partidárias e das bases sociais ligadas ao partido; por um lado as proclamações, os docu-

76. *Idem*, p. 13. Além disso, o jornal apoiou vigorosamente a movimentação do governador Leonel Brizola em defesa da posse de Jango (p. 31).
77. Jorge Ferreira, "*Novos Rumos*", p. 224.
78. *Idem*, p. 210.
79. Miguel Caballero Andrade, *Novos Rumos*, p. 15.
80. Jorge Ferreira, "*Novos Rumos*", p. 224.
81. Hélio da Costa, *Em Busca da Memória: Comissão de Fábrica, Partido e Sindicato no Pós-Guerra*, São Paulo, Scritta, 1995, p. 8.

mentos partidários (esses também frequentemente conflitantes entre si), por outro lado o conteúdo e sentido real das ações levadas a cabo pelo partido, por seus militantes ou dirigentes.

Que jornalistas profissionais, conduzindo um semanário com "mais jornalismo do que política", tenham produzido um jornal sem moderação política – em plena vigência da Declaração de Março de 1958 – e tenham se colocado "à esquerda" do governo Jango é algo notável, mas talvez seja apenas um reflexo da aguda conjuntura da luta de classes naquele momento histórico. *Novos Rumos* publicou regularmente 264 edições, a última delas na semana de 20 a 26 de março de 1964, e uma edição extraordinária em 27 de março[82]. Após o golpe militar, não voltou a ser publicado. No dia primeiro de abril as duas salas da redação "foram totalmente destruídas" pelos militares, e a gráfica desativada. No entanto, sua equipe não aguardava o golpe: havia planos para que o semanário se tornasse um diário[83].

Estudos Sociais, a revista teórica que veio a suceder *Problemas*, é claramente uma evolução frente a esta. Dirigida por Astrojildo Pereira, bimestral, *Estudos Sociais* foi lançada já em maio de 1958, portanto antes de *Novos Rumos*. Diferentemente de *Problemas*, que publicava quase exclusivamente artigos de autoria de comunistas soviéticos e de outros países, *Estudos Sociais* priorizou a publicação de artigos escritos por militantes e intelectuais brasileiros. O editorial do primeiro número, que não é assinado (mas provavelmente foi redigido por Astrojildo), deixa claro a que veio a revista:

> *Estudos Sociais* é uma revista de tendência marxista, e como tal pretende intervir, democraticamente, ao lado de outras correntes de pensamento, no debate das questões relacionadas com a nossa realidade econômica, social e política. É seu propósito dar uma contribuição sincera, pelos meios que lhe são próprios e possíveis, ao esforço que entre nós se vem desenvolvendo no sentido de esclarecer os problemas da emancipação nacional e democrática do povo brasileiro.

Após destacar a "extraordinária vitalidade teórica e prática" do marxismo na "interpretação da realidade histórica e na obra de transformação das condições de vida dos homens", o editorial aponta "a ausência de uma tradição de estudos marxistas em nosso país", sendo tarefa dos marxistas brasileiros, por-

82. Jorge Ferreira, "*Novos Rumos*", p. 223.
83. Miguel Caballero Andrade, *Novos Rumos*, pp. 38-39.

tanto, "voltar-se para a nossa realidade viva, estudando-a em seus múltiplos aspectos", de modo que "os resultados desse trabalho de investigação e análise fornecerão elementos úteis à ação política das forças democráticas e patrióticas". O programa assim delineado completa-se com o anúncio da disposição de debater: "Desejamos afirmar claramente que é nosso propósito estimular a polêmica: polêmica entre marxistas, polêmica entre marxistas e representantes de outras correntes de pensamento", uma vez que "a luta de opiniões, o confronto de ideias, a crítica, a discussão são indispensáveis ao desenvolvimento do pensamento e da cultura".

Esse primeiro número da revista traz artigos de Moacyr Paz ("Sobre os Problemas do Desenvolvimento Econômico"), Carlos Marighella ("Alguns Aspectos da Renda da Terra no Brasil"), Fragmon Carlos Borges ("Origens históricas da Propriedade da Terra"), Miguel Costa Filho ("O Trabalho nas Minas Gerais"), Carreira Guerra ("Maiakóvski nos Debates Públicos"). Conta ainda com uma resenha crítica de Ruy Facó do livro *História Sincera da República*, de Leôncio Basbaum, que se alinha perfeitamente à orientação de "polêmica entre marxistas". O único texto traduzido é de Hyman Lumer: "Notas sobre a Recessão Norte-Americana".

A edição de julho-agosto de 1958 trará artigos de Jacob Gorender ("Política Exterior em Crise"), do físico Mario Schenberg ("Frederic Joliot-Curie"), de Moacyr Werneck de Castro ("Novo Romance de Dalcídio Jurandir"), de Ruy Facó ("O Romance do Sr. Guimarães Rosa e o Problema da Terra no Brasil", sobre *Grande Sertão: Veredas*), de Edison Carneiro ("O Partido da Praia", sobre a Revolução Praieira), Hermínio Linhares ("As Greves Operárias no Brasil Durante o Primeiro Quartel do Século XX"), de Fragmon Carlos Borges novamente ("A Grande Propriedade Territorial Latifundiária"), bem como a continuação do artigo de Miguel Costa Filho.

Portanto, esses números iniciais já apontam algumas temáticas fortes: a questão agrária, rebeliões e movimentos populares, a literatura nacional. Em algumas edições posteriores haverá uma proporção maior de autores estrangeiros, o que pode indicar tanto eventuais dificuldades na produção de artigos da intelectualidade ligada ao PCB, como a conveniência do partido de dar vazão a determinados textos por razões conjunturais. Mesmo assim, sucedem-se escritos de autores como Mário Alves, Moisés Vinhas, Ferreira Gullar, Alberto Passos Guimarães, Leandro Konder, Almir Matos, Renato Guimarães e outros, a reiterar o projeto inicial. *Estudos Sociais* também não sobreviverá ao golpe militar. Coincidentemente, sua última edição, a de número 19, publicada em 1964, traz a primeira parte de um admirável estudo de Evaldo da Silva Garcia, intitulado "Imprensa Operária e Socialista do Século XIX", que se tornará referência para os pesquisadores do tema.

Apontamentos Finais: Algumas Conclusões

Em diferentes sentidos, a experiência jornalística dos comunistas brasileiros nos anos 1940 e 1950 foi vitoriosa. Levando-se em conta a enorme repressão que se abateu sobre as publicações comunistas, é surpreendente que alguns dos diários do PCB nascidos durante o mal denominado "processo de redemocratização" posterior ao Estado Novo tenham sobrevivido, ainda que a duras penas, até quase os anos 1960, com tiragens parcas e declinantes, às vezes utilizando o nome de algum *alter ego* para substituir o título original da publicação[84]. Porém, a questão principal é que ao longo de alguns anos eles conseguiram exercitar com sucesso a contra-hegemonia, tanto no âmbito político-cultural como no âmbito político-eleitoral.

Em outras palavras, ainda que modesto, o aparato de imprensa "quase nacional" criado pelo PCB durante sua efêmera fase de existência legal – entre abril de 1945 e maio de 1947 – conquistou êxitos significativos, que explicam, em alguma medida, a truculenta repressão que sofreu. Os jornais diários do partido são a maior expressão de tais conquistas, uma vez que a simples existência de um matutino ou vespertino tem expressivas implicações financeiras e político-organizativas. Carregados de sentidos, esses jornais anunciavam e defendiam uma visão de mundo que se chocava com as acanhadas perspectivas e as esquálidas "liberdades democráticas" contidas na democracia liberal vigente.

De dirigentes a militantes de base, o PCB mobilizou seus melhores quadros para esse projeto de natureza contra-hegemônica. Conseguiu engajar nas suas publicações não apenas os jornalistas ligados ao partido, mas a intelectualidade avançada da época, de militantes orgânicos a "simpatizantes". Uma relação in-

84. Por exemplo, *O Democrata* e *Folha Cearense* (Ildefonso Rodrigues Lima Neto, *Escrita Subversiva*, p. 245).

completa é suficiente para indicar a qualidade desse corpo de colaboradores e apoiadores. *Tribuna Popular*, dirigida por Pedro Ventura de Araújo Pomar[85] e Pedro Motta Lima, contava com escritores como Carlos Drummond de Andrade, Astrojildo Pereira, Dalcídio Jurandir. *Tribuna Gaúcha*, inicialmente dirigida por Otto Alcides Ohlweiler, e a revista *Horizontes*[86] reuniam Décio Freitas, Dyonelio Machado, as poetas Lila Ripoll e Beatriz Bandeira, as jornalistas Edith Hervé de Souza e Eunídia dos Santos, o deputado constituinte Antonio Pinheiro Machado Neto. Em *O Momento* escreviam Alberto Passos Guimarães, João Falcão, Mário Alves, Jacob Gorender, Carlos Marighella, entre outros.

Candido Portinari era presença habitual na redação de *Hoje*, que teve como diretores Caio Prado Jr., Jorge Amado, Clóvis Graciano, Ivan Ackelrud de Seixas. Como secretários de redação, os jornalistas Nabor Cayres de Brito, Noé Gertel, Elias Chaves Neto, Antonio Mendes de Almeida. Dirigida por Sindulfo Correia Josué e depois por Permínio Ásfora, atuavam em *Folha do Povo* Adalgisa Cavalcanti, Paulo Cavalcanti, Hiram de Lima Pereira, Luiz Maranhão Filho.

Dado o percurso acidentado do projeto, desde cedo verificaram-se contradições a tensionar as relações entre PCB, de um lado, e os jornalistas e intelectuais engajados na produção jornalística do partido, de outro lado. Certas rupturas ocorreram, por razões diversas, caso da precoce saída de Drummond do *Tribuna Popular*. A conjuntura carregada da "Guerra Fria" acentuou dissensos e impasses. Despontaram, igualmente, contradições entre a linha editorial dos jornais e as bases sociais do PCB às quais eles se destinavam, das quais exemplo notável é um elogio a operários "fura-greve" da Light publicado por *Hoje*, como expressão contundente da política de conciliação de classes ainda vigente em janeiro de 1946: "apertar os cintos"[87]. Porém, apenas dois dias após exaltar os fura-greves, ao voltar a dar destaque àquela greve o jornal o faz de modo totalmente diferente.

85. Que seria eleito deputado federal por São Paulo em janeiro de 1947, pelo PSP.

86. Andréia Carolina Duarte Duprat, "Aspectos da Vida Cultural de Porto Alegre nas Páginas da Revista *Horizontes* (1949-1956)", em *1º. Colóquio Internacional de História Cultural da Cidade*, Sessão Temática Imagens, pp. 93-106, Porto Alegre, 9-11 mar. 2015.

87. "Evitaram que São Paulo Ficasse às Escuras", *Hoje*, p. 12, 3 jan. 1946. Traz fotografia, em quatro colunas, dos quatro operários citados, os quais "mantiveram-se fiéis à palavra de ordem: evitar greves, a todo transe" (Pedro Estevam da Rocha Pomar, "Nas Páginas do *Hoje*", p. 25).

"A principal fotografia da capa [...] sugere que a reviravolta no tratamento pode ter sido provocada pela pressão *in loco* dos trabalhadores: eles aparecem em numeroso grupo na redação, dando declarações a um repórter. A manchete principal, no alto da página – em caixa alta e dentro de um quadro – toma partido, claramente: 'A Light Desafia os Trabalhadores'"[88]. A orientação antigreve, que posteriormente seria abandonada pelo PCB e substituída por formulações radicais (manifestos de 1948 e 1950), foi seguida pelo *Hoje* de forma contraditória, "à medida que o jornal, situado no epicentro da movimentação operária, recebia as pressões dos próprios trabalhadores em greve".

As greves ganharam espaço no diário comunista. "O jornal mostrou-se assim permeável à influência da classe operária, em momento de ascenso desta, que buscava recuperar os direitos e o poder aquisitivo perdidos durante a guerra"[89]. De modo geral, as tentativas da direção partidária de impor uma orientação rigorosa aos jornais não prevaleceu, apesar de seus esforços, exceto em casos muito pontuais, como na crise de 1956.

> O órgão central [*Voz Operária*] editava uma seção chamada "Crítica e Autocrítica na Frente da Imprensa", na qual, além de publicar regularmente artigos com orientações gerais para os jornais do Partido, fez autocríticas do seu próprio desempenho e de outros jornais. Essas avaliações e orientações que tratavam de aspectos de linguagem, gráficos, de conteúdo, enquadramento, rotinas produtivas e ligação orgânica com a estrutura partidária e com as "massas", ilustram bem as diretrizes dos comunistas para a sua imprensa. O jornal *Democrata* de Mato Grosso, por exemplo, foi criticado por não fazer nenhuma propaganda da URSS, o que era considerado "tarefa permanente de toda a imprensa comunista e popular"[90].

Uma avaliação dos produtos jornalísticos propriamente ditos, quando comparados àqueles advindos da imprensa tradicional, revela na maior parte dos impressos do PCB razoável competência técnica no tocante a textos, títulos, imagens (fotografias, ilustrações), características de composição e impressão. Os jornais comunistas encontravam-se em inferioridade, no entanto, quando se comparavam tiragens, número de páginas por edição e quantidade de publicidade dos concorrentes. Basta ver que na capital paulista *Hoje* con-

88. "Motorneiros e Condutores Afastados do Serviço", *Hoje*, p. 1, 5 jan. 1946 (*idem*, p. 26).
89. Pedro Estevam da Rocha Pomar, *Comunicação, Cultura de Esquerda e Contra-Hegemonia*, p. 175.
90. *Voz Operária*, 14 mar. 1951; Sônia Serra, "Jornalismo Político dos Comunistas no Brasil", 2011.

corria com mais de uma dezena de jornais diários, entre os quais a *Folha da Manhã*, com tiragem de oitenta mil exemplares, e o *Estado de S. Paulo*, com noventa mil[91].

A leitura cuidadosa dessa produção constata "páginas inteiras e tratamento alegre concedidos ao esporte; a cobertura de fatos culturais; a linguagem utilizada nos títulos e textos, que incorpora elementos do sensacionalismo e do gosto popular; o uso criativo da fotografia como recurso editorial"[92], em franco contraste com certas avaliações reducionistas (às vezes encontradas até em depoimentos de protagonistas). A análise, feita a propósito do *Hoje*, é representativa para outras publicações comunistas da época.

Por fim, é possível afirmar que as publicações comunistas das décadas de 1940 e 1950, e particularmente seus diários, cumpriram importante papel contra-hegemônico na "frente político-cultural", por meio da construção de uma identidade cultural e ideológica na qual a classe trabalhadora pôde reconhecer-se como sujeito. A representação do mundo do trabalho e a abordagem de questões próprias do universo cultural e do cotidiano dos setores operários e populares permitiu esse vínculo.

Fenômeno semelhante ocorreu na "frente político-eleitoral", em especial nas eleições gerais de dezembro de 1945 e janeiro de 1947, nas quais os diários atuaram como instrumento de ostensiva propaganda dos candidatos do PCB. Os comunistas não dispunham de grandes recursos para a campanha eleitoral, exceto sua militância operária e seus jornais. No caso de São Paulo, o engajamento total do *Hoje* certamente contribuiu para os retumbantes resultados eleitorais do partido, reduzindo a hegemonia política da burguesia.

Em Fortaleza, o PCB já ilegalizado elegeu pela legenda do PR, nas eleições municipais de dezembro de 1947, sete dos 21 vereadores, com forte protagonismo de *O Democrata*, que na medida em que se aproxima a data do pleito "vai se transformando no próprio panfleto de campanha". O espaço editorial do jornal é usado para "divulgar as ações de campanha dos 'candidatos de Prestes'" e, ainda, para apoiar o candidato do PR à Prefeitura, cujos comícios e discursos tornavam-se manchetes de *O Democrata*. "O impresso referendava os nomes e abria o debate para o eleitor refletir sobre a escolha dos vereadores"[93].

91. Pedro Estevam da Rocha Pomar, *Comunicação, Cultura de Esquerda e Contra-Hegemonia*, p. 57.
92. *Idem*, p. 176.
93. Ildefonso Rodrigues Lima Neto, *Escrita Subversiva*, p. 229.

Referências Bibliográficas

ANDRADE, Miguel Caballero. *Novos Rumos: A História do Semanário do PCB, de 1959 a 1964*. Rio de Janeiro, CFCH-UFRJ, 2007 (Trabalho de Conclusão de Curso).

BASBAUM, Leôncio. *Uma Vida em Seis Tempos.* São Paulo, Alfa-Ômega, 1988.

BERTOLINO, Osvaldo. *Maurício Grabois – Uma Vida de Combates: Da Batalha das Ideias ao Comando da Guerrilha do Araguaia.* São Paulo, Anita Garibaldi, 2004.

COSTA, Hélio da. *Em Busca da Memória: Comissão de Fábrica, Partido e Sindicato no Pós-Guerra.* São Paulo, Scritta, 1995.

COSTA LEITE, Carlos Roberto Saraiva da. "*Tribuna Gaúcha* (1946-1958): Luta e Resistência". *Recanto das Letras, Artigos, Política.* 13 maio 2018. Disponível em: https://www.recantodasletras.com.br/artigos-de-politica/6335788. Acesso em 14 jun. 2022.

DUPRAT, Andréia Carolina Duarte. "A Atuação Cultural do PCB no Período de Legalidade em Porto Alegre (1945-1947)". *Boletim do GMarx-USP*, n. 25, ano 1, 2020.

______. "Aspectos da Vida Cultural de Porto Alegre nas Páginas da Revista Horizontes (1949-1956)". *1º. Colóquio Internacional de História Cultural da Cidade.* Sessão Temática Imagens, pp. 93-106. Porto Alegre, 9-11 mar. 2015.

FALCÃO, João. *O Partido Comunista que Eu Conheci: 20 Anos de Clandestinidade.* Rio de Janeiro, Civilização Brasileira, 1988.

FERREIRA, Jorge. "*Novos Rumos*: Jornal do Partido Comunista Brasileiro". *Locus: Revista de História*, vol. 19, n. 2, pp. 205-224, 2013.

JOSÉ, Emiliano. *Carlos Marighella: O Inimigo Número Um da Ditadura Militar.* São Paulo, Casa Amarela, 1997.

LEITE, Ana Cristina Martins. O Democrata. *O Jornal do PCB no Ceará: Da Abertura Política (1945) à Volta à Ilegalidade (1947).* Fortaleza, CH-UFC, 1990 (Trabalho de Conclusão de Curso).

LIMA NETO, Ildefonso Rodrigues. *Escrita Subversiva:* O Democrata, *1946-47.* Fortaleza, CH-UFC, 2006 (Dissertação de Mestrado).

LIRA, Ana Paula Araújo de. "*Folha do Povo:* A Voz Popular no Jornalismo Diário Recifense (1935-1960)". *In*: INTERCOM. *XXX Congresso Brasileiro de Ciências da Comunicação.* Santos, 29 ago.-2 set. 2007.

MARCONDES FILHO, Ciro. *O Capital da Notícia.* São Paulo, Ática, 1986.

PERALVA, Osvaldo. *O Retrato.* Porto Alegre, Globo, 1962.

POMAR, Pedro Estevam da Rocha. *Comunicação, Cultura de Esquerda e Contra-Hegemonia: o Jornal* Hoje *(1945-1952).* São Paulo, FFLCH-USP, 2006 (Tese de Doutorado).

______. "Nas Páginas do *Hoje*: O Diário Paulista do PCB e sua Vocação Contra-Hegemônica". *Perseu: História, Memória e Política*, n. 12, ano 7, pp. 12-39, 2016.

RUBIM, Antonio Albino Canelas. *Partido Comunista: Cultura e Política Cultural.* São Paulo, FFLCH-USP, 1986 (Tese de Doutorado).

SERRA, Sônia. *O Momento: História de um Jornal Militante.* Salvador, FFCH-UFBA, 1987 (Dissertação de Mestrado).

______. "Jornalismo Político dos Comunistas no Brasil: Diretrizes e Experiências da *Imprensa Popular*", 2011. Disponível em: http://www.compolitica.org/home/wp-content/uploads/2011/01/gt_jmp-sonia.pdf. Acesso em 14 jun. 2022.

Capítulo 18
Camaradas em Armas: O Antimil

Paulo Ribeiro da Cunha

Com efeito, apesar das evidentes diferenças de formação intelectual, de formulação doutrinária, de forma de atuação e de perspectiva programática, parece-nos clara a continuidade da inspiração ético política dos jovens oficiais abolicionistas e republicanos, dos "tenentes" dos anos 1920, dos militares anti-imperialistas dos anos 1950, dos antigolpistas dos anos 1960. Essa continuidade rompeu-se com os amplos expurgos que os golpistas vitoriosos em 1964 promoveram nos quadros das forças armadas[1].

A priori, partimos de uma linha de interpretação ou tese que reconhece os militares como atores políticos na história do Brasil, muitas vezes se envolvendo com grupos, lideranças, partidos ou por eles envolvidos e articulados. Sua atuação, ou melhor, ação política[2], é válida como expressão de legitimidade, embora vista principalmente no campo conservador ou à direita. Presença última que não adquiria ares subversivos, especialmente aquelas capitaneadas por oficiais generais, independente ou não de seus laivos golpistas ou agenda reacionária que postulassem ou estivessem à frente. Após o golpe que derrubou a monarquia em 1889, podemos avaliar sua considerável e crescente presença na política no período republicano; pontuada já no início por duas presidências com oficiais generais à frente – a do marechal Deodoro da Fon-

1. João Quartim de Moraes, *A Esquerda Militar no Brasil: Da Conspiração Republicana à Guerrilha dos Tenentes*, São Paulo, Expressão Popular, 2005, p. 7.
2. A argumentação que confluímos no conceito é de Hector Luis Saint Pierre: "Assim como a Ação Política pode ser caracterizada como tomada ou conservação, em relação ao poder, ou como positiva ou negativa, em relação à administração político-parlamentar, achamos que, do ponto de vista das relações de força, a política pode ser caracterizada pela sua posição de equilíbrio do sistema de força. Nesse sentido, a Ação Política pode ser orientada na procura da estabilidade das relações de forças, para os que querem manter o *status quo* garantindo por esse equilíbrio, ou a instabilidade, para os que desejam mudá-lo" (*A Política Armada: Fundamentos da Guerra Revolucionária*, São Paulo, Unesp, 2000, p. 27).

seca e Floriano Peixoto – além de quase um terço de o primeiro congresso constituinte ser formado por militares. Nos quadriênios subsequentes da República Velha, os militares estiveram atuantes de várias formas nos legislativos, bem como à frente de alguns Executivos estaduais, ou após com a presidência do marechal Hermes da Fonseca.

Por essa linha de análise, há também que considerar a significativa intervenção de militares no período democrático, etapa histórica em que houve ao menos uma candidatura militar em todos os pleitos presidenciais entre 1945 a 1964. Por osmose, podemos inferir como hipótese reconhecer sua presença, bem como a de um considerável número de candidatos ou parlamentares originários das forças armadas nas demais instâncias estaduais. Ao longo da ditadura militar foram cinco presidentes generais, e mesmo após a redemocratização com a Nova República, houve pleitos com candidaturas com esse perfil na disputa presidencial, como a do almirante Hernani Fortuna, seguida da candidatura do brigadeiro Ivan Frota (PMN). Com a de eleição de 2018, o escrutínio presidencial contou na disputa com duas chapas com militares, a primeira tendo à frente o Cabo Daciolo (Patriota) seguida da chapa vitoriosa com o capitão Jair Bolsonaro (PSL) e o general Hamilton Mourão (PRTB). Há que somar as centenas de postulantes militares e policiais a vários cargos em todos esses pleitos, confirmando que essa presença na política não é um ponto fora da curva na história; vista inclusive, mas em menor medida, no campo da esquerda.

Historicamente relacionado a uma reflexão sobre a esquerda militar, o conceito posto em epígrafe apresenta nesse arco político o reconhecimento, assim como algumas pistas de intervenções de militares inseridas em um campo político e ideológico antípoda ao exposto nessa breve introdução – aliás, visto no tempo como expressão de subversão, mas confluindo com a trajetória de militares socialistas e comunistas. Soma posteriormente nessa equação oficiais, praças e marinheiros, democratas, nacionalistas, legalistas. Todos, ao final, militares perseguidos[3], conceito operacionalizado pela CNV – Comissão Nacional da Verdade, sendo essa a categoria mais atingida comparativamente às demais pela repressão advinda do golpe civil-militar de 1964. Contemporaneamente, o grupo ainda é objeto de polêmicas várias em círculos acadêmicos

3. Comissão Nacional da Verdade, "Violações de Direitos Humanos no Meio Militar", *Relatório*, vol. 2: *Textos Temáticos*, n. 1, pp. 12-55, dez. 2014.

e políticos, inclusive no campo da esquerda. Às vezes, é relativizado o debate sobre essa problemática, quando vem à tona, bem como as dificuldades em reconhecer sua presença na história do Brasil.

No que concerne à ação política, vale pontuar que a esquerda militar expressou várias agendas ao longo do século XX, inicialmente a Insurrecional, norteada pela luta armada até pouco antes de 1945 e objeto maior deste ensaio, mas cujo resgate remete aos primórdios da intervenção de uma organização, o Antimil ou o Setor Militar do PCB. Nesse enfoque, essa organização está relacionada a uma presença militante e política que articulava os comunistas nas Forças Armadas – oficiais e praças – bem como membros de várias corporações policiais. Ainda relacionado ao Setor Mil, é importante registrar que a organização teve uma histórica presença no Exército até 1964, e mesmo após; e provavelmente, tendo um número maior entre os praças, hipótese que se sustenta pelo fato de serem mais penalizados com relação aos seus direitos e sua origem proletária; porém, nesse cômputo havia um pequeno número de oficiais na Marinha, contrapondo à presença maior de marinheiros e fuzileiros navais comunistas; além da Força Aérea, arma que havia uma forte base de militantes entre os sargentos e oficiais. Aliás, houve inclusive um general que chegou à posição de comando, o brigadeiro Francisco Teixeira[4].

Não obstantes os apontamentos de uma análise posta no tempo e na história, o escopo de possibilidades investigativas sobre a esquerda militar e sua ação política é bem mais amplo que o desenvolvido nesse artigo ou visto na literatura[5]. Mas valem antes algumas considerações preliminares nessa reflexão e a construção de algumas mediações, procurando confluir ou apresentar múltiplas interfaces dessa problemática. Uma delas, vista na

4. Paulo Ribeiro da Cunha, *Militares e Militância: Uma Relação Dialeticamente Conflituosa*, São Paulo, Unesp, 2020.

5. Há trabalhos teóricos elaborados, mas pouco valorizados e que inserem nesse arco de reflexão, clássicos, a destacar o de Virginio Santa Rosa, *O Sentido do Tenentismo*, ou o de Octávio Malta e seu *Os Tenentes na Revolução Brasileira*. A propósito, este último teve decisiva articulação em auxiliar militares comunistas que foram lutar em defesa da revolução na guerra civil espanhola, como pontua Apolônio de Carvalho, que também contribui com o seu *Vale a Pena Sonhar* (Rio de Janeiro, Rocco, 1997). Por fim, não há como não mencionar a relevância das obras do general e historiador marxista, Nelson Werneck Sodré, cuja presença no pensamento social e político brasileiro ainda está para ser reconhecida em sua verdadeira dimensão, e, apesar do destaque de suas *Memórias de um Soldado* (Rio de Janeiro, Civilização Brasileira, 1967) e *História Militar do Brasil* (Rio de Janeiro/São Paulo, Civilização Brasileira/Expressão Popular, 2010), são clássicos ainda isentos da devida valoração pelo Exército.

contribuição histórica posta em recentes teses, dissertações, memorialísticas ou biografias editadas de oficiais, sargentos e marinheiros (e de alguns policiais); nesse guarda-chuva de grupos e lideranças ideológicas, como sinalizado, teremos pistas específicas sobre o Antimil. Vale ainda pontuar que essa é uma produção ainda residual, em que pese, haja documentos como IPMs, processos recentemente disponibilizados, ou mesmo o material da CNV, que nos auxilia a contrapor a pouca compreensão e a relativização desse debate. Em especial quanto ao papel de seus intelectuais, grupos ou facções em partidos políticos articulados à presença de militares comunistas e socialistas, entre outros atores inseridos no campo revolucionário, mas igualmente no campo nacionalista e democrático de seus militantes que intervieram na história brasileira.

Uma segunda mediação conflui teoricamente um pouco antes no tempo dessa primeira etapa histórica vista pela influência do pensamento positivista à esquerda entre os primeiros socialistas, e que acabaram sendo condensadas nos anos 1920 pelos parâmetros marxistas da III Internacional Comunista; refletindo politicamente na considerável presença de militares do PCB nos anos 1930, algo singular em relação aos demais partidos comunistas no mundo. É importante computar nessa equação a liderança do capitão Luiz Carlos Prestes, bem como outros tenentes, além de oficiais, praças e marinheiros – alguns deles heróis de guerra –, policiais e militantes que viriam a se destacar também nas lutas das causas nacionais e democráticas nos anos 1950-1960.

Nesse último período esteve posta a possibilidade uma maior densidade teórica e oxigenação política aos militares/militantes no debate político, cuja aproximação do marxismo e o nacionalismo com a esquerda militar confluiria teoricamente com a contribuição do Instituto Superior de Estudos Brasileiros (Iseb) e de vários intelectuais, a destacar Nelson Werneck Sodré. Embora não faça parte dessa reflexão, vale dizer que a agenda dos militares de esquerda ou a ação política que operou no tempo e na história com múltiplas agendas, inicialmente pautada numa via insurrecional, tendo em perspectiva a revolução em 1935 ou pouco mais nesse período. Sua rotação atuou nas décadas subsequentes e se fez presente na defesa da legalidade democrática após 1945, ou na redemocratização e a anistia após o golpe de 1964; supoõe-se que haveria, contemporaneamente, uma agenda de redemocratização das instituições. Vamos por partes na retomada desse diálogo.

Primeiros Tempos

A república emergiu das catacumbas do agonizante regime imperial numa crise de hegemonia, sendo que o projeto de nação a nortear os militares brasileiros apresentava várias concepções políticas e ideológicas, a maioria posta no campo conservador, embora tendo algumas à esquerda, objeto maior de nossa reflexão. Um exemplo é o Positivismo como doutrina do soldado cidadão, cuja concepção de cidadania e ciência é reconhecida nesse campo por alguns intelectuais[6]; bem como pode ser vista nessa época a presença do ideário socialista articulado a pequenas agremiações partidárias cuja leitura é confluente a grupos republicanos radicais em um projeto de nação.

Não é de se estranhar que alguns militares tenham feito uma gradual rotação à esquerda, contrapondo ou se distanciando de uma inicial identidade conservadora e operassem lentamente a uma nova concepção ideológica no período; o paradigmático exemplo é Euclides da Cunha. Militar de origem positivista, aos poucos operou uma rotação ao marxismo, inclusive fundando um partido socialista quando envolvido na construção de uma ponte em São José do Rio Pardo – local em que elaborou sua magistral obra, *Os Sertões*[7]. Nessa linha, ele não foi caso único. Outros operariam rotações semelhantes – tanto é que um partido socialista fundado em 1902 inovaria seu programa ao propugnar que o socialismo era expressão e agenda do projeto dos republicanos históricos, projeto subsumido na nova ordem em que os barões se transmutaram em coronéis.

No resgate de uma inicial ação política à esquerda entre os militares, há outras referências literárias nesse campo com alguma presença militante na caserna, vista, por exemplo, entre os radicais jacobinos[8]; e após, uma leitura que confere pistas da aproximação dos socialistas com os marujos da Revolta da Chibata em 1910; ou aquela que indica a presença de seus intelectuais em apoio e orientação nas duas revoltas dos Sargentos em 1915 e 1916, cujo epílogo foi a derrota. Não muito tempo depois, houve uma singular apro-

6. João Quartim Moraes, *A Esquerda Militar no Brasil*, p. 77.
7. Leandro Konder, *A Derrota da Dialética: A Recepção das Ideias de Marx no Brasil até o Começo dos Anos 30*, Rio de Janeiro, Campus, 1988, pp. 63 e ss.
8. Suely Robles Reis Queiroz, *Os Radicais da República, Jacobinismo: Ideologia e Ação (1893-1897)*, São Paulo, Brasiliense, 1986.

ximação de militares com o movimento operário, feita sob influência dos anarquistas por ocasião da greve dos serviços, que resultou na Revolta das Barcas da Cantareira em 1918. Nela, houve a adesão e o apoio de parte dos soldados enviados para reprimir os grevistas[9]. Antes de prosseguirmos nos anos 1920, vale sinalizar que os sargentos nunca foram anistiados, e apesar de uma anistia promulgada no curso da revolta aos marinheiros da chibata pelo Congresso Nacional, a maioria acabou sendo presa poucas semanas depois e expulsa da Armada, cuja efetividade foi referenciada somente em 1997 por um projeto de lei apresentado no Senado Federal. A parcialidade vista seria uma constante entre os praças e marinheiros nas anistias subsequentes até a última delas na virada do século – ou seja, serão socialmente limitadas[10].

Paradigmático ano na história do Brasil foi o de 1922, cujo primeiro semestre emergiu quase que concomitantemente três movimentos políticos, culturais e militares, a destacar a Semana de Arte Moderna, o primeiro Movimento Tenentista (expresso em várias outras revoltas até 1935) e, por fim, a fundação por alguns operários e intelectuais de origem anarquista do PCB, cujo centenário está posto na agenda nacional em 2022. Relacionado ao nosso objeto, articularemos pistas entre os dois últimos que vão confluir dialeticamente militares e comunistas nessa etapa insurrecional da esquerda militar. Mas não somente, e por essa linha de análise, conferimos ao referencial teórico posto em epígrafe a avaliação de que essa ação política da primeira revolta tenentista está posta à esquerda, o primeiro 5 de julho, que ficou mais conhecido como os Dezoito do Forte. Inclusive, nela havia alguns poucos militares socialistas (Prestes, acamado por tifo, não participou), mas a rebelião seria o reflexo maior da inegável politização interna na caserna e dos jovens oficiais em confronto com a oligarquia, cuja derrota seria um elemento combustor da subsequente revolta tenentista de 1924.

O segundo 5 de julho teve início em 1924, com a rebelião de unidades do Exército e Força Pública em São Paulo, lideradas pelo general Isidoro Dias Lopes e o major Miguel Costa; após vários combates na capital, a retirada

9. Ver Antonio Felipe da Costa Monteiro Machado, "As Batalhas da Cantareira: A Luta dos Marítimos em Niterói (1918-1928)", em Rogério de Castro (org.), *Experiências Anarquistas no Brasil (1918-2018)*, *Revista Espaço Acadêmico*, vol. 18, n. 210, ano XVIII, pp. 50-62, nov. 2018 (Dossiê).

10. Paulo Ribeiro da Cunha, "Militares e a Anistia no Brasil: Um Dueto Desarmônico", em Edson Telles e Vladimir Safatle, *O Que Resta da Ditadura: A Exceção Brasileira*, São Paulo, Boitempo, 2010.

dos insurretos para o interior e a derrota em Catanduva, esse conjunto de militares paulistas somaram com as forças rebeldes vitoriosas na já intitulada Coluna Gaúcha vinda do sul, liderada pelo capitão Luiz Carlos Prestes, que incluía entre seus quadros alguns históricos tenentes da primeira revolta de 1922 – a destacar Siqueira Campos. Embora houvesse ramificações e revoltas armadas tenentistas noutros estados que eclodiram também nesse biênio contra a velha ordem oligárquica, o epílogo dessa primeira ação política refletiu em Foz do Iguaçu na formação da Coluna Prestes/Miguel Costa, movimento político militar que fez história. Sua épica jornada de 25 mil quilômetros foi maior que a longa marcha de Mao Tse-Tung. Nunca derrotada, a coluna veio a ser uma referência de estudos e debates na literatura acadêmica ou em escolas militares de vários países, conquanto não encontrasse a mesma receptividade nas instituições de ensino das forças armadas e policiais do Brasil[11].

Após o inicial exílio de seus membros na Bolívia, vários tenentes optaram por refúgio na Argentina, mas o curso de suas trajetórias políticas seria diferenciado com rupturas internas no tempo: uns viriam fazer história no campo conservador ao longo de décadas, como Cordeiro de Farias, João Alberto e Juarez Távora (um deles de triste memória pela associação à tortura e expulso antes, Filinto Müller); outros operariam uma rotação à esquerda como Siqueira Campos e Miguel Costa; mas bem poucos acompanhariam Luiz Carlos Prestes em sua rotação ao comunismo.

Apesar do PCB ter uma leitura de cautela quanto a esses militares ou mesmo de quase rejeição por alguns de seus quadros, vistos como pequenos-burgueses – a exemplo de Basbaum, que dizia que temos que fazer a revolução "com ele ou sem ele, de preferência sem ele"[12]; dirigentes como Astrojildo Pereira, que antes pavimentara o diálogo numa aproximação política com os tenentes ao encontrar Luiz Carlos Prestes na Bolívia, favorável a se aproximar dos remanescentes exilados. Ao final, tanto Prestes como outros militares se aproximariam da agremiação, uns aderindo ao marxismo; somaria nesse arco ideológico uma expressão posta no debate, que os situa enquanto expressão de um tenentismo de esquerda.

11. Oswaldo Cordeiro de Farias, *Meio Século de Combate: Diálogo com Cordeiro de Farias*, org. Aspásia de Camargo e Walder Góes, Rio de Janeiro, Nova Fronteira, 1981, pp. 47-48; Paulo Ribeiro da Cunha, *Militares e Militância*.

12. Leôncio Basbaum, *Uma Vida em Seis Tempos*, São Paulo, Alfa-Ômega, 1978, p. 72.

Tempos de Revolução

Na década de 1920, aconteceram alguns esforços de aproximação dos comunistas e os militares, especialmente na marinha de guerra, e uma hipótese para esse dinamismo, talvez, decorra do fato da armada estar localizada no Rio de Janeiro e o PCB ter alguma influência entre os marítimos. Antes do exílio, houvera tentativas de militares comunistas em se aproximar da Coluna Prestes tendo em vista sublevarem algumas unidades em apoio ou mesmo articulação conjunta com militantes operários, soldados e marinheiros, sem maior sucesso; bem como iniciativas esparsas nessa linha na Escola Militar, vistas nas memórias de Sodré[13] ou de Apolônio de Carvalho, ambos reportando a atuação de células comunistas na instituição. Algumas delas foram capitaneadas por Ivan Ribeiro, na ocasião estudante e futuro membro do Comitê Central, e ativo participante do levante de 1935. Internamente, a revolução era objeto de discussão, e a escola, um palco de debates, inclusive dada à polarização à esquerda entre os alunos e a proximidade com o dinâmico movimento operário na antiga capital federal, vista como a razão maior da instituição ter sido transferida para a distante cidade de Rezende[14].

Após essa etapa e esforços iniciais, temos a confluência de uma virada histórica entre os anos de 1928 a 1935, o período crítico da Revolução Burguesa no Brasil[15]. Nela, haveria muitas polêmicas no campo da esquerda, particularmente entre militares e a direção comunista. Essa relação será especialmente tensa, dada a associação da política partidária às teses da III Internacional Comunista, cuja receptividade interna não foi isenta de contradições, já que o grupo dirigente, que até então era relativamente autônomo e propugnava centralizar a ação política na classe operária, acabou sendo subsumido pelo advento do stalinismo. Uma das consequências diretas dessas vicissitudes ou reajuste de foco de uma nova política, nesse processo de intervenção, é que estiveram à frente do cargo de secretário-geral, em um breve período de seis anos, oito dirigentes[16].

13. Nelson Werneck Sodré, *A Intentona Comunista de 1935*, Porto Alegre, Mercado Aberto, 1986, pp. 86 e ss.; Apolônio de Carvalho, *Vale a Pena Sonhar*, pp. 33 e ss.

14. Paulo Ribeiro da Cunha, *Militares e Militância*, pp. 44 e ss.

15. Marcos Del Roio, *A Classe Operária na Revolução Burguesa: A Política de Alianças do PCB (1928-1935)*, Belo Horizonte, Oficina de Livros, 1990, pp. 14 e ss.

16. Homero de Oliveira Costa, *A Insurreição Comunista de 35: Natal – O Primeiro Ato da Tragédia*, São Paulo/Natal, Ensaio/Cooperativa Cultural, 1995, p. 23; Leôncio Martins Rodrigues, "O PCB: Os Di-

Articulada a reflexão sobre os Camaradas em Armas, mas confluindo em expectativa numa ação política formulada pela direção do PCB junto às forças armadas, é que emerge a formação do Antimil, ou Setor Militar, sob orientação da IC, em novembro de 1929. Destaca-se entre seus dinamizadores iniciais, o historiador Leôncio Basbaum; mas ao longo de décadas estariam à frente outros assistentes políticos, civis e militares, com o Setor subordinado diretamente ao secretário-geral. Certamente foi um dos organismos mais longevos da estrutura partidária, não somente devido a sua compartimentalização interna, mas também à atuação clandestina face à repressão (aliás, quase ao mesmo tempo era fundado o Serviço Especial de Repressão ao Comunismo), fatores que explicam a preservação do Antimil das lutas internas que corroeram a unidade partidária[17]. Luiz Carlos Prestes não avaliou positivamente o trabalho da organização nessa primeira fase de sua história – inclusive, era muito criticado em sua articulação com a Juventude Comunista, mas após divulgar um bombástico manifesto entre outras cartas públicas que, em última instância, significava politicamente a ruptura com os antigos tenentes, seguiu para o exílio na URSS; e a ação política do Antimil teria continuidade e considerável dinamização, como veremos.

No período subsequente pós-1930, mais uma vez emerge uma crise de hegemonia no Brasil, também perceptível também entre os militares. Houve disputas internas nos quartéis comunistas e integralistas, substanciadas no primeiro biênio em 94 movimentos de sublevação nas Forças Armadas. Ao mesmo tempo, contribuíram internamente para a crise interna as muitas ameaças de redução de efetivos ou desengajamento de parte da tropa, questionáveis critérios e distorções nas promoções e obstáculos à profissionalização dos praças, ou mesmo no prosseguimento na carreira militar. As consequências agravaram o ambiente na caserna[18]. Portanto, é importante registrar que as razões para a positiva receptividade dessa ação política à esquerda do Antimil, assim como a receptividade que a militância encontrava, podem ser igualmente explicadas

rigentes e a Organização", em Boris Fausto (coord.), *O Brasil Republicano: Sociedade e Política (1930-1964)*, São Paulo, Difel, 1986, p. 370 (História da Civilização Brasileira, 3); Nelson Werneck Sodré, *A Intentona Comunista de 1935*, p. 55.

17. Marly de Almeida Gomes Vianna, *Revolucionários de 1935: Sonho e Realidade*, São Paulo, Expressão Popular, 2007.

18. Boris Koval, *História do Proletariado Brasileiro: 1857 a 1967*, São Paulo, Alfa-Ômega, 1982, p. 261; Vanda Ribeiro Costa, "Com Rancor e com Afeto: Rebeliões Militares na Década de 30", em Anpocs, *Ciências Sociais Hoje: 1986*, São Paulo, Anpocs/Cortez, 1986, p. 280.

pela associação da política partidária às pautas direcionada aos militares, muitas delas corporativas, embora também políticas. Uma delas, anterior, vista nas várias cisões do movimento tenentista que resultaram no adesismo de vários oficiais à nova ordem conservadora, após a Revolução de 1930.

Consequentemente, o cenário de inconformismo propiciou um ambiente favorável para uma intervenção à esquerda junto às instituições armadas, muitas delas lideradas por militares comunistas – dinamismo que pode ser visto nos jornais direcionados às categorias do Exército, da Marinha, e nas organizações policiais de São Paulo que seguiam fielmente a orientação do Setor Militar. Entre os que circulavam nas unidades e navios da armada, destaca-se o *Triângulo de Ferro*, em cujo logotipo apareciam juntos um operário, um camponês e um soldado. Depois foi incluída a figura de um marinheiro, e o nome alterado posteriormente para *União de Ferro*.

Com pequenas variações de tempo, apareceu na Escola de Aviação o *Asas Vermelhas*, e também na Marinha *O Marujo Vermelho*, e circulado na Marinha Mercante *A Âncora*. Houve outros periódicos como *O Soldado Comunista*, o *Infante Vermelho*, *O Jovem Proletário*, *O Liga*, *O Soldado Vermelho*; e na Força Pública e da Guarda Civil de São Paulo (bem como entre os militares do Exército) circulava *O Sentinela Vermelha*. Há ainda referências de periódicos como a *Polícia Vermelha* e *O Triângulo Vermelho*; bem como dezenas de células comunistas que editavam com panfletos direcionados aos militares[19]. Por essa razão, não é de estranhar uma frase lapidar de Prestes décadas depois, afirmando que nesse período "era mais fácil construir o partido nos quartéis do que nas fábricas"[20].

Porém, após a derrota da Revolução de 1932 em São Paulo, alterações políticas e institucionais tiveram seu curso no país e também no Exército, aspecto que não fora corretamente analisado por Prestes ou mesmo pela direção do PCB. Primeiro, adveio a Doutrina Góes Monteiro, cujo princípio norteador da instituição era de que deveria acabar com a política no Exército e estabelecer a política do Exército: em outras palavras, a política castrense deveria ser objeto de atenção e condução somente dos generais. Além disso, houve também uma alteração interna significativa advinda desse novo contexto e muito bem resu-

19. Maria Luiza Tucci Carneiro e Boris Kossoy (orgs.), *A Imprensa Confiscada pelo Deops: 1924-1954*, Cotia/SP, Ateliê Editorial/Imprensa Oficial do Estado de São Paulo/Arquivo do Estado, 2003; Paulo Ribeiro da Cunha, *Militares e Militância*.

20. Leôncio Martins Rodrigues, "O PCB: Os Dirigentes e a Organização", p. 376.

mida numa frase pelo general Muricy ao afirmar que, em 1930, a tropa veio comandada por tenentes e capitães; em 1932, por generais e coronéis[21]. Um cenário de comando que fará toda diferença politicamente em 1935.

Apesar dessa a nova conjuntura ter escapado de uma correta avaliação, o esforço de uma aproximação partidária com os militares teve seu curso, inclusive com reestruturação do Comitê Central em 1933. Assumiu a Secretaria-geral Lauro Reginaldo da Rocha, o Bangu, substituído pouco tempo depois pelo ex-sargento do Exército Antônio Maciel Bonfim, o Miranda. Este último orientou a militância para a necessidade de procurar os oficiais do Exército simpáticos à causa do proletariado e pontuando que quaisquer manifestações de rebeldia fossem consideradas armadas (greves operárias ou até o cangaço), vistas como expressão de um amadurecimento revolucionário. A luta armada ganhou centralidade nas teses partidárias, embora nessa avaliação, a vanguarda revolucionária fosse a classe operária e não os militares.

No limiar da insurreição de 1935, Luiz Carlos Prestes havia retornado clandestinamente ao Brasil. Já filiado ao PCB por intervenção direta da IC, passou a ter ascendência decisiva nas decisões partidárias, cuja influência acabou refletindo numa maior presença dos militares de esquerda no Exército[22]. O Setor Militar apresentou um crescimento desproporcional à época, quando comparadas às demais esferas partidárias, e havia nesse contexto um diferencial à esquerda: além dele corporificar a influência tenentista que confluía ao projeto de revolução, o mito de Prestes o identificava, bem como extrapolava sua condição de comunista na história. Essa condição, exponencializada pelo prestígio pessoal auferido na coluna que o levou seu nome no tempo, rendeu-lhe a alcunha de Cavaleiro da Esperança. Nas palavras de Vanda Ribeiro Costa:

> Luiz Carlos Prestes tornou-se o único depositário desta experiência: um exército diferente "baseado na disciplina voluntária, cujo chefes seriam homens de confiança dos soldados". Este exército seria possível sim, com Luiz Carlos Prestes. A lenda da Coluna Prestes – a possibilidade de um exército diferente – e a figura de Prestes, chefe militar, foram a grande inspiração política dos sargentos e praças. A ideologia política virá por acréscimo. A rebelião inspira-se naquilo mesmo que gera subordinação: o *ethos* militar[23].

21. Marly de Almeia Gomes Vianna, *Revolucionários de 1935*, p. 126.
22. Nelson Werneck Sodré, *A Intentona Comunista de 1935*, p. 68; Paulo Sérgio Pinheiro, *Estratégias de Ilusão: A Revolução Mundial e o Brasil (1922-1935)*, São Paulo, Companhia das Letras, 1991, p. 272.
23. Vanda Ribeiro Costa, "Com Rancor e com Afeto", p. 280.

Não obstante, a revolução era um projeto em curso, e após a fundação da ALN em março de 1935, a entidade emergiu em apenas quatro meses para cerca cem mil filiados, contando com inegável apoio popular, além de dinamização em centenas de núcleos pelo país. Vale dizer que seu prestígio era muito valorizado pela inclusão de outros históricos tenentes de esquerda entre seus quadros, alguns bem conhecidos das revoltas de 1924, como Miguel Costa e Hercolino Cascardo, que no conjunto com os militares comunistas, eram vistos como artífices de um ideário bem como sua vanguarda. Porém, entre polêmicas e tensões, Prestes é quem acabou sendo escolhido como presidente de honra da entidade, e apesar de que o PCB avaliasse a conjuntura descolada da nova realidade, o partido era o instrumento que refletia o desejo das grandes massas: pela leitura posta, a luta armada, expressão projetada de um projeto revolucionário.

Contudo, a reação em contrário não demorou a se fazer presente, cuja ação política do Antimil entre os militares ou dos militantes comunistas, junto ao proletariado, esteve sob atenta vigilância do Governo Vargas. Tanto é que, a despeito de estar em curso em 1935 a vigência da Constituição Liberal de 1934, é aprovada nesse mesmo ano pelo Congresso Nacional a proposta de uma Lei de Segurança Nacional, apelidada "lei monstro": entre seus artigos, havia dispositivos que penalizavam a instigação de desobediência coletiva ao cumprimento da lei. Mas principalmente criminalizava quem distribuísse entre soldados e marinheiros quaisquer papéis impressos, manuscritos, datilografados, mimeografados ou gravados em que se contivesse material subversivo, ou insuflasse o ódio entre as classes sociais – entre outros crimes vistos como inafiançáveis[24]. Houve também uma ferrenha política de oposição à ALN no cenário político, haja vista a união do governo e integralistas – aliás, muito influentes na Marinha e em matérias vistas na grande imprensa.

O agravamento da crise na caserna emergiu novamente ao ser publicizada a intenção de não mais permitir o engajamento de soldados, cabos e sargentos com menos de dez anos de serviço pelo governo, e também a obrigatoriedade de baixa dos sargentos com mais de vinte anos, medidas que somaram na leitura partidária enquanto elementos combustores de que a revolução estava na ordem do dia. Devido ao efeito negativo no moral da tropa, as consequências

24. João de Lira Neto, *Getúlio: Do Governo Provisório à Ditadura do Estado Novo (1930-1945)*, São Paulo, Companhia das Letras, 2013, p. 205.

logo se fizeram sentir, face à adesão ao PCB, nos meses subsequentes, de muitos praças, vistos como atores no planejado levante revolucionário. Apesar de seu isolamento pessoal, dada a clandestinidade, e devido aos questionáveis informes recebidos pela direção – que já refletiam o descompasso e o entendimento da efetiva correlação de forças atuantes no país – Luiz Carlos Prestes também procurou se inteirar da situação política e aprofundar as ligações com seus antigos comandados da Coluna nas Forças Armadas e entre lideranças civis. Não minimizou esforços em ampliar a até as vésperas do levante a adesão desses setores à proposta do GPNR – Governo Popular Nacional Revolucionário, cujo objetivo era pavimentar o início da revolução democrático-burguesa no Brasil, configurada numa proposta de formação de um governo revolucionário anti-imperialista e antifeudal. Entretanto, Marly Vianna[25] pondera que antigos os combatentes estavam mais dispostos a seguir sua orientação e não ao PCB, mas face ao objetivo de ampliar o leque de forças é que emergiu à palavra de ordem: "todo poder à ANL".

A Revolução na Ordem do Dia

O lançamento do Manifesto de 5 de Julho acabou sendo o pretexto para o governo colocar a entidade na ilegalidade, e a violenta repressão decorrente inibiu tímidas possibilidades de resistência[26]. Prestes então passou a defender cautela na ação política, contrariando a posição da direção do PCB, que advogava a tese da luta armada imediata; isso resultaria em duas orientações relacionada aos trabalhos com os militares. Uma primeira, vista entre os tenentes de esquerda inseridos no processo revolucionário e por ele orientados; e a segunda mais presente entre os praças com atuação em células orientados pelo Comitê Central.

O ponto de convergência e união era Prestes, e às vésperas do levante de 1935 a proposta do PCB era expressa em quatro orientações principais: *1.* luta em frente única e pela sua ampliação; *2.* organização do trabalho militar em torno da luta anti-integralista e contra a redução dos efetivos militares; *3.* organização e desencadeamento de greves operárias nas cidades; *4.* desenvolvimento de lutas parciais, armadas e de guerrilha no campo. Ao que tudo indica,

25. Marly de Almeida Gomes Vianna, *Revolucionários de 1935*, p. 184.
26. Nelson Werneck Sodré, *Memórias de um Soldado*, pp. 255-270.

uma agenda já descolada da realidade, talvez, refletisse mais a influência do secretário-geral, Bangu, um potiguar; ou o fato de haver das guerrilhas em curso no Rio Grande do Norte, influenciadas ou dirigidas pelos comunistas, entre outras em gestação, antes de eclodir o levante de Natal[27].

Todavia, ainda por essa leitura, a revolução projetada seria desencadeada pelo campesinato, apoiada pelo proletariado e por fim, contava com a solidariedade dos militares. Mas há um ponto a ser observado. Não obstante à leitura partidária de a revolução estar na ordem do dia, a data não era consensual, mesmo entre alguns militares de esquerda. Vários deles, como Miguel Costa, viam com descrença a possibilidade insurrecional após a cassação da ALN. O major Costa Leite também avaliara negativamente a possibilidade dela ocorrer ainda em 1935, posição corroborada por Apolônio de Carvalho[28]. Inclusive, adveio de Costa Leite a informação confidencial de que o levante armado nacional estaria planejado para abril de 1936.

A posteriori, os fatos são conhecidos na história: após eclodir o movimento em Natal em novembro de 1935, adveio a revolta em Recife, e finalmente a rebelião na Praia Vermelha no Rio de Janeiro. Nesta última, houve antes ponderações e debates no Comitê Central sobre a oportunidade ou não em somar apoio aos revoltosos potiguares e desencadear o movimento revolucionário na capital federal. Embora nessa ocasião ainda não fosse evidente a derrota das rebeliões em Natal e Recife, um fato importante escapara à avaliação da Direção, cujas consequências foram calamitosas no Rio de Janeiro. Em outras palavras, após o primeiro levante, os quartéis do exército estavam de prontidão, e muitas lideranças operárias e democratas presas.

Há também que considerar que havia um quadro de prontidão correlato na Marinha às vésperas do levante de 1935, mas tudo indica que a assertiva de Prestes relacionada à adesão da Armada, assim que fosse desencadeada a rebelião, não estivesse totalmente despossuída de fundamento. Não obstante sua avaliação acabasse sendo decisiva e fosse o consequente estopim para a erupção do projeto insurrecional, várias fontes e relatos corroboram essa hipótese e resgatam a existência de um plano de insurreição programado em alguns navios. Não houve continuidade dessa ação política e militar devido a um aviso prévio

27. Marly de Almeida Gomes Vianna, *Revolucionários de 1935*, p. 204; Homero de Oliveira Costa, *A Insurreição Comunista de 35*, pp. 69 e ss.

28. Apolônio de Carvalho, *Vale a Pena Sonhar*, p. 59.

recebido pelo almirantado, que atuou no sentido de providenciar o afastamento da esquadra do Rio de Janeiro. Aliás, decorrente ou não da superestimação da presença da esquerda militar, há registros de algumas tentativas posteriores de sublevação da armada, além de constar uma apreciável agitação orientada pelo PCB no exército e na Marinha entre 1936 e 1937[29].

Conquanto ainda haja várias lacunas sobre a real dimensão dessa presença comunista entre militares, algumas fontes nos permitem apreender em parte a correta dimensão desta problemática; provavelmente, fundamenta a hipótese de haver esforços em articular uma rebelião nacional à esquerda em 1935 ou pouco mais, tendo os militares como expressão de vanguarda. Cordeiro de Farias, ex-tenente e insuspeito de qualquer laivo à esquerda, corrobora essa hipótese de vascularização militar da rebelião, e nessa linha, resgatou em uma passagem de seu relato memorialístico concluindo que o "que mais impressionou a todos foi constatar que uma conspiração comunista havia feitos tantos progressos dentro da organização militar. Foi espantoso [...] todos ficaram impressionados"[30].

Por fim, Marly Vianna[31] pontua não cabe atribuir responsabilidades individuais pela derrota, na medida que a decisão do levante foi coletiva e mesmo a colocação posta por Prestes sobre a adesão da Marinha, decisiva para a deliberação partidária deve ser vista como reflexo de sua personalidade como comandante militar, ou seja um homem de ação, nada decolado de sua presença e liderança na Coluna. Soma com um dado a mais, o posicionamento refletia um comportamento ético que o impedia de abandonar os companheiros à própria sorte, companheiros que haviam saído na vanguarda revolucionária[32].

Finalmente, há dois pontos reveladores sobre os revolucionários de 1935 que merecem breve atenção. O primeiro, é que a lógica da ação política inverteu o papel teórico dos atores propugnados nessa agenda, o proletariado, ou mesmo os que faltaram ao encontro programado ou em expectativa como o campesinato. Assim sendo, vale considerar alguns elementos de compreensão sobre o perfil dos envolvidos nas revoltas de 1935, bem como a presença dos militares à esquerda ou de esquerda. O maior grupo participante na revolta em

29. Vanda Ribeiro Costa, "Com Rancor e com Afeto", pp. 164-165.
30. Oswaldo Cordeiro de Farias, *Meio Século de Combate*, p. 224.
31. Marly de Almeida Gomes Vianna, *Revolucionários de 1935*, p. 324.
32. Nelson Werneck Sodré, *A Intentona Comunista de 1935*, p. 89; Dênis Moraes e Francisco Viana, *Prestes: Lutas e Autocríticas*, Petrópolis, Vozes, 1982, pp. 75-77.

Natal eram militares, 45% ; seguido de 27% de operários; mas nesse cômputo havia uma maioria de 41% de soldados, cabos e sargentos, e nenhum oficial do Exército; e 4% dos processados eram tenentes da PM. Os números de militares decrescem no interior, perfazendo 3% do total. *A priori*, temos a conclusão de que a insurreição no Rio Grande Norte foi fundamentalmente popular[33].

Em outros estados do Nordeste, há indicativos de iniciativas abortadas de rebelião nos quartéis do exército, talvez reflexos dessa projetada rebelião nacional, especialmente vistas em unidades da Paraíba, Alagoas, Piauí, Ceará, Maranhão e Pará. Entretanto, não houve maiores desdobramentos, seja pelo estado de prontidão decorrente da rebelião em Natal, ou mesmo a fragilidade da organização comunista ou aliancista nesses locais. Há diferenças substanciais apresentadas nas rebeliões subsequentes em Recife e no Rio de Janeiro. Na capital pernambucana, a revolta veio à tona por uma decisão direta do secretariado do PCB no Nordeste, contrapondo ainda à polêmica que ainda persiste quanto à autoria no caso de Natal[34], cuja erupção é vista como relacionada as questões regionais que auxiliaram incendiar o estopim para a revolta.

Havia em Recife um núcleo de escolados militares comunistas, Silo Meireles, Lamartine Coutinho e Alberto Besouchet (e que pode contar com a presença de Gregório Bezerra), porém dada sua eclosão em um final de semana, o componente popular faltou ao encontro e esteve ausente. Segundo os dados disponíveis a maioria dos insurretos eram militares, 52,5%; seguido de 25% de operários; quanto ao primeiro grupo, sete eram oficiais, mas número bem distante dos 197 de subalternos, perfazendo 96,5% subalternos. Proporcionalmente, havia um número maior de cabos e soldados que na rebelião em Natal.

Por sua vez, na capital federal havia células do PCB na Escola de Aviação e também na Praia Vermelha, e à frente da rebelião, servindo nessas unidades, oficiais escolados comunistas como Ivan Ribeiro, Agildo Barata, Dinarco Reis, entre outros ideologicamente identificados com a revolução, bem como pela admiração por Luiz Carlos Prestes. Comparativamente, eram minoritários face ao número de simpatizantes da ANL, cerca de três dezenas a quase dois mil militares aquartelados; e ao final, há o registro de que 65% dos participantes na capital eram militares e o grupo civil perfazia 35%, entre os quais, somente um

33. Marly de Almeida Gomes Vianna, *Revolucionários de 1935*, p. 282.

34. Dênis Moraes, *O Velho Graça: Uma Biografia de Graciliano Ramos*, Rio de Janeiro, José Olympio, 1992, p. 171; Homero de Oliveira Costa, *A Insurreição Comunista de 35*, pp. 13 e ss.

terço, 11%, era de origem operária. Em outras palavras, o espírito de quartelada é que norteou o processo revolucionário no Rio de Janeiro[35].

O segundo ponto, relacionada ao anticomunismo, ainda persiste uma literatura com questionáveis versões, particularmente àquela que intitula o movimento de Intentona, e sustenta a tese que os militares legalistas teriam sido covardemente mortos na calada da noite. Despossuída de provas, sendo historicamente comprovada a falsidade dessa acusação pelos processos oficiais, o fato é que houve na luta um morto cada lado, mas soma a desqualificação dessa tese a ocorrência de o Exército estar em rigorosa prontidão. Articula ainda essa leitura, a falacioso argumento de que a insurreição fora uma decisão da IC – aliás, tese muito publicizada por militares contemporâneos, praticamente uma política de Estado no pós-1964 – e ainda ensinada em suas instituições de ensino em edições de livros que encontram receptividade na Bibliex – Biblioteca do Exército Editora[36].

Porém, é importante complementar que essas conexões com a IC não são contestadas por conceituados analistas e historiadores, bem como seus participantes. Relacionada a essa crítica, Paulo Sérgio Pinheiro ressaltou que "a insurreição de 35 apresenta enorme especificidade nacional e revela larga responsabilidade dos brasileiro"[37]. Corroborando com essa linha e valorizando outro enfoque, Marly Vianna pontua que a "IC foi um ator coadjuvante no drama de novembro de 1935 – que não planejou nem sugeriu –, mantendo sobre as anunciadas possibilidades revolucionárias do país uma expectativa conivente"[38]. Ela ainda complementa seu argumento com dados originários da abertura das notas taquigráficas das conferências de 1934 em Moscou, nas quais fica demonstrado que a rebelião foi desaconselhada por Manuilski, especialmente diante das inúmeras falhas do Partido Comunista. Anos depois, Luiz Carlos Prestes comentaria sobre aqueles acontecimentos:

> Já em 1935, apesar da justa orientação do partido, procurando unir as mais amplas forças anti-imperialistas e antifeudais na Aliança Nacional libertadora, a influência do radica-

35. Marly de Almeida Gomes Vianna, *Revolucionários de 1935*, p. 287; Nelson Werneck Sodré, *A Intentona Comunista de 1935*, p. 91.
36. Ferdinando de Carvalho, *Lembrai-vos de 35*, Rio de Janeiro, Bibliex, 1981; William Waack, *Camaradas: A História Secreta da Revolução Brasileira*, Rio de Janeiro, Bibliex, 1993; J. Fernando de Maya Pedrosa, *A Grande Barreira*, Rio de Janeiro, Bibliex, 2001; Agnaldo del Nero Augusto, *A Grande Mentira*, Rio de Janeiro, Bibliex, 2001.
37. Paulo Sérgio Pinheiro, *Estratégias da Ilusão*, p. 308.
38. Marly de Almeida Gomes Vianna, *Revolucionários de 1935*, pp. 24-25.

lismo pequeno burguês na direção do partido, sob a forma específica do chamado golpismo "tenentista", levou-nos a cometer erros de precipitar a insurreição quando ainda eram débeis as nossas forças na classe operária, e, por falta de apoio na massa camponesa, quase inexistente a aliança operário-camponesa. Para triunfo da insurreição popular é indispensável ganhar o apoio de soldados e marinheiros, mas reduzir a luta quase que só de quartéis é grave erro que teria de levar, como de fato levou, à derrota do movimento de novembro de 1935[39].

Tempos de Novos Desafios

Após a derrota do movimento revolucionário de 1935, prisões em cascata se seguiram pelo Brasil, muitas delas sem processo legal, e dentre os quase três mil detidos havia 2 146 militares[40]. Alguns deles, militares comunistas inclusive, seriam beneficiados não muito tempo depois por uma anistia parcial, conhecida por "macedada". Seria o caso de Apolônio de Carvalho, que logo após a saída da prisão seguiria por orientação partidária como voluntário para lutar na Guerra Civil Espanhola. Não foi o caso de outros dirigentes e militantes condenados, a destacar Prestes e Gregório Bezerra, bem como vários militares que amargariam quase uma década de calabouço. As anistias relacionadas à esquerda militar após o movimento revolucionário de 1935 seriam norteadas ideologicamente. Ou seja, militares de direita seriam anistiados, como foram os integralistas do golpe de 1938, ou golpistas de Jacareacanga e Aragarças (para citar somente alguns casos), todos tendo o direito à reintegração e mesmo à reincorporação; entretanto, anistias relacionadas aos militares de esquerda são ainda agenda inconclusa até a virada do século.

Esse curto interregno de dois anos entre 1935 a 1937 significou também o obituário de um período de relativas liberdades democráticas ainda vigentes e sendo após pavimentado o caminho da ditadura com a promulgação do Estado de Sítio e pouco tempo depois o Estado de Guerra. Essas medidas significaram não somente a abolição das garantias individuais, mas refletiram no incremento da repressão em um patamar diferenciado. Antes seletiva aos comunistas, acabou tornando generalizada, levando opositores à prisão e outros a caminho do exílio. O Plano Cohen, arquitetado no Estado-Maior do Exército, veio a ser a pá de cal desse curto interregno democrático – uma *fake news*, para recorrer a uma terminologia contemporânea – e com sua

39. Luiz Carlos Prestes, em Paulo Sérgio Pinheiro, *Estratégias da Ilusão*, p. 308.
40. Dênis Moraes, *O Velho Graça*, p. 119.

divulgação temos o epílogo final dessa etapa histórica e o início de outra: o Estado Novo.

Nebulosos tempos, mas tempos de novos desafios veio a ser a década subseqüente para o PCB e o Antimil, sendo que o primeiro ficou acéfalo de uma efetiva Direção Nacional por um período, embora alguns núcleos isolados encontrassem relativa liberdade de atuação em Goiás e na Bahia. Após a implantação da ditadura Estadonovista, os comunistas operaram uma reorientação tática e estratégia tendo por objetivo a democratização, a União Nacional, política gestada a partir de 1938 sob influência da IC; cujos contornos seriam bem mais fundamentados a partir da entrada do Brasil na guerra em 1943[41].

Aos poucos e não sem tensões e dificuldades, o Partido Comunista daria passos concretos para sua reorganização nacional, inicialmente a partir de 1942 com um grupo que ficou conhecido por CNOP – Comissão Nacional de Organização Provisória seguida um ano depois com a Conferência da Mantiqueira. Apesar de preso, nela emerge a influência de Luiz Carlos Prestes, eleito para a Secretaria-Geral e a composição do Comitê Central consignou nos postos de direção[42], uma maioria de sete ex-tenentes e militares, seguido de seis operários e cinco intelectuais, presença bem diferente do primeiro Comitê Central de 1922, cujo perfil seria determinante por décadas[43].

O cenário político nacional alterou com a entrada do Brasil na segunda guerra mundial ao lado dos aliados, cujos reflexos de oxigenação interna serão sentidos positivamente junto aos comunistas. Concernente à esquerda militar, o desafio maior era o anticomunismo após 1935, política vista desde os tempos do império, mas nessa ocasião com uma nova roupagem ideológica – ou melhor, travestida em um grande engodo, como assim se refere a essa política um competente analista[44]. Há, no entanto, referências de células organizadas

41. Carlos Zacarias Sena Jr., *Os Impasses da Estratégia: Comunistas, o Antifascismo e a Revolução Burguesa no Brasil (1936-1948)*, São Paulo, Annablume, 2009.

42. Eram eles: Maurício Grabois, ex-oficial da Aeronáutica; Júlio César, ex-militar; Dinarco Reis, ex-oficial da Aeronáutica; José Militão Soares, ex-militar; Ivan Ribeiro, ex-oficial da Aeronáutica; Leivas Otero, ex-oficial da Aeronáutica; Luiz Carlos Prestes, ex-oficial do Exército.

43. Haja vista o Comitê Central advindo do IV Congresso em 1954, sendo 27% de seus membros, ex-militares, o segundo grupo mais numeroso depois dos operários; ainda que esse último grupo fosse valorizado por razões políticas, procurando refletir um esforço de se apresentar como um partido operário (Leôncio Martins Rodrigues, *O PCB: Os Dirigentes e a Organização*, p. 420).

44. Rodrigo Patto Sá Motta, *Em Guarda Contra o Perigo Vermelho: O Anticomunismo no Brasil (1917-1964)*, São Paulo, Perspectiva/Fapesp 2002, p. 214.

e com alguma atuação do Antimil no Rio Grande do Sul e no Rio de Janeiro, e os militares de esquerda intervieram enquanto voluntários combatentes na formação da FEB – Força Expedicionária Brasileira, uns vindo a ser heróis.

Nos campos de batalha na Itália, o Setor Militar articularia um importante documento – a FEB – Símbolo Vivo da União Nacional e que seria patrocinado pela Liga de Defesa Nacional em 1945, entidade conservadora, mas que tinha a frente nessa ocasião conjuntos de militares e civis democratas e comunistas. O documento foi subscrito por trezentos oficiais, a maioria capitães e tenentes, cuja adesão sugeria a hipótese de que estava em curso uma fissura em um dos pilares do Estado Novo, os militares; também propunha a anistia, o retorno à democracia e a convocação de uma constituinte[45]. Apesar da positiva repercussão na imprensa, pautou a suspeição sobre a atuação comunista na elaboração pelo alto comando e o governo; e que refletiu na desmobilização da FEB, iniciada ainda na Europa. Preâmbulo, na verdade, de uma guerra fria vista em um horizonte não muito distante; já havia o receio da influência que os militares de esquerda poderiam ter entre seus pares da caserna no Brasil, inclusive, com suspeitas e alegações de armas contrabandeadas no retorno dos febianos ao país[46].

Um pouco antes desses episódios, houve ainda um acontecimento com enorme repercussão entre os militares: a eleição em 1944 de um oficial liberal e democrata ao Clube Militar, o general José Pessoa, o fundador da Aman – Academia Militar de Agulhas Negras. Devido as suas posições políticas, fora exilado nos anos 1930 no Estado do Mato Grosso (conjuntamente com seu ajudante de ordens, Nelson Werneck Sodré), e sua vitória avaliada como um posicionamento político de uma maioria de oficiais contrário ao *status quo* vigente.

A candidatura confrontou a preferência do Ministro da Guerra, e, ao vencer a única eleição para Presidente do Clube Militar no período do Estado Novo, possibilitou que a instituição se constituísse em um lócus democrático aos grupos militares que ainda se digladiavam contra aliados internos do nazifascismo e a favor da ditadura no Brasil. Nada isolada, a hegemonia em disputa nesse processo transparece no depoimento do futuro brigadeiro comunista Francisco Teixeira[47] cuja ação política é bem resumida numa discreta frase, "nosso grupo tomou conta dele". Em outras palavras, leia-se: o Antimil tomou o Clube Militar.

45. Paulo Ribeiro da Cunha, *Militares e Militância.*
46. Nelson Werneck Sodré, *História Militar do Brasil*, p. 354.
47. Depoimento de Francisco Teixeira, Rio de Janeiro, CPDOC, 1992, p. 89 (Depoimento, 1983/1984).

Tempos Nebulosos de Democracia

Na democratização em 1945, o Partido Comunista ainda tinha em vista, enquanto orientação, a política de "união nacional", e cresceu exponencialmente nas Forças Armadas, não somente pelo prestígio de Luiz Carlos Prestes, mas também pelo prestígio de muitos militares comunistas que atuaram na resistência ao nazifascismo (como Apolônio de Carvalho e Dinarco Reis) ou enquanto combatentes na FEB, atuando com bravura nos campos de batalha; ou o exemplo de vários deles, libertos mas dignificados pelo comportamento na prisão após anos de reclusão, caso de Gregório Bezerra e Luiz Carlos Prestes. Além deles, houve a adesão de muitos militares ao PCB, face o prestígio do socialismo que estava na ordem do dia pela vitória da URSS contra o nazismo.

Essa presença será igualmente significativa no Comitê Central, e refletirá nas eleições para a constituinte de 1946, quando forem eleitos quatro parlamentares dessa origem na bancada comunista: o capitão Luiz Carlos Prestes; na Câmara dos Deputados, os sargentos José Maria Crispim e Gregório Bezerra; entre outros militares nas câmaras municipais e assembleias legislativas. Pouco depois, somaria mais um deputado federal à bancada comunista, o capitão Trifino Correa, ex-membro da Coluna Prestes.

Finalizado um ciclo histórico, assim como uma singular etapa insurrecional de intervenção do Setor Militar nas Forças Armadas, iniciada em 1929, temos a pavimentação de outra a ser construída por seus militares-militantes com a democratização pós-queda do Estado Novo, incorporando nela (em graus maiores ou menores) lições advindas daquele primeiro processo. A reação, contudo, não se fez esperar e a Guerra Fria emergindo no horizonte não tardou a colocar o PCB na ilegalidade em 1947. Um ano, depois houve a cassação dos mandatos de seus parlamentares. A resposta à esquerda adveio com os Manifestos de Janeiro de 1948 seguido do Manifesto de Agosto de 1950, ambos influenciados pela vitoriosa Revolução Chinesa; mas apesar das contradições, essa é uma outra história.

Contudo, mesmo na linha política ultraesquerdista vista nesses manifestos, ou independentemente de erros ou equívocos dessa primeira etapa histórica, as mediações desse período nortearam entusiasticamente esses militares, ou essa geração muito inspirada pela Revolução de Outubro, bem como por Hobsbawm[48].

48. Eric Hobsbawm, *Era dos Extremos: O Breve Século XX (1914-1991)*, São Paulo, Companhia das Letras, 1995, pp. 78-79.

Complementando o historiador, foi uma geração que apreendeu com entusiasmo que a URSS era a prova de que a grande mudança para a humanidade estava em curso, e não titubeou em dedicar suas vidas à revolução mundial, tendo uma leitura do marxismo que pautava a esperança do milênio numa concepção de ciência e inevitabilidade histórica. Um novo ciclo de intervenção da esquerda militar se apresenta, assim como uma outra agenda.

A rigor, a partir de 1945 temos também o início de outra agenda para o Setor Militar do PCB igualmente norteada por uma ruptura travestida de continuidade que duraria até 1964, aliás, muito conturbada entre as hostes comunistas, mas fundamentalmente centrada numa agenda em defesa da legalidade democrática. O comunismo entre os militares, configurado inicialmente como expressão maior de uma a ação política osmótica a uma quartelada – talvez nucleada em grande medida no Prestismo ou nas teses iniciais da IC – teria nos anos seguintes outra expressão, confrontando novas mediações relacionadas a democracia. Ademais, vista pela inserção em alguma medida do marxismo em setores das Forças Armadas; tal como a percepção de que havia bases teóricas e referências políticas pautadas no nacionalismo. Como brevemente mencionado na introdução, contando também com a presença de intelectuais orgânicos e instituições como o Iseb.

Sua presença no tempo com mediações articuladas no campo à esquerda constituiriam uma sólida escola à esquerda que formaria uma geração de militares/militantes em defesa da democracia e de um projeto de nação, antípoda à conservadora ESG – Escola Superior de Guerra. Relacionada ainda a essa mediação, vale pontuar que a Esquerda Militar teve considerável presença nas Forças Armadas entre 1945 a 1964. A partir dos relatos memorialísticos de muitos militares e acadêmicos, além de dados do Departamento de Ordem Política e Social[49], percebe-se pequenas variações, mas que conferem um percentual de militantes entre 5% a 10% do conjunto dos militares, percentual próximo da direita militar.

49. Informe do Departamento de Ordem Política e Social, intitulado "Situação Comunista no Estado de São Paulo", datado de nov. 1951. Há uma passagem específica sobre os militares: "Quanto aos militares, este departamento não possui dados que lhes permitam asseverar, com exatidão, o grau de infiltração comunista nos mesmos; mas de acordo com observações anteriores, quando nos foi possível colher, em flagrante atividade, comunistas imiscuídos nas forças armadas, podemos constatar – isso há alguns anos – que a percentagem atingida pelos comunistas nas classes armadas girava em torno de 5%. É possível essa percentagem graças a propagando contínua e penetrante do comunismo, tenha sofrido alta, alcançando provavelmente 10% ou pouco menos".

Apesar de haver certa discrepância – especialmente na metodologia desta instituição policial que associa o setor nacionalista militar, progressista e da esquerda como osmótico ao Antimil e não uma parte desse conjunto – vale pontuar que, diferente do período insurrecional até 1935, quando a esquerda militar era formada majoritariamente por militares socialistas, e comparativamente, bem menor que o Antimil; o quadro se inverte no pós-1945, e nessa etapa histórica o Setor Mil se revelou uma pequena fração desse conjunto, fração atuante e disciplinada, mas minoritária entre os militares de esquerda, havendo outras forças inseridas nesse campo como os nacionalistas, legalistas e democratas.

Ao mesmo tempo, é importante considerar a ação política da esquerda militar, e nela especificamente a intervenção do Setor Militar, cuja pauta e agenda nacionalista foi também norteada pela defesa da democracia e osmótica na defesa das causas nacionais, como a "O Petróleo é Nosso", contra a internacionalização da Amazônia e o não envio de tropas brasileiras à Guerra da Coreia. Isso resultou numa enorme repressão nos anos 1950, embora pouco conhecida. Segundo fontes orais diversas, houve cerca de mil militares atingidos, muitos deles presos e barbaramente torturados em algumas organizações militares[50]. Ainda assim, não houve recuo, e a continuidade dessa ação política democrática na década subsequente pode ser vista em mobilizações contra tentativas golpistas de Jacareacanga e Aragarças; na defesa da Posse de JK via MMMC – Movimento Militar Constitucionalista; a favor de João Goulart em 1961 e, por fim, numa expectativa em resistir ao golpe de 1964, muitos deles em estado de prontidão, esperando somente uma ordem de agir à favor da legalidade e da Constituição.

Finalmente, e discordando da assertiva posta por João Quartim[51], avaliamos que houve continuidade de ação política à esquerda entre os militares no pós-1964. A despeito de um pequeno grupo deles optar pela luta armada, no que concerne à maioria, o foco e a militância da luta política tiveram em vista a anistia, a reintegração e a restauração da democracia. Nessa etapa histórica, ocorre em 1992 a dissolução do Antimil no PPS – Partido Popular Socialista. Ainda relacionado à sua ação política, vale dizer que a intervenção do Setor Mil ficou restrita a pequenos núcleos isolados e clandestinos, em grande medi-

50. Comissão Nacional da Verdade, "Violações de Direitos Humanos no Meio Militar".
51. João Quartim de Moraes, *A Esquerda Militar no Brasil*, p. 7.

da atuando com outros militares de esquerda na reserva nas muitas associações de classe com a pauta e agenda democrática sinalizada. Todos vão somar na categoria "militares perseguidos", comparativamente a mais atingida pelo golpe de 1964; o Relatório Final da CNV[52] registrou 6 591 oficiais, praças, marinheiros e policiais atingidos por cassações, reformas, aposentarias e demissões do serviço público por atos discricionários ou exílio. Acrescente-se ainda cerca de mil militares, alvos de perseguições no período democrático, confluindo para um total de 7 591 militares perseguidos entre 1946 e 1964. Diga-se, de passagem, que são números provisórios.

Contemporaneamente, na recém-instaurada democracia pós-constituinte de 1988, houve o início de um novo processo de luta dos militares de esquerda, ainda em curso; haja vista os embrionários (e perseguidos) movimentos militares surgidos como a APEB – Associação dos Praças do Exército Brasileiro e o movimento do Capitanismo, ambos tendo em vista uma agenda de democratização das Forças Armadas. Estão inclusos, nessa reflexão e agenda, grupos de policiais de esquerda presentes e atuantes em várias corporações estaduais, que atualmente confluem sua militância na construção de uma agenda de segurança cidadã e democrática na formação de uma entidade: o Movimento de Policiais Antifascistas.

Conclusivamente, salvo a primeira agenda, a "insurrecional" – objeto maior desse ensaio –, as demais agendas postas brevemente e relacionadas à esquerda militar ainda estão ausentes de estudos e, portanto, não serão foco desse diálogo; uma reflexão em aberto. Mas igualmente, enquanto objeto, está posta no tempo de uma história, a qual tem sua continuidade no tempo de ações políticas dos militares e policiais inconclusas atualmente. Apesar dessa apreensão e recorte na história sobre a esquerda militar vir apresentada com consideráveis lacunas, relacionado ainda sobre sua presença na história, vale recorrer mais uma vez às geniais intuições de Hobsbawm[53], que concluiu – ao afirmar sobre essa geração – que, embora seu número fosse pequeno, não se pode entender o século XX sem eles. Nada isolado dos tempos e gerações de militares e policiais subsequentes na contemporaneidade; essa assertiva assume a importância e o entendimento de uma presença que não se perdeu na virada do século do século XXI. Muito pelo contrário; entretanto, esse é um outro debate.

52. Comissão Nacional da Verdade, "Violações de Direitos Humanos no Meio Militar".
53. Eric Hobsbawm, *Era dos Extremos*, pp. 78-79.

Referências Bibliográficas

ARAÚJO NETO, Adalberto Coutinho. *O Socialismo Tenentista: Trajetória, Experiência e Propostas de Políticas Públicas e Econômicas dos Socialistas Tenentistas no Estado de São Paulo na Década de 30*. São Paulo, FFLCH-USP, 2012 (Tese de Doutorado).

AUGUSTO, Agnaldo del Nero. *A Grande Mentira*. Rio de Janeiro, Bibliex, 2001.

BANDEIRA, Luiz Alberto Moniz. *O Ano Vermelho: A Revolução Russa e seus Reflexos no Brasil*. São Paulo, Expressão Popular, 2004.

BARATA, Agildo. *Vida de um Revolucionário*. São Paulo, Alfa-Ômega, 1978.

BARRO, João Alberto Lins de. *A Marcha da Coluna*. Rio de Janeiro, Bibliex, 1997.

BATALHA, Cláudio H. "A Difusão do Marxismo e os Socialistas Brasileiros na Virada do Século XIX". *In*: MORAES, João Quartim (org.). *História do Marxismo no Brasil*. Vol. II: *Os Influxos Teóricos*. Campinas, Unicamp, 1995.

BATIBUGLI, Thaís. *A Solidariedade Antifascista: Brasileiros na Guerra Civil Espanhola (1936-1939)*. Campinas/São Paulo, Autores Associados/Edusp, 2004.

BASBAUM, Leôncio. *Uma Vida em Seis Tempos*. São Paulo, Alfa-Ômega, 1978.

BEZERRA, Gregório. *Memórias*. Rio de Janeiro, Civilização Brasileira, 1980.

BRANDÃO, Octávio. *Combates e Batalhas*. São Paulo, Alfa-Ômega, 1978.

BRAVO, Guilherme. *Em Guarda Contra o Latifúndio: Tenentismo e Reforma Agrária (1930-1935)*. Marília, FFC-Unesp, 2016 (Tese de Doutorado).

BROUÉ, Pierre. *História da Internacional Comunista: 1919-1943*. São Paulo, Sundermann, 2007, t. II.

CASCARDO, Francisco Carlos Pereira. *O Tenentismo na Marinha: Os Primeiros Anos (1922 a 1924)*. São Paulo, Paz e Terra, 2005.

CARNEIRO, Maria Luiza Tucci & KOSSOY, Boris (orgs.). *A Imprensa Confiscada pelo Deops: 1924-1954*. Cotia/São Paulo, Ateliê Editorial/Imprensa Oficial do Estado de São Paulo/Arquivo do Estado, 2003.

CARVALHO, Apolônio. *Vale a Pena Sonhar*. Rio de Janeiro, Rocco, 1997.

CARVALHO, Ferdinando de. *Lembrai-vos de 35*. Rio de Janeiro, Bibliex, 1981.

COMISSÃO Nacional da Verdade. "Violações de Direitos Humanos no Meio Militar". *Relatório*. Vol. 2: *Textos Temáticos*, n. 1, pp. 12-55, dez. 2014. Disponível em: http://www.cnv.gov.br/images/pdf/relatorio/Volume%202%20-%20Texto%201.pdf. Acesso em 20 jun. 2022.

COSTA, Homero de Oliveira. *A Insurreição Comunista de 35: Natal – O Primeiro Ato da Tragédia*. São Paulo/Natal, Ensaio/Cooperativa Cultural, 1995.

COSTA, Vanda Ribeiro. "Com Rancor e com Afeto: Rebeliões Militares na Década de 30". *In*: ANPOCS. *Ciências Sociais Hoje: 1986*. São Paulo, Anpocs/Cortez, 1986.

Cunha, Paulo Ribeiro da. "Militares e a Anistia no Brasil: Um Dueto Desarmônico". *In*: Telles, Edson & Safatle, Vladimir (orgs.). *O Que Resta da Ditadura: A Exceção Brasileira*. São Paulo, Boitempo, 2010.

______. *Militares e Militância: Uma Relação Dialeticamente Conflituosa*. São Paulo, Unesp, 2020.

Del Roio, Marcos. *A Classe Operária na Revolução Burguesa: A Política de Alianças do PCB (1928-1935)*. Belo Horizonte, Oficina de Livros, 1990.

Farias, Oswaldo Cordeiro de. *Meio Século de Combate: Diálogo com Cordeiro de Farias*. Org. Aspásia de Camargo e Walder Góes. Rio de Janeiro, Nova Fronteira, 1981.

Garcia, Felipe Ramos. *Esquerda Policial em São Paulo (1946-1964)*. Marília, FFC-Unesp, 2019 (Dissertação de Mestrado).

Gorender, Jacob. *Combate nas Trevas*. São Paulo, Ática, 2003.

Hobsbawm, Eric. *Era dos Extremos: O Breve Século XX (1914-1991)*. São Paulo, Companhia das Letras, 1995.

Konder, Leandro. *A Derrota da Dialética: A Recepção das Ideias de Marx no Brasil até o Começo dos Anos 30*. Rio de Janeiro, Campus, 1988.

Koval, Boris. *História do Proletariado Brasileiro: 1857 a 1967*. São Paulo, Alfa-Ômega, 1982.

Machado, Antonio Felipe da Costa Monteiro. "As Batalhas da Cantareira: A Luta dos Marítimos em Niterói (1918-1928)". *In*: Castro, Rogério de (org.). *Experiências Anarquistas no Brasil (1918-2018)*. *Revista Espaço Acadêmico*, vol. 18, n. 210, ano XVIII, pp. 50-62, nov. 2018 (Dossiê).

Motta, Rodrigo Patto Sá. *Em Guarda Contra o Perigo Vermelho: O Anticomunismo no Brasil (1917-1964)*. São Paulo, Perspectiva/Fapesp, 2002.

Moraes, Dênis. *O Velho Graça: Uma Biografia de Graciliano Ramos*. Rio de Janeiro, José Olympio, 1992.

______. & Viana, Francisco. *Prestes: Lutas e Autocríticas*. Petrópolis, Vozes, 1982.

Moraes, João Quartim de. *A Esquerda Militar no Brasil: Da Conspiração Republicana à Guerrilha dos Tenentes*. São Paulo, Expressão Popular, 2005.

______; Costa, Wilma Peres & Rizzo, Eliezer. *A Tutela Militar*. São Paulo, Vértice, 1987.

Lira Neto, João de. *Getúlio: Do Governo Provisório à Ditadura do Estado Novo (1930-1945)*. São Paulo, Companhia das Letras, 2013.

Oliveira, Tiago Siqueira. *A Liga da Defesa Nacional: Um Projeto de Modernização para o Brasil*. Marília, FFC-Unesp, 2012 (Dissertação de Mestrado).

Pedrosa, J. Fernando de Maya. *A Grande Barreira*. Rio de Janeiro, Bibliex, 2001.

Pinheiro, Paulo Sérgio. *Estratégias da Ilusão: A Revolução Mundial e o Brasil (1922-1935)*. São Paulo, Companhia das Letras, 1991.

PRESTES, Anita Leocadia. *Da Insurreição Armada (1935) à "União Nacional" (1938-1945): A Virada Tática do PCB*. São Paulo, Paz e Terra, 2001.

QUEIROZ, Suely Robles Reis. *Os Radicais da República, Jacobinismo: Ideologia e Ação (1893-1897)*. São Paulo, Brasiliense, 1986.

RIDENTI, Marcelo & REIS FILHO, Daniel Aarão (orgs.). *História do Marxismo no Brasil*. Vol. 5: *Partidos e Organizações dos Anos 20 aos 60*. Campinas, Unicamp, 2002.

RODRIGUES, Leôncio Martins. "O PCB: Os Dirigentes e a Organização". *In*: FAUSTO, Boris (coord.). *O Brasil Republicano: Sociedade e Política (1930-1964)*. 3. ed. São Paulo, Difel, 1986 (História da Civilização Brasileira, 3).

RUIZ, Carlos Henrique dos Santos. *A Revolta que Não Houve: Ademar de Barros e a Articulação contra o Golpe Civil-Militar (1964-66)*. Marília, FFC-Unesp, 2018 (Dissertação de Mestrado).

SAINT-PIERRE, Hector Luis. *A Política Armada: Fundamentos da Guerra Revolucionária*. São Paulo, Unesp, 2000.

SAMET, Henrique. *A Revolta do Batalhão Naval*. Rio de Janeiro, Garamond, 2011.

SENA JR., Carlos Zacarias. *Os Impasses da Estratégia: Comunistas, o Antifascismo e a Revolução Burguesa no Brasil (1936-1948)*. São Paulo, Annablume, 2009.

SILVA, Ricardo Santos. *Militares e Revolta: A Mobilização Política dos Marinheiros Brasileiros no Contexto da Guerra da Coreia (1950-1953)*. Marília, FFC-Unesp, 2021 (Tese de Doutorado).

SMALLMAN, Shawn. *Fear & Memory in the Brazilian Army & Society: 1889-1954*. Chapel Hill, University of North Carolina Press, 2002.

SODRÉ, Nelson Werneck. *Memórias de um Soldado*. Rio de Janeiro, Civilização Brasileira, 1967.

______. *A Intentona Comunista de 1935*. Porto Alegre, Mercado Aberto, 1986.

______. *História Militar do Brasil*. Rio de Janeiro/São Paulo, Civilização Brasileira/Expressão Popular, 2010.

VIANNA, Marly de Almeida Gomes. *Revolucionários de 1935: Sonho e Realidade*. São Paulo, Expressão Popular, 2007.

WAACK, William. *Camaradas: A História Secreta da Revolução Brasileira*. Rio de Janeiro, Bibliex, 1993.

ZIMBARG, Luis. *O Cidadão Armado: Comunismo e Tenentismo (1927-1945)*. Franca, FCHS-Unesp, 2001 (Dissertação de Mestrado).

Capítulo 19
A Fortuna Editorial do *Manifesto do Partido Comunista* (1964-1985)

Dainis Karepovs

No dia 5 de novembro de 1967, a edição dominical do diário carioca *Correio da Manhã* trazia um anúncio de página inteira. A peça publicitária da também carioca Editora Saga – que havia sido fundada por Osvaldo Peralva em 1959 e naquele momento era de propriedade de Fernando Gasparian – anunciava o lançamento, pela primeira vez em terras brasileiras, dos três volumes de *A História da Revolução Russa* de autoria de Leon Trotsky, traduzidos pela psiquiatra Elizabeth Huggins. O evento foi realizado no dia 7 de novembro, aniversário de nascimento de Trotsky e também do quinquagésimo ano da Revolução Russa. No anúncio, onde ocupava 60% do seu espaço, era reproduzida a capa da obra (de autoria de Maria Luisa Campelo): um enorme "Leon Trotsky" sobre um fundo que reproduzia uma parede cinzenta, e nela, o título da obra em caracteres manuscritos, como uma pichação. No entanto, visualmente o que ressaltava no anúncio do *Correio da Manhã*, no centro ótico da página, era o gigantesco nome do revolucionário russo.

Menos de um ano depois, em outro diário carioca, o *Jornal do Brasil*, desta feita num sábado, em 17 de agosto de 1968, publicou anúncio de meia página, na vertical, do lado direito, em que a editora carioca Civilização Brasileira, de Ênio Silveira, divulgava três de seus livros recém-lançados, reproduzindo suas respectivas capas. Encabeçando a relação dos livros estavam os dois volumes do primeiro livro de *O Capital*, de Karl Marx, traduzido pelo economista

Reginaldo Sant'Anna, com capa de Marius Lauritzen Bern, e também editado pela primeira vez por estas paragens[1]. Também, como a de Trotsky, era uma edição comemorativa, neste caso, à brasileira – com um ano de atraso –, do centenário de publicação do primeiro livro de *O Capital*.

Pouco mais de um ano antes, em abril de 1967, a casa editorial Zahar Editores, de Jorge Zahar, anunciou a publicação de *O Manifesto Comunista de 1848*, com autoria de Harold J. Laski, o qual foi lançado em novembro do mesmo ano. Este livro, como se verá adiante, continha não apenas uma análise do texto de Marx e Engels, feita por ocasião das comemorações do centenário de lançamento do *Manifesto*, como trazia o próprio texto integral do documento escrutinado por Laski. Embora não da mesma forma com que foram divulgados a *História da Revolução Russa* e *O Capital*, os anúncios da Zahar e as notas informativas nos jornais dando conta do lançamento do *Manifesto* não deixavam dúvidas sobre o seu conteúdo, mesmo que em alguns casos fosse necessário fazer uma leitura mais atenta.

Do maior para o menor, visualmente falando, tais exemplos – além de uma ampla gama de outros ocorridos naquele momento, mas que não vêm ao caso aqui destacar – chamam a atenção. Como era isso possível, afinal, não se vivia sob uma ditadura? Além disso, embora os diários cariocas mencionados estivessem em oposição ao regime do ditador e presidente-general Costa e Silva, eles estavam longe de serem órgãos de esquerda. Enfim, uma série de paradoxos, tão próprios do Brasil.

Estes paradoxos envolviam outro, qual fosse, o de uma peculiar convivência entre uma ditadura e a difusão e o debate do marxismo no Brasil. Na verdade, tais questões já haviam sido tratadas de modo instigante por Roberto Schwarz no calor da hora em seu já clássico texto "Cultura e Política, 1964-1969: Alguns Esquemas" publicado em 1970. Nele, Schwartz apontava o centro do paradoxo: "Apesar da ditadura de direita, há relativa hegemonia cultural da esquerda no país. [...] Nos santuários da cultura burguesa a esquerda dá o tom"[2]. Depois do golpe de Estado de 1964 – imediatamente após desalojar o presidente democraticamente eleito e ocupante do cargo, João Goulart – são postos em prática os imediatos objetivos da ditadura:

1. Os outros dois eram *Marxismo e Teoria da Literatura*, de Georg Lukács, e *A Revolução Inacabada*, de Isaac Deutscher.
2. Roberto Schwarz, "Cultura e Política, 1964-1969: Alguns Esquemas", *O Pai de Família e Outros Estudos*, Rio de Janeiro, Paz e Terra, 1978, p. 62.

> Intervenção e terror nos sindicatos, terror na zona rural, rebaixamento geral de salários, expurgo especialmente nos escalões baixos das Forças Armadas, inquérito militar na Universidade, invasão de igrejas, dissolução das organizações estudantis, censura, suspensão de *habeas corpus*. [...] Torturados e longamente presos foram somente aqueles que haviam organizado o contato com operários, camponeses, marinheiros e soldados[3].

Assim, cortadas as conexões entre a intelectualidade de esquerda e as massas, a parte daquela não perseguida de início pelos golpistas não teve bloqueada a circulação de suas ideias. Aliava-se este movimento da ditadura à maquiavélica compreensão de que os elevadíssimos índices de analfabetismo do Brasil e a profunda miséria serviriam para manter a atuação da intelectualidade em campo restrito. Isto permitiu que esta intelectualidade de esquerda continuasse "estudando, ensinando, editando, filmando, falando" e criasse "uma geração anticapitalista"[4], embora, como veremos, isso não ocorresse sem perseguições, conflitos e contradições.

É dentro desse contexto que podemos compreender a publicação de anúncios de *A História da Revolução Russa*, de *O Capital*, e, para o nosso caso, do *Manifesto do Partido Comunista*. Tal situação foi alterada quando os golpistas se deram conta que parte dessa "geração anticapitalista" se transformou, aos seus olhos, em uma "massa politicamente perigosa" e começaram a surgir grupos que passaram a propagar a luta armada contra a ditadura. Em dezembro de 1968, com a edição do AI-5, essa hegemonia cultural da esquerda teve decretado o seu fim e passou a ser violentamente reprimida.

É dentro desse quadro de relativa "liberdade" cultural seguida pela repressão após 1968 que iremos focar a produção editorial do Brasil. Neste contexto, e no interior dos marcos de existência da ditadura de 1964 a 1985, iremos examinar a fortuna de edição de uma obra que já tinha mais de um século de publicação e que, para as forças antagônicas que se opunham naquele Brasil, tinha um valor especial. Para uma das facções, a golpista, tratava-se de um texto de há muito superado, mas que, paradoxalmente, era visado por suas forças repressivas como um instrumento de "subversão", em seu peculiar linguajar. Por outro lado, segmentos liberais o consideravam uma obra, "como poucos livros maiores, a modificar a face do mundo"[5]. Já para as forças de

3. *Idem, ibidem.*
4. *Idem*, p. 63.
5. Otto Maria Carpeaux, "O Preço", *Correio da Manhã*, p. 5, 7 mar. 1965.

esquerda, tratava-se de um texto vigoroso que mantinha suas principais ideias atualizadas e necessárias para a compreensão e a modificação da situação do mundo e do país. É, enfim, o mais vermelho dos livros: o *Manifesto do Partido Comunista* de 1848, de Karl Marx e Friedrich Engels.

O Manifesto *no Brasil*

Faz-se, antes, necessário dar um rápido panorama da edição do *Manifesto* no Brasil. Como se sabe, as ideias de Marx e Engels somente foram difundidas com mais ênfase no Brasil após o surgimento do Partido Comunista do Brasil (PCB), em 1922. Antes disso somente há indícios de sua chegada ao Brasil, mas sem que elas provocassem maiores consequências. É somente após a Revolução Russa de 1917 que se inicia a sua chegada de maneira mais efetiva no país. Não é possível, portanto, deixar de mencionar uma blague que ilumina a forma de assimilação delas. Como bem observou João Quartim de Moraes, "o comunismo precedeu o marxismo em nosso país"[6]. No caso do *Manifesto*, a sua primeira publicação completa ocorreu em 1923, fracionado nas páginas um jornal, e em 1924 como livro, com uma tiragem de três mil exemplares, o qual pouco circulou, pois foi apreendido e destruído pelas forças de repressão.

Cerca de três quartos de século depois de sua primeira publicação o texto de Marx e Engels chegou ao Brasil, em tradução de Octávio Brandão, um dirigente comunista brasileiro. A tradução de Brandão, todavia, recebeu críticas nos próprios meios comunistas[7]. Pouco tempo depois de sua publicação, no início dos anos 1930, a tradução de Brandão foi revista e corrigida por Lívio Xavier e publicada em três edições na primeira metade daquela década, por editoras vinculadas aos trotskistas brasileiros, dos quais Xavier fazia parte. Ou seja, coube aos trotskistas brasileiros a responsabilidade pela publicação do *Manifesto* durante os anos 1930.

Após o *putsch* comunista de novembro de 1935, o *Manifesto* somente foi reeditado em 1945, com cinco edições diferentes. Três delas faziam uso da tradução de Brandão e duas outras têm novas traduções (de Eneida de Villas

6. João Quartim Moraes, "A Influência do Leninismo de Stalin no Comunismo Brasileiro", em João Quartim Moraes e Daniel Aarão Reis (orgs.), *História do Marxismo no Brasil*, vol. 1: *O Impacto das Revoluções*, Campinas, Unicamp, 2007, p. 134.
7. Edgard Carone, "A Trajetória do *Manifesto do Partido Comunista* no Brasil", em Karl Marx e Friedrich Engels, *Manifesto do Partido Comunista*, trad. Alvaro Pina, São Paulo, Novos Rumos, 1986, pp. 17-18.

Boas Costa de Moraes e de José Zacharias Sá Carvalho). A partir de 1948 até as vésperas do golpe de Estado de 1964 o *Manifesto* teve mais seis edições, todas pela editora Vitória, casa publicadora vinculada aos comunistas. As três primeiras dessas edições retomaram a tradução de Brandão, revista em cotejo com as "edições francesa e inglesa mais recentes e com o original alemão"[8]. No entanto, as edições utilizadas na primeira (1956) e na segunda (1961) edições das *Obras Escolhidas* de Marx e Engels e nas quarta (1960) e quinta edições (1963) do *Manifesto*, todas editadas pela Vitória, tiveram sua tradução

> [...] feita de acordo com a edição soviética preparada pelo Instituto Marx-Engels--Lenin e publicada pelas Edições em Línguas Estrangeiras, Moscou. Nos trabalhos de tradução para o português, portanto, foram utilizados basicamente os textos soviéticos em inglês e espanhol, confrontados sempre que possível com os textos das mais autorizadas edições francesas[9].

Com o golpe de 1964, a Vitória acabou tendo suas portas fechadas. Mas, para os propósitos deste texto, é importante destacar que a tradução publicada nas *Obras Escolhidas* em 1956 e repetida até 1963 foi o texto base da esmagadora maioria das edições do *Manifesto* publicadas depois do golpe de Estado de 1964 até o fim da ditadura em 1985. A partir daqui examinaremos com mais vagar as edições do *Manifesto*, sem descuidar, todavia, dos eventos conjunturais envolvendo-as.

A Edição sob a Ditadura Antes do AI-5

Logo que ocorreu o golpe de Estado de 1964, o aparato repressivo, além dos alvos primordiais que já apontamos acima, também dirigiu suas atenções para o campo das publicações. Isto se realizou de diversas formas. A mais banal foi a das prisões de militantes de esquerda seguidas de apreensão do material que com eles se encontrava. Neste caso, as forças de repressão realçavam, através da imprensa, as publicações "consideradas altamente subversivas". Veja-se, por exemplo, o caso do professor de filosofia Homero Ataíde Fernandes Pinheiro, preso em sua casa na cidade do Rio de Janeiro, com o qual os seguintes livros

8. "Edições Brasileiras do *Manifesto Comunista*", em Karl Marx e Friedrich Engels, *Manifesto do Partido Comunista: Edição Comemorativa do Centenário (1848-1948)*, Rio de Janeiro, Vitória, 1948, p. 6.
9. "Nota da Edição Brasileira", em Karl Marx e Friedrich Engels, *Obras Escolhidas*, Rio de Janeiro, Vitória, 1956, vol. 1, p. 7. A mesma nota está reproduzida na 2ª ed. (1961), à página 4.

e periódicos foram supostamente encontrados: "*Filosofia Marxista, Socialismo e Ética, Problemas da Paz e do Socialismo, Mao Tse-Tung, URSS: Uma Nova Civilização, Biografia de Lenin* e grande coleção de *Tiempos Nuevos*"[10]. Ou, então, o caso de instituições, como o Sindicato dos Bancários do Rio de Janeiro, onde foram apreendidos "mais de 120 livros, subversivos e imorais, quase todos de países da cortina de ferro: Rússia, China, Cuba, Alemanha Comunista, Tchecoslováquia, Albânia, Romênia, Hungria, Polônia e Iugoslávia"[11].

Além disso, a repressão voltava-se especificamente contra o comércio de livros. Aqui ela se dava tanto contra editoras, editores, livrarias e os canais de difusão. Neste último caso, por exemplo, os militares aprenderam em uma agência dos Correios na cidade de São Paulo "cerca de 4500 volumes, dos quais 2500 registrados, provenientes da Rússia, [que] aguardavam o momento de serem entregues a vários destinatários", além de "seis volumes contendo filmes subversivos". Grande parte era destinada a distribuidores e livrarias daquela cidade[12]. Noutra dessas formas ocorreu, por exemplo, contra o escritor, jornalista e livreiro Aldo Sagaz, o qual teve sua livraria, em Belo Horizonte, invadida por policiais, os quais, além dos livros, lhe roubaram objetos de valor. Sagaz insistiu na devolução dos objetos roubados, foi a um quartel da cidade e, no entanto, ali acabou detido por vários dias[13].

Da mesma forma, as ações do aparato repressivo também se dirigiam contra editores e suas empresas. Foi o caso do dono da Editora Brasiliense, Caio Prado Jr., juntamente com seu filho Caio Graco, os quais mais de uma vez foram presos, bem como se interditou a gráfica da editora, a Urupês, "sob a alegação de que continuava a imprimir livros subversivos, como o folheto *Um Dia na Vida de Brasilino*, de autoria do Sr. Paulo Guilherme Martins, marido da deputada federal Ivete Vargas do PTB". Além disso, o periódico da editora, a *Revista Brasiliense*, foi proibido de circular[14]. Mas, sem dúvida, o mais visado

10. "Comunistas Substituem Agora os Portugueses na Ilha das Flores: Livros Subversivos", *Diário de Notícias*, p. 9, 7 abr. 1964.
11. José Machado, "Trabalho: Junta Comprova Subversão no Sindicato dos Bancários", *Jornal do Brasil*, p. 5, 14 out. 1964 (3º. caderno).
12. "Apreendido Vultoso Material de Propaganda Comunista no Correio", *Diário da Noite*, p. 20, 7 abr. 1964; "SP: Apreensão de Propaganda Russa", *Correio da Manhã*, p. 9, 7 abr. 1964; "Material Subversivo Lota 2 Caminhões: SP", *Jornal do Commercio*, p. 2, 8 abr. 1964.
13. "CGI Não Libertou Presos em Minas", Correio da Manhã, p. 8, 25 jun. 1964.
14. "'Raul Soares' em Santos para Receber 600 Presos: Prisões", *Jornal do Brasil*, p. 9, 25 abr. 1964; "Dops Prende e Solta Caio Prado Júnior", *Última Hora*, p. 3, 8 jun. 1965.

pela ditadura foi Ênio Silveira, proprietário da Civilização Brasileira, do Rio de Janeiro, o qual foi preso muitas vezes, teve várias de suas edições apreendidas e vitimada a livraria da editora por um atentado terrorista, e acabou incurso em diversos Inquéritos Policiais Militares.

Outra forma utilizada pela repressão era a da intimidação aos livreiros. Um exemplo dessa forma de atuação pode ser visto em Pernambuco. Depois de apreender uma série de livros nas livrarias de Recife, um delegado de polícia avisou aos livreiros que de nada adiantaria realizarem novas encomendas, pois tantas quantas chegassem, seriam apreendidas. No Rio de Janeiro militares visitaram livrarias ameaçando os livreiros de confisco de "obras subversivas", bem como os atemorizavam com promessas de serem chamados a depor em inquéritos, não sem antes serem detidos por até cinquenta dias, aqueles livreiros que insistissem em comercializar "tal literatura"[15].

Em maio de 1965 houve um surto – em especial no Rio de Janeiro, São Paulo e Recife e comandado por oficiais que realizaram as ações sem mandados judiciais – de apreensões de livros, de prisão de autores e editores, de instauração de diversos Inquéritos Policiais Militares contra editores e intelectuais, bem como contra entidades como o Instituto Superior de Estudos Brasileiros (Iseb, criado pelo Ministério da Educação e Cultura em 1955) ou até sobre livros, como a *História Nova do Brasil*. Por não poucas vezes o furor dos golpistas chegava às raias do ridículo. É o caso, por exemplo, do chamado "IPM dos Tuberculosos". Este inquérito instaurado no Sanatório Militar de Itatiaia investigou, a partir de denúncias anônimas, e apreendeu onze livros e três exemplares do jornal *Panfleto*[16].

Apenas os jornais e o romance *Terra e Sangue*, do soviético Mikhail Cholokhov (publicado pela Vitória em 1956) – sabendo-se que o livro apenas foi apreendido por conta do nome russo de seu autor – talvez pudessem dar ares de veracidade à acusação e serem considerados subversivos, mesmo assim com um grande esforço e de modo extremamente tendencioso. Os demais livros eram todos de editoras e de autores conservadores ou de direita, os quais foram apreendidos apenas por possuir termos como "Soviético", "China Verme-

15. "Livros", *Correio da Manhã*, p. 6, 11 jun. 1965; "Apreendidos Livros no Recife", *Jornal do Brasil*, p. 16, 30 maio 1965.
16. Este jornal, que circulou entre fevereiro e março de 1964, publicando apenas sete números, era órgão da Frente de Mobilização Popular, entidade ligada à ala esquerda do Partido Trabalhista Brasileiro, partido do presidente da República João Goulart.

lha", "Kremlin" em seus títulos. Tanto os jornais como os livros teriam sido levados ao Sanatório por um civil que ali teria ficado hospitalizado, Milton Coura, o qual seria, segundo a acusação, redator do jornal *Panfleto*. Tornando o caso ainda mais grotesco e caricatural, o encarregado do IPM, o tenente-coronel médico Caio Tavares Iracema afirmava em seu relatório que as publicações apreendidas não foram anexadas ao processo "por se tratar de peças de alta periculosidade, em relação à possibilidade de contaminação em face de terem sido de longo manuseio por parte dos enfermeiros"[17].

Mais tarde, um juiz militar confessou que os "livros subversivos" apreendidos seriam incinerados. Ressaltava, no entanto, o ilustrado operador militar do direito que determinados volumes apreendidos pelas forças militares escapariam dos fornos crematórios da ditadura mediante requisição dos interessados:

> Irão para o fogo *ABC do Comunista* [*sic*], *Três Declarações de Fidel Castro* e *Formação do Partido Comunista*. Quanto a Tolstói, Dostoievski e Máximo Gorki, o Juiz Tinoco [José Tinoco Barreto, da 2ª Auditoria Militar da 2ª Região Militar] considerou-os "inócuos". Os poemas de Mao Tse-Tung também foram considerados inofensivos e serão devolvidos aos seus donos, mediante requerimento[18].

Este conjunto de ações provocou imediatas reações. Pouco mais de um mês após o golpe de Estado, o intelectual católico Alceu Amoroso Lima, em sua coluna no *Jornal do Brasil*, assinada sob o pseudônimo de Tristão de Athayde, publicou artigo denunciando as perseguições aos intelectuais, chamando-as de "terrorismo cultural". Para Lima, aquela violência prenunciava um futuro pouco auspicioso ao regime golpista:

> Agora, quando pretendemos ter feito uma "revolução democrática" começam logo utilizando os processos mais antidemocráticos de cassar mandatos, suprimir direitos políticos, demitir juízes e professores, prender estudantes, jornalistas e intelectuais em geral, segundo a tática primária de todas as revoluções que julgam domar pela força o poder das convicções e deter a marcha das ideias.
>
> Quando são demitidos dos seus cargos homens de reputação mundial no plano da educação, como Anísio Teixeira, no plano da sociologia como Josué de Castro, no plano da economia, como Celso Furtado, simplesmente por pensarem de modo diferente da nova ideologia dominante, estamos no plano do terrorismo cultural. [...] Os nossos estudan-

17. "Justiça Militar Recebe IPM dos Tuberculosos", *Correio da Manhã*, p. 2, 25 jun. 1966.
18. "Tinoco Vai Queimar a Subversão", *Jornal do Brasil*, p. 4, 12 jul. 1967.

tes, jornalistas, professores, sacerdotes, intelectuais, filósofos, ainda presos entre nós, estão sendo vítimas desse terrorismo cultural, tanto mais abominável quanto mais disfarçado[19].

A expressão que dava título ao artigo de Lima ganhou espaço e amplitude nos meios intelectuais, sendo empregada com grande intensidade naquele momento. Em um alentado documentário publicado nas páginas da *Revista Civilização Brasileira*, intitulado "O Terrorismo Cultural", há um pormenorizado relato sobre as atrocidades cometidas pela ditadura no campo da cultura. O texto não era assinado, mas não é de todo improvável supor que sua autoria fosse de Ênio Silveira, o diretor da publicação. O artigo se iniciava com a afirmativa de que aquele balanço, ao destacar a questão dos intelectuais, não significava o isolamento destes na sociedade, nem tampouco que não houvesse outras questões, tão ou mais relevantes, que merecessem ser examinadas, como, afirma o autor, a das torturas. Era apenas parte de seu dever:

O golpe militar de abril visou particularmente ao operário, ao camponês e ao intelectual; no fim de contas visou ao Brasil, no que tinha de mais válido. Não nos cabe aqui, entretanto, situar o que ocorreu com o operário e o camponês, mas somente, e em parte, o que ocorreu com o intelectual. O resto virá, a seu tempo.

Começamos apenas a emergir da longa noite do terror, o que não significa, de forma alguma, que o terror tenha cessado. Como veremos, ele continua, mas vai sendo acuado, responsabilizado, caracterizado e, numa inversão interessante, colocado como mácula, quando chegou a ser destacado como forma gloriosa de ação. Nos primeiros dias – e disso há provas fotográficas, reproduzidas em todas as revistas ilustradas e nos jornais – o módulo era aquele da sede da UNE, cujo incêndio é, por si só, um libelo; ou a invasão da Universidade de Brasília por tropas de baioneta calada – outra fotografia amplamente reproduzida; ou a depredação que sofreu o Iseb e que não foi fotografada, mas de que há provas testemunhais; ou as fogueiras de livros, de que existe também um arquivo fotográfico[20].

O documentário prossegue e se aprofunda na questão da perseguição à intelectualidade em seus vários campos, inclusive a dos livros:

Se algum objeto foi réu, na guerra contra a cultura, esse réu foi, sem dúvida, o livro, desde abril, em nosso País. Como foram vasculhadas as bibliotecas, particulares e

19. Tristão de Athayde [Alceu Amoroso Lima], "Terrorismo Cultural", *Jornal do Brasil*, p. 6, 7 maio 1964; Alceu Amoroso Lima, "Terrorismo Cultural", *Revolução, Reação ou Reforma?*, Rio de Janeiro, Tempo Brasileiro, 1964, pp. 231 e ss.
20. "O Terrorismo Cultural", *Revista Civilização Brasileira*, ano 1, n. 1, pp. 241-242, mar. 1965.

de instituições! O livro, eis o inimigo, procurado, perseguido, destruído, incendiado. E, consequentemente, quem tinha algo a ver com esse instrumento de perdição – o escritor, o editor, o livreiro mesmo. Quando se desvendarem os inquéritos policiais-militares, mantidos como coisa ultrassigilosa, o País vai ter um espanto: desde já devemos todos pedir que tais peças sejam divulgadas. [...] Ah! As perguntas... sua pequena malícia, sua pretensa esperteza, sua armadilha transparente. E a profunda, a ilimitada, a imensurável ingenuidade de tudo aquilo que se relaciona com a cultura. E a visão diabólica da cultura, como um monstro de mil cabeças, capaz de virar o mundo, capaz de transformar tudo. Essa superestima da cultura, no fim de contas, foi a nota confortadora dos inquéritos[21].

O texto, esclarecendo que se tratava de um relato incompleto, com diversas falhas, algumas delas por não se ter podido apresentá-la por razões de segurança pessoal dos envolvidos, concluía que o Brasil vivia "um imenso, gigantesco e ignominioso IPM contra a cultura"[22]. Tais denúncias seguiram tendo continuidade, como a do jornalista Márcio Moreira Alves, o qual criticou os ataques dos militares contra livrarias e bibliotecas universitárias para realizar apreensões:

As livrarias estão sendo vasculhadas, à cata de livros subversivos, de livros sobre a Rússia, a China, Cuba. Em Brasília, assisti a uma dessas batidas saneadoras no mundo das ideias e dos estudos. Vi quando os soldados percorreram as estantes fazendo garbosas prisões e levando para algum quartel volumes da *História da Revolução Francesa* de Thiers, possivelmente autor criptocomunista. Todo volume onde entrava a palavra "revolução" ia em cana. Reforma agrária era outra expressão proibida[23].

No exterior estes episódios também foram denunciados. O conservador francês Congrès pour la Liberté de la Culture[24] publicou um relatório a respeito da censura nas artes e no pensamento, nele incluindo um capítulo sobre o Brasil. Neste documento, depois de adotar a expressão "Terrorismo Cultural" para definir o que se passava no país, o texto denunciava a perseguição a intelectuais, o fechamento da Universidade de Brasília e de faculdades em Minas Gerais. Além disso, comentando as atrocidades cometidas com respeito aos livros, revelou o "expurgo das bibliotecas públicas, nas quais foi até seques-

21. *Idem*, p. 286.
22. *Idem*, p. 297.
23. Márcio Moreira Alves, "Perigo do Obscurantismo", *Correio da Manhã*, p. 6, 16 abr. 1964.
24. Sobre o Congrès, ver Pierre Gremion, *Intelligence de l'Anticommunisme: Le Congrès pour la Liberté de la Culture à Paris, 1950-1975*, Paris, Fayard, 1995.

trado um livro sobre a revolução industrial, a denúncia (pelo SNI) de manuais didáticos que trataram da revolução de 1848 e do New Deal e, sobretudo, os métodos contra a campanha de alfabetização"[25].

Enfim, basta a enumeração dos diversos casos e tipologias das relações entre o mundo editorial e a ditadura até aqui feita para evidenciar que havia uma espécie de jogo de "pique-esconde" entre o mundo editorial e a ditadura. O que vale indicar para este "jogo", neste primeiro momento que vai do golpe de Estado até a promulgação do AI-5, é que em vários dos casos os recursos ao Poder Judiciário, mesmo com a proverbial demora no caso brasileiro, eram suficientes para a reversão dos atos discricionários da ditadura. Neste "jogo" a ditadura fazia propiciar o entendimento de que as arbitrariedades, cometidas sempre por figuras de segundo plano fazendo uso de seu "livre-arbítrio", não eram atos de governo e que poderiam ser rejeitados pela justiça. Enfim, aparentavam ser excessos cometidos por funcionários "zelosos" além da conta. É claro que, como hoje se sabe, se as execuções/desaparecimentos de opositores da ditadura eram de conhecimento do alto escalão do regime, a ciência deste "jogo" por parte das altas esferas do governo também não deveria ser diferente.

O Manifesto *na Ditadura*

Parte destas apreensões foi inicialmente utilizada pelos militares, certamente inspirados pelos nazistas com as suas mostras sobre arte e música "degeneradas", para a realização de exposições dos livros apreendidos na União Nacional dos Estudantes, Comando Geral dos Trabalhadores, Departamento de Correios e Telégrafos, Cais do Porto e Movimento Nacional Feminino e o seu emprego em bibliotecas especiais nos quartéis sob a alegação de que "só se combate um mal conhecendo-o bem"[26]. Outra dessas exposições militares destinada a exibir o "material subversivo" apreendido, foi realizada no 1º. BCC do Rio de Janeiro e inaugurada sintomaticamente no "dia do soldado", pelo

25. "Terror Cultural É Denunciado: Paris", *Correio da Manhã*, p. 1, 14 ago. 1964. SNI é a sigla para Serviço Nacional de Informação, órgão da Presidência da República criado pela ditadura, em junho de 1964, para superintender e coordenar as atividades de informação e de contrainformação, em particular aquelas referentes à "segurança nacional".

26. "Soldado Verá Agora Leitura Subversiva. Obras Marxistas na Biblioteca do Quartel. Coronel Mostra como Derrotar Mal Vermelho", *Tribuna da Imprensa*, p. 5, 2 jun. 1964. O coronel em questão é Plínio Pitaluga, comandante do Regimento de Reconhecimento Mecanizado.

comandante do I Exército, o general Ururaí Magalhães. Ocupando duas salas da unidade militar, tinha à sua entrada um painel sob o título: "Eis o que evitamos".

Para esta mostra era exibido o material que fora apreendido pelos militares e pela polícia política em sindicatos, entidades estudantis, ligas femininas e camponesas e escritórios eleitorais. Nela, além da parte dedicada ao comunismo, também eram apresentadas bandeiras do Brasil, de Cuba, da União Soviética, da China – com destaque para uma bandeira da "República Socialista Brasileira", exibida no comício da Central do Brasil, de 14 de março de 1964 –, um suposto fardamento do "Exército Camponês de Pernambuco", "coquetéis molotov" e outros artefatos explosivos e, claro, livros. E, entre eles, o *Manifesto do Partido Comunista*.

O emprego das acusações individuais também foi utilizado para estigmatizar o *Manifesto do Partido Comunista*.

Foi o que se passou, neste período anterior ao AI-5, por exemplo, com o ex-deputado do Partido Socialista Brasileiro, Afonso Celso Nogueira Monteiro. Acusado de "subversão" logo depois de ter perdido seu mandato com o golpe de Estado de 1964, acabou absolvido da acusação. No entanto, neste processo, entre os motivos para isso estava a posse, nos seus pertences apreendidos pela repressão, do *Manifesto*. Da "acusação" de ser membro do PCB, o parlamentar, depois de afirmar ser marxista a sua orientação filosófica, assim se defendeu: "Este é um direito de qualquer cidadão e, além do mais, o Manifesto Comunista de 1848, quando foi dado ao conhecimento da humanidade, não deixou de transcender até os nossos dias"[27].

Naquele "jogo" a que mais acima nos referimos, em uma das escaramuças travadas entre a repressão e o mundo das edições, houve um momento em que a repressão divulgou um Index, em janeiro de 1966. Foi logo após anunciar os resultados de uma "blitz contra livros subversivos" realizada pelo Departamento Federal de Segurança Pública (DFSP)[28] em São Paulo, na qual, fazendo um misto de polícia de costumes e de polícia política, teriam sido apreendidos 24 607 livros, avaliados pela polícia em cem milhões de cruzeiros[29]. Com pouco mais de cinquenta títulos (dos quais 28 pertenciam à coleção Cadernos do

27. "Arquivada Apelação dos Chineses: Outra Apelação", *Jornal do Brasil*, p. 11, 13 nov. 1965.
28. Órgão do Ministério da Justiça que, em 1967, se transformou na atual Polícia Federal.
29. Naquela época, em janeiro de 1966, um quilo de carne de segunda custava Cr$ 950,00 e um jornal nas bancas tinha o preço de Cr$ 100.

Povo, da Civilização Brasileira), em boa parte editada pela Civilização Brasileira, a "Lista Negra" do DFSP tinha arrolado entre eles o *Manifesto do Partido Comunista.*

Sobre tal "lista", a imprensa, em editorial, acusava este tipo de investida da polícia política como "modelo de ignorância organizada e institucionalizada"[30]. É, no entanto, lícito imaginar que essa "Lista Negra" na realidade fosse uma relação dos títulos dos vinte e quatro mil apreendidos em janeiro de 1966 e não um documento formal, um Index. Ou seja, fabulação da imprensa. Assim sendo, é possível acreditar que essa "Lista" fosse mais um lance do "pique-esconde" da ditadura antes do AI-5. Se estes casos até aqui mencionados, além de vários outros, faziam parte do movimento do "pique-esconde" da ditadura, coube, por sua vez, à esquerda fazer os seus movimentos, que agora examinaremos, em especial os referentes apenas à publicação do *Manifesto do Partido Comunista* de Marx e Engels. Ainda assim, é necessária uma precisão. Apenas examinaremos aqui as publicações do *Manifesto* que tiveram difusão por meio de casas editoriais e eram também comercializadas em livrarias, e não aquelas que tiveram circulação restrita e clandestina[31].

Já em 1965, quando um livro de Marx (*Ideologia Alemã*) frequentava a lista dos mais vendidos no Rio de Janeiro[32], a casa publicadora carioca Zahar Editores, já indicando o caminho do *Manifesto*, lançou, dentro de sua coleção Biblioteca de Ciências Sociais, uma coletânea de artigos do economista marxista estadunidense Paul Marlor Sweezy[33]. Entre os textos ali enfeixados encontra-se "*O Manifesto Comunista*, Cem Anos Depois". Escrito por ocasião das comemorações do centenário do texto de Marx e Engels, foi publicado em agosto de 1949 na revista *Monthly Review*, da qual Sweezy foi um dos funda-

30. "Espírito Policial", *Jornal do Brasil*, p. 6, 22 jan. 1966.
31. A título de exemplo de publicações clandestinas citemos algumas: Karl Marx e Friedrich Engels, *Manifesto do Partido Comunista*, ed. clandestina mimeo., posterior ao golpe de Estado de 1964, encontrada no acervo do Sindicato dos Metalúrgicos de Volta Redonda e preservada no Arquivo Edgard Leuenroth/IFCH/Unicamp; *Manifesto Comunista*, [São Paulo], [Centro Pastoral Vergueiro], [1968]; *Manifesto do Partido Comunista*, [São Paulo], [Oposição Sindical Metalúrgica], [1968]. As informações aqui fornecidas são provenientes do extenso e meticuloso levantamento realizado pelo professor Horacio Tarcus sobre as edições do *Manifesto do Partido Comunista* na América Latina que se encontra em vias de publicação na Argentina, posto gentilmente à minha disposição e pelo qual aqui agradeço.
32. "Os Mais Vendidos", *Diário Carioca*, p. 2, 7-8 mar. 1965 (Caderno DC2).
33. Paul Marlor Sweezy, *Ensaios sobre o Capitalismo e o Socialismo*, trad. Affonso Blacheyre, Rio de Janeiro, Zahar, 1965, pp. 15-39.

dores. Nele, fazia um balanço da trajetória do *Manifesto* e discutia como ele comportou-se neste século de existência[34].

Mesmo com as ações da ditadura que acima mencionamos, a Zahar deu seu segundo lance com relação ao *Manifesto* e anunciou, em abril de 1967, a publicação de *O Manifesto Comunista de 1848*, com autoria de Harold J. Laski, o qual finalmente chegou às livrarias em novembro do mesmo ano[35]. Tratava-se da versão de um livro editado em 1948 sob a responsabilidade do Comitê Executivo Nacional do Partido Trabalhista britânico para as comemorações do centenário de publicação do *Manifesto do Partido Comunista*[36]. Na edição original, publicada pela George Allen & Unwin de Londres, além das palavras prévias do Partido Trabalhista e de um prefácio do autor, consta a longa introdução preparada por Laski sobre a importância do documento e o texto do *Manifesto* de Marx e Engels, antecedido pelos prefácios de 1872, 1882, 1883, 1888 e 1890. No entanto, na edição brasileira, a editora acrescentou um texto de Joseph Schumpeter, escrito também por ocasião do centenário do *Manifesto*, mas publicado no *Journal of Political Economy* da conservadora Universidade de Chicago, nos Estados Unidos[37].

Na edição do livro alguns cuidados foram tomados pela Zahar. O primeiro foi com a capa, de autoria de Érico Monterosa, a qual fazia com que a palavra "comunista" tivesse sua legibilidade dificultada. Nela, enquanto recebiam destaque visual "Laski", "Manifesto", "de 1848", publicadas em letras de corpo maior e brancas, a palavra "comunista" estava em um corpo menor e em negro sobre um fundo vermelho com uma imagem abstrata. Esta diagramação da capa fazia com, em sua divulgação, em preto e branco, em jornais e revistas, apenas se tornassem visíveis as palavras em branco. O segundo cuidado da Zahar foi com o texto de divulgação do livro enviado às redações de periódicos, mais conhecido como *release*. Nele não se mencionava abertamente a

34. José Carlos Lago Burnett, "Literatura: Capitalismo e Socialismo", *Jornal do Brasil*, p. 2, 6 abr. 1965 (Caderno B).

35. Karl Marx e Friedrich Engels, "Manifesto do Partido Comunista", trad. Regina Lúcia F. de Moraes, pp. 79-124 e Joseph Alois Schumpeter, "A Significação do *Manifesto Comunista* na Sociologia e na Economia" (Apêndice), trad. Cássio Fonseca, em Harold Joseph Laski, *O Manifesto Comunista de 1848*, Rio de Janeiro, Zahar, 1967.

36. Harold Joseph Laski, *Communist Manifesto: Socialist Landmark*, London, George Allen & Unwin, 1948.

37. Joseph Alois Schumpeter, "The *Communist Manifesto* in Sociology and Economics", *Journal of Political Economy*, vol. 57, n. 3, pp. 199-212, June 1949.

publicação do texto de Marx e Engels, apenas eram referidos os textos de Laski e de Schumpeter.

Por fim, o terceiro foi a inclusão do texto de Schumpeter, que não existia no texto do livro original. Com uma visão mais conservadora que a de Laski, o texto do economista austríaco, além de tratar o *Manifesto* mais sob um viés sociológico e também economicista, afirmava que a obra posterior de Marx mostrava "resultados discordantes das linhas de contorno fortes e precisas que tinham sido traçadas, de uma vez para sempre, pelo homem que ainda não era um economista". Disso concluía Schumpeter que "a impossibilidade de confirmar essas linhas de contorno de acordo com as suas aspirações, aliadas à sua recusa em desistir delas, criou a situação intelectual que desse malogro nos fala em todos os seus trabalhos ulteriores"[38].

Ainda restava algo importante a ser destacado e que diferenciava esta edição de todas as outras do período. Trata-se da tradução. De autoria de Regina Lúcia F. de Moraes, feita a partir do original da Allen & Unwin de Londres, ela é a única no período aqui tratado que não foi feita ou cotejada com as edições soviéticas do *Manifesto*. E também foi a primeira, depois dos anos 1950, que também teve essa peculiaridade em relação às edições brasileiras anteriores. Se esta edição do *Manifesto* pôde ser publicada sem que houvesse retaliações por parte dos golpistas, as resenhas praticamente inexistiram, exceção feita a uma do jornalista e crítico literário Franklin de Oliveira.

A crítica de Oliveira praticamente centrou-se no texto de Laski. Este, apesar de Oliveira censurar-lhe sua ênfase no que chamou de "tradição inglesa", ou seja, à economia política, dando pouco destaque a outras vertentes do *Manifesto* (o socialismo utópico francês e a filosofia clássica alemã), foi classificado como uma brilhante análise: "clara, elaborada em forma quase didática". A respeito do texto de Schumpeter, que chamava de técnico, Oliveira aconselhava a sua leitura "com cuidado vigilante, senso crítico". Já sobre o próprio *Manifesto*, Oliveira afirmava que sua edição valoriza imensamente a edição brasileira. Por fim, Oliveira confrontou as forças golpistas:

> Os ingleses não consideram o marxismo uma filosofia que possa ser banida da vida cultural moderna, como o desejam fazer uns obscurantistas indígenas. A obra de Laski, sobre ser importante em si mesma, presta-nos mais esse serviço – documenta que a proscri-

38. Joseph Alois Schumpeter, "A Significação do *Manifesto Comunista* na Sociologia e na Economia", p. 148.

ção ou a proibição do conhecimento da filosofia marxista não pode ocorrer, sem que antes decretemos o bloqueio cultural do Brasil[39].

Uma reportagem a respeito da XIII Feira do Livro na Cinelândia, no Rio de Janeiro – onde foram vendidos apenas no dia de sua abertura, 18 de maio de 1968, a quantia de 158 mil exemplares (a Feira iria durar até o dia 31 do mesmo mês), e, em outra, estimava-se que as vendas alcançariam cerca de oitocentos mil – informava que o *Manifesto* estava entre os mais procurados[40]. Esse é certamente um indício de que o *Manifesto* mantinha seu interesse, e certamente estimulou o aparecimento de uma nova edição. Trata-se a da paulista Editora Escriba. De acordo com Edgard Carone, esta casa editorial era uma "iniciativa de um grupo de esquerda independente, não vinculado a nenhum grupo político, e voltado para a distribuição de livros"[41].

A Escriba teve uma curta vida editorial, não passando de 1969. A sua pequena produção editorial, além de livros de Alfred de Musset (*Gamiani* ou *Duas Noites de Paixão*) e de Manuel Maria Barbosa du Bocage (*Poesias Eróticas Burlescas e Satíricas*), ambos publicados em 1969, voltou-se para a reedição de livros publicados pela Vitória. Assim, foram publicados os livros *A Origem da Vida*, de Alexander Ivanovich Oparin (1969) e *História dos Tempos Atuais*, de Vladimir Georgievich Revunenkov (1969). Da mesma forma, na coleção Ciências Sociais, ocorreram as seguintes reedições da Vitória: *A Concepção Materialista da História*, de Gueorgui Plekhanov (1968); *O 18 de Brumário de Luís Bonaparte*, de Karl Marx (1968); *Do Socialismo Utópico ao Socialismo Científico*, de Friedrich Engels (1968); *Esquerdismo, Doença Infantil do Comunismo*, de Vladimir I. Lenin (1968); *Salário, Preço e Lucro*, de Karl Marx (1968); *Trabalho Assalariado e Capital*, de Marx (1968); e, claro, *Manifesto do Partido Comunista*, de Marx e Engels[42].

A edição da Escriba é uma reprodução fiel da quinta edição do *Manifesto*, publicada pela Vitória em 1963. Nela encontramos a mesma indicação de tradução: "A presente edição foi cotejada com a última edição em espanhol das

39. Franklin de Oliveira, "Livros: Laski", *Correio da Manhã*, p. 6, 24 dez. 1967 (Caderno 4).

40. "158 Mil Volumes Já Foram Vendidos na Feira do Livro", *Correio da Manhã*, p. 3, 19 maio 1968; Valdemar Cavalcanti, "Jornal Literário", *O Jornal*, p. 2, 28 abr. 1968 (Caderno 2).

41. Edgard Carone, "A Trajetória do *Manifesto do Partido Comunista* no Brasil", p. 23.

42. Informações extraídas de "Panorama das Letras", *Jornal do Brasil*, p. 2, 31 jan. 1969 (Caderno B) e da orelha de Vladimir Georgievich Revunenkov, *História dos Tempos Atuais: 1917-1957*, São Paulo, Escriba, 1969.

Obras Escolhidas de Marx e Engels (Moscou, 1962) que foi traduzida da edição russa preparada pelo Instituto de Marxismo-Leninismo anexo ao Comitê Central do Partido Comunista da União Soviética"[43]. A tradução, por sua vez, é idêntica à das *Obras Escolhidas* de Marx e Engels editadas pela Vitória em 1956 e 1961, com os prefácios de 1872, 1882, 1883 e 1890, apenas havendo uma atualização nas referências por conta da substituição do Instituto Marx-Engels-Lenin pelo Instituto de Marxismo-Leninismo.

Esta edição da Escriba não possuía indicação do seu ano de edição. Carone data-a de 1967, mas não fornece a fonte de sua datação. No exemplar que possuímos, por sua vez, à assinatura do antigo proprietário segue-se a data de 1968 e dentro dele há um folheto de uma organização chamada "Veritas: Centro de Expansão Cultural e Promoção Social" comemorativo dos vinte anos da Declaração Universal dos Direitos Humanos, datado "São Paulo, 1968". Como não encontramos nenhuma referência na imprensa da época sobre o lançamento da Escriba, preferimos, por ora, nos ater aos indícios que aqui apresentamos para indicar como data de publicação o ano de 1968, embora tenhamos clareza de que eles não são conclusivos.

Em 1968 também a Escriba publicou uma segunda edição[44], desta vez devidamente datada, bem como fornece a informação de autoria da capa, que repete a da primeira edição. A capa é vermelha, com os nomes de Marx e Engels publicados em letras minúsculas em branco e unidos pelo "e" comercial (&). A ilustração da capa, um muro, tem nele escrito, em letras manuais de pichação, o título do livro e na parte inferior esquerda do livro o nome "Editora Escriba" (na segunda edição, "Editora Escriba" é acompanhado pela logomarca da casa publicadora). No verso da capa da primeira edição da Escriba são apresentados três futuros lançamentos da editora. O primeiro é *O 18 Brumário de Luís Bonaparte* (assim grafado e que sabemos ter sido publicado em 1969), o segundo é *Do Socialismo Utópico ao Socialismo Científico*, de Friedrich Engels (1968) e o terceiro, para o qual não encontramos indícios de publicação, é *O Materialismo Dialético*, de Henri Lefebvre.

43. Karl Marx e Friedrich Engels, *Manifesto do Partido Comunista*, 5. ed., Rio de Janeiro, Vitória, 1963, p. 2. Esta referência é reproduzida do mesmo modo nas edições da Escriba e igualmente na página 2.

44. Marx Karl e Friedrich Engels, *Manifesto do Partido Comunista*, 2. ed., capa Luiz Angelo Pinto, São Paulo, Escriba, 1968. Os dados da primeira edição são idênticos, excetuadas a edição, a falta do ano de edição e a ausência do nome do capista.

As edições da Zahar e da Escriba, no entanto, não puderam mais ser difundidas, pois em dezembro de 1968, com a promulgação do AI-5, o país foi mergulhado pela ditadura dos militares em um dos mais arbitrários e violentos períodos de sua existência. Até então, como vimos, a perseguição a livros e livrarias, editoras e editores havia se feito aparentemente sem um método centralizado, como resultado de supostas iniciativas e ações localizadas, mas, sempre é bom recordar, ainda assim como atos de uma ditadura. O AI-5 autorizava a ditadura, sem apreciação judicial de nenhuma espécie, a decretar recesso do Congresso Nacional; intervir nos estados e municípios; cassar mandatos parlamentares; suspender, por dez anos, os direitos políticos de qualquer cidadão; decretar o confisco de bens considerados ilícitos; e suspender a garantia do habeas-corpus. Mais grave: o AI-5 serviu como anteparo à institucionalização da tortura, a partir de então usada como instrumento pelo Estado.

No que nos toca, ainda houve ainda um interregno no ano de 1969 no que se refere à publicação de livros com temáticas sociais e de esquerda. Além disso, o AI-5 criou mecanismos defensivos, digamos assim que atentavam contra a atividade editorial, ou seja, o que convencionou chamar de autocensura. Sobre isso, anos mais tarde, o editor Jorge Zahar daria um elucidativo testemunho a este respeito: "Nunca fui preso ou perseguido, mas a autocensura pesou, foi muito desagradável. [...] Em dezembro de 1968 joguei fora 6 mil páginas traduzidas. Tinham, por exemplo, escritos de Engels, o que era muito forte para a época. Não abri mão de minha linha, mas também não ia abusar"[45]. Mas, mesmo assim, ainda em 1969, casas editoriais como, entre outras, a Argumentos, Civilização Brasileira, Conquista, Coordenada, Equipe, Escriba, Laemmert, Paz e Terra, Saga e Zahar ainda lançaram livros com a referida temática, mas o volume das publicações reduziu-se razoavelmente em relação ao ano anterior.

Em um levantamento realizado a partir de nossa biblioteca e de dados disponíveis em sítios de venda de livros usados, os quais, no entanto, se encontram razoavelmente longe dos dados disponíveis nos volumes do *Anuário Estatístico* do Instituto Brasileiro de Geografia e Estatística do período, pudemos localizar um conjunto de livros não apenas estritamente marxistas, mas que podem se incluir no quadro que compõe o que Schwarz denominou de

45. *O Globo*, 21 mar. 1998, em Paulo Roberto Pires, *A Marca do Z: A Vida e os Tempos do Editor Jorge Zahar*, Rio de Janeiro, Zahar, 2017, p. 171.

hegemonia cultural de esquerda. Mesmo assim, este levantamento reproduz o movimento geral apontado nos *Anuários*. Assim, no ano do golpe há um pequeno volume de títulos de livros com temáticas do campo da esquerda que cresce, com uma discreta inflexão em 1966, para números consideráveis em 1967 e 1968 (o mais alto do período), para, por fim, decrescer em 1969, a números praticamente idênticos aos de 1964.

Tabela 1. *Total de Títulos de Esquerda Publicados (1964-1969)*[46].

Ano	Total de Livros Publicados
1964	78
1965	85
1966	66
1967	106
1968	147
1969	82
Total:	564

Tabela 2. *Títulos de Humanidades (1964 e 1969)*.

Área	1964	1969
Filosofia e Psicologia	116	138
Sociologia, Estatística etc.	112	141
Ciências Políticas, Economia Política	83	84
História, Biografias	140	137
Total:	451	490
Total de Livros no Brasil:	3.882	5.105

46. IBGE, *Anuário Estatístico do Brasil: 1967*, Rio de Janeiro, IBGE, 1967, p. 719; *Anuário Estatístico do Brasil: 1972*, Rio de Janeiro, IBGE, 1972, p. 870. As mesmas fontes foram a base para as outras tabelas. Para a Tabela 3, foi também utilizado o *Anuário Estatístico do Brasil: 1970*, Rio de Janeiro, IBGE, 1970, p. 705.

Tabela 3. *Tiragens de Obras de Humanidades (1964, 1967 e 1969).*

Área	1964	1967	1969
Filosofia e Psicologia	691 043	5 450 644	523 082
Sociologia, Estatística etc.	410 257	1 015 365	676 118
Ciências Políticas, Economia Política	703 420	1 194 017	439 230
História, Biografias	614 357	497 975	469 725
Total:	2 419 077	8 158 001	2 108 155
Total de Tiragens no Brasil:	51 912 564	154 898 815	68 068 200

Em 1969, apesar do virulento clima na cena política, a atuação do aparato repressivo ainda permitia algumas brechas, que somente foram bloqueadas com a promulgação do Decreto-Lei nº 1077, de 26 de janeiro de 1970. Este decreto-lei tratava da execução do artigo 153, § 8º, parte final, da Constituição do Brasil, ou seja, sobre a censura de livros e revistas. O referido dispositivo constitucional regulado pelo Decreto-Lei nº 1077, o qual se referia ao que os golpistas entendiam por "liberdade de manifestação do pensamento", assim dizia em sua parte final:

> Art. 153 – [...]
>
> *§ 8º* – [...] A publicação de livros, jornais e periódicos não depende de licença de autoridade. Não serão, porém, toleradas a propaganda de guerra, de subversão da ordem ou de preconceitos de religião, de raça ou de classe, e as publicações e exteriorizações contrárias à moral e aos bons costumes[47].

Foi, sem dúvida, o "porém" que permitiu a criação desse dispositivo "legal"... embora já houvesse uma lei (nº 5.250, de 9 de fevereiro de 1967) que regulava a "liberdade de manifestação e de informação", é a partir de 1970 que os mecanismos de controle da ditadura se tornaram mais rígidos. Essa formalização da censura, em combinação com a violência mortífera com que a ditadura combatia seus adversários e inimigos, fez com que as editoras redu-

47. Brasil, *Constituições do Brasil: De 1824, 1891, 1934, 1937 e 1967 e suas Alterações*, Brasília, Senado Federal/ Subsecretaria de Edições Técnicas, 1987, vol. 1, p. 468.

zissem drasticamente o seu volume de publicações de esquerda. Estas somente conseguiram sobreviver a duras penas na clandestinidade, com reproduções fotográficas ou assemelhadas, dirigidas ao universo da militância das organizações clandestinas, perdendo, portanto, uma audiência mais ampla.

A edição do *Manifesto do Partido Comunista* também, evidentemente, foi afetada por esta situação. Neste momento o texto de Marx e Engels, fora dos meandros da clandestinidade, sobrevivia por meio de resumos de caráter conservador em obras de referência que eram adotadas em cursos universitários, como o compêndio de Jean-Jacques Chevallier[48]. Além disso, este tipo de tratamento também é encontrado, com respeito ao *Manifesto*, em obras de vulgarização, como a de Paul Frischauer[49]. De todo o modo é importante não esquecer que a circulação do *Manifesto* no período da ditadura jamais deixou de ocorrer, pois, além das versões mimeografadas distribuídas clandestinamente, o texto de Marx e Engels podia ser encontrado nos sebos.

Neste período a ditadura, mesmo começando a ter as garras encolhidas, buscou intimidar os leitores. Assim, por exemplo, no caso do processo movido com uma organização política, o Movimento de Emancipação do Proletariado, um dos seus militantes, Frederico José Falcão (curiosamente, sobrinho do então ministro da Justiça, Armando Falcão), ligado ao setor estudantil do grupo, tinha entre as acusações contra ele levantadas o fato de ter lido, "em janeiro ou fevereiro de 1975", entre outros, o *Manifesto*![50] Um lustro depois, a imprensa informava que alguns estudantes foram presos na cidade de Santos, no Estado de São Paulo, e entre as publicações com eles apreendidas, todas da editora Versus, estava a edição em quadrinhos do *Manifesto*. A imprensa informou que, após comunicação com o Dops, em São Paulo, o delegado de Santos liberou os estudantes, bem como o material apreendido, reconduzindo os jovens ao lugar onde os deteve[51].

48. Jean-Jacques Chevallier, *As Grandes Obras Políticas de Maquiavel a Nossos Dias*, trad. Lydia Christina, Rio de Janeiro, Agir, 1957, pp. 237-266. Desde então este livro teve várias reedições, inclusive no período aqui tratado (a segunda edição foi publicada em 1966), que chegaram ao menos até 2002. Ver a resenha da terceira edição, de 1980, no órgão da Sociedade Brasileira para o Progresso da Ciência ("Livros e Revistas", *Ciência e Cultura*, vol. 33, n. 1, pp. 144-145, jan. 1981).

49. Paul Frischauer, *Está Escrito: Documentos que Assinalaram Épocas*, trad. Else Graf Kalmus, São Paulo, Melhoramentos, 1972, pp. 231-241. Este livro teve sua segunda edição publicada no ano seguinte.

50. "Aeronáutica Interroga Hoje os Acusados de Subversão: Promotor Diz que Réus Confessaram", *Jornal do Brasil*, p. 21, 27 out. 1977.

51. "Estudantes Presos", *Jornal do Commercio*, p. 12, 8-9 jun. 1980.

Com o assassinato do jornalista Vladimir Herzog nas câmaras de tortura dos golpistas em São Paulo em fins de 1975, trágico evento que se combinou com o fim do chamado "milagre econômico", teve início o processo de irreversível queda e fim da ditadura instalada em 1964. Este movimento depois se ampliou com as poderosas greves dos trabalhadores metalúrgicos de São Bernardo do Campo e cidades da região, lideradas por Luiz Inácio Lula da Silva, e que foram se espalhando pelo país. Com elas também se iniciou a mobilização pela anistia, à qual se seguiram as gigantescas manifestações pelas eleições diretas para presidente, as Diretas Já. Este conjunto de lutas deu o toque de recolher que decretou indubitavelmente o baque e o fim da ditadura, que se encerrou em 1985, com a eleição de Tancredo Neves, que fora primeiro-ministro de João Goulart na época parlamentarista, no Colégio Eleitoral em janeiro de 1985. Esta foi a última eleição indireta para presidente da República. Pela primeira vez um civil governaria o Brasil depois de 1964.

Do mesmo modo que as entranhas da sociedade, com suas diversas formas de mobilização social, as estantes das livrarias exibem em suas prateleiras os sinais de mudança no cenário político. Começam timidamente até que as mudanças tornam-se irreversíveis. Com a retomada das edições do *Manifesto* também se passou o mesmo. Em 1977, a Editorial Grijalbo, que era próxima do Partido Comunista Brasileiro (PCB) e que no ano seguinte passaria a se chamar Livraria e Editora Ciências Humanas, lançou um volume com textos de Karl Marx e Friedrich Engels intitulado *Cartas Filosóficas e Outros Escritos*, organizado e traduzido por Marco Aurélio Nogueira. Dividido em duas partes, em seu interior encontram-se na primeira nove cartas de ambos os autores a diversos interlocutores e na segunda a Grijalbo publicou o *Manifesto do Partido Comunista*, que no sumário e na abertura do respectivo capítulo é identificado como "Manifesto de 1848".

Antecedem o *Manifesto* uma apresentação do documento sem assinatura, datada de outubro de 1976 e os prefácios de 1872, 1882, 1883, 1888, 1890, 1892 e 1893; ao final do volume encontra-se um índice onomástico[52]. Na tradução,

52. Karl Marx e Friedrich Engels, *Cartas Filosóficas e Outros Escritos*, São Paulo, Grijalbo, 1977, pp. 49-116. A introdução editorial está nas pp. 51-62, e o índice, nas pp. 117-129. Apesar de a edição não trazer o nome do tradutor, trata-se de Marco Aurélio Nogueira, conforme testemunho inserido em Flamarion Maués, *Livros Contra a Ditadura: Editoras de Oposição no Brasil (1974-1985)*, São Paulo, Publisher Brasil, 2013, p. 76 e também reiterado a este autor (em mensagem eletrônica de Marco Aurélio Nogueira a Dainis Karepovs, 1 mar. 2018).

como se explica na introdutória "Nota dos Editores", procurou-se conservar, na medida do possível, a tradução da quinta edição da Vitória, de 1963 – a qual, como sabemos, foi pela primeira vez publicada em 1956 –, cotejando-a, porém, com as traduções inglesa (de Samuel Moore e revista por Engels, publicada pela Penguin em 1975), francesa (de Laura Lafargue, publicada pela Éditions Sociales em 1973), castelhana (de M. H. Alberti, publicada pela argentina Claridad em 1967), italiana (de Palmiro Togliatti, publicada nas obras de Marx e Engels e editada pela Editori Riuniti em 1973) e alemã (da Dietz Verlag).

O título anódino buscava ocultar o objetivo do editor em fazer circular novamente o texto de Marx e Engels no Brasil e o de tentar evitar problemas com a ditadura[53]. Assim a capa, sem a identificação do capista, era verde, com o nome dos autores em branco, o título e nome da editora e tendo ao centro a reprodução de um documento manuscrito em francês feito com uma caligrafia que lembra a de Marx. Afora anúncios de livrarias indicando sua venda e o preço do exemplar (que, curiosamente, variava de uma livraria para outra), apenas encontramos uma indicação de que *Cartas Filosóficas* teve uma boa vendagem, ao menos no Rio Grande do Norte[54].

No mesmo ano de 1977, também ocorreu outra publicação do *Manifesto*. Desta vez pelas Edições Sociais. Esta casa editorial – provável homenagem à editora do Partido Comunista Francês, Éditions Sociales –, criada em 1975, era na verdade um selo da Editora Alfa-Ômega, a qual, por sua vez, existia desde 1973, fundada por Fernando Mangarielo, mantendo-se até nossos dias. Isto se explica, de acordo com Sandra Reimão e outros, pela conjuntura política daquele momento, em que a ditadura chegava ao auge de seu regime de terror[55]. Como vimos no caso da Grijalbo, o editor agiu com extrema cautela para evitar percalços com a ditadura. Pelo selo das Edições Sociais, a Alfa-Ômega começou em 1975 a republicação da edição dos três volumes das *Obras Escolhidas* de Marx e Engels feita pela Vitória no início dos anos 1960, preservando integralmente o conteúdo da edição original, inclusive do aparato crítico. No entanto, a republicação saía com o título de *Textos*.

53. Flamarion Maués, *Livros Contra a Ditadura*, p. 75.

54. *Diário de Natal*, p. 2, 8 ago. 1978. As referências às livrarias encontram-se no semanário paulistano *Movimento* em suas edições de n. 143, p. 19, 27 mar. 1978, e de n. 157, p. 22, 3 jul. 1978, que publicavam anúncios, respectivamente, das livrarias paulistanas Escrita e Zapata.

55. Sandra Reimão *et al.*, "Alfa-Ômega: O Pensamento Crítico em Livro", *Intercom: RBCC*, vol. 38, n. 1, p. 175, jan.-jun. 2015.

A reedição se deu lentamente, com a edição de um volume por ano: o primeiro em 1975, o segundo em 1976 e o terceiro em 1977. No entanto, a reedição das Edições Sociais não se deu com a mesma disposição original dos textos feita pela Vitória e tampouco com a integralidade dos textos. No caso do *Manifesto*, que na edição da Vitória fora publicado no primeiro volume, na versão das Edições Sociais ele acabou sendo publicado no terceiro volume de 1977[56]. Trata-se de uma simples republicação, fazendo uso, portanto, da mesma tradução da Vitória, a qual, como vimos acima, já vinha de 1956. A capa, de autoria de "Agune, Falanqui e Tedeschi" (sobre quem não conseguimos obter maiores informações) era branca, delimitada, no terceiro volume, por um fio verde (os outros volumes tinham a mesma capa, mudando apenas a cor do fio). O fio enquadrava o nome dos autores, o título da obra, o logotipo e o nome da casa publicadora, todos estes em tipo tipográfico na cor preta sem letras maiúsculas e o número do volume colorido, acompanhando a cor do volume, neste caso verde.

No ano seguinte, ocorreu mais um passo. O *Manifesto* foi relançado pela Zahar, a qual lançou a segunda edição do livro de Laski, agora com o título modificado: *O Manifesto Comunista de Marx e Engels*. Desta vez não houve a preocupação de ocultar-se nada, nem com escaramuças visuais na capa. Trata-se exatamente da mesma edição de 1967, sem qualquer modificação, exceto a já mencionada no título[57]. A capa, com a mudança do título da obra, naturalmente, foi modificada. O mesmo capista, Érico Monterosa, a refez. Desta vez trata-se de uma capa com fundo laranja, com três retângulos, dois brancos e um vermelho, este maior. No vermelho está o título da obra em caracteres brancos. No retângulo superior branco encontra-se o nome do autor em letras negras e no inferior a indicação do texto em apêndice de Schumpeter, em letras vermelhas. Na parte inferior da capa laranja a indicação de 2ª. edição e no pé da capa o nome da coleção (Biblioteca de Cultura Histórica) e o nome da editora e o seu logotipo. Em 1982, a Zahar publicou uma terceira edição, desta feita absolutamente idêntica à segunda[58].

56. Karl Marx e Friedrich Engels, *Textos*, São Paulo, Edições Sociais, [1977]. O *Manifesto* está nas pp. 13-47.

57. Karl Marx e Friedrich Engels, "Manifesto do Partido Comunista", trad. Regina Lúcia F. de Moraes, pp. 79-124 e Joseph Alois Schumpeter, "A Significação do *Manifesto Comunista* na Sociologia e na Economia" (Apêndice), trad. Cássio Fonseca, em Harold Joseph Laski, *O Manifesto Comunista de 1848*, 2. ed., Rio de Janeiro, Zahar, 1978.

58. Karl Marx e Friedrich Engels, "Manifesto do Partido Comunista", trad. Regina Lúcia F. de Moraes, pp. 79-124 e Joseph Alois Schumpeter, "A Significação do *Manifesto Comunista* na Sociologia e na

Em 1979 o *Manifesto* recebeu uma modificação. Trata-se da transformação do texto de Marx e Engels para o formato de história em quadrinhos. Quem a realizou foi o desenhista italiano Rodolfo Marcenaro, que se assinava como Ro Marcenaro. A edição original foi publicada em 1976 na Itália pelas Edizione Ottaviano, *Manifesto Comunista a Fumetti*, que teve uma rápida difusão, recebendo versões em vários idiomas. A Editora Versus, ligada à organização trotskista Convergência Socialista, publicou a versão brasileira em 1979[59]. Respeitando o texto de Marx e Engels, Ro Marcenaro produziu uma versão, dadas as diferenças de linguagem, que se pode reputar como razoável e sem distorções. Tratou-se de um sucesso imediato, o que levou o editor a publicar uma nova edição ainda naquele mesmo ano.

Nesta segunda edição há uma mudança e o aporte de algumas informações ausentes da primeira edição. A mudança refere-se ao acréscimo de um prefácio de autoria de Leon Trotsky: "90 Anos de *Manifesto*". Esta segunda edição também informava o nome do tradutor (Edson da Silva Coelho) bem como o da capista (Sonia Kawa). A capa, que é idêntica à da primeira edição, variando apenas a cor de fundo: na primeira é grená, e na segunda, laranja. A capa, assim, tem um fundo colorido, tendo no seu centro como ilustração uma imagem retirada dos quadrinhos de Marcenaro.

No alto está o nome da obra em grandes letras brancas, tendo abaixo o nome dos autores em cor preta e com um corpo diferente e menor. No canto inferior direito estava, em caracteres brancos, o nome da editora. No balão da fala do personagem da ilustração encontrava-se a frase "Inédito em Quadrinhos". Na segunda edição foi acrescida ao balão a informação: "2ª. edição" e suprimido o texto da legenda que estava dentro da ilustração, o qual foi substituído por "prefácio de Trotsky"[60]. Poucos anos depois foi lançada uma terceira edição, absolutamente idêntica à segunda, exceto pelo nome da casa publicadora que a editava. Desta vez a edição foi realizada pela Proposta Editorial, a qual informalmente sucede a Versus. Naturalmente, na capa trocou-se

Economia" (Apêndice), trad. Cássio Fonseca, em Harold Joseph Laski, *O Manifesto Comunista de 1848*, 3. ed, Rio de Janeiro, Zahar, 1982.

59. Karl Marx, Friedrich Engels e Rodolfo Marcenaro, *O Manifesto Comunista: Inédito em Quadrinhos*, São Paulo, Versus, [1979]. A referência à sua publicação, para a precisão da data, está em Moacy Cyrne, "Quadrinhos: Um Balanço Provisório", *Tribuna da Imprensa*, p. 4, 29-30 dez. 1979 (Suplemento).

60. Karl Marx, Friedrich Engels e Rodolfo Marcenaro, *O Manifesto Comunista: Inédito em Quadrinhos*, 2. ed., trad. Edson da Silva Coelho, capa Sonia Kawa, São Paulo, Versus, 1979. O texto de Trotsky está nas pp. 1-6.

o nome da Editora Versus e inseriu-se logotipo da Proposta[61]. Houve ainda nova edição, em 1990, por outra casa editora, a qual não estabelecia vínculos com estas três primeiras edições, e sobre a qual não nos estenderemos por se encontrar fora dos marcos deste texto[62].

Em 1980, já com o título original de *Obras Escolhidas*, a Alfa-Ômega reeditou os três volumes e, desta vez, na íntegra – o que fez com que os três volumes passassem de 852 para 1088 no total das páginas – e mantendo a ordem da edição original da Vitória. Assim o *Manifesto* saiu desde então, nas sucessivas reedições da Alfa-Ômega, publicado no primeiro volume[63]. A descontar-se a mudança provocada pela integralidade, nada do seu caráter de reprodução da edição da Vitória se modificou: tradução e aparato crítico são mantidos idênticos aos publicado nos anos 1960. A capa foi alterada. De autoria de Vera Altenburg, sobre um fundo cinza foi inserido um grande retângulo contendo seis retratos de Marx e seis de Engels, em branco e preto, alternados. Na parte superior, sobrepostos aos retratos estavam os nomes dos autores, vazados em caracteres brancos e, entre a terceira e a quarta filas de retratos, em uma faixa branca, na qual se colocou o nome da obra em caracteres negros.

Neste mesmo ano de 1980, outra editora do campo trotskista, neste caso a Organização Quarta Internacional, a qual publicava o jornal *Causa Operária*, nome pelo qual era mais popularmente conhecida esta corrente, a Ched, publicou o *Manifesto*[64]. Ao contrário das edições publicadas neste período, o *Manifesto* publicado pela Ched possuía um formato menor (11 × 15cm) ao contrário dos anteriores, que o publicaram no formato tradicional de 14 × 21cm, assemelhando-se no tamanho às edições da Vitória dos anos 1940-1960 (exceto as *Obras Escolhidas*, estas em formato maior). A tradução, assinada por Maria Arsênio da Silva, foi

61. Karl Marx, Friedrich Engels e Rodolfo Marcenaro, *O Manifesto Comunista: Inédito em Quadrinhos*, 3. ed., trad. Edson da Silva Coelho, capa Sonia Kawa, São Paulo, Proposta, 1982. O texto de Trotsky está nas pp. 1-6.

62. Karl Marx, Friedrich Engels e Rodolfo Marcenaro, *O Manifesto Comunista*, trad. Raul Fiker, capa Carlos Matuck, São Paulo, Brasiliense, 1990.

63. Karl Marx e Friedrich Engels, *Obras Escolhidas*, São Paulo, Alfa-Ômega, vol. 1[1980]. Capa de Vera Altenburg. O *Manifesto* está nas pp. 13-47. Apesar de as edições não possuírem data, foi possível determinar a data de sua publicação através de notas em jornais que chegaram a publicar o conteúdo de cada um dos três volumes, inclusive com a indicação de que o *Manifesto* aqui se encontrava no primeiro volume (Paulo de Medeiros Albuquerque, "Livros: Marx & Engels", *Luta Democrática*, p. 6, 1º. abr. 1980; Marcus Prado, "Livros: Painel", *Diário de Pernambuco*, p. D-5, 6 abr. 1980).

64. Karl Marx e Friedrich Engels, *Manifesto Comunista*, trad. Maria Arsênio da Silva, capa de Thera Buso, São Paulo, Ched, 1980.

feita aparentemente de uma edição espanhola não referenciada, a qual, por sua vez, o traduziu a partir de uma edição soviética das *Obras* de Marx e Engels de 1951, cotejada, por sua vez, com a edição de 1888, que foi editada por Engels.

Enfim, tais informações remetem a uma edição do campo stalinista. A edição da Ched publica apenas o prefácio de Marx e Engels de 1872 e não traz nenhum aparato crítico, sequer as notas publicadas por Engels. A sua capa, de autoria de Thera Buso, possui fundo branco com o título da obra e o nome dos autores impresso em vermelho e caracteres em letra minúscula, e na sua parte inferior tem uma ilustração estilizada e geométrica de bandeiras sendo agitadas. Ainda em 1980 é publicada a segunda edição, idêntica à primeira. Até 1985 foram publicadas mais quatro edições (1981, 1982, 1984 e 1985), sendo que a sexta edição foi publicada por uma nova casa editorial, sem qualquer vínculo com organização política, de propriedade de José Luiz Goldfarb, a Nova Stella. Esta nova editora publicou até a nona tiragem, de 1990, esta edição do *Manifesto*, sem qualquer modificação.

Ainda em 1980 foi publicada outra edição do texto de Marx e Engels. Trata-se daquela editada por uma casa editora do Rio Grande do Sul, a Villa Martha[65]. Esta editora possuía uma orientação eclética, indicando a ausência de vínculos mais efetivos com o mundo político. As seus edições, publicadas em 1979 e 1980, atestam isso: *Carta aos Poderes*, de Antonin Artaud (1979); *A Família: Origem e Evolução*, coletânea de textos de Lévi-Strauss, Kathleen Gough e outros (1980); *A Grande Espoliação*, de Anselmo F. Amaral (1980); *Que é uma Constituição?*, de Ferdinand Lassalle (1980); *O Papel da Cultura nas Ciências Sociais*, coletânea de textos de Friedrich Engels, Zygmunt Bauman e outros (1980), além de livros de poesia e espíritas.

Esta edição, o texto em si, na verdade é uma cópia fotográfica da edição da Vitória publicada no primeiro volume das *Obras Escolhidas* de Marx e Engels de 1961. Apenas o falso rosto, a página de rosto, o índice ao fim do volume, os textos internos da capa e o da contracapa são resultado da ação editorial da Villa Martha. Além da capa, naturalmente, a qual é singela. Com fundo branco, tem o nome dos autores e o título da obra, com o nome da editora impresso em caracteres negros. Na parte média inferior há uma faixa vermelha, sobre a qual está escrita também em pequenos caracteres negros a expressão "texto integral".

65. Karl Marx e Friedrich Engels, *Manifesto Comunista*, Porto Alegre, Villa Martha, 1980.

No ano seguinte, foi publicada a mais longeva das edições do *Manifesto* publicadas pela mesma casa editorial, a qual vem até os nossos dias. Trata-se da Global Editora. Esta casa publicadora, atuante até hoje, foi fundada em 1973 por Luiz Alves, associando-se a ele, três anos mais tarde, José Carlos Venâncio, o qual lhe dará uma orientação de esquerda. Inicialmente com uma linha editorial eclética, a partir de 1978 passou a ter uma atuação marcadamente política e de esquerda[66]. A edição da Global foi publicada dentro do âmbito de uma coleção chamada "Universidade Popular", da qual o *Manifesto* foi o primeiro volume e que possui um formato inusual, maior que o da Ched, mas menor que os demais, com 12 × 18cm. Como de hábito, não há referência à tradução, mas os prefácios de Marx e Engels de 1872, 1882, 1883 e 1890 e o cotejamento do texto permitem notar que ela foi retirada da edição das *Obras Escolhidas* de 1956 da Vitória; no entanto o aparato crítico foi completamente removido.

Sua capa, de autoria de César Landucci Neto, tem um fundo vermelho com o nome do livre escrito em caracteres brancos no meio da capa. Na parte superior está, em caracteres negros, o nome da coleção, tendo o seu número sido colocado no canto inferior direito, também em negro. Ao lado do número está o nome da editora, em caracteres brancos. Ilustra a capa uma coluna com quatro retratos de cada um lado a lado de Marx e Engels em negro. Do mesmo modo o nome dos autores está grafado em caracteres negros. Até 1985 foram publicadas cinco edições, ano a ano. Depois disso a edição por duas vezes sofreu modificações no tamanho e no conteúdo do volume, das quais aqui não trataremos, e até o momento alcançou em 2017 a sua décima primeira edição.

Em 1983, novamente, uma organização trotskista publicou outra edição do *Manifesto*. Desta vez coube à Organização Socialista Internacionalista, por intermédio de seu jornal *O Trabalho*, realizar esta publicação em comemoração ao centenário de falecimento de Karl Marx[67]. O formato é um diferencial desta edição, pois se trata da de maior formato dentre as até então publicadas, com o tamanho de 22 × 29cm, o que a torna a edição com menos páginas. Ela possuía uma apresentação editorial enfocada na trajetória de Marx e de Engels. A ela segue, como na edição em quadrinhos da Versus, o texto de Trotsky "90 Anos do *Manifesto do Partido Comunista*", seguido pelos prefácios de Engels

66. Flamarion Maués, *Livros Contra a Ditadura*, p. 37.

67. Karl Marx e Friedrich Engels, *Manifesto do Partido Comunista*, São Paulo, O Trabalho, 1983. O texto de Trotsky, "90 anos do *Manifesto do Partido Comunista*", está nas pp. 3-5.

de 1883 e 1890. Após o *Manifesto*, na contracapa interna, há uma cronologia da vida de Marx. A tradução, sem indicação de fonte, no entanto, tanto pelo conjunto das notas ao final do texto, como pelo cotejamento, indica que ela foi tomada e revista a partir de uma edição da Vitória, provavelmente a quarta, de 1960. A capa, de autoria de Adriano, feita sobre um fundo quadriculado, tem ao seu centro um desenho de Marx, feito pelo capista, encimada pelo nome da obra e de seus autores em caracteres vermelhos.

Neste mesmo ano de 1983, também por conta das comemorações do centenário de falecimento de Marx, foi publicada coletânea de textos de Marx e Engels organizada por Florestan Fernandes, publicada pela Editora Ática no âmbito de uma coleção coordenada também pelo organizador, Coleção Grandes Cientistas Sociais, da qual é o 36º volume. Nela, é reproduzido o *Manifesto*. No entanto, a coletânea reproduz apenas o primeiro capítulo, "Burgueses e Proletários". O texto foi extraído da edição publicada pela Escriba, já tratada mais acima. A capa, de Elifas Andreato, possui um fio retangular duplo na cor marrom. Dentro dele, na metade superior estão os nomes de Marx e Engels na mesma cor do fio; abaixo deles, em corpo menor, o nome do organizador; e abaixo deste, e em um corpo maior, a área em que se insere o livro dentro da coleção, "História". Ao lado, a logomarca da editora. No canto superior direito está a logomarca da coleção. Na metade inferior reproduz-se uma ilustração de manifestação no século XIX.

Por fim, a última edição a assinalar dentro do período destacado é a publicada pela Editora Cátedra em 1985, uma casa publicadora carioca com uma linha editorial extremamente diversificada e sem qualquer vinculação política[68]. Mais uma vez, a fonte da edição, não mencionada, é a tradução publicada pela Vitória em 1956 e publicada nas *Obras Escolhidas* de Marx e Engels. A capa, de Luiz Falcão, é simples, mas tem mais o caráter de um prospecto de propaganda. Em fundo branco, a legenda "Texto Integral do *Manifesto do Partido Comunista* escrito por Marx & Engels em 1847 [*sic*]" é espalhada, alternando as linhas em vermelho e preto. Na parte inferior, a logomarca da editora e o seu nome. Houve uma segunda edição, idêntica à primeira, publicada em 1987. Em ambas se repetiu o grosseiro erro de datação do texto.

68. Karl Marx e Friedrich Engels, *Manifesto do Partido Comunista*, Rio de Janeiro, Cátedra, 1985. Ao contrário da capa, que possuía um grosseiro erro de datação do *Manifesto*, na página de rosto encontra-se o título correto, o qual mantivemos aqui em sua referenciação.

Durante os quase 21 anos de duração da ditadura dos golpistas de 1964 foram publicadas 25 edições do *Manifesto do Partido Comunista*, de Karl Marx e Friedrich Engels. Desse universo, como dissemos, estão excluídas as edições publicadas clandestinamente por diversas organizações políticas e sindicais durante este período, cujo total até este momento é difícil de estabelecer. Sua distribuição ao longo do tempo tem, como era de se esperar, uma conexão com a conjuntura política do Brasil. O grosso das edições, 22 delas, foi publicado entre 1977 e 1985, enquanto as três restantes foram publicadas em 1967 e 1968. Neste primeiro período a publicação ocorreu, como vimos, por conta de uma situação anômala, na qual a esquerda, em particular no campo cultural, teve a possibilidade de poder atuar com uma restrita liberdade, à qual o AI-5 pôs fim, tendo-se mantido uma violenta repressão até 1977. Assim, a grosso modo, pode-se dizer que no período posterior a 1977 foram publicadas em média pouco mais de três edições anuais, enquanto para o curto biênio anterior, de 1967-1968, a média de publicação foi a metade. Examinando a questão em termos de datas, o período 1964-1966 e 1969-1976, onde não houve edições do *Manifesto*, é equivalente ao período em que ocorreu sua publicação (1967, 1968, 1977-1985).

No período de 1967 a 1985, como já dissemos, as traduções do *Manifesto*, com a exceção da Zahar – cuja versão foi realizada a partir de texto inglês –, tinham como fonte a versão publicada em 1956[69] – a qual, por sua vez, como já vimos, foi feita a partir das versões em inglês e em espanhol preparadas pelo então Instituto Marx-Engels-Lenin –, e que somente eram confrontadas com edições em outros idiomas para pequenos aperfeiçoamentos estilísticos não muito significativas do texto. Por conta dessa origem, é importante destacar que com as traduções de matriz oriunda do Instituto Marx-Engels-Lenin também vinha o aparato crítico, caudatário da influência soviética. Também é importante ressaltar que desde 1924 até o fim da ditadura, as traduções foram feitas a partir de versões em vários idiomas – jamais, no entanto, a partir do texto alemão original. Curiosamente, a primeira versão feita a partir do alemão foi publicada em terras brasileiras no ano de 1986. Todavia ela reproduzia tradução feita em 1975 em Portugal[70].

69. Karl Marx e Friedrich Engels, "Manifesto do Partido Comunista", *Obras Escolhidas*, Rio de Janeiro, Vitória, 1956, vol. 1, pp. 16-54.

70. Karl Marx e Friedrich Engels, *Manifesto do Partido Comunista*, trad. Alvaro Pina, São Paulo, Novos Rumos, 1986. Eis a procedência da tradução: Karl Marx e Friedrich Engels, *Manifesto do Partido Comunista*, trad. Alvaro Pina, Lisboa, Avante!, 1975.

O que resta a destacar é o fato de que a longa trajetória editorial do *Manifesto* no Brasil e no mundo deve-se a uma soma de qualidades que o mantém atual, além de seu texto brilhante e preciso redigido por Marx e Engels[71]. Se alguns pontos do *Manifesto* se tornaram anacrônicos, em especial suas previsões sobre e quando se desencadearia a tomada do poder por parte dos comunistas, eles pouco obscurecem o que lhe é essencial: a maneira pela qual o capitalismo é examinado e dissecado, expondo suas entranhas e cruéis idiossincrasias de modo claro e rigoroso aos seus leitores. Não é à toa que os porta-vozes da burguesia e os regimes de arbítrio têm no *Manifesto* um de seus alvos primários de descrédito e de erradicação justamente por conta dessas mesmas virtudes e por seu extremo rigor. Afinal, a começar pelo título, o *Manifesto do Partido Comunista* não esconde nem dissimula seus objetivos.

Referências Bibliográficas

"158 Mil Volumes Já Foram Vendidos na Feira do Livro". *Correio da Manhã*, 19 maio 1968.

"Aeronáutica Interroga Hoje os Acusados de Subversão: Promotor Diz que Réus Confessaram". *Jornal do Brasil*, 27 out. 1977.

Albuquerque, Paulo de Medeiros. "Livros: Marx e Engels". *Luta Democrática*, 1º. abr. 1980.

Alves, Márcio Moreira. "Perigo do Obscurantismo". *Correio da Manhã*, 16 abr. 1964.

"Apreendido Vultuoso Material de Propaganda Comunista no Correio". *Diário da Noite*, 7 abr. 1964.

"Apreendidos Livros no Recife". *Jornal do Brasil*, 30 maio 1965.

"Arquivada Apelação dos Chineses: Outra Apelação". *Jornal do Brasil*, 13 nov. 1965.

Athayde, Tristão de [Alceu Amoroso Lima]. "Terrorismo Cultural". *Revolução, Reação ou Reforma?* Rio de Janeiro, Tempo Brasileiro, 1964.

Berman, Marshall. "Melodia Livre". *Aventuras no Marxismo*. São Paulo, Companhia das Letras, 2001, pp. 277-292.

Brasil. *Constituições do Brasil: De 1824, 1891, 1934, 1937 e 1967 e suas Alterações*. Brasília, Senado Federal/Subsecretaria de Edições Técnicas, 1987.

Burnett, José Carlos Lago. "Literatura: Capitalismo e Socialismo". *Jornal do Brasil*, 6 abr. 1965 (Caderno b).

71. Sobre isso, além dos textos de Laski e Sweezy aqui já referidos, ver Eric Hobsbawm, "O Manifesto Comunista", *Como Mudar o Mundo: Marx e o Marxismo (1840-2011)*, São Paulo, Companhia das Letras, 2011, pp. 98-115; Marshall Berman, "Melodia Livre", *Aventuras no Marxismo*, São Paulo, Companhia das Letras, 2001, pp. 277-292.

CARONE, Edgard. "A Trajetória do *Manifesto do Partido Comunista* no Brasil". *In*: MARX, Karl & ENGELS, Friedrich. *Manifesto do Partido Comunista*. Trad. Alvaro Pina. São Paulo, Novos Rumos, 1986.

CARPEAUX, Otto Maria. "O Preço". *Correio da Manhã*, 7 mar. 1965.

CAVALCANTI, Valdemar. "Jornal Literário". *O Jornal*, 28 abr. 1968 (Caderno 2).

"CGI Não Libertou Presos em Minas". *Correio da Manhã*, 25 jun. 1964.

CHEVALLIER, Jean-Jacques. *As Grandes Obras Políticas de Maquiavel a Nossos Dias*. Trad. Lydia Christina. Rio de Janeiro, Agir, 1957.

"COMUNISTAS Substituem Agora os Portugueses na Ilha das Flores: Livros Subversivos". *Diário de Notícias*, 7 abr. 1964.

CYRNE, Moacy. "Quadrinhos: Um Balanço Provisório". *Tribuna da Imprensa*, 29-30 dez. 1979 (Suplemento).

"DOPS Prende e Solta Caio Prado Júnior". *Última Hora*, 8 jun. 1965.

"EDIÇÕES Brasileiras do *Manifesto Comunista*". *In*: MARX, Karl & ENGELS, Friedrich. *Manifesto do Partido Comunista: Edição Comemorativa do Centenário (1848-1948)*. Rio de Janeiro, Vitória, 1948.

"ESPÍRITO Policial". *Jornal do Brasil*, 22 jan. 1966.

"ESTUDANTES Presos". *Jornal do Commercio*, 8-9 jun. 1980.

FRISCHAUER, Paul. *Está Escrito: Documentos que Assinalaram Épocas*. Trad. Else Graf Kalmus. São Paulo, Melhoramentos, 1972.

GREMION, Pierre. *Intelligence de l'Anticommunisme: Le Congrès pour la Liberté de la Culture à Paris, 1950-1975*. Paris, Fayard, 1995.

HOBSBAWM, Eric. "O Manifesto Comunista". *Como Mudar o Mundo: Marx e o Marxismo (1840-2011)*. São Paulo, Companhia das Letras, 2011.

IBGE. *Anuário Estatístico do Brasil: 1967*. Rio de Janeiro, IBGE, 1967.

______. *Anuário Estatístico do Brasil: 1970*. Rio de Janeiro, IBGE, 1970.

______. *Anuário Estatístico do Brasil: 1972*. Rio de Janeiro, IBGE, 1972.

"JUSTIÇA Militar Recebe IPM dos Tuberculosos". *Correio da Manhã*, 25 jun. 1966.

LASKI, Harold Joseph. *Communist Manifesto: Socialist Landmark*. London, George Allen & Unwin, 1948.

"LIVROS". *Correio da Manhã*, 11 jun. 1965.

MACHADO, José. "Trabalho: Junta Comprova Subversão no Sindicato dos Bancários". *Jornal do Brasil*, 14 out. 1964.

MARX, Karl & ENGELS, Friedrich. "Manifesto do Partido Comunista". *Obras Escolhidas*. Rio de Janeiro, Vitória, 1956, vol. 1, pp. 16-54.

______. "Manifesto do Partido Comunista". Trad. Regina Lúcia F. de Moraes. *In*: LASKI, Harold Joseph. *O Manifesto Comunista de 1848*. Capa Érico Monterosa. Rio de Janeiro, Zahar, 1967, pp. 79-124; 2. ed. 1978; 3. ed. 1982.

______. *Manifesto do Partido Comunista*. 2. ed. Capa Luiz Angelo Pinto. São Paulo, Escriba, 1968.

______. *Manifesto do Partido Comunista*. 5. ed. Rio de Janeiro, Vitória, 1969.

______. *Manifesto do Partido Comunista*. Trad. Alvaro Pina. Lisboa, Avante!, 1975.

______. *Cartas Filosóficas e Outros Escritos*. São Paulo, Grijalbo, 1977.

______. *Textos*. Capa de Agune, Falanqui e Tedeschi. São Paulo, Edições Sociais, [1977].

______. *Manifesto Comunista*. Trad. Maria Arsênio da Silva. Capa de Thera Buso. São Paulo, Ched, 1980.

______. *Manifesto Comunista*. Porto Alegre, Villa Martha, 1980.

______. *Obras Escolhidas*. Capa de Vera Altenburg. São Paulo, Alfa-Ômega, [1980] vol. 1.

______. *Manifesto do Partido Comunista*. Capa de Adriano. São Paulo, O Trabalho, 1983.

______. *Manifesto do Partido Comunista*. Capa de Luiz Falcão. Rio de Janeiro, Cátedra, 1985.

______. *Manifesto do Partido Comunista*. Trad. Alvaro Pina. São Paulo, Novos Rumos, 1986.

______ & Marcenaro, Rodolfo. *O Manifesto Comunista: Inédito em Quadrinhos*. São Paulo, Versus, [1979]; 2. ed. 1979; 3. ed. 1982 [Proposta].

______ & Marcenaro, Rodolfo. *O Manifesto Comunista*. Trad. Raul Fiker. Capa de Carlos Matuck. São Paulo, Brasiliense, 1990.

"Material Subversivo Lota 2 Caminhões: sp". *Jornal do Commercio*, 8 abr. 1964.

Maués, Flamarion. *Livros Contra a Ditadura: Editoras de Oposição no Brasil (1974-1985)*. São Paulo, Publisher Brasil, 2013.

Moraes, João Quartim de. "A Influência do Leninismo de Stalin no Comunismo Brasileiro". *In*: Moraes, João Quartim de & Reis, Daniel Aarão (orgs.). *História do Marxismo no Brasil*, vol. 1: *O Impacto das Revoluções*. Campinas, Unicamp, 2007.

"Nota da Edição Brasileira". *In*: Marx, Karl & Engels, Friedrich. *Obras Escolhidas*. Rio de Janeiro, Vitória, 1956.

Oliveira, Franklin de. "Livros: Laski". *Correio da Manhã*, 24 dez. 1967 (Caderno 4).

"O Terrorismo Cultural". *Revista Civilização Brasileira*, ano 1, n. 1, mar. 1965.

"Panorama das Letras". *Jornal do Brasil*, 31 jan. 1969 (Caderno b).

Pires, Paulo Roberto. *A Marca do z: A Vida e os Tempos do Editor Jorge Zahar*. Rio de Janeiro, Zahar, 2017.

Prado, Marcus. "Livros: Painel". *Diário de Pernambuco*, 6 abr. 1980.

"'Raul Soares' em Santos para Receber 600 Presos: Prisões". *Jornal do Brasil*, 25 abr. 1964.

Reimão, Sandra *et al.* "Alfa-Ômega: O Pensamento Crítico em Livro". *Intercom: rbcc*, vol. 38, n. 1, jan.-jun. 2015.

Revunenkov, Vladimir Georgievich. *História dos Tempos Atuais: 1917-1957*. 2. ed. Trad. Paschoal Lemme. Capa Luiz Angelo Pinto. São Paulo, Escriba, 1969.

SCHUMPETER, Joseph Alois. "A Significação do *Manifesto Comunista* na Sociologia e na Economia". Trad. Cássio Fonseca. *In*: LASKI, Harold Joseph. *O Manifesto Comunista de 1848*. Capa Érico Monterosa. Rio de Janeiro, Zahar, 1967 (Apêndice).

______. "The *Communist Manifesto* in Sociology and Economics". *Journal of Political Economy*, vol. 57, n. 3, pp. 199-212, June 1949.

SCHWARZ, Roberto. "Cultura e Política, 1964-1969: Alguns Esquemas". *O Pai de Família e Outros Estudos*. Rio de Janeiro, Paz e Terra, 1978.

"SOLDADO Verá Agora Leitura Subversiva. Obras Marxistas na Biblioteca do Quartel. Coronel Mostra como Derrotar Mal Vermelho". *Tribuna da Imprensa*, 2 jun. 1964.

"SP: Apreensão de Propaganda Russa". *Correio da Manhã*, 7 abr. 1964.

SWEEZY, Paul Marlor. *Ensaios sobre o Capitalismo e o Socialismo*. Trad. Affonso Blacheyre. Rio de Janeiro, Zahar, 1965.

"TERROR Cultural É Denunciado: Paris". *Correio da Manhã*, 14 ago. 1964.

"TINOCO Vai Queimar a Subversão". *Jornal do Brasil*, 12 jul. 1967.

Sobre os Autores

Andréia Carolina Duarte Duprat cursa o doutorado em Artes Visuais, com ênfase em História, Teoria e Crítica no Programa de Pós-Graduação em Artes Visuais do Instituto de Artes da UFRGS (2018-atual). Possui mestrado em Artes Visuais (2017), e bacharelado em História da Arte (2013) pela UFRGS. Atua desde 2009 como servidora técnica-administrativa em educação na UFCSPA, no cargo de técnica de laboratório. Sua formação anterior inclui a graduação em Engenharia de Bioprocessos e Biotecnologia, com ênfase ambiental, pela Universidade Estadual do Rio Grande do Sul (2007) e o curso técnico profissionalizante em Biotecnologia pela Escola Técnica da Universidade Federal do Rio Grande do Sul (2007).

Anita Leocadia Prestes é historiadora, doutora em História Social pela UFF, professora do Programa de Pós-Graduação em História Comparada da UFRJ (PPGHC/UFRJ), e presidente do Instituto Luiz Carlos Prestes.

Breno Altman é jornalista e fundador e diretor do site *Opera Mundi*.

Cecília Brancher de Oliveira (tradutora) é formada em Relações Internacionais pela Universidade Federal de Santa Catarina (UFSC), e é mestranda em História Social na USP.

Edvaldo Correa Sotana é professor Associado do Departamento de História, do Programa de Pós-Graduação em História e do Mestrado Profissional em Ensino de

História do Instituto de Geografia, História e Documentação da Universidade Federal de Mato Grosso (UFMT). Doutor em História pela Unesp/Assis.

DAINIS KAREPOVS é mestre e doutor em História pela Faculdade de Filosofia, Letras e Ciências Humanas da USP e pós-doutor em História pelo Instituto de Filosofia e Ciências Humanas da Universidade Estadual de Campinas. Coautor, com Fulvio Abramo, de *Na Contracorrente da História* (Sundermann, 2015) e autor de *Pas de Politique Mariô! Mário Pedrosa e a Política* (Ateliê Editorial/Fundação Perseu Abramo).

DAVID RICARDO SOUSA RIBEIRO é doutor em História Social pela Universidade de São Paulo (USP). Concluiu a graduação (2008) e o mestrado (2013) em História na USP (2008).

GABRIEL DOS SANTOS ROCHA é doutorando em História Econômica, mestre em História Social e graduado em História pela Universidade de São Paulo. Membro da equipe editorial da *Revista Sankofa*.

IRACÉLLI DA CRUZ ALVES é doutora em História pela Universidade Federal Fluminense, com período sanduíche na Universidade do Porto; mestra em História pela Universidade Estadual de Feira de Santana (2015); e graduada em Licenciatura Plena em História pela Universidade do Estado da Bahia (2013).

FERNANDO GARCIA DE FARIA tem graduação em História (2005) pela PUC-SP. Pesquisou sobre o protagonismo político e cultural da juventude brasileira no Centro de Estudos e Memória da Juventude (CEMJ), entre 2004 e 2009. É doutorando em História Econômica na USP.

FREDERICO DUARTE BARTZ possui graduação em História-Bacharelado pela Universidade Federal do Rio Grande do Sul (2009), graduação em História-Licenciatura pela Universidade Federal do Rio Grande do Sul (2003), graduação em História da Arte-Bacharelado (2016), mestrado em História pela Universidade Federal do Rio Grande do Sul (2008) e doutorado em Programa de Pós-Graduação em História pela Universidade Federal do Rio Grande do Sul (2014). Atualmente é técnico em assuntos educacionais da Universidade Federal do Rio Grande do Sul.

JOSÉ REINALDO CARVALHO é jornalista, membro do Comitê Central e da Comissão Política Nacional do PCdoB, no qual milita desde 1972, e secretário-geral do Cebrapaz – Centro Brasileiro de Solidariedade aos Povos e Luta pela Paz. Foi vice-presidente do partido entre 2001 e 2005.

LAZAR JEIFETS é professor do Departamento de Estudos Americanos da Universidade de São Petersburgo.

LINCOLN SECCO é professor livre docente de História Contemporânea na Universidade de São Paulo e autor, entre outras obras, de *A Batalha dos Livros: Formação da Esquerda no Brasil* e *História do PT*, ambos pela Ateliê Editorial.

LUIZ BERNARDO PERICÁS é formado em História pela George Washington University, doutor em História Econômica pela USP, pós-doutorado pela Flacso (Facultad Latino-Americana de Ciencias Sociales), México, e pelo Instituto de Estudos Brasileiros da USP. Foi professor-convidado da Flacso, México, e Visiting Scholar da University of Texas em Austin. Foi também Visiting Fellow da Australian National University em Camberra. Recebeu a Menção Honrosa do Prêmio Casa de las Américas 2012, Cuba, por seu livro *Os Cangaceiros: Ensaio de Interpretação Histórica*. Ganhador do Prêmio Ezequiel Martínez Estrada, da Casa de las Américas, Cuba, em 2014. Ganhador do Prêmio Juca Pato de Intelectual do Ano, concedido pela União Brasileira de Escritores (UBE), pelo livro *Caio Prado Júnior: Uma Biografia Política*. Ganhador do Prêmio Jabuti pela mesma obra. É professor de História Contemporânea da USP.

MARCOS TADEU DEL ROIO é formado em História e Ciências Sociais pela USP, em nível de bacharelado e licenciatura. Fez o Mestrado em Ciência Política na Unicamp e o doutorado em Ciência Política na USP. É professor Titular em Ciências Políticas na Faculdade de Filosofia e Ciências da Unesp (*campus* de Marília).

MARLY DE ALMEIDA GOMES VIANNA graduou-se em História pela Universidade Federal do Rio de Janeiro (1981), é Mestre em Economia Agrária pela Universidade Federal de Campina Grande/Paraíba (1985) e doutora em História Social pela USP (1990). Professora aposentada pela Universidade Federal de São Carlos, foi diretora do Arquivo de História Contemporânea daquela Universidade e até 2002 diretora-presidente da Fundação Pró-Memória de São Carlos.

MILTON PINHEIRO é cientista político, professor titular de história política da Universidade do Estado da Bahia (Uneb), integra o corpo permanente do Programa de Pós-graduação em história da mesma instituição e é doutor em Ciências Sociais (Política) pela PUC/SP. É autor/organizador de uma dezena de livros, entre eles, *Ditadura: O que Resta da Transição* (São Paulo, Boitempo, 2014), *A Reflexão Marxista sobre os Impasses do Mundo Atual* (São Paulo, Outras Expressões, 2012) e *O Fogo da Conjuntura* (São Paulo, ICP, 2021). É autor de dezenas de artigos publicados no Brasil e no exterior, presidente do Instituto Caio Prado Jr. (ICP) e editor executivo da revista teórica *Novos Temas*, integra os conselhos editorias das revistas *Mouro*, *Crítica Marxista*, *Margem Esquerda* e *Lutas Sociais*.

Paulo Ribeiro Rodrigues da Cunha é livre docente em Ciência Política pela Unesp – Universidade Estadual Paulista e autor de *Militares e Militância: Uma Relação Dialeticamente Conflituosa* (São Paulo, Unesp, 2012; 2020).

Pedro Estevam da Rocha Pomar possui graduação em Comunicação Social pela Universidade Federal do Pará (1983), mestrado em História pela Unesp (2000) e doutorado em Ciências da Comunicação pela USP (2006). Trabalha como jornalista profissional desde 1976. Atualmente é editor da *Revista Adusp*, da Associação dos Docentes da Universidade de São Paulo.

Vitor Jeifets é professor de História da Universidade Estatal de São Petersburgo.

Wilson Milani é graduado em Jornalismo (2013) pela Pontifícia Universidade Católica de Minas Gerais (PUC/Minas). Mestre em Comunicação (2016) pela Universidade Federal do Rio de Janeiro (UFRJ). Doutor em Comunicação (2020) pela Universidade Federal do Rio de Janeiro (UFRJ). A pesquisa que originou o seu capítulo deste livro foi indicada ao Prêmio Capes de Tese 2021.

Índice Onomástico

A

Título	*História do PCB*
Autores	Lincoln Secco e Luiz Bernardo Pericás
Editor	Plinio Martins Filho
Produção editorial	Millena Machado
Preparação de texto	Victória Thomé
Capa	Casa Rex
Revisão e Índice	Carolina Bednarek
Editoração eletrônica	Victória Cortez
Formato	15,5 × 23 cm
Tipologia	Adobe Garamond Pro
Papel da capa	Cartão Supremo 250 g/m²
Papel do miolo	Chambril Avena 80 g/m²
Número de páginas	432
Impressão e acabamento	Bartira Gráfica